シリーズ 古代史をひらくⅡ

古代荘園

吉村武彦
吉川真司
川尻秋生［編］

シリーズ 古代史をひらくⅡ

古代荘園

奈良時代以前からの歴史を探る

岩波書店

刊行にあたって

もう一度、歴史を知ること、古代史を知ることの「面白さ」を皆さんに伝えたい。シリーズ「古代史をひらくⅡ」は、私たち編集委員の熱い思いから始まりました。

本シリーズの第Ⅰ期では、「前方後円墳」「古代の都」「古代寺院」「渡来系移住民」「文字とことば」「国風文化」の六冊を刊行し、幸いにも古代史に関心を持つ読者に温かく迎えられました。専門の研究者が日々追い求めている「本物の歴史」に触れてみたいという思いがあったからでしょう。

先にあげた六つのほかにも、古代史には重要なテーマ＝問題群がたくさんあります。それぞれの分野で研究が進み、新しい歴史像が見えてきています。「やさしく、深く、面白く」歴史を語るという、第Ⅰ期以来の目標をふたたび掲げて、このたび第Ⅱ期として「古代人の一生」「天変地異と病」「古代荘園」「古代王権」「列島の東西・南北」「摂関政治」の六冊を企画しました。

各冊では、まず「温故知新」のスピリットで古代の事柄を知ることをめざすとともに、これまでの古代史の枠内に閉じこもることなく、現代へと「ひらく」ことを心がけています。ジェンダーの問題や災害・環境の問題は、まさに現代の課題でもあります。荘園のあり方や地域どうしのつながりについては、新しい事実がさまざまに見えてきています。王権や摂関政治といった古くからあるテーマについても、研究の進展により、これまでとは異なる視角からわかってきたことがあります。

いずれのテーマにおいても、ますます精緻化する最近の研究を、図版や脚注も活用してなるべくわかりやすく説明し、考えるための道筋をお伝えしています。今回も、考古学・文学・歴史地理学・古気候学・建築史学・朝鮮史など、隣接分野との緊密な連携をはかり、それぞれの最前線で活躍している執筆陣の参加を得ることができました。また、各テーマの核心となる論点や今後の研究方向などを話しあう「座談会」を収録しています。

「学際」「国際」「歴史の流れ」という広がりを意識しながら、私たち研究者が日々味わっている、歴史を知る「面白さ」をお伝えしたい。この列島にかつて生きた人々が歩んできた道を読者の皆さんと共有するとともに、古代史から未来への眼差しを「ひらく」ことをめざします。

二〇二三年一〇月

編集委員
吉村武彦・吉川真司・川尻秋生

目次

刊行にあたって　吉川真司　1
〈古代荘園〉を考える　吉川真司　23
古代荘園の歴史　佐藤泰弘　89
古代荘園から中世荘園へ　武井紀子　147
出土文字史料からみた古代荘園　山本悦世　201
備前国鹿田荘を発掘する
——鹿田遺跡と鹿田荘　上杉和央　251
古代荘園図の広がり　奥村和美　303
《個別テーマをひらく》
大伴家持と荘園
座談会　〈古代荘園〉の実像をさぐる　319
（吉川真司、佐藤泰弘、武井紀子、山本悦世、上杉和央、吉村武彦）
主な古代荘園・古代荘園遺跡

＊　引用文・引用挿図の出典や本文記述の典拠などを示す際には、［吉川、二〇二四］のように略記し、その文献名・出版社・出版年などは各章末の文献一覧に示した。

〈古代荘園〉を考える

吉川真司

長屋王家木簡の発見

近鉄大和西大寺駅から奈良方面に向かうと、電車はすぐに平城宮跡を横断しはじめる。復原された大極殿《だいごくでん》や朱雀門《すざくもん》が車窓からよく見える。やがて平城宮跡を抜け、高架道路をくぐると、右手に大きな商業施設が現われる。ここが左大臣長屋王《ながやおう》(1)の邸宅跡である。かつて左京三条二坊と呼ばれたそのあたりは、平城京でも屈指の高級住宅街であった。

一九八六年にこの地の発掘調査が始まると、大型の建物が次々に検出された。二年後の晩夏、三万五〇〇〇点もの木簡が見つかり、邸宅の主が長屋王であったことが確定した。いわゆる長屋王家木簡の発見である(**図1**)。大量の木簡は七一〇年代のもので、長屋王の活動を支える家政機関が廃棄したゴミであった。解読と研究が進むにつれ、長屋王とその家族の生活がくっきりと照らし出された。宏壮な邸内で

(1) 六八四—七二九年。奈良時代の王族。高市皇《たけち》子の子、すなわち天武天皇の孫王。若くして頭角を現わし、藤原不比等《ふひと》の没後は右大臣、さらに左大臣となって政権を握ったが、神亀六年(七二九)に謀反を密告され、家族とともに自尽した。

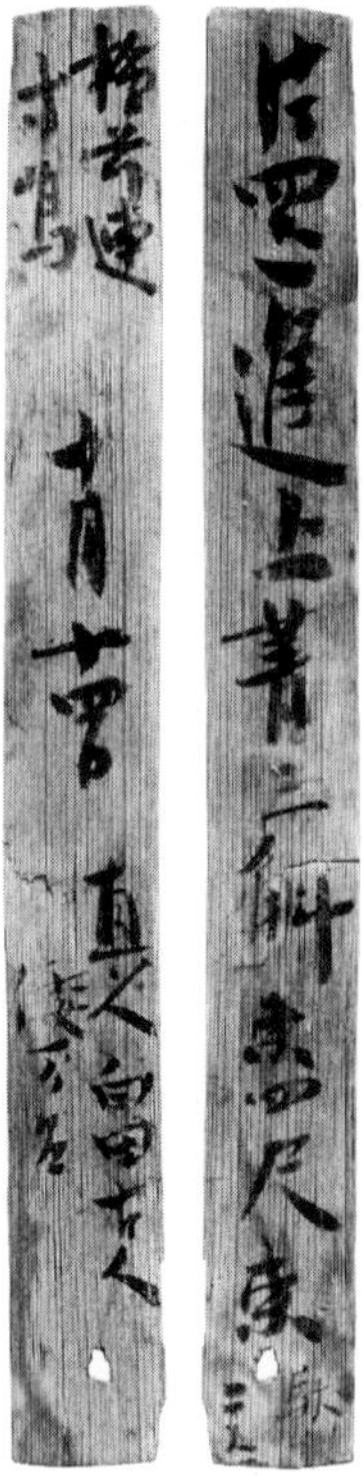

図1　長屋王家木簡(片岡司進上状. 出典＝木簡庫 https://mokkanko.nabunken.go.jp/ja/6AFITB11000417)

は、家令から奴婢にいたる多くの人々が、いくつもの部局にわかれて働いていたことも知られた〔奈良国立文化財研究所、一九九六〕。

長屋王の経済基盤も見えてきた。大和と河内を中心として、畿内・近国(2)に多くの領地があり、米・野菜・氷・木材・馬などが進上されていた。それぞれの領地は地名をとって「片岡司《かたおかのつかさ》」「矢口司」などと呼ばれたが、「〇〇御田《みた》司」「〇〇御薗《みその》司」と記されるものもあり、米を作る田、野菜を栽培する薗(畠)が中心だったらしい。木簡には「山背御田十町」「□□□造御田五十六町八段」「□造御田六十五町」といった記載も見出され、長屋王が広大な田畠をもち、家政機関に経営させていたことが察知された。これらの領地は、その所在地から、また総面積が余りに大きいことから、長屋王が父の高市《たけち》皇子から相続したものが含まれると推定されている。このように長屋王家木簡の発見によって、奈良時代初期における王族の「大土地所有・

(2)『延喜式』では、畿内は山城・大和・河内・和泉・摂津、近国は伊賀・伊勢・志摩・尾張・参河《みかわ》・近江・美濃・若狭・丹波・丹後・但馬・因幡・播磨・美作・備前・紀伊・淡路の諸国を言う。畿内は中国の制度をまねた理念的な地域区分で、必ずしも社会的実態を反映しない。近国は畿内とひと続きの地域で、その範囲は場合によってさまざまだが、特に伊賀・伊勢・近江・丹波・播磨・紀伊は畿内との一体性が強い。

(3) 封戸は、一定数の公民の戸を王族・貴族の経営」が明らかになってきたのである(**図2**)。

長屋王家木簡には、全国から貢進された物品の荷札もたくさん含まれている。その多くは長屋王の封戸《ふこ》(3)(領民)の租税に関わるものだろうが、封戸は全体として膨大な数に上ったらしく、やはり高市皇子からの相続が想定されている。また、「伊勢税司」「下総税司」などの記載から、諸国に税司(税使)が派遣されたこともわかるが、彼らは封戸から取りたてた稲穀(4)を用いて出挙《すいこ》(高利貸し)や物品調達を行なったらしい。長屋王は全国各地に封戸をもつだけでなく、その経営のための施設を置いていたのであろう(本書、武井紀子「出土文字史料からみた古代荘園」を参照)。

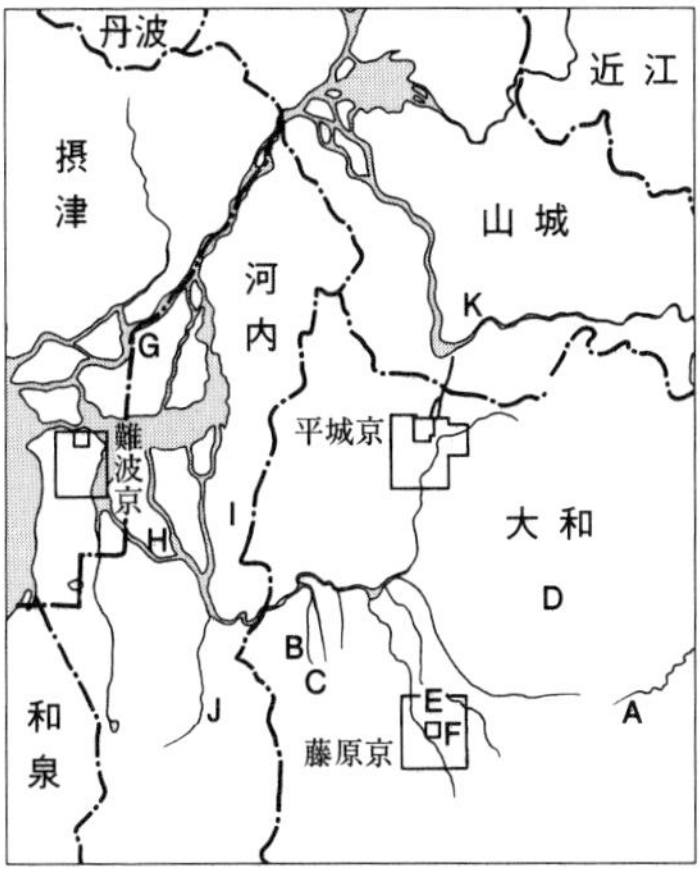

図2　長屋王家の御田・御薗([奈良国立文化財研究所，1996]を参考にして作図)

A 宇太御□　B 片岡司　C 木上司・木上御馬司　D 都祁司・都祁氷室　E 耳梨御田司　F 矢口司　G 大庭御薗　H 渋川御田　I 高安御田司　J 山背御薗司　K 狛御田司

＊このほか山口御田司，丹波杣があるが位置未詳．

財源に充てるもので、官職による職封《しきふ》、位階による位封《いふ》、功績による功封《こうふ》がある。封戸の調庸《ちょうよう》の全額と租の半額を収取するきまりで、季禄などの禄よりも大きな収入をもたらした。実態としては、封主(封戸を与えられた人物)と封戸の間には政治関係も発生したらしく、大化前代の部民《べみん》に通じる「領民」としての性格が認められよう。なお、寺院には寺封《じふ》、神社には神戸《かんべ》があった。

(4) 古代の稲穀は、イネを穂首から刈った「穎《えい》」、それを脱穀して得た「穀」、もみがらを取り除いた「米」の三つの形態をとった。穎は現物貨幣として用いられ、穀は備蓄にまわされることが多かった。

奈良時代初期の王族や貴族は、多くの領地・領民とその経営施設をもっており、ときには父祖から受け継ぐ場合もあったと考えられる。こうしたことは長屋王家木簡によって初めてリアルに認識され、古代の荘園研究を刷新する原動力になっていった。

律令体制と荘園

長屋王の大土地所有は、荘園とどう違うのであろうか。「荘園」という言葉は九世紀以降に使われ始め、八世紀には「荘」とするのがふつうだったが、学術用語であれば、八世紀以前についても同じように用いてよい。天平一五年(七四三)の墾田《こんでん》永年私《えいねんし》財法《ざいほう》(5)を契機として生まれた大土地所有を、一般に「初期荘園」(6)と呼んでいるように。とすれば、長屋王の領地を荘園と見なしても、とりたてて問題はないはずである。

しかし、長屋王家木簡は墾田永年私財法より二〇年以上古い。長屋王の領地はこの法令とも、それに先立つ養老七年(七二三)の三世《さんぜ》一身法《いっしんほう》(7)とも関係がなく、墾田(8)からなるとされる「初期荘園」の範疇に収まらない。そもそも父祖から受け継いだ田畠は、長屋王がみずから開墾したものではないだろう。それでは、墾田法以前から熟田《じゅくでん》(収穫のある田地)を主体として経営され、開墾によって生まれたのではない荘

(5) 天平一五年五月二七日に発令された法。正規の手続きにより墾田を開発した場合、永久に私財とすることを認めたもの。寺院については墾田永年私財法が適用されず、陸奥産金を祝う天平二一年(七四九)四月一日の詔で墾田所有が認められた。墾田は相続・売買も自由で、国家的土地所有に大きな変化をもたらした。その一方、墾田は輸租田《ゆそでん》(租をとられる田)であったため、土地管理さえ順調に行なわれれば、国家の歳入増加が期待できた。

(6) 墾田永年私財法以後、墾田開発によって獲得された荘園がこう呼ばれる。一〇世紀に荒廃し、中世荘園に続かないという理解も一般的である。

園とはいかなるものだったのか。

長屋王の領地・領民に似たものは、律令体制以前には広く存在した。荘園の前身としては、ミヤケ・タドコロがあった。大化二年(六四六)、倭国の支配層は中央集権をめざし、「昔在《むかし》の天皇等の立つるところの①子代《こしろ》の民・処々の屯倉《みやけ》、および別に臣《おみ》・連《むらじ》・伴造《とものみやつこ》・国造《くにのみやつこ》・村首《むらのおびと》の有《たも》つところの②部曲《かきべ》の民・処々の田荘《たどころ》」の廃止を宣言した(『日本書紀』同年正月甲子条)。この大化改新詔では、王族・貴族・豪族による領民(①子代・②部曲)と領地(①ミヤケ・②タドコロ)の所有を否定したのである。①をもともと所有したのは天皇・王族、②を所有したのは貴族・豪族であった。かくして改新以降、いわゆる「公地公民」が原則とされ、領民の代わりに封戸や禄《ろく》(給与)が、領地の代わりに位田《いでん》・職田《しきでん》・功田《こうでん》・賜田《しでん》(9)などの特権的田地が、地位や功績に応じて支給されることになった。

長屋王が生きた奈良時代初期も同じであった。だから、彼がもっていた領地(長屋王家領荘園)は、位田・職田や一族の口分田《くぶんでん》(注10参照)、あるいは特別に与えられた功田・賜田など、国家から支給された土地と考えることができる。しかし、あくまでそれは律令の建前にすぎない。むしろ注目すべきは、高市皇子から長屋王への相続が想定されることである。実態としては、長屋王家領荘園は畿内・近国の各地にあった父祖以来の領地(ミヤケにさかのぼるものも含まれよう)が、支配・経営の慣行

(7) 養老七年四月一七日に発令された法。新たに溝や池を造って開墾を行なった者には、その墾田を三世(子・孫・曽孫)に伝えること、旧来の溝・池を用いて開墾した者には、その墾田の用益を一身(本人の一生)の間、認めることを定めた。

(8) 未開の野地を開墾して得られた田のこと。治田《ちでん》とも。まず一定の手続きによって開墾予定地を申請するが、その地全体を「墾田地」と呼び、開墾がすんだ田は「見開田」、手つかずの土地は「未開野地」と区別した。墾田は輸租(租を徴収されること)が原則である。

(9) すべて律令に規定された田の種類。位階に応じて支給される田が位

ごと受け継がれたものではなかろうか。長屋王の代になって獲得した領地もあろうが、多くは「受け継がれてきた由緒ある領地」だろうと推定されるのである。天平元年(七二九)の班田《はんでん》[10]にあたり、位田・功田・賜田の場所を動かさないよう命令が出たのは(『続日本紀』同年一一月癸巳条)、こうした王族・貴族の領地が古い由緒をもっていたからである[吉田孝、一九九二]。

荘・荘園、ヤケ・トコロ・ツカサ

「荘」「荘園」という語について、もう少し述べておきたい。荘は中国由来の語で、本宅に対する別宅、つまり施設や建物を指す。また施設・建物だけでなく、周辺の農地を含めた土地経営体も全体として荘・荘園と呼ばれた。この点に注目した中田薫[11]は、荘園というシステムは唐から伝わったものだと考えた[中田、一九〇六]。しかし、中国の荘・荘園にあたる和語も、そのような経営体も、すでに大化前代には存在した。先述したミヤケ・タドコロである。

大化前代のミヤケ・タドコロの語義を考えてみよう。ミヤケは「ミ・ヤケ」。敬意を表わす「ミ」を「ヤケ」にかぶせたもので、ヤケとは屋・倉などが建ちならぶ施設・経営体を言う[吉田孝、一九八三]。「屯倉」という表記は倉庫の役割を重視したものだが、農業経営を中心として、出挙・交易・部民支配など、さまざまな役割

田、官職に応じて支給される田が職田、功績を褒めて賜与される田が功田、天皇の特別の計らいで賜与される田が賜田である。位田・職田・賜田の支給はその人限りであるが、功田の場合は相続が許され、特に「大功」の者には永世相続が認められた。位田の最高額は八〇町、職田の最高額は四〇町。功田・賜田についてはその都度決められた。

(10) 律令の土地制度では、人民に口分田の所有が認められた。六歳に達した者には口分田が与えられ(班給)、死亡した者の口分田は回収される。六年に一度、国単位で行なわれたこの手続きを「班田収授」「班田」と呼ぶ。一度与えられた口分田はずっと用益し続ける

をミヤケは担っていた。そして、農業経営を行なうミヤケには田畠(ミタという)が付属し、それを含めてミヤケと呼ばれたのである。こうしてミヤケは大王・王族の領地を示すことになった。

タドコロは「タ・トコロ」。「ナリドコロ」と呼ばれる場合もあり、「田荘」のほか、「別業」「田家」などとも表記された。トコロは「何らかの機能をもつ場所ないし機関」のことで、経営や支配を行なうトコロは、ヤケとほとんど同じものである[吉田孝、一九八七]。タドコロはタ(田、農地)の経営にたずさわるトコロ、ナリドコロのナリは「ナリワイ」のナリだから、生産・生業を行なうトコロという意味である。つまりタドコロは主として農業経営を行なう施設で、周辺の土地をひきくるめて貴族の領地をこう表現した。タドコロを荘・荘園と同じようなものと考えても、全く問題ないのである。

八世紀中葉、光明皇后がもつ「浄清所《きよずみどころ》」[12]という組織が東大寺に施入[13]され、「清澄《きよずみ》所」と呼ばれたが、これを別の史料は「清澄荘」と表記している[吉川、二〇一七]。つまり「所(トコロ)=荘」である。皇后宮(皇太后宮)では宮の内外を問わず、さまざまな「所」が奉仕していたが、「○○所」は光明皇后(皇太后)領荘園を指すこともあったわけである。同じようなことは長屋王家でも見られる。長屋王の家政機関は、邸内・邸外とも「○○司」という部局からなっていた。長屋王家木簡の「片岡司」

のが慣例であったが、天平元年には全面的な土地割り替えが企図された。

(11) 一八七七―一九六七年。日本法制史学の基礎を築いた研究者。東京帝国大学法学部教授。比較法制史的方法により、日本古代・中世の法と社会の特質を論じた。主要業績は、近世・近代法研究を含めて『法制史論集』四冊に収録。

(12) 光明皇后の家政機関を「皇后宮職」と言い、皇太后になると「紫微中《しびちゅう》台《だい》」と改称された。浄清所はそれらの下部組織で、現在の奈良県大和郡山市にあり、食料や土器を貢進した。

(13) 寺社に私財・領地を寄進すること。

「矢口司」などは、先述のように邸外の領地であって、「片岡荘」「矢口荘」と言うのと変わらない。まさしく長屋王家の荘園だったわけである。

「初期荘園」にあらざる荘園

律令体制以前から続く荘園が、奈良時代初期には存在した。それは墾田永年私財法と関係がなく、墾田からなるとされる「初期荘園」とは異質のものである。教科書や概説書には、古代の荘園は墾田永年私財法を契機として生まれた（墾田永年私財法から始まった）ように書くものがあるが、その説明は明らかに一面的である。

もっとも、長屋王家領のような荘園は旧体制の残存物にすぎず、律令体制の展開とともに消えていったと見ることも不可能ではない。しかし、天平一一年（七三九）の秋、大伴坂上郎女《おおとものさかのうえのいらつめ》(14)は「竹田荘《たけだのしょう》」に滞在して稲刈りに関わった（『万葉集』巻八、一五九二）。彼女は「跡見《とみ》荘」にいたこともある（同巻四、七二三・七二四）。竹田荘は大和国十市《とおち》郡、跡見荘は城上《しきのかみ》郡にあり、ともに大伴氏の伝統的な領地（タドコロの後身）と推定される［吉田孝、一九九一］。八世紀中葉になっても、こうした荘園は確かに存続していたのである。また、寺領荘園には墾田永年私財法より古い由緒をもつものが少なくなく、それらは寺院の檀越《だんおつ》(15)であった王族・貴族の領地が施入されたものと考えてよい。ミヤケ・タドコロ以来の歴史をもつ領地が、寺領荘園に転成した

(14) 奈良時代の貴族。大伴旅人の異母妹。『万葉集』には恋愛歌を中心とする八四首が収載され、貴族生活のさまざまな情景がうかがわれる。

(15) 寺院や僧尼に私財を施す在家信者。施主。

のである［鷺森、二〇〇二］。こうした寺領荘園は、律令法に言う寺田（墾田ではなく熟田である）からなり、位田・職田や一族の口分田、さらには功田・賜田などと並んで、王族・貴族の財産の一部でもあったと言えよう。

このように、古代の荘園には二つの系統があった。旧来の「熟田主体の荘園」と新しい「墾田主体の荘園」である。前者は大化前代からの歴史を受け継ぎ、後者は墾田法によって拡大していった。それにしても何故、長屋王家木簡が発見されるまで、こうした理解は一般的でなかったのだろうか。そこで、荘園の研究史を「荘園起源論」に着目しながら読み直し、墾田のみを重んじる「初期荘園」論が通説化したプロセスをたどってみよう。

明治以来の荘園起源論

太閤検地により荘園が消え去った近世にも、かつての田制や土地所有に関心を寄せ、独自の見識を示した学者はいた。しかし、荘園に関する本格的研究が始まったのは、明治になってからである［清水、一九四二］。近代史学の荘園起源論の流れを追うと、「熟田主体の荘園」と「墾田主体の荘園」の双方を評価する二元的起源論と、「墾田主体の荘園」ばかりを重視する一元的起源論は、早くから並立していたことがわかる。

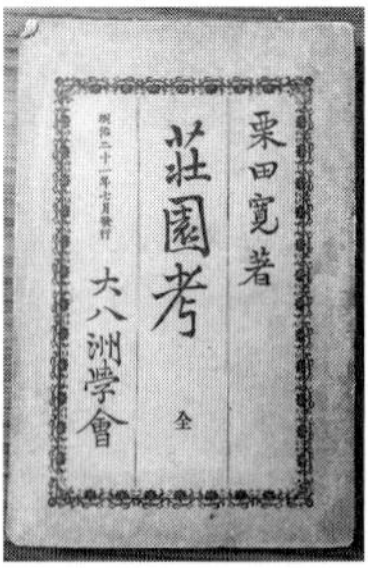

図3　栗田寛『荘園考』(1888年)表紙

明治の荘園研究は一八八八年七月に産声を上げた。清水正健⑯が起草した『大日本史』食貨志「荘園」の校刻と、栗田寛⑰の『荘園考』〔栗田、一八八八〕の刊行である。栗田は『大日本史』志表の編修に力をつくし、食貨志の補訂にも携わったため〔吉田一徳、一九六五〕、両者の論調はほぼ同じである。朝廷政治を衰退させた元凶として、貴族や寺院の開墾・荘園獲得を挙げ、荘園が増えたのは三世一身法・墾田永年私財法以後だとするのである。もっとも栗田の『荘園考』は、荘園の起源として賜田・功田・寺田にも言及しており、大化前代からの連続性にはふれないものの、確かに熟田主体の荘園を視野に収めていた。つまり、ともに墾田主体の荘園を主流としつつも、清水は一元的起源論をとり、栗田は二元的起源論に傾いていたのである。

ついで星野恒⑱は、荘園の起源としてミヤケ・タドコロをあげ、改新後もタドコロが残ったと述べながら⑲、律令体制下では開墾によって荘園が広がったと論じた〔星野、一八九一—九二〕。実質的には一元的起源論（墾田起源説）である。中田薫は、日本の荘園が①墾田、②寺田・賜田・功田のどちらに起源するかは断言できないが、荘園が拡大したのは明らかに墾田開発によると述べた〔中田、一九〇六〕。墾田主体の

(16) 一八五六—一九三四年。水戸彰考館で『大日本史』志表の校訂に従事した。その著『荘園志料』は全国各地の荘園の史料を収集・整理した書で、荘園研究の基本文献。

(17) 一八三五—九九年。幕末・明治の日本史学者。水戸彰考館に勤め、『大日本史』志表の編纂事業を担った。古典・制度に造詣が深く、のちに帝国大学文科大学教授。著書は『神祇志料』『新撰姓氏録考証』など多数。

(18) 一八三九—一九一七年。日本史学者・漢学者。太政官修史局で『大日本編年史』の編纂に従事し、のち帝国大学文科大学教授。史料を重んずる実証主義的な研究を行なった。著書に『国史纂

荘園を主軸にすえつつ、熟田起源説も否定せず、二元的起源論に含みを残したと言えようか。

経済史の福田徳三[20]は、粟田・中田の学説を踏まえ、荘園の起源として、①墾田、②功田、③賜田、④神田《しんでん》・寺田をあげた〔福田、一九〇七〕。①と②③④の双方を評価する、まごうかたなき二元的起源論である。同じ経済史でも内田銀蔵[21]は、荘園の大部分は大化以後に発生し、それらは開墾によって生まれたとした〔内田、一九二一〕。星野恒に近い一元的起源論である。ただし内田は、ミヤケ・タドコロも、墾田主体の荘園も、ともに耕地の拡大に寄与したと評価し、粟田以来の否定的論調には異を唱えた。さらに川上多助[22]や吉田東伍[23]も、墾田主体の荘園を主流としつつ、熟田主体の荘園にも目配りし、二元的起源論に傾いていた〔川上、一九一五／吉田東伍、一九一六〕。このように明治・大正の荘園研究はバリエーションに富み、決して一元的起源論（墾田起源説）ばかりではなかった。

しかし、教科書や概説書をひもとくと、また違った風景が見えてくる。一八九〇年に刊行され、文科大学の教科書となった『稿本国史眼』〔重野ほか編、一八九〇〕は「山林田野を墾し、以て荘園となす」と述べ、一元的起源論をとった。三上参次[24]の大学講義〔三上、一九四三〕も一元的起源論、黒板勝美[25]の『国史の研究』〔黒板、一九三二〕は神田・功田にも関説するが、ほぼ一元的起源論である。先述した星野恒・内

要』『史学叢説』など。

(19) 改新から半世紀近くが経った持統六年（六九二）に「飛鳥皇女の田荘」の記事が見え（『日本書紀』同年八月己卯条）、星野は「田荘は停廃の名ありて、その実はことごとく行なわれざりしならん」と考えた。

(20) 一八七四―一九三〇年。経済学者。ドイツ留学を経て、慶應義塾大学・東京商科大学（のちの一橋大学）で教鞭をとり、日本における近代経済学の確立に貢献した。著書に『経済学全集』全九冊など。

(21) 一八七二―一九一九年。日本史学者。日本経済史の先駆的業績をあげ、ヨーロッパ留学ののち

田銀蔵の学説を考え併せれば、こうした論調はまさに官学アカデミズムの主流だったと言ってよく、一九三〇年代には「通説」と評された〔早川、一九三七／田井、一九三七〕。それが一九四三年の文部省『国史概説』などにも受け継がれ、戦後の高校教科書へとつながっていく。「荘園は墾田永年私財法から始まった」との考え方は、かくも古くから主流学説としての権威をまとっていた。

戦前の荘園起源論の到達点

一九三〇年代には、二元的起源論をとる重要な荘園研究が公表された。まずは西岡虎之助[26]の総合的論考である〔西岡、一九三三a〕。西岡によれば、律令体制下では旧氏族（貴族・豪族）がもっていた領地は公地とされ、①公私共有の用益地（空閑地）、②公的な専有用益地（官司田、寺田、位田・職田・功田・賜田など）、③私的な専有用益地（口分田）にわかれた。やがて、①は旧氏族が墾田開発して、②は旧氏族が用益に深く関わり続けて、③は旧氏族が広く領有していたものが班田制の衰退によって、ふたたび私領地と化し、①から「墾田系統の荘園」が、②③から「公私専有用益田系統の荘園」が生まれたとする。①は墾田主体の荘園、②③は熟田主体の荘園であり、周到な二元的起源論と言ってよい。また、奈良時代は「荘園を萌芽」させる段階にすぎず、奈良末期〜平安初期が「初期荘園」の段階だったとした

ち、京都帝国大学文科大学教授。同大学国史学講座の創設を担い、歴史理論の研究を深めた。著書に『日本近世史』『日本経済史の研究』など。

(22) 一八八四—一九五九年。日本史学者。東京商科大学・東京女子大学教授。『日本古代社会史の研究』所収の古代史研究のほか、周到な概説書でも知られる。

(23) 一八六四—一九一八年。歴史地理学者。独学で研究を続け、不朽の名著『大日本地名辞書』全一一冊を完成。のち早稲田大学教授。

(24) 一八六五—一九三九年。日本史学者。東京帝国大学文科大学で国史を講じ、同大学の史料編

が、この「初期荘園」が墾田主体の荘園のみを指す用語でないことにも注意しよう。一方、西岡は「自墾地系統の荘園」(領主自身が開発した荘園)と「寄進地系統の荘園」(寄進や兼併によって成立した荘園)を弁別したが、これは荘園の「成立事情」による区分であって、前身となった用益地による分類とはレベルが異なるのである。ちなみに西岡は、大化前代のミヤケ・タドコロの一部が生き残り、荘・荘園として発達したとも論じていた[西岡、一九三三b]。

西岡の議論をマルクス主義の立場から理論的に整序し、クリアな全体像を示したのが渡部義通[27]である[渡部、一九三六]。渡部は、大化前代〜律令体制期を奴隷制社会ととらえ、畿内のミヤケ・タドコロでは奴隷制的な経営が行なわれたとした。大化改新によって土地国有が始まっても「奴隷所有者的大土地所有」はなお残り、位田・職田・功田・賜田として続いただけでなく、寺田・神田ではむしろ拡大されたとする。さらに墾田開発の奨励により、墾田という「最も強靱な土地私有の根源」が成長し、それとともに位田・職田・功田・賜田の私有的性格が強まった。かくして八世紀末〜九世紀前半に大土地所有が再現し、さらに班田農民が農奴化することで、本格的な荘園制が始まると述べたのである。渡部説はミヤケ・タドコロからの連続性や、熟田主体荘園と墾田主体荘園の二元性を周到に理論化した。私はこの〈西岡―渡部〉学説を、戦前の荘園起源論の到達点と考える。それは官学アカデミズ

纂掛では編纂・刊行事業を推進した。著書に『江戸時代史』など。

(25) 一八七四―一九四六年。日本史学者。東京帝国大学教授として、古文書学を中心とする研究を進めた。史料編纂掛で『大日本古文書』の編纂を主宰し、新旧『国史大系』を校訂・刊行するなど、文献史料の普及に尽力した。著書に『国史の研究』など。

(26) 一八九五―一九七〇年。日本史学者。東京帝国大学史料編纂掛(のち史料編纂所)に奉職したのち、早稲田大学教授。荘園史研究や民衆史研究を推し進め、大きな影響を与えた。主著は『荘園史の研究』全三冊。

ム本流の一元的起源論よりも、ずっと論理的で包括的な学説であった。

ただ、戦前の優れた荘園史概説である今井林太郎『日本荘園制論』〔今井、一九三九〕は、西岡説から強い影響を受けつつも、墾田を軸として「初期荘園」を叙述した。また、奈良時代の古文書を活用し、渡部説を発展させようとしたのが、戦時下に書かれた藤間生大[28]『日本庄園史』〔藤間、一九四七〕である。彼は北陸地方の東大寺領を中心に「寺院の庄園＝墾田」を「初期庄園」として分析した。しかし、熟田主体の荘園はほとんど検討せず、その点において渡部説を単純化していた。このように〈西岡―渡部〉学説は十全に受け継がれなかったのだが、その研究史的意義は正しく評価されねばならない。

「初期荘園」論の定着

戦後の荘園研究は、古代史では藤間説の実証的批判から始まった。東大寺領荘園に藤間は奴隷制的経営を見出そうとしたが、岸俊男[29]の賃租（小作）経営説〔岸、一九五二〕がこれを破砕した。[30] その後も正倉院文書や東南院文書を分析し、北陸荘園を中心とする「初期荘園」について、開発や経営の実態を明らかにしようとする研究は着々と進められた〔藤井、一九八六など〕。しかし、戦後の「初期荘園」論は藤間説の影響と史料的な制約によって、墾田主体の荘園にほぼ限定され、〈西岡―渡部〉学説

(27) 一九〇一―八二年。日本古代史学者・政治家。戦前にマルクス主義に基づく日本原始・古代史研究を行ない、『日本歴史教程』を編集した。主著は『日本古代社会』『古代社会の構造』。

(28) 一九一三―二〇一八年。日本古代史学者。渡部義通の薫陶をうけ、マルクス主義による古代史研究を進める。著書に『日本古代国家』『日本庄園史』など。

(29) 一九二〇―八七年。日本古代史学者。研究領域は政治史・社会経済史を中心として多方面にわたり、京都大学教授として清新な実証的学風を打ち立てた。主著は『日本古代政治史研究』『日本古代籍帳の研究』。

で展開された二元的起源論は、多くの古代史研究者から忘れ去られた。

　こうした傾向を一方で支えたのは、竹内理三(31)の議論〔竹内、一九五七―六〇〕である。竹内は、渡部・藤間の奴隷制的荘園経営論を批判する一方、熟田主体の荘園を重視する西岡説にも正面から反論した。渡部・藤間批判は戦後の実証的研究に立脚したものだが、西岡批判は違う。竹内は、①ミヤケ・タドコロが荘園に発展した事例はない、②八世紀の「初期荘園」はまず開墾から始まった、などの論拠をあげ、「初期荘園」は「既墾地化した大化直前のミヤケ・タドコロの継承でない」と明言したのである。竹内説は、当時の研究水準では実証的でゆるぎない理解であった。ただその前提には、律令体制下の土地所有が「制限付き、あるいは有期的占有」であることを過度に重視する考え方があり、また論拠の①②も今日では通用しない。とは言え、〈西岡―渡部〉学説の根幹を否定することにより、竹内は墾田一辺倒の一元的起源論、つまり官学アカデミズム本流の通説的理解を強力に擁護したのである。

　墾田起源説による「初期荘園」論が定着するには、もう一つの要因があった。それは古代史研究と中世史研究の乖離である。戦後、竹内理三が編纂した『平安遺文』を基盤として、平安時代の荘園研究が格段に進んだ。それ自体は喜ばしいことだが、主な担い手となった中世史研究者が、奈良時代までの荘園について独自の検討を行なわないまま、古代史の「初期荘園」論に依拠しがちになったと思われる。

(30) なお、現在の知見からすれば、畿内・近国では奴婢を使った荘園経営が行なわれていた可能性がある。長屋王家では奴婢が荘園からの物品進上に使役され、また大和国の離宮、つまり天皇家の荘には官奴婢が所属していたからである。

(31) 一九〇七―九七年。日本古代・中世史学者。戦前より古代・中世の寺院史や荘園史の研究を進める。戦後は九州大学・東京大学史料編纂所の教授として政治史・経済史を攷究。また、『寧楽《なら》遺文』『平安遺文』『鎌倉遺文』を刊行した。著書に『寺領荘園の研究』『律令制と貴族政権』など。

図4　倭屯田の故地(著者撮影)

竹内以後、荘園史の概説は中世史研究者が書いてきたが〔永原、一九七八・一九九八／工藤、一九七八／小山、一九八一／伊藤、二〇二二〕、これも一面的な「初期荘園」論の流布・定着に寄与したのではなかろうか。(32)

「古代荘園」論の提起

長屋王家木簡が出土した一九八八年までに、「初期荘園」論はすっかり定着していた。しかし、冒頭で述べたとおり、この木簡群は墾田法以前からの「熟田主体の荘園」を再評価する原動力となる。ここで銘記すべきは、長屋王家木簡以前から、古代の荘園の長期存続に注目した研究が始まっていたことである。岸俊男の倭屯《やまとのみ》田《た》（**図4**）の研究〔岸、一九八五〕、石上英一の弘福寺《ぐふくじ》領研究〔石上、一九八七〕、仁藤敦史の上宮王家《じょうぐうおうけ》領研究〔仁藤、一九八七〕などである。一九八六年には、弘福寺領山田郡寺田と法隆寺領 鵤《いかるが》荘の総合調査が始まった。かかる気運の中で長屋王家木簡が出現し、さらに古代荘園図の共同研究も進められていく。そして一九九六年、石上英一によって「古代荘園」という研究概念が提示され、「初期

(32) ただし、安田元久『日本荘園史概説』〔安田、一九五七〕は戦前の議論をよく踏まえ、二元的起源論に配慮するところがあった。また、中野栄夫『中世荘園史研究の歩み』〔中野、一九八二〕は、三世一身法や墾田永年私財法以前から「大寺院による大土地所有」があったことに注意を喚起していた。

荘園」論を超克する方向が示された[石上、一九九六]。

石上は、「初期荘園」論の成果を高く評価しつつも、渡部義通のような、律令体制以前から通時代的に大土地所有を分析する視角を欠いていると批判した。そして、「初期荘園」概念が東大寺領荘園、とりわけ北陸荘園の実態に影響されすぎていること、中世荘園と比べて「初期」の未熟性に目が向かいがちで、古代独自の大土地所有の内容・意義が十分に検討されないこと、熟田主体の荘園を含めた、多様な荘園の成立経緯などが軽視されかねないこと、などの理由から「初期荘園」概念を退け、むしろ包括的な「古代荘園」概念を用いて、古代の大土地所有・経営を検討しようと提唱したのである(33)。

さまざまな古文書・荘園図を分析し、フィールド調査を進めてきた石上の提言に、私は深く賛同する。律令体制以前からの歴史をもつ荘園は、一九八〇年代から少しずつ実像を現わしてきた。墾田主体の荘園の研究も、他分野との連携によっていっそう進んでいる。ニュートラルで広やかな「古代荘園」概念は、新しい研究段階にふさわしい。

なお、九〇年代の古代荘園論については、吉田孝説[吉田孝、一九九二]も見逃せない。吉田は、大化前代には畿内・近国に中央豪族のタドコロが設けられたが、それらは律令体制下でも否定されることなく、旧来の領地は位田、一族の口分田、功田、

(33) 石上の表現によれば、古代荘園とは「古代大土地所有の様々な実現形態のうち、大寺院や貴族などに領有され、田畠などの耕地からなり、あるいは野山岡林などの非耕地を付随した領域として設定され、ある場合には荘所・三宅などの経営管理施設を付随させる大土地経営体」である。ここに言う「三宅」とは「荘所」(荘)とほぼ同義であるが、古代荘園を幅広く考えるためには、荘所のみでほぼ完結するものも含めたほうがよかろう。

賜田などとして生き残ったとする。墾田だけでなく、熟田を主体とする荘園にも注目すべきだとする吉田の議論は、まさしく二元的起源論の復活を告げるものであった。そして墾田永年私財法以降、王臣家の荘園が全国に拡大していくとも論じ、熟田主体荘園・墾田主体荘園の地域的な偏差と、墾田法の歴史的意義(34)に改めて注意をうながしたのである。

古代荘園研究の方法と課題

古代荘園の研究史を長々と綴ってきたが、あくまで「荘園起源論」に的を絞ったものであり、古代・中世の荘園研究はさらに大きな広がりをもっている。とは言え、古代荘園論が新たな視角と方法をそなえ、荘園史全体の再検討に寄与してきたことだけは疑いない。九〇年代以降、新しい寺領荘園研究が進み［鷺森、二〇〇二］、律令土地制度史との整合的理解が試みられ［北村、二〇一五］、新動向を踏まえた概説が著された［佐藤、二〇〇四／戸川、二〇一三］。本書の刊行もそうした研究潮流のなかにある。

もはや一元的起源論（墾田起源説）をとる初期荘園研究に立ち戻ることはできない。それでは、古代荘園研究はいかなる方法を重視するべきなのか、また今後の古代荘園論の課題は何か。本書に収めた諸論文の位置づけをかねて、最後に関説しておき

(34) 吉田は、律令体制の変質を示すとされてきた墾田永年私財法を、墾田を含めた田地全体に対する国家支配を深化させたものと評価した。ただ、この説には異論も多く、墾田を自由に処分できる制度が生まれたことは、やはり重要な転換点と見るべきであろう。

たい。

第一に、石上英一が範を示したように、地域に即した実態的検討を重ね、個別荘園の知見を豊かにし、それらを総合して古代荘園の総体的理解を深めていくことである。そのためには、東大寺関係文書だけでなく、幅広い古代の伝世史料を検討するとともに、木簡・墨書土器などの出土文字史料、古代荘園図、さらに文学作品の分析も進めねばならない。文献史料の乏しい荘園では、考古学的・地理学的知見が格別の意味をもつ。こうしたことは各地の荘園調査で当然のこととして遂行されてきたが、個人レベルでもできることは少なくない。本書に収めた武井紀子(文献史学)「出土文字史料からみた古代荘園」、山本悦世(考古学)「備前国鹿田荘を発掘する」、上杉和央(地理学)「古代荘園図の広がり」、さらに奥村和美(日本文学)「大伴家持と荘園」は、さまざまな歴史資料・歴史情報をどう活用するか、隣接する研究領域といかに協業するかを考えるための作業なのである。

第二に、古代史研究と中世史研究の連携である。これにはいくつかの側面があり、まずは新しい古代荘園論と新しい中世荘園制論の対話・連携が不可欠である。中世荘園制研究の達成を正しく知ることは、古代荘園の特質を再考するための契機となる。古代荘園から中世荘園への移行過程を、研究の現段階において跡付けなおすことも有益であろう。本書の佐藤泰弘「古代荘園から中世荘園へ」は、まさしくそのための論考である。また、中世史料を遡源的に活用することで、古代荘園を考える材料を拡大するのも、ひとつの連携の形である。吉川「古代荘園の歴史」の方法的課題は、まさしくこの点にあった。

ほかにも古代荘園研究の課題は多い。同じ荘園が長期存続したとしても、時期によって所有・経営の内実は違う。その変化を解明しない限り、平板な由緒・伝領研究になりかねない。そのためにも、熟田主体の荘園の経営実態を具体的に考察する必要があろう。さまざまな課題を自覚しつつも、古代荘園の実像がいっそう明らかになり、古代史研究の視界が大きくひらかれることを期待するものである。

引用・参考文献

石上英一、一九八七年「弘福寺文書の基礎的考察」『東洋文化研究所紀要』一〇三(のち同『古代荘園史料の基礎的研究　上』塙書房、一九九七年に収録)
石上英一、一九九六年「古代荘園と荘園図」金田章裕ほか編『日本古代荘園図』東京大学出版会
伊藤俊一、二〇二一年『荘園』中央公論新社
今井林太郎、一九三九年『日本荘園制論』三笠書房
内田銀蔵、一九二一年「日本経済史概要」『日本経済史の研究　上巻』同文館
川上多助、一九一五年「荘園の起源」『歴史地理』二六(のち同『日本古代社会史の研究』河出書房、一九四七年に収録)
岸　俊男、一九五二年「越前国東大寺領庄園の経営」『史林』三五―二(のち同『日本古代政治史研究』塙書房、一九六六年に収録)

岸　俊男、一九八五年「「額田部臣」と倭屯田」末永先生米寿記念会編・発行『末永先生米寿記念献呈論文集』（のち同『日本古代文物の研究』塙書房、一九八八年に収録）
北村安裕、二〇一五年『日本古代の大土地経営と社会』同成社
工藤敬一、一九七八年『荘園の人々』教育社
栗田　寛、一八八八年『荘園考』大八洲学会
黒板勝美、一九三二年『国史の研究　各説　上巻（更訂）』岩波書店
小山靖憲、一九八一年「古代荘園から中世荘園へ」『歴史地理教育』三二九（のち同『中世寺社と荘園制』塙書房、一九九八年に収録）
鷺森浩幸、二〇〇一年『日本古代の王家・寺院と所領』塙書房
佐藤泰弘、二〇〇四年「荘園制と都鄙交通」『日本史講座3』東京大学出版会
重野安繹・久米邦武・星野恒編、一八九〇年『稿本国史眼』大成館
清水三男、一九四二年「中世村落研究の歴史」『日本中世の村落』日本評論社
田井啓吾、一九三七年「荘園発達過程の一考察」『史林』二二―四
竹内理三、一九五七―六〇年「講座日本荘園史」『日本歴史』一〇三～一六二（のち同『竹内理三著作集　第七巻』角川書店、一九九八年に収録）
藤間生大、一九四七年『日本庄園史』近藤書店
戸川　点、二〇一三年「古代の荘園」『荘園史研究ハンドブック』東京堂出版
中田　薫、一九〇六年「日本庄園の系統」『国家学会雑誌』二〇―一・二（のち同『法制史論集　第二巻』岩波書店、一九三八年に収録）
中野栄夫、一九八二年『中世荘園史研究の歩み』新人物往来社
永原慶二、一九七八年『若い世代と語る日本の歴史12　荘園』評論社
永原慶二、一九九八年『荘園』吉川弘文館
奈良国立文化財研究所、一九九六年『平城京長屋王邸跡』吉川弘文館

西岡虎之助、一九三三年a「荘園制の発達」『岩波講座日本歴史』岩波書店(のち同『荘園史の研究　上巻』岩波書店、一九五三年に収録)
西岡虎之助、一九三三年b「ミヤケより荘園への発展」『市村博士古稀記念東洋史論叢』冨山房(のち同『荘園史の研究　上巻』前掲に収録)
仁藤敦史、一九八七年「「斑鳩宮」の経済的基盤」『ヒストリア』一一五(のち同『古代王権と都城』吉川弘文館、一九九八年に収録)
早川二郎、一九三七年「王朝時代庄園制度発生の諸前提」『歴史評論』一九三七年一月(のち同『早川二郎著作集2』未来社、一九七七年に収録)
福田徳三、一九〇七年『日本経済史論』宝文館
藤井一二、一九八六年『初期荘園史の研究』塙書房
星野　恒、一八九一―九二年「守護地頭考」『史学会雑誌』二五〜二九(のち同『史学叢説　第一集』冨山房、一九〇九年に収録)、
三上参次、一九四三年『国史概説』冨山房
安田元久、一九五七年『日本荘園史概説』吉川弘文館
吉川真司、二〇一七年「平城京南郊の古代荘園」栄原永遠男ほか編『歴史のなかの東大寺』法蔵館
吉田一徳、一九六五年『大日本史紀伝志表撰者考』風間書房
吉田　孝、一九八三年『律令国家と古代の社会』岩波書店
吉田　孝、一九八七年「トコロ覚書」青木和夫先生還暦記念会編『日本古代の政治と文化』吉川弘文館(のち同『続律令国家と古代の社会』岩波書店、二〇一八年に収録)
吉田　孝、一九九一年「律令国家と荘園」『講座日本荘園史2』吉川弘文館(のち同『続律令国家と古代の社会』前掲に収録)
吉田東伍、一九一六年『庄園制度之大要』日本学術普及会
渡部義通、一九三六年『日本古代社会』三笠書房

古代荘園の歴史

吉川真司

はじめに——ヤマトのミタ・ミヤケ
1　法隆寺領播磨国揖保荘(鵤荘)——ミヤケの系譜
2　興福寺領摂津国草和良宜村(沢良宜荘)——タドコロの系譜
3　東大寺領美濃国大井荘——墾田永年私財法以後
おわりに——寺領荘園というもの
コラム　**不比等と房前の荘園**

はじめに――ヤマトのミタ・ミヤケ

『日本書紀』にこんな話がある。倭王イクメイリヒコ（垂仁天皇）は王子のオホタラシヒコ（のちの景行天皇）に命じて、ヤマトのミタ（倭屯田）を設定させた。イクメイリヒコは言った。「このミタは倭王のための水田だ。王位についていない者が領有してはならない」と。それから数代を経て、倭王ホムタワケ（応神天皇）が死去すると、ミタを横取りしようとする王子が現われた。出雲臣《いずものおみ》の祖・オウ宿祢《すくね》はミタの管理人として、オホサザキ（のちの仁徳天皇）にこのことを申し上げ、現地の歴史をよく知る倭直《やまとのあたい》の祖アゴコに証言させて、奸計を封じたというのである。[1]

イクメイリヒコは四世紀前半の倭王である。ヤマトのミタは彼の治世に設定されたという。倭国の王たちが代々受け継いでいく広大な領地、[2]後世の言葉を使えば「倭王の渡領《わたりりょう》」が誕生したのである。中央の王族・貴族や寺院による大土地所有・経営体を「荘園」と呼ぶなら、これが古代荘園[3]のごく初期の例ということになる。[4]

ミタに関する『日本書紀』の記事をたやすく信用してよいのか――戦後の古代史研究になじんだ人なら、そう疑いたくもなるだろう。しかし、大丈夫である。岸俊男の研究によって〔岸、一九八五〕、ヤマトのミタが現在の奈良県桜井市江包《えつつみ》・大西

（1）『日本書紀』仁徳即位前紀。

（2）古代・中世史研究では、「所領」と呼ぶことが多いが、ここでは簡便な「領地」の語を用いる。

（3）「古代荘園」概念については、本書、吉川「〈古代荘園〉を考える」を参照。

（4）イクメイリヒコ朝には、大和国の来目《くめ》邑《むら》にもミヤケを立てたと伝える（『日本書紀』垂仁二七年是歳条）。

（5）『古事記』景行天皇段に「倭屯家」（ヤマトのミヤケ）を定めたという記事が見える。『日本書紀』は景行五七年一〇月条に「諸国に令して田

あたりにあったこと、それが天皇の食料をつくる三〇町の官田（大宝令では屯田）として律令体制下に引き継がれたこと、中世には興福寺・興福寺大乗院領の出雲荘という荘園になったことが論証されたからである。現地のすぐ東には纏向《まきむく》遺跡という三―四世紀の巨大集落遺跡があり、初期倭王権の政治的中枢と考えられる。イクメイリヒコ（垂仁）もオホタラシヒコ（景行）も纏向に王宮を営んでいた。つまり王権のお膝元にミタが置かれたわけであるが、やがて王宮が別の地に移ると、ミタの経営施設「ヤマトのミヤケ」が設定されたらしい。(5) こうして四世紀に始まるミタ・ミヤケが、八―九世紀になっても官田として生き残り、古代荘園として四〇〇年以上も存続したと考えられるようになった。(6)

私がこの学説を初めて知ったのは、一九八四年五月、岸の京都大学退官記念講演においてであった。とても斬新で面白いが、厳密な論証で知られる岸にしては、推論にわたる部分が多すぎないか――当時はそう思った。しかしその後、いくつかの古代荘園が律令体制以前から長期存続したことがわかってくると、この説はやはり核心を突いていたと考えるようになった。そして、古代・中世の文献史料を縦横に読み解き、考古学・歴史地理学・民俗学の知見を活用する岸の研究方法が、この分野では必須であることを確信した。

古代荘園は四世紀前半には発生しており、中世荘園は一一世紀中葉ころから確立

部・屯倉を興す」と記し、翌年オホタラシヒコ（景行）が纏向日代宮《ひしろのみや》から近江高穴穂宮《たかあなほのみや》に遷居したとする。王宮移転にともない、ヤマトのミタにもミヤケ（経営施設）が置かれたと見れば、一応つじつまは合う。ホムタワケ（応神）が死去すると、この「倭屯田及屯倉」が横領されかけたのである。

（6） 大宝・養老令によれば、天皇の食料を作る官田（屯田）は畿内に一〇〇町、うち三〇町が大和国に置かれ、田司（屯司）が経営した。『延喜式』の規定では大和国官田は一六町に減じ、九町を宮内省が、七町を大和国司が経営した。しかし、承和二年（八三五）には「御稲」が山城・摂津・河内の三国から貢進されてお

していく。単純計算にして、古代荘園は七〇〇年の歴史をもっていたことになる。この間に前方後円墳体制から律令体制、さらに初期権門体制へという国家体制の変革があった。そうしたなか、古代荘園はどのような歴史を刻んでいったのだろうか。本章は、中世まで生き残った三つの古代荘園を取り上げ、それぞれの個性的な歩みを追うことによって、古代荘園の長い歴史を眺めわたそうとする、ささやかな試みである。

1　法隆寺領播磨国揖保荘（鵤荘）——ミヤケの系譜

中世の鵤荘と古代の揖保荘

播磨国揖保《いぼ》郡の東南部、現在の兵庫県太子《たいし》町に鵤荘《いかるがのしょう》という中世荘園があった。もよりのJR網干《あぼし》駅へは、姫路駅から下り電車に乗って一〇分ほどである。現地は林田川東岸の平野で、嘉暦四年（一三二九）の荘園図によれば、鵤荘の水田面積は三六一町（約四・一平方キロメートル）にのぼった。ただし、この面積には一二世紀以降に荘内へ取り込んだ片岡荘の面積が含まれ［小林、一九八九］、また延徳二年（一四九〇）の『鵤御荘当時日記』は、実際の面積が二四九町余りであったと述べている。領主は大和国の法隆寺である。中世の法隆寺は、室町時代までこの荘園の年貢に

り（『類聚三代格』巻一〇、貞観四年二月一五日太政官符）、大和国官田は九世紀中葉までにほとんど実体を失い、公田になった可能性がある。一〇―一一世紀、その公田が興福寺領出雲荘となるが、荘域は現在の江包（北）と大西（南）の二地区にわかれていた。周辺には興福寺領の興田南荘と大泉荘もあり、元来はひと続きの公田であった。一二世紀、興福寺（寺門）領出雲荘に重なる形で興福寺大乗院領の出雲荘が生まれ、興福寺領は大乗院に支配を委ねて「負所《おっしょ》」化する。つまり古代のミタと中世の荘園が系譜的連続性をもつわけではないが、同じ水田（熟田）は存続していたのである。

支えられていた[太子町史編集専門委員会編、一九九六]。法隆寺は斑鳩にあったから「斑鳩寺」とも称されたが、そのため法隆寺の荘園を現地の人々は「イカルガ荘」と呼んだらしい。大安寺領荘園の地に「大安寺」、興福寺(山階寺《やましなでら》)領荘園の地に「山階」、弘福寺《ぐふくじ》(川原寺《かわはらでら》)領荘園の地に「川原城」といった地名が、今でも残っているように[7]。平安時代後期には、鵤荘のなかに法隆寺の末寺が建設され、この寺院も地名をとって「斑鳩寺」と呼ばれるようになった。いささか複雑だが、大和斑鳩の法隆寺が、播磨の斑鳩寺(および隣接する政所《まんどころ》)を拠点として、中世鵤荘を支配したというわけである。

一四世紀の荘園図を見ると、鵤荘は水田だけから構成されたのではなく、村や山々を含みこむ「領域型荘園」だったことがわかる。典型的な中世荘園であるが、中世鵤荘がどのように成立したかについては、不明な部分が多い。『法隆寺別当次第』によれば、親誉《しんよ》が別当であった時期(一〇三九—四八)に「寺家の田畠の四至《しいし》(領域)」に関する「官省符宣旨《かんしょうふせんじ》」(認定書)を獲得し、実検の使者を「播磨の鵤御荘」に派遣した。また、別当公範《こうはん》のころ(一〇七〇—七四)にも目代《もくだい》を赴かせている。鵤荘が中世的な領域型荘園として確立したのは、一一世紀中葉のことと考えてよかろう。しばらくして荘内に斑鳩寺が創建され、鵤荘は聖徳太子信仰に護られた中世荘園として一六世紀まで存続していく。

(7)「大安寺」は奈良県田原本町(森屋荘)や岡山市(大安寺荘)、「山階」は滋賀県長浜市(山階荘=坂田荘)、「川(河)原城」は奈良県広陵町(広瀬荘)や天理市(山辺荘)などにある。ほかにも「東大寺」「嘉祥寺」「飛鳥路」などの荘園地名が各地に残る。

しかし、鵤荘は平安時代に突然生まれたのではない。古代荘園としての前史が確かにあり、法隆寺領としての成立は七世紀にさかのぼる。天平一九年(七四七)の「法隆寺伽藍縁起并流記資財帳《がらんえんぎならびにるきしざいちょう》」(8)の縁起によれば、戊午年(五九八)、聖徳太子が経典を講説したため、推古天皇は「播磨国佐西《させ》地五十万代」を布施として奉り、太子はこれを斑鳩寺・中宮尼寺・片岡僧寺の三寺に施入《せにゅう》(寄進)したという。資財帳に播磨国揖保郡の水田二一九町一段八二歩と見えるものである。斑鳩寺(若草《わかくさ》伽藍)の創建は七世紀初期と考えられるから[菱田、一九八六]、寺田《じでん》(9)の成立はそれ以降となる。さしあたり、七世紀前葉のことと考えておこう。なお、『日本書紀』は推古一四年(六〇六)、聖徳太子が水田一〇〇町を賜わり、斑鳩寺へ施入したと記している。他の史料もすべて推古朝の施入とするが、水田の面積については二七三町五段とか、三六〇町とか、さまざまな伝承がある。(10)

資財帳が「播磨国佐西地」と記した古代法隆寺領は、「伊穂荘」とも「佐勢荘」とも称された。(11) 伊穂荘は「揖保荘」のことで、古代荘園はこのように国や郡の名で呼ばれることが少なくなかった。ここでは一般的な郡名表記を用い、「揖保荘」と呼ぶことにしよう。この古代荘園は法隆寺領として四〇〇年以上を経たのち、一一世紀中葉になって中世荘園へと転成したのである。

(8)『大日本古文書』二巻五七八頁、『寧楽遺文』中巻三四四頁。その名の通り、法隆寺の由来を述べた「縁起」部分と、資財を記した「資財帳」部分からなる。

(9)寺田とは、寺院が領有した水田。熟田(開発が済み収穫のある田)で、原則としてずっと所有でき、かつ不輸租《ふゆそ》(田租を国家に支払わなくてよい)という特権をもつ。これに対し、寺院がもつ墾田は輸租が原則であった[鷺森、二〇〇一]。

(10)『日本霊異記』は二七三町五段余、『扶桑略記』は二七〇余町、『上宮聖徳法王帝説』は二七三町五段二四歩・三六〇町、『聖徳太子伝略』は三六〇町とする。

風土記からみた古代の揖保荘

「法隆寺伽藍縁起并流記資財帳」で注目されるのは、揖保郡の法隆寺領が水田だけではなかったことである。そこには一二町二段の薗地《えんち》（畠）、山が五つ、池が一つ、さらに「荘」が一処、記載されている。八世紀中葉の法隆寺がもっていたこれらの領地は、先に述べた二一九町余の水田とどのような関係にあったのだろうか。

このことを考えようとするとき、揖保荘（鵤荘）が恵まれた荘園であることに、改めて気付かされる。古代の資財帳、中世の荘園図に加えて、七一〇年代に成立した『播磨国風土記《はりまのくにふどき》』がこの地域の地誌・伝承を豊かに伝えているからである。それだけではない。一九八六年から九四年にかけて「播磨国鵤荘現況調査」が実施され、七冊の報告書には文献史学・歴史地理学・考古学の成果だけでなく、水利・地名・伝承に関するデータが満載された〔太子町教育委員会編、一九八八—二〇〇四／龍野市教育委員会編、一九九三〕。つまり私たちは、風土記／資財帳／荘園図という三層の史料を重ねるだけでなく、つい最近まで現地に残っていた歴史情報を活用して、揖保荘を考えることができるのである。

そこで『播磨国風土記』の揖保郡の記事を、資財帳・荘園図・現地名と比べてみると、**表1**のような対応関係が見出される。(12) これを中世鵤荘の荘域とともに地図に示したのが、**図1**である。結果は一目瞭然であろう。資財帳の五つの山のうち、少

(11) 伊穂荘は『太子伝玉林抄』巻一五、佐勢荘は東大寺本『聖徳太子伝記』に見える。

(12) 風土記の地名比定では、今も井上通泰『播磨国風土記新考』〔井上、一九三一〕の影響力が強い。私見と異なるのは佐比岡・佐岡の比定である。井上は「佐用岡村」という現地名を重視したが、これは近代にできた地名である。むしろ坊主山付近の現地名「佐用岡山」、および荘園図の「佐岡寺」「六条佐岡」の記載を重視せねばならない。

表1　揖保荘の構成と地名

法隆寺伽藍縁起并流記資財帳	播磨国風土記	中世鵤荘図	現地名
佐西地五十万代	(枚方里とその周辺？)		
水田　播磨国揖保郡219町1段82歩		(361町)	
薗地　播磨国揖保郡12町2段			
山林　播磨国揖保郡五地			
於布弥岳	大見山(枚方里)	行道岡	檀特山(f)
佐伯岳	佐比岡(枚方里)	佐岡山	佐用岡山(坊主山)(b)
佐乎加岳	佐岡(枚方里)	佐岡寺・六条佐岡	前山(d)
小立岳		小立岡	太子山(h)
為西伎乃岳			
池　播磨国揖保郡佐々山池一塘	佐々山(神尾山,枚方里)	楽々山	笹山(a)
荘　播磨国揖保郡一処			

なくとも四つは中世鵤荘の領域に含まれていた。資財帳の「佐々山池」も、荘園図の楽々山(今の笹山)付近にあった溜め池と見てよい。これらの山や池はすべて枚方里《ひらかたのさと》に含まれたが、同時にそれらは中世鵤荘の荘域内に位置していたのである。資財帳の二一九町余の水田も、おおむね同じエリアにあったと考えるべきであろう。つまり、古代揖保荘の荘域は中世の鵤荘とあまり変わらなかったと考えるのが、最も妥当である。

『播磨国風土記』からは、古代荘園と村落の関係もよく見えてくる。風土記が語る七一〇年代の揖保郡は、一八の里(のちの郷)からなっていた。一つの里には二—三の村落が含まれ、

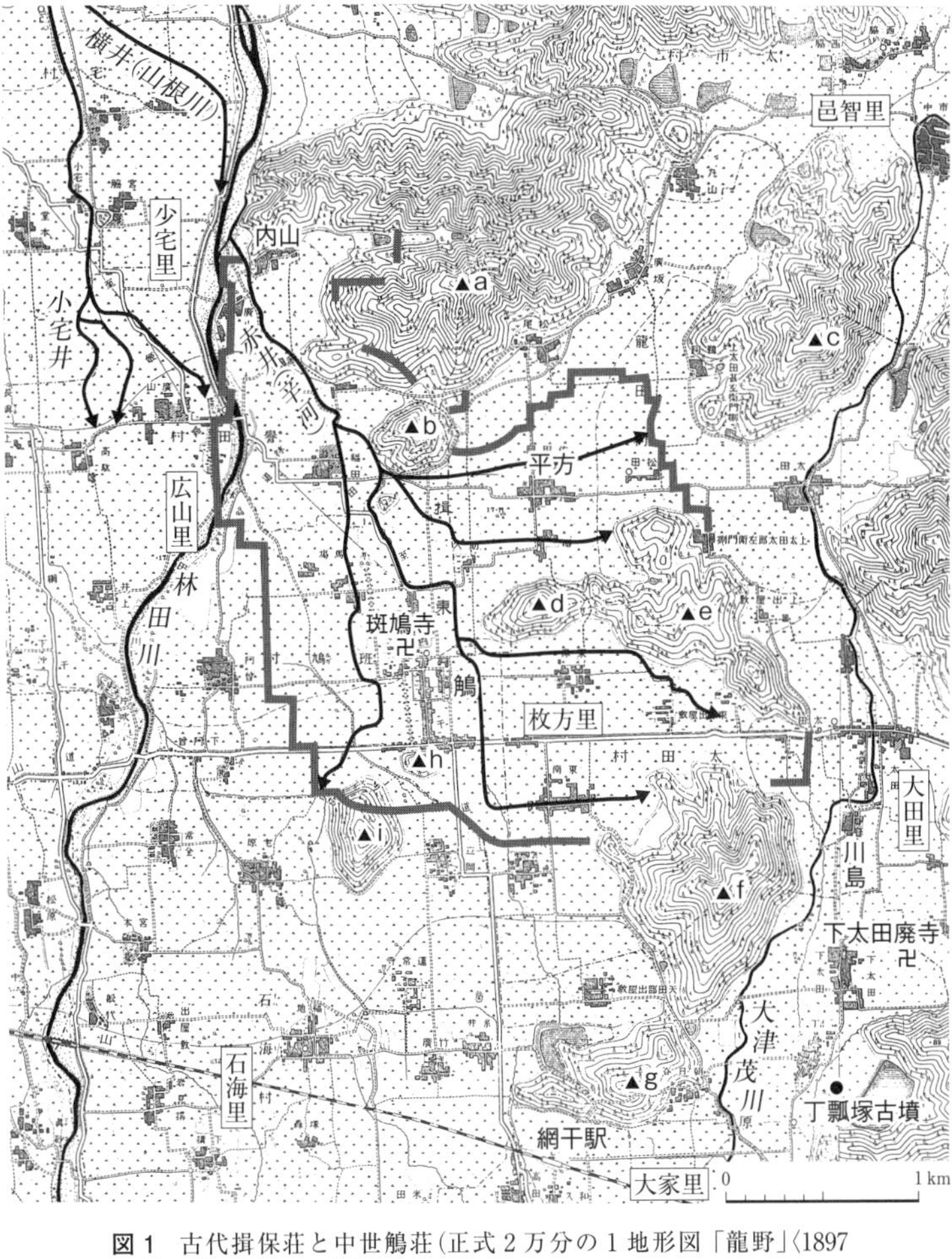

図 1　古代揖保荘と中世鵤荘(正式 2 万分の 1 地形図「龍野」〈1897 年〉・「姫路」〈1896 年〉をもとに作成)
a 笹山　b 佐用岡山(坊主山)　c 馬山　d 前山　e 丹生山　f 檀特山　g 朝日山　h 太子山　i 立岡山
：中世鵤荘の荘域
：用水路(近世・近代)

人口は一一〇〇人程度だったと考えられる。古代揖保荘(≒中世鵤荘)は、先述のように、おおむね枚方里にあったと見てよく、一部は隣接する広山里・大田里・大家《おおやけ》里などにかかっていた可能性もある。(13) つまり揖保荘は、広大な水田や山々のみならず、いくつかの村落と一〇〇〇人をこえる人々を包み込む古代荘園だったのである。一見すると、中世の領域型荘園によく似たイメージである。

古代揖保荘の水田と経営

揖保荘の水田について、もう少し検討してみよう。くどいようだが、揖保荘と枚方里の領域は大きく重なり、揖保荘内に暮らす人々の大部分は枚方里の公民だったらしい。枚方里のエリアは、村落と田畠・未墾地・山林などから構成されたはずである。この里の公民の口分田《くぶんでん》は、一四〇―一八〇町程度であったと推測されるが、(14) これと揖保荘の水田二一九町余はどのような関係にあったのだろうか。

口分田と揖保荘水田がともに枚方里エリアに含まれたと考えるのは、中世鵤荘の面積から推せば、およそ現実的ではない。そこで第一の可能性として、枚方里エリアの水田がすべて揖保荘の寺田であったと考えてみよう。法隆寺はこれを枚方里の公民に小作させて二〇パーセントの小作料を取り(賃租)、その一方、公民たちの口分田は枚方里以外にあったと見るわけである。「初期荘園」は賃租経営されたとい

(13)『和名類聚抄』にも郡ごとの郷(かつての里)を列挙した部分があるが、その内容はおおむね九世紀前葉のものと考えられる。揖保郡の郷数は風土記とほぼ同じだが、揖保荘周辺では枚方里が姿を消している。周辺の郷に吸収されたのであろう。

(14) 口分田は、律令体制下で六歳以上の人民に「班給」された水田(熟田)。良民男性は二段、女性は一段一二〇歩、賤民男性の家人・奴は二四〇歩、賤民女性の家女・婢は一六〇歩を基準とする。枚方里の口分田に関する直接の史料はないが、天平七年(七三五)の相模国では、一つの郷(かつての里)の水田面積は一四〇―一八〇町と推計されているので[高島、二

うのが通説だから、それには適合する。しかし、一四〇―一八〇町もの口分田を周辺の里に置くことは可能だったか。そもそも自分たちの村落とともに続いてきた耕地に、公民たちが高い小作料を支払うだろうか。

　そこで、第二の可能性を考えたい。すなわち、枚方里エリアの水田はみな揖保荘の寺田だったが、律令体制下ではこれを公民たちの口分田と見なし、徴収した三パーセントの田租《でんそ》を法隆寺の取り分にしたと想定するのである。突拍子もない考え方かもしれないが、古くから行なわれてきた耕作・経営の慣習を、新しい律令土地制度と整合するよう読み替えた、と見るわけである。これでは法隆寺の収益が少なすぎるようだが、律令地方財政と同じことで、蓄積した田租を出挙《すいこ》（高利貸し）して、利稲《りとう》（利子）を増殖させればよいのである。揖保荘の現地事務所が出挙経営の拠点でもあったとするのは、ごく自然な考え方であろう。

　この想定が正しいとすれば、枚方里の公民は、田租や出挙利稲を法隆寺に支払い、調庸や雑徭《ぞうよう》を播磨国司・揖保郡司に徴収されたことになる。これは中世荘園において、雑役《ぞうやく》が領主の重要な収益であったのとだいぶ違う。いずれにせよ、枚方里が公民をたばねる行政単位であったのに対し、揖保荘がそうした機能をもたなかったことは確かである。古代揖保荘と中世鵤荘は景観的によく似ているが、揖保荘は中世的な領域型荘園とは大きく異なるものだったのである。

〇一七〕、この数字を用いることにする。

弥生時代から続く水田

七世紀前葉に成立した古代揖保荘は、新たに開発された荘園とは考えられない。弥生時代以来の長い歴史をもつ水田が、ひとまとまりの形で法隆寺に施入されたものと推定される。このことを考古学の調査成果と『播磨国風土記』の伝承から跡づけてみたい。

まず考古学的な知見であるが、揖保荘周辺では、縄文後期〜弥生前期に水田耕作が始まった〔岸本、二〇〇四〕。斑鳩寺や平方《ひらかた》にあった大集落は弥生時代を通じて存続するが、集落の数は中期半ばから急に増え、後期になるとまた減る。最盛期の中期後半には、鵤に大集落が営まれ、平方や内山、また荘域に東接する川島などにも有力な集落があった。弥生後期になると、多くの集落は姿を消すか、場所を移したが、これは政治変動の現われかもしれない。やがて古墳時代に入ると、荘域の東南に丁瓢塚《よろひさごづか》という初期前方後円墳が出現した。その後も荘域内に小規模な古墳が築かれ、農耕社会の存続をうかがわせるが、強い勢力は見あたらない。ただ古墳時代後期に、丁《よろ》古墳群で渡来系の石室が築かれたことは注目される。

『播磨国風土記』は、揖保荘周辺の歴史をどう語っているだろうか。伊和大神《いわのおおかみ》や大汝命《おおなむちのみこと》（大国主《おおくにぬし》）の国作りにまつわる伝承はさておき、倭王ホムタワケ〔品太天皇、

（15）支配者が高い場所に登り、土地や人民の様子を望見することで、支配権を表わす行為。ホムタワケは枚方里の御立阜（今の立岡山）でも国見をしたというが、この岡が

応神天皇）の事績がいくつも伝えられていることは見逃せない。ホムタワケは、揖保荘北東の邑智《おおち》里（邑智駅家《うまや》）や北の林田里を巡行した。また、荘域内の大見山（今の檀特山）で国見《くにみ》(15)を行ない、その沓《くつ》や杖の跡が岩の窪みとして残っている(16)（図2）。南隣の大家里には行宮《あんぐう》を造り、大法山《おおのりやま》（今の朝日山）で法を宣布したが、行宮のための酒殿はその西方の石海《いわみ》里に建てられた、などと。こうした伝承は、細部にわたる信憑性はともかく、五世紀までに倭王権の直接支配がこの地に及んだことを示すものであろう。

図2　檀特山の伝説の岩（著者撮影）

そののち開発と移住の時代が訪れた、と風土記は語る。揖保荘とほぼ重なる枚方里は、倭王オホサザキ（難波高津宮天皇、仁徳天皇）の時代に筑紫の田部《たべ》(17)によって開墾され、田部たちは五月になると佐岡（今の前山）で酒宴を開いた。また、東隣の大田村の与富等《よふと》（今の丁《よろ》）は、ウジノワキイラツコ（宇治天皇、仁徳の弟）の時代、宇治連《むらじ》の先祖が開発したという。つまり、ホムタワケの子の世代に開墾が進められたことになる。ただ、この地域は弥生以来の水田地帯で、地形変動も少なく安定した地勢だったから、

揖保荘に含まれるかどうかは決めがたい。

(16)　檀特山の山頂近くには今もその大岩がある。中世の鵤荘図にも「黒小馬蹄跡」が描かれるが、これは聖徳太子の愛馬のひづめ跡である。伝説の主人公がホムタワケから聖徳太子に変化したわけである。

(17)　ミヤケの耕作に使役された人民。筑紫（九州）のミヤケの初見は、磐井《いわい》の乱の贖罪のため献上された糟屋《かすや》屯倉である（『日本書紀』継体二二年一二月条）。「筑紫の田部」は六世紀以後の知識による表現かもしれない。ただし、『日本書紀』神功皇后摂政前紀には、筑前国の神田開発伝承が見える。

ゼロから開発されたとは考えにくい。水田の拡大・改良事業と見たほうが史実に近いだろう。

しばらくして渡来人がやってきた。枚方里は、河内国茨田《まんだ》郡枚方里（今の大阪府枚方市の一部）の漢人《あやひと》(18)が移住してきたため、そう呼ばれたという。出雲の大神がいます神尾山《かみおやま》（今の笹山）の麓に彼らは住み、佐比岡《さいおか》（今の坊主山）で大神を祭った。漢人の活躍は林田里や少宅《おやけ》里（荘域西方）でも語られている。漢人が渡来したのは四世紀末―五世紀のことらしいが、その一部が揖保の沃野に移り住み、祭祀権を握ったのである。渡来人による開発の伝承は、大田里や大家里にもある。(19)倭王権の支配が進んでいくなか、さまざまな人々が揖保荘周辺に移住し、その過程で開墾もなされ、水田はいよいよ拡大したと考えておきたい。

中世の鵤荘には、荘園図にも描かれているが、赤井《あかゆ》（辛河《からかわ》）という基幹用水路があった［小林、一九九三／梶木、一九九三］。林田川から井堰《いせき》で水を引き、荘域を東部・南部まで潤す用水である。林田川は水量が豊かでないため、一―二キロ西方を流れる揖保川の水を小宅井《おやけゆ》、さらにその分流の横井（山根川）という用水路を使って林田川に落とし、赤井へと導いた（**図1**）。鵤荘周辺の用水体系は中世以来のものだが、起源が古代にさかのぼることも考えてよい。法隆寺資財帳の「佐々山池」だけで、広大な揖保荘全体に水が行きわたるはずがないからである。「カラカワ」という呼

(18) 記紀はホムタワケ（応神）朝に東漢《やまとのあや》氏の祖・阿知使主《あちのおみ》が渡来したと述べ、『新撰姓氏録』逸文は、その際に「七姓漢人」が従ってきたこと、故郷の人民たちを召喚したことなどを記す。後者の渡来人は村主《すぐり》姓をもつが、そのなかに「平方村主」がいて、これが枚方里の漢人と関係するらしい。

(19) 呉勝《くれのすぐり》は韓国《からくに》からの渡来人だが、紀伊国名草郡大田村から摂津国島上郡大田村を経て、当地の大田里にやってきたという。また七世紀、小治田《おはりだ》河原天皇（推古天皇か斉明天皇）の治世に、大倭の千代勝部《ちしろのすぐりべ》らが大家里で開墾したとの記事もある。

称から、赤井が渡来人によって開かれたことも想定しながら、さらに調査・研究を進める必要があるだろう。(20)

ミヤケの系譜

倭王の支配に始まり、移住民による水田の拡大を経て、揖保荘の地は七世紀前葉に法隆寺へ施入された。それでは、法隆寺領となる直前、この地はどのように支配されていたのだろうか。結論から述べれば、私は推古天皇（額田部《ぬかたべ》皇女）のミヤケであったと推定している。ミヤケ起源説は従来から有力な考え方で［仁藤、一九九八／鷺森、二〇〇一］、ミヤケから荘園への発展を論じた西岡虎之助説［西岡、一九二三］（本書、吉川「〈古代荘園〉を考える」参照）を継承するものだが、改めてその具体像を考えてみよう。

まず、ミヤケについて略述しておく。「はじめに」でミヤケを「ミタの経営施設」と述べたが、むしろミヤケとミタをあわせた経営体の全体をミヤケと呼ぶことが多かった。荘園の「荘」が経営施設で、荘と荘田をあわせた経営体全体が「〇〇荘」と呼ばれたのと同じことである。記紀には四世紀の倭屯倉《やまとのみやけ》、五世紀の茨田屯倉・依《よ》網《さみ》屯倉(21)など、倭王権のお膝元に設けられた重要な屯倉が現れる。六世紀になると、磐井《いわい》の乱のおわびとして糟屋《かすや》屯倉(22)が献上されたのを皮切りに、各地に屯倉が設定さ

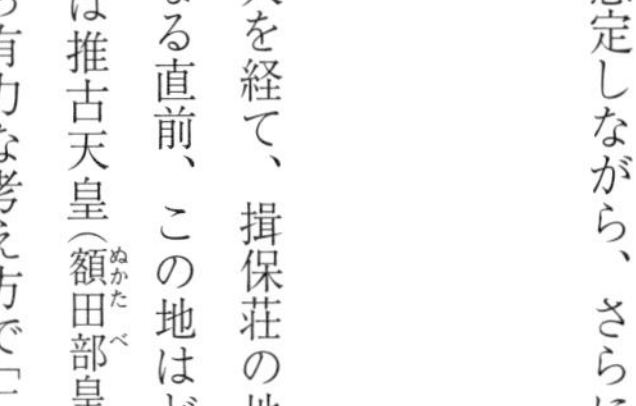

枝分かれする赤井（著者撮影）

(20) 風土記には用水路に関わる伝承も見える。少宅里を流れる細螺《しただみ》川は、百姓が水田を作って溝を開削したところ、多くの細螺（小形の巻貝）が生息し、いつしかその溝が川になったものという。今でも小宅井の本流・分流は、小川のような水量をもっていて、小貝もたく

れていくが、その多くは地方豪族の支配地を召し上げたものであろう。こうしてミヤケ支配は拡大し、白猪《しらい》屯倉・児島《こじま》屯倉のような先進的な経営も始まった。(23)

こうしたミヤケの多くは大王の支配下にある領地と考えられ、「倭王の渡領」とされるものもあった。しかし、ここが肝要なのだが、王族たちの領地もまたミヤケと呼ばれたのである。大化改新の際に、①むかしの天皇が立てたミヤケと、②臣《おみ》・連《むらじ》・伴造《とものみやつこ》・国造《くにのみやつこ》・村首《むらのおびと》のもつタドコロが廃止されたが、①には王族たちに相続されたものもあった。たとえば中大兄《なかのおおえ》皇子は刑部《おさかべ》を五二四集団、ミヤケを一八一カ所もっていた。部《べ》民《みん》である刑部は「押坂彦人《おしさかのひこひと》大兄→舒明天皇→中大兄」と父子継承されたらしく、一八一カ所のミヤケもおおむね同様であったろう。つまり歴代大王が設立したミヤケには、相続によって王族たちの私財と化すものが少なくなく、総体として膨大な数に上ったと考えられる。ただ、その多くは「部民支配のための管理施設」で、必ずしもミタを伴わなかった可能性が高い。

それでは、揖保荘の前身はなぜミヤケだったと言えるのか。最大の根拠は、倭王オホサザキの時代に「田部」に開墾させたという風土記の伝承である。田部はミヤケを耕作する人々のことであり、それが後世の用語であったとしても、枚方の地がミヤケであったことを裏付ける。(24) また、畿内・近国の渡来人は倭王権に管掌されていたから、漢人の移住伝承はまさしくミヤケの地にふさわしい。その上で、ここが

さんいる。

(21) 茨田屯倉は河内北部(のちの茨田郡)、依網屯倉は同西南部(のちの丹比郡)に設定された大きな屯倉。それぞれ『日本書紀』仁徳一三年九月条・四三年九月条に初見する。

(22) 『日本書紀』継体二二年一二月条によれば、筑紫君《つくしのきみ》磐井の息子・葛子《くずこ》が献上し、死罪を免れたという。筑前国糟屋郡に名をとどめるが、具体的な位置はわからない。

(23) 白猪屯倉は欽明一六年に吉備五郡(諸説あるが未詳)、児島屯倉は翌一七年に備前児島に置かれた。これらの現地管理には「田令」という管理人が派遣され、白猪屯

推古天皇のミヤケであったと考える理由は、彼女が聖徳太子に与えたという伝承からだけではない。枚方里の隣の広山里の伝承に「額田部連クトト」、大田里の伝承に「額田部連イセ」と、額田部連氏が二度にわたって現われるためである。額田部連氏は推古（額田部皇女）の養育氏族であった。そうした関係から、彼女のミヤケの獲得に関わるか、経営に携わることがあったため、現地の伝承に痕跡をとどめたと推察されるのである。

　このミヤケが額田部皇女の所有となるまでの歴史はわからないし、聖徳太子に賜与された後、しばらくは上宮王家《じょうぐうおうけ》領だった可能性もある。それはともかく、ミヤケとしての成立をオホサザキ朝（五世紀前葉）に求めることに、無理は感じられない。揖保荘は五世紀に起源をもち、一一世紀まで存続した古代荘園だと推定されるのである。そして、中世荘園鵤荘へと変成し、一六世紀に衰滅するまで一千年を超える生命を保つことになった。

法隆寺領と法隆寺式軒瓦

推古天皇のミヤケから法隆寺領荘園になった地は、私見によれば斉明四年（六五八）、中宮尼寺（中宮寺）と片岡僧寺（弘道寺、奈良県香芝市尼寺《にんじ》北廃寺）に割き与えられた。中宮寺領は揖保荘の東隣にあって大田荘と呼ばれ、弘道寺領は西隣にあって片

倉では丁籍（名簿）を作って田部を支配した。ともに田地耕作が行なわれたことは確実だが、児島屯倉が瀬戸内海交通の要衝に置かれたことも重要である。この点は、近くにあった鹿田荘（本書、山本悦世「備前国鹿田荘を発掘する」参照）を考える際にも見逃せない。

(24) すでに指摘されているように、中世鵤荘の荘園図に見える「三宅」「犬飼」といった地名も、ミヤケに関連するものかもしれない。各地のミヤケの故地には「犬飼」地名が残り、これはミヤケ管理のために置かれた「犬飼部」に関わるものと考えられている。

岡荘と呼ばれた［吉川、二〇一二］。皇極二年（六四三）の上宮王家滅亡事件以後、法隆寺とその諸荘はいったん没収され(25)、斉明朝に至って再出発したのかもしれない。さらに天智九年（六七〇）、法隆寺の創建伽藍は落雷によって全焼し、やや北西にずらせた位置に現存の西院《さいいん》伽藍が再建されたのである。

法隆寺の再建にあたり、新しい紋様の軒瓦《のきがわら》が使われた。複弁蓮華紋《ふくべんれんげもん》の軒丸瓦《のきまる》と忍《にん》冬唐草紋《どうからくさ》の軒平瓦《のきひら》がセットになる「法隆寺式軒瓦」である。面白いことに、揖保荘のすぐ東（大田荘内）にあった白鳳《はくほう》寺院・下太田《しもおおた》廃寺でも、法隆寺式軒瓦が用いられた。つまり、法隆寺の荘園経営と白鳳寺院の創建が連動していた可能性があるのだが、こうしたことは各地の法隆寺領でも確認されている［鬼頭、一九七七］。

法隆寺資財帳に記された法隆寺領を一覧にしてみよう（**表2**）。揖保荘は水田・薗地・山林・池・荘がそろっているが、むしろ水田と荘からなる領地や、荘だけの領地（面積は狭いが便宜上「領地」とする）が多いことがわかる。荘だけの領地は、かつての部民支配の施設(26)が、出挙や交易の経営拠点として残ったものであろう。また、水田と荘からなる領地は畿内・近国に分布するが、その一部は中世荘園に転成したと推測される(27)。

表2の右端では、法隆寺式軒瓦をもつ寺院遺跡の所在郡に◇印をつけてある。法隆寺式軒瓦はこのほか一一の郡に分布するが（表に組み込めていない）、それでも法隆

(25) 反逆者の財産を没収して王権のものとすることを「没官《もっかん》」と言う。上宮王家滅亡事件は、『日本書紀』では蘇我入《そがのいる》鹿《か》の専横行為と述べられるが、実際は上宮王家による謀反事件とされた可能性も捨てきれず、それゆえ『上宮聖徳太子伝補闕記』の言うように有力な王族・豪族が参加したのかもしれない。

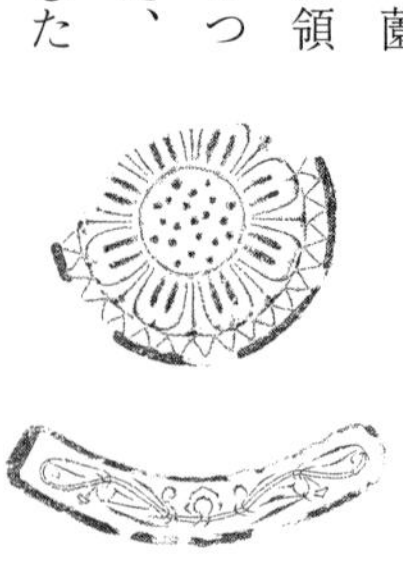
下太田廃寺の軒丸瓦（上）・軒平瓦（下）［姫路市史編集専門委員会編、二〇一〇］

寺領と法隆寺式軒瓦の関係は確かに緊密である。荘だけの領地でもそれは同じで、瀬戸内海沿岸に点在している。こうした現象が見られるのは、白鳳寺院を造営した地方豪族が法隆寺に技術支援を求めたためであろう。彼らは法隆寺領の経営に関わり、そのつながりを活かして白鳳寺院の建設を実現したのである。ただし、法隆寺式軒瓦がそれぞれの地域で独自に展開・伝播することもあるから、表に示したすべ

(26) 大化前代の部民制の下で、寺院がどのように部民を支配したかはわからない。「寺家仕丁」(『日本書紀』大化元年八月庚子条)の出身母体は部民集団と考えられるから、檀越《だんおつ》(寺院の支援者)

表2 法隆寺の領地と法隆寺式軒瓦

国	郡	水田	薗地	山林	海	池	荘	軒瓦
右京	(九条)						○	
大和国	平群郡	○	○	○		○	○	◇
	添下郡	○		○			○	◇
河内国	大県郡						○	
	渋川郡	○	○				○	◇
	志貴郡	○					○	◇
	更浦郡	○					○	
	和泉郡	○	○			○	○	
	日根郡			○			○	
摂津国	西成郡						○	◇
	川辺郡						○	
	武庫郡						○	
	雄伴郡 菟原郡	○		○		○	○	◇
近江国	栗太郡	○	○				○	
播磨国	明石郡						○	
	賀古郡						○	◇
	揖保郡	○	○	○		○	○	◇
	印南郡			○	○			
	飾磨郡			○	○			
備後国	深津郡						○	
讃岐国	大内郡						○	
	三木郡						○	
	山田郡						○	
	阿野郡						○	
	鵜足郡						○	
	那珂郡						○	
	多度郡						○	◇
	三野郡						○	◇
伊予国	神野郡						○	
	和気郡						○	
	風速郡						○	
	温泉郡						○	◇
	伊余郡						○	
	浮穴郡						○	◇
	骨奈島						○	

ての寺院が、ダイレクトに法隆寺と結びついていたとは限らない。瓦の年代を含めて、さらなる検証が俟たれる。

対比事例――弘福寺領荘園

ここまで述べてきたことをまとめれば、播磨国揖保荘は王族（額田部皇女）のミヤケが施入されて法隆寺領となり、さらに中世鵤荘へと転成した古代荘園である。その領域性と長期存続はまことに印象深い。また、法隆寺領全体を見わたせば、水田をともなう荘は畿内・近国に分布し、荘だけの領地はそのほか瀬戸内海諸国にも立地した。こうした様相は、決して法隆寺領古代荘園に限られるものではない。最後に、類例として弘福寺領荘園を取り上げ、その様相を略述しておきたい［石上、一九九六／北村、二〇一五］。

飛鳥《あすか》の弘福寺（川原寺）は天智朝（六六一―七一）に創建された、倭国で二番目の勅願寺である。七世紀のうちに畿内・近国に弘福寺領が成立したが、これらの荘園については、八世紀初頭から一二世紀に至る古文書が数多く残されている。なかでも和銅二年（七〇九）の「弘福寺水陸田目録」は初期弘福寺領の全体像を示し、墾田永年私財法以前の寺領荘園を考える上で、きわめて重要な内容をもつ（**表3**）。

八世紀初頭の弘福寺領荘園は、次のような特徴をそなえていた。第一に、総面積

である上宮王家の部民が割き当てられた可能性がある。

(27)『太子伝玉林抄』巻一五、法隆寺末寺末荘事には、播磨国伊穂荘、近江国野洲荘、摂津国洲摩荘、河内国弓削荘、和泉国珍南北荘、山城国佐山荘、大和国神南荘・椎木荘・結崎荘・木部荘・佐保田荘・葛木荘・横田荘が見えるが、このうち古代荘園の系譜を引くと考えられるのは伊穂荘（鵤荘）・弓削荘・神南荘で、洲摩荘もその可能性がある。

二〇〇町以上の領地が水田・陸田(畠)から構成されること。第二に、それぞれの面積がほぼ一〇町単位にそろっていること。第三に、讃岐国を除いて畿内・近国に分布すること、である。第一・第二の特徴から、初期の弘福寺領荘園は墾田ではなく、耕作・収穫の可能な熟田《じゅくでん》(既墾田)が計画的に施入されたものと推測される。東大寺領北陸荘園とは全く違うタイプの古代荘園なのである。さらに第三の特徴、すなわち水田をともなう法隆寺領とよく似た分布を示すことも見のがせない。他の寺院を調べてみても、墾田永年私財法以前の寺領荘園が、一般的に畿内・近国(私は「仏都圏」と呼んでい

表3　「弘福寺水陸田目録」に見える弘福寺領

国	郡・村	田	陸田	荘名
大和国	広瀬郡大豆村	20町9段 21歩		広瀬荘
	山辺郡石上村	28町4段146歩		山辺荘
	葛下郡成相村	1町2段 72歩		
	高市郡寺辺	3町3段 39歩	11町9段102歩	
	宇智郡二見村		6段	
河内国	若江郡	12町6段140歩		
山城国	久世郡	10町 238歩	37町1段261歩	山城荘
尾張国	中島郡	10町4段281歩		川原荘
	丹羽郡	10町		
近江国	愛智郡	11町1段 36歩		平流荘
	伊香郡	10町2段228歩		伊香荘
美濃国	多芸郡	8町		
	安八郡	12町		
讃岐国	山田郡	20町		
	(合計)	158町4段121歩	49町7段 3歩	

る)に営まれたことは明らかな事実なのである[吉川、二〇二三b]。弘福寺は天智天皇が母・斉明天皇のために建立した勅願寺であるから、その荘園(寺田)も天智や斉明にゆかりの深い、ミヤケの系譜をひく古い水田が選ばれた可能性は十分あるだろう。なお、「弘福寺水陸田目録」には現われないが、法隆寺のように「荘だけの領地」が多数あったことも想定されてよい。

弘福寺領荘園それぞれの起源を解明するのは容易ではない。しかし、大和国広瀬郡にあった広瀬荘は、他史料を援用することにより、その景観と起源がおおむね把握できる[吉川、二〇二三a]。この荘園は奈良盆地西部の馬見《うまみ》丘陵とその周辺に立地した。和銅二年にはひとまとまりの水田が二〇町余りあったが、このほか倉五棟・屋二棟からなる荘家が大豆《おおず》村(馬見丘陵の西南部)に置かれ、さらに丘陵上の山野を広く領有し、そこには三カ所で瓦窯《がよう》が営まれていた。つまり広瀬荘は、広大かつ領域的な古代荘園だったのである。その起源は、押坂彦人大兄(天智の祖父)に始まる「押坂王家」のミヤケと推測される。敏達天皇系の王族は六世紀から奈良盆地西部に勢力を伸ばしたが、なかでも有力なのが押坂王家であった[平林、二〇〇二/吉川、二〇二二]。その領地が「彦人大兄→舒明→天智」と受け継がれ、一部が弘福寺に施入されたのであろう。法隆寺領揖保荘と比べれば、水田面積はずっと小さいが、やはりミヤケ由来の古代荘園と考えられる。

揖保荘や広瀬荘があった地域の航空写真を眺めるたびに、整然たる条里地割に感心してしまう。大和国の弘福寺領では、平城遷都以前に条里地割が施工されていた[吉川、二〇二三a]。それにしてもなぜ、荘園(寺田)に口分田と同じような条里が必要だったのだろうか。律令土地制度に強く規制されたから、と答えるのは簡単である。揖保荘で想定したように、寺田を口分田扱いにしたと理解すれば、いっそう説明はしやすい。しかし、揖保荘で想定した「田租と出挙による経営」は、どこまで一般化できるのだろうか。これからの重要課題とせねばならないが、いずれにせよ荘園の条里制は、国司・郡司の行政権から独立していないという、古代荘園の特質をよく表わした景観なのである。

空から見た広瀬荘域(一九六一年。国土地理院空中写真を一部加工)
奈良県北葛城郡広陵町。右方が条里水田、左方が荘家のあった馬見丘陵。

2 興福寺領摂津国草和良宜村(沢良宜荘)——タドコロの系譜

藤原鎌足の三島別業

七世紀前半、舒明天皇は良家の子に錦冠《きんかん》を授け、各ウジの伝統的職能を嗣がせようとした。しかし中臣鎌足《なかとみのかまたり》はこれを固辞し、「三島之別業」に隠棲したという(『家伝』上)。やがて鎌足はクーデタに参画し、中大兄皇子の腹心として改新政治を推進した。彼は天智即位二年(六六九)に没するが、死の前日、藤原のウジ名と大織《たいしょく》の冠位が賜与された。

ここで注目したいのは、鎌足が隠棲した「三島之別業」（以下「三島別業」とする）である。三島は摂津国の東部地域で、律令体制下で島上郡《しまのかみ》（今の大阪府島本町・高槻市）と島下郡《しまのしも》（今の大阪府茨木《いばらき》市・吹田市・摂津市）にわかれた。そのどこかに彼の「別業」があったのだが、別業とは本宅以外の別宅・別荘をさす語である。『日本書紀』の古訓は「ナリドコロ」と読んでいた。ナリドコロと読むのは「田家」「田宅」「荘」なども同じで、要するに単なる別荘の場合もあれば、農場の経営施設をそう呼ぶこともあったのである。三島は王都飛鳥から四〇キロほど離れた農村地域だから、その一画に中臣氏の領地があり、水田の経営施設が別荘にも用いられ、隠棲の場となったのであろう。

こうした中央貴族の領地、またはその経営施設をタドコロ（田荘）とも呼んだ。ミヤケが大王・王族の領地または経営施設であったのに対し、タドコロは「臣・連・伴造・国造・村首」などが領有していた。領主の身分により異なった呼称を用いるだけで、実態としては似たものなのである。このうち中央貴族（臣・連）のタドコロは、明らかに古代荘園の範疇に入ってくる。タドコロは大化改新で廃止が命じられたが、その後どのような歴史をたどったのだろうか。三島別業を素材にして考えてみたいと思う。

鎌足功田から興福寺維摩会料荘園へ

藤原鎌足はその功績を賞せられ、ウジ名・冠位のほかに功封《こうふ》や功田《こうでん》(28)を与えられた。最後に賜与されたのは死の前後、つまり七世紀後葉であったろう。彼の功封は、『家伝』などには一万五〇〇〇戸とあり、弘仁一一年(八二〇)に朝廷に返上されたが、実態は明らかでない。功田は律令では大功・上功・中功・下功のランクがあり、大功の場合はずっと相続していくことができた。鎌足の功田は一〇〇町あって、大功とされたから、藤原氏の財産として受け継がれていった。――三島別業と関係ない話をしているようだが、そうではない。鎌足の功田に三島別業が含まれたことを、これから述べていくのである。

一〇〇町の鎌足功田は、天平宝字元年(七五七)に興福寺へ施入され、維摩会《ゆいまえ》の財源とされた。維摩会は『維摩経』を講説する法会で、藤原鎌足が斉明朝に創始したという。最初に行なわれた場所は「山階陶原家《やましなすえはら》」で、山城国宇治郡北部の山科《やましな》にあった鎌足の邸宅である。これもタドコロと言えよう。彼の葬儀が行なわれた「山階精舎《しょうじゃ》」(山階寺)は興福寺の前身寺院であるが、山階陶原家に付属する小寺院(持仏堂)と推定される。維摩会の主催者は藤原不比等《ふひと》、さらに光明皇后が受け継いだ。平城遷都後は興福寺講堂で行なわれ、鎌足の忌日一〇月一六日を結願日《けちがんび》とする大法会に

(28) 功労者に封戸《ふこ》(決まった数の公民の戸を割り当て、その租税を収入とさせるもの)を与えるのが功封、水田(熟田)を与えるのが功田である。

成長した。鎌足の功田が「維摩会料」(維摩会の財源)となったのは、こうした歴史が考慮されたものである。

かくして藤原鎌足の功田は興福寺の寺田、すなわち荘園に転化した。明治の栗田寛以来、功田を荘園の起源とする学説が唱えられてきたが(本書、吉川「〈古代荘園〉を考える」参照)、主たる根拠はこの鎌足功田の荘園化である。きわめて正当な理解であったが、惜しむらくは、興福寺領になってからの具体的様相が全くわからなかった。ところが、ある中世史料の発見により、その全体像が一挙に判明することになったのである[吉川、二〇〇四]。

その史料は、平安末期の『維摩会引付《ひきつけ》』(興福寺文書)である。『維摩会引付』には承安三年(一一七三)の「興福寺維摩会不足米勘文《かんもん》」が引用され、そこに維摩会の財源となる荘園(維摩会料荘園)一二カ所が列挙されていた(**表4**)。まず、「興福寺維摩会不足米勘文」について説明しておこう。八世紀中葉の施入以来、維摩会の経費はこれらの荘園の地子《じし》(小作料・年貢のこと)でまかなわれたが、一〇世紀前葉までに地子がうまく取れなくなると、興福寺は大和国の正税《しょうぜい》(国衙《こくが》財源)から「不足米」を補ってもらった。やがて正税が枯渇すると、興福寺は大和国の寺領荘園から徴収される官物《かんもつ》[29]を「不足米」に充ててほしいと求め、認められたのである。「興福寺維摩会不足米勘文」とは、維摩会料荘園の現状を報告し、不足米の額を示す計算書であっ

(29) 公田に賦課される税で、一段あたり米三斗を基本とする。大和国興福寺領には官物を免除されない雑役免田《ぞうやくめんでん》が含まれ、公田と同じように課税された。「不足米勘文」には「負田《ふでん》官物」と記される。

(30) 「最近では銭を用いないので、春に米で地子

た。『維摩会引付』には平安末期の勘文が引用されるが、その内容はおおむね一一世紀から変化していないらしい。(30) つまり、列挙された維摩会料荘園は平安中期のものので、さらに古くさかのぼることも考えられる。

表4　興福寺の維摩会料荘園

種別	国	荘名	負担額	面積（*は推定）
沽田	大和国	糸井荘	銭16貫文	10町
	摂津国	溝杭荘	銭20(25)貫文	15町6段　90歩*
	山城国	綺荘	銭15貫文	9町3段270歩*
		宇治荘	銭12貫文	7町5段*
	近江国	坂田荘	銭12貫文	7町5段*
見物	河内国	志紀荘	米10石	3町3段120歩*
	近江国	坂田荘	米6石2斗5升	2町　　300歩*
荒廃田	大和国	片岡荘		10町
		菩提荘		3町
	山城国	久世荘		10町
	河内国	渋河荘		2町
		若江荘		8町
不沽田	山城国	宇治荘		7町9段240歩
	摂津国	草和良宜村		8町3段260歩

（合計）　104町7段200歩

表4を見ると、一二カ所の荘園は総面積が約一〇五町と推定され、(31) ①沽田《こでん》（小作に出したが収益のなかった田）、②見物（収益のあった田）、③荒廃田、④不沽田（小作に出さず収益もない田）の四種に大別される（坂田荘は①②に、宇治荘は①④にわたる）。①と③からは収益がないと記されているが、どこまで事実かはわからない。このうち大和国菩提《ぼだい》荘三町は、行基《ぎょうき》が建てた菩提院の寺田を吸収したもので、それを除け

を定める」と書いているが、銭の流通は一〇世紀後葉までであり、荘園年貢を「地子」と呼ぶのは一一世紀後葉までである。同じ文言は『類聚世要抄』（鎌倉前期）や『維摩会先奏引付』の貞治五年（一三六六）「不足米勘文」にも見え、定式化された文書がずっと使われていたことがわかる。

(31) 内訳は**表4**のとおり。「沽田」五荘の面積は、大和国糸井南荘の本願施入田畠が一〇町であること（**表5**）から比例計算し、「見物」二荘は段別三斗と仮定して計算した。ただし、「沽田」の総額は八〇貫文とされ、五荘の合計額七五貫文と合わないので、溝杭《みぞくい》荘に誤りがあると考えて数字を改めた。

ば総面積は約一〇二町となり、興福寺に施入された鎌足の功田一〇〇町とほぼ一致する。したがって、菩提荘以外の一一荘は鎌足功田をそのまま引き継ぎ、七世紀後葉に起源をもつ可能性が大きい。

ここで注意すべきは、④不沽田である。小作に出さず収益を期待しない特殊な土地、それは何だったのか。一つめの山城国宇治荘は、宇治郡にあった古代荘園と見られるが、同郡の興福寺領としては、「安祥寺《あんしょうじ》資財帳」に見える「興福寺地」が知られるのみである。それは山階盆地北部(今の山科駅の南西)に立地し、鎌足の「山階陶原家」が荘園化したものと推定される[吉川、二〇〇四]。とすれば、二つめの不沽田である摂津国草和良宜《さわらぎ》村も、鎌足の邸宅に由来するものではないだろうか。草和良宜村は現在の茨木市沢良宜《さわらぎ》にあたり、三島地域の中央部に位置する(島下郡のうち)。鎌足の三島別業が荘園化したものと見ることは、十分可能である。よく考えれば、朝廷が鎌足に功田を賜与するとき、彼にゆかりの深い土地を選ぶのは当然の配慮だったに違いない。①沽田・②見物・③荒廃田についてこうした由縁は未確認であるが、(32) 少なくとも④不沽田は鎌足の別邸、すなわち中臣氏のタドコロに起源をもつ荘園と考えるのが、最も自然なのである。

三島の開発

(32) 宇治荘の「沽田」部分は、山階陶原家に付属する田地であった可能性がある。また溝杭荘も草和良宜村にほど近く、三島別業と一連の田地だったかもしれない。

これまで、三島別業を考える上では茨木市の太田《おおだ》・安威《あい》の地が注目されてきた。なぜなら、中臣氏の枝族に中臣太田連・中臣藍《あい》連がいたからである。しかし、両氏は中臣氏の本流ではない。むしろ太田・安威よりも開発が古く、土地条件のよい場所に中臣氏本流のタドコロがあったのではなかろうか。そこで、沢良宜・太田・安威の各地域を中心に、弥生〜古墳時代の三島の状況を概観しよう(**図3**)。

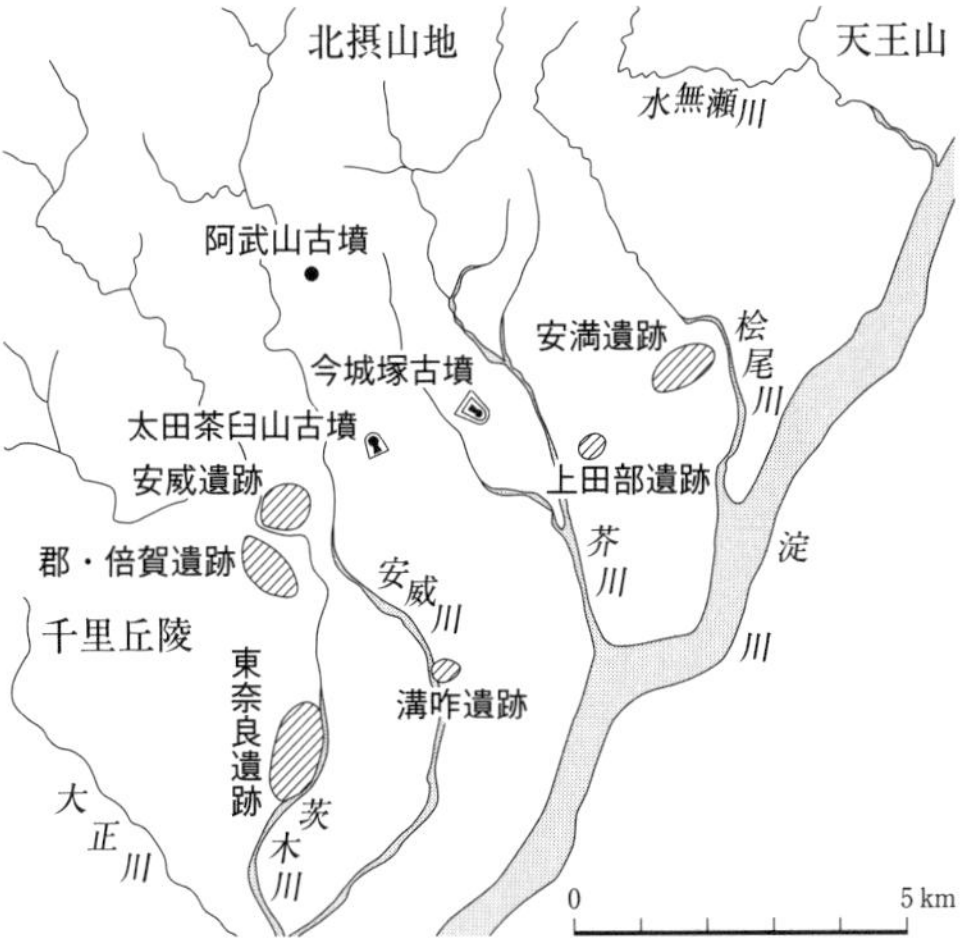

図3　三島地域の古代遺跡([高槻市教育委員会編, 1997]の図7をもとに作成)

三島は淀川《よどがわ》北岸の平野部で、数多くの小河川が貫流して淀川に注ぐ。その水を用いて、古くから水稲耕作が行なわれてきた。弥生時代の大集落としては、高槻市の安満《あま》遺跡と茨木市の東奈良遺跡が著名である。いま重要なのは東奈良遺跡のほうで、弥生時代〜古墳時代前期に大規模な集落が営まれ、周辺遺跡を含めれば、その後も中世まで活動がとぎれることがない。注目すべきは、この東奈良遺跡の範囲が沢良宜と重なっていることで、三島別業の前史をうかがわせるかのように、古墳時代以降の遺構・遺物も少なからず発見されている。大集落があるからには、広い水田も営まれていたであろう。つまり中臣氏のタドコロは、揖保荘と同じく、弥生時代にさかのぼる古い水田を基盤としていたらしい。なお、東奈良遺跡では古代の塼《せん》（レンガ）が出土しているが、この塼は北方七キロにある阿武山《あぶやま》古墳でも使われていた。阿武山古墳は鎌足の墓とする学説が有力である。彼の三島別業はやはり、同じ塼が見つかった東奈良遺跡の一郭に存在したと考えられる［菱田、二〇一六］。

考古学的知見でもう一つ注視すべきは、茨木市の安威遺跡である。五世紀前半を中心とする時期の集落跡であるが、竈《かまど》をもつ建物跡が見つかり、朝鮮半島系の土器が多く出土することから、渡来人の集落と考えられている。彼らは新しい技術を用いて安威川に井堰を設け、用水路を開削したらしい［菱田、二〇一二］。安威は、古墳時代中期に新たな水田と農村が生まれた地域だということになる。

文献史料によれば、三島はヲホド大王（継体天皇）の権力基盤の一つであった。ヲホド大王の墳墓である今城塚《いましろづか》古墳（六世紀前葉）が何よりの証拠だが、それ以前にも太田《おおだ》茶臼山《ちゃうすやま》古墳（五世紀中葉）という王陵級の古墳が築造されていた。(33) この古墳はヲホドの曽祖父にして、ワカタケル大王（雄略天皇）の外舅（母の兄）でもあるオホホド王

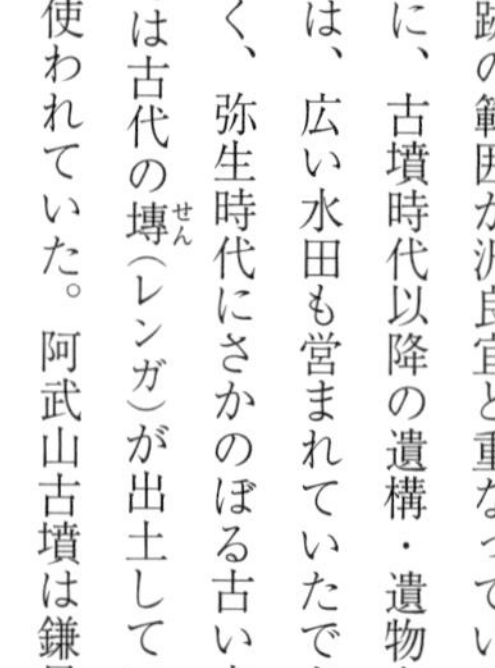
東奈良遺跡の塼［茨木市立文化財資料館編、二〇一四］

(33) 現在、太田茶臼山古墳が継体天皇陵に治定されているが、立地・時期から見て、今城塚古墳をヲホド大王（継体）の墳墓とするのが定説である。両古墳の埴輪は同じ新池窯で焼かれており、地域支配権力が継承されたことをうかがわせる［高槻市教育委員会編、一九九七］。

の墳墓と考えられ[森田、二〇〇六]、三島には五世紀代から有力王族が勢力を伸ばしていたことになる。ミヤケの領有も、当然考えられてよい(34)。

六世紀中葉には、三島竹村屯倉《たかふ》の献上が行なわれた。ヲホド大王の死後、長子マガリが即位し(安閑天皇)、いくつかの屯倉を置いた。彼が三島に行幸した際、県主《あがたぬし》イヒボは上御野・下御野・上桑原・下桑原からなる竹村の地四〇町を献上し、これもミヤケとなった。御野と桑原はそれぞれ茨木市耳原《みのはら》・桑原《くわのはら》に比定できるが、耳原が安威・太田に近接する広々とした水田地帯であるのに対し、桑原は安威川上流の狭小な地で、開発も耳原より遅れたのではなかろうか。いずれにせよ、現地の伝統的豪族・三島県主の支配領域が割き取られ、大王のミヤケに転じたのである。河内では五―六世紀に県主が没落し、中央貴族がそこに進出したが[吉田晶、一九七三]、三島ではオホホド系王族が支配権益を広げたことになる。

沢良宜から少し離れた太田・安威では、このような五―六世紀史が展開していた。渡来人による開発もあったが、ミヤケの設定は必ずしも開発によらず、むしろ政治権力によって田地が割き取られたのである。中臣氏の草和良宜のタドコロが、いつ・いかにして成立したかはわからない。安威川・茨木川下流の古く豊かな水田地帯であることを思えば、やはり中臣氏の進出にともなう政治的所産と考えるのが妥当ではなかろうか。

(34) 太田茶臼山古墳のある茨木市太田は、呉勝が播磨に来る前に住んだ摂津国島上郡大田村で、ここでも渡来人が土地開発・経営にあたったと考えられる。

対比事例――物部氏のタドコロ

三島別業は弥生以来の水田地帯に成立した中臣氏のタドコロである――この想定はごく自然なものであろう。ただ、中臣氏の領地は他地域にもあったはずなのに、残念ながらその全体像はつかみがたい。そこで類推のために、物部《もののべ》氏のタドコロを紹介しておこう〔吉田孝、一九九二〕。

物部氏の本宗家は六世紀末、蘇我氏を中心とする勢力との戦いに敗れ、滅亡した。古代には王権に反逆した者の財産を没収する慣習があり、物部守屋《もりや》もその処分を受けた。『日本書紀』によれば、戦後に四天王寺《してんのうじ》が創建され、「大連（守屋）の奴《やっこ》の半ばと宅とを分かち、大寺（四天王寺）の奴・田荘《たどころ》となす」との措置がとられた(35)。奴についてはさしあたり措くが、没収された物部守屋のタドコロが四天王寺に施入され、四天王寺領荘園となったのである。平安時代の史料ではあるが、『四天王寺御手印縁起』はその田地が総面積一八万六八九〇代（約三七三町八段）にのぼり、河内国渋川郡の弓削《ゆげ》・鞍作《くらつくり》・祖父間《おおじま》・衣摺《きずり》・蛇草《はぐさ》・足代《あじろ》・御立《みたち》、若江《わかえ》郡・大県《おおあがた》郡の葦原《あしはら》、摂津国東生《ひがしなり》郡の於勢《おせ》、住吉郡・西成《にしなり》郡の鵄田《とびた》、西成郡の熊凝《くまごり》・伏見《ふしみ》にあったと述べ、ほかに播磨国飾磨《しかま》郡朝来《あさご》郷の墾田一二万八五六〇代（約二五七町一段）が施入されたとする。河内・摂津の地名がそれぞれ一つの荘（タドコロ）だとすると、一荘あたり

（35）『日本書紀』崇峻即位前紀用明二年（五八七）七月条。

約三一町となる。物部氏の本宅も含まれるだろうが、これが守屋から没収されたタドコロの主要部分であった。

物部氏のタドコロは法隆寺にも施入されたらしい[鷺森、二〇〇二]。改めて**表2**を見てみよう。近江国栗太郡《くりもと》の薗地・荘は(おそらく水田も)「物部郷」に所在し、河内国和泉《いずみ》郡の領地の近くには「物部」の地名があった。物部守屋の本拠地である河内国に多くの水田・荘が見られるのも、同じ理由であろう。物部氏のタドコロが四天王寺と法隆寺に分割施入されたことは、まず疑いあるまい。

物部氏のタドコロは畿内・近国にあった。それは法隆寺領・弘福寺領の分布とよく似ている。倭国の王族のミヤケ、中央貴族のタドコロはこのエリアに営まれるのが基本であって、それは墾田永年私財法以前の古代荘園の特質と言ってよい。押坂王家の刑部、上宮王家の壬生部《みぶべ》、物部氏の物部といった部民(領民)が全国各地に設定されたのとは、截然たるコントラストをなしていたのである[吉田孝、一九九二]。

興福寺領荘園と藤原氏

藤原氏が代々受け継ぐ、ウジの財産と言うべき鎌足功田。中臣氏のタドコロ以来の領地を含むその荘園群が興福寺に施入され、始祖の追善供養に充てられた。藤原氏の貴顕の多くは荘園をもっていたはずだが、のちに殿下渡領《でんかわたりりょう》となる備前国鹿田《しかた》荘の地子が法華会《ほっけえ》・長講会に用いられたように(36)、興福寺に施入しないでも法会料はまかなえた。ただ、王族・貴族の荘園が政治情勢や相続者の没落によって不安定化しかねないのに対し、永年収公されない寺田はずっと安全であった。法隆寺でも弘福寺でも興福寺でも、王族・貴族の古代荘園は寺領荘園となることで安定し、王族領・貴族領の外周部を形づくったのである。王族のミヤケ、貴族のタドコロは律令土地制度の導入により、位田《いでん》や一族の口分田、あるいは功田・賜田などとして実質的に維持されたとされるが(37)［吉田孝、一九九二］、寺田＝寺領荘園が果たした役割をもっと評価しなければならない。それは中世王家領が庁分（院・女院直轄領）と御願寺《ごがんじ》領から構成されたこととも、通底しているように思われる。

この点をさらに考えるために、古代興福寺領荘園の全体像を把握しておこう。第一の手がかりは、延久二年（一〇七〇）の「興福寺大和国諸荘田畠坪付《つぼつけ》帳」である(38)。この史料には、興福寺が大和国内にもっていた全荘園の所在・面積・田種が記載されている。書き上げられた荘園は全部で一五四カ所、田畠の総面積は二三五七町九段三五歩にのぼる。田畠は次の三種に区別されており、各荘園ではこれらが組み合わさっていた。ただし、一種のみからなる荘園も少なくない。

（一）本願施入田畠（官物免除）……九七町七段二五歩

（二）国議不輸《ふゆ》田畠（官物免除）……四〇六町

（36）殿下渡領は藤氏長者の地位に付属する荘園で、一一世紀前半には大和国佐保殿・備前国鹿田荘・越前国方上《かたかみ》荘・河内国楠葉《くすは》牧に定まっていた。昌泰三年（九〇〇）の「興福寺縁起」（『政事要略』巻二五）によれば、藤原内麻呂のための法華会、冬嗣《ふゆつぐ》・美都子《みつこ》夫妻のための長講会に、鹿田荘の地子がそれぞれ七二石余・一五〇石用いられた。鹿田荘は内麻呂の領地が子孫に受け継がれたもので、その起源は遅くとも九世紀初頭にさかのぼる。荘園の具体像は本書、山本悦世「備前国鹿田荘を発掘する」を参照のこと。

（37）位田は、位階に応じて上級王族・貴族に与えられた田地。賜田は、天皇による特別の計らい

（三）雑役免田畠（臨時雑役免除）……一八五四町二段一〇歩

本章で述べてきたような古代荘園は、（一）がこれに当たるが、先に（二）（三）について説明しておく〔泉谷、一九七二／田村、一九九四〕。（二）国議不輸田畠とは、灯油料・常楽会料など、もともと大和国は興福寺の諸経費を負担していたが、財源（正税）が枯渇したため、代わりに特定の公田を定め、(39)その官物の徴収権を興福寺に与えたもの。興福寺側からすれば「大和国への官物の支払いが免除された田畠」（不輸免田）である。（三）雑役免田畠とは、興福寺のさまざまな役務をになう私領主(40)について、彼らが用益する公田等(41)の臨時雑役(42)を免除したもの。田地にかけられる臨時雑役を免除し、その分を興福寺の役務に振り向けるという理屈である。このように（二）（三）は大和国に租税・力役を納める公田等について、その徴収権を興福寺に与えることから生まれた。発生の時期は、正税が枯渇し、興福寺の支配が進展した一〇―一一世紀であろう。これらは興福寺領ではあるが、寺田や墾田からなる「ふつうの古代荘園」ではない（本書、佐藤泰弘「古代荘園から中世荘園へ」参照）。

（一）本願施入田畠はどうか。興福寺の本願（創建者）は、鎌足の子の不比等である。彼が施入したという水田は不輸免田であるから、古代の寺田（墾田ではない、不輸租の熟田）の系譜を引くものと推定できる。本願施入田畠を含む荘園は、全部で八カ所ある（**表5**）。まず注目されるのは、すでに述べた維摩会料荘園が三カ所見えるこ

で賜与された田地を言う。

(38)『平安遺文』四六三九・四六四〇号。一般に「興福寺大和国雑役免坪付帳」と呼ばれるが、決して雑役免田畠だけを記した文書ではない。表題部分に「大和国荘々田畠……坪付」とあるから、「興福寺大和国諸荘田畠坪付帳」と称するのが妥当である。

(39) ここで言う公田は、一〇世紀後葉以降、国衙に官物を納入する田地（負田《ふでん》）を言い、その対概念は私田ではなく、官物を免除された荘園である。律令体制下の口分田・乗《じょう》田《でん》・墾田などの田種がすべて含まれ、受領《ずりょう》の強力な支配を受けた。

(40) 公田は有力農民が

表5　興福寺の本願施入田畠を含む大和国荘園

郡	荘名	本願施入田畠	その他の田畠
山辺郡	田村荘	27町8段	
城下郡	糸井南荘＊	10町	8町3段140歩
十市郡	十市荘	15町	15町9段240歩
添下郡	菩提荘＊	3町	
高市郡	雲飛荘	8町1段125歩	8町2段　15歩
〃	大原荘	4町4段180歩	
葛下郡	片岡荘＊	17町1段340歩	
葛上郡	長柄荘	12町1段100歩	

とである（**表5**の＊印）。このうち菩提荘は菩提院寺田の後身だから、藤原不比等が施入したものではない。また、糸井南荘・片岡荘の維摩会料田各一〇町は天平宝字元年（七五七）に寺領化したから、不比等の施入とは考えられない。「本願施入」の田畠という呼称は正確でなく、実際にはさまざまな来歴をもつ古代寺田がこう呼ばれたのであろう。

由緒がわかる本願施入田畠はほかにもある。雲飛《うねび》荘は畝傍《うねび》山《やま》東麓にあった散在的な荘園だが、南部に本願施入田畠が集中している。近鉄橿原《かしはら》神宮前駅の西方、久米《くめ》寺《でら》の周辺である。久米寺では興福寺と同じ軒瓦が出土しており、興福寺の前身である厩坂寺《うまやさかでら》の跡と推定される［新尺、二〇一九］。興福寺は「山階寺→厩坂寺→興福寺」という前史をもっていた。雲飛荘の核心部分は前身寺院の寺辺所領（寺院周辺の領地）に由来するのである。また、大原荘は飛鳥東方の丘陵に立地するが、そこには鎌足一族の邸宅「大原第」があった。この大原第の付属農地が本願施入田畠になったのであろう。

耕作し、官物を負担したが、彼らは「負名《ふみょう》」と呼ばれた。一〇世紀後葉になると、「便田《びんでん》」などの名目を掲げ、公田を永く用益する権利を得て、それを相続・売買する者が現われるが、こうした田地を私領、その用益者（事実上の所有者）を私領主という。つまり私領は、開発行為がなくとも公田上に発生し、もともと官物の負担を原則としたが、これが中世荘園の原基となるのである。なお、興福寺領・東大寺領の私領主には、両寺に奉仕する寺僧・楽人《がくにん》やその一族が多く見られる。

（41）　わざわざ「公田等」と書いたのは、「神社・仏寺・諸司要劇《ようげき》田畠」と総称される、ほかに領主（国衙以外の官物納入先）

このように藤原氏の邸宅・寺院に付属する水田がいつしか興福寺領となり、本願施入田畠と呼ばれた。古代興福寺領荘園には藤原（中臣）氏の歴史が刻み込まれていた、と言ってもよい[43]。残る三カ所の荘園についても、かかる観点からの検討が望まれるが、田村荘は二七町八段の一円的な（一つにまとまった）領地であり、十市《とおち》荘・長柄《ながら》荘もやや小規模ながら一円的な様相を示す。弘福寺領荘園もそうだが、寺田からなる古代荘園の多くは一円的だったのである。これら三荘も早い時期に興福寺領となったと見られ、実際に「本願施入」だった可能性もあろう。

興福寺領古代荘園の中世化

興福寺が大和国にもつ「ふつうの古代荘園」は、本願施入田畠であった。正確に言えば、本願施入田畠とはさまざまな由緒をもつ興福寺の寺田であり、一円性の強いこの古代寺田を中心に（またはそれだけで）荘園のまとまりが形づくられていた。不輸租である寺田は、墾田に由来するものではない。藤原氏・興福寺と関係の深い水田（熟田）などが施入され、藤原氏の財産の一部となったのである。

こうした様相は大和国だけでなく、畿内・近国に広く見られたであろう。とりわけ重要な荘園は、藤原氏・興福寺の権威によって受領《ずりょう》の圧迫をはねのけ、中世荘園に転成していったと考えられる。中臣氏のタドコロ由来の摂津国草和良宜村が、中

をもつ田地が含まれるからである。

（42）官物以外のさまざまな賦課のことで、律令体制下の雑徭を受け継いだものらしい。本来は人別に賦課されたが、やがて田地にかけられるようになった。後者の場合、臨時雑役が免除された田地を雑役免田と言う。

（43）なかには王家領が与えられた場合もあったかもしれない。山辺郡田村荘は、布留《ふる》川をはさんだ北側にほぼ同面積の弘福寺領山辺《やまのべ》荘があり、「双子の一円的荘園」の様相を呈するが、山辺荘は王家領に由来する可能性が高い。また、城下《しきのしも》郡糸井南荘の近隣には、大后寺領杜屋荘・大安寺領森屋荘・東大寺領村屋荘

世には沢良宜荘として長く存続したように。最後にこの点について、あらましを述べておきたい。

興福寺の中世荘園は、寺門領荘園と院家領荘園とに大別される［永島、一九四四／泉谷、一九九七］。寺門領は興福寺本体がもつ荘園のこと、院家領は「○○院」と呼ばれる寺内の子院（後世の塔頭《たっちゅう》）の荘園のことである。院家でも特に有力な一乗院・大乗院の荘園は「門跡《もんぜき》領」と称されるが、院家領の一種と考えて問題はない。

寺門領荘園は、大和国では「興福寺大和国諸荘田畠坪付帳」に記された荘園が中心で、のちに寺領となった荘園が加わる。中心となるのは田村荘と院政期に成立した京南《きょうなん》荘[44]で、それ以外の荘園の多くは「進官免荘」と一括され、現地支配権をもたずに収益だけをもらう「負所《おっしょ》」であった[45]。大和以外にも目を向けると、鎌倉時代の寺門領荘園の大部分は畿内・近国に立地し、四〇以上の荘園が年貢・公事を負担した（**表6**）[46]。八世紀にさかのぼる維摩会料荘園が、ここに含まれることは特に重要である。寺門領荘園の大部分は平安後期～鎌倉期に初めて姿を見せるが、それは史料的制約のためであり、実際には本願施入田畠のような「ふつうの古代荘園」に始まるものが、数多く存在したのではないだろうか。沢良宜荘もその一つなのである。なかには大安寺領・法隆寺領などに由来する荘園もあるが、寺門領荘園の少なからぬ部分は、興福寺領古代荘園が中世荘園に転成したものと推定しておきたい。そし

など、王家領由来と考えられる寺領荘園が集中している［吉川、二〇一三］。

(44) 興福寺は、京南荘を光明皇后の国忌《こき》田（忌日料田）に始まる古代荘園だと主張した。しかし、同荘は「興福寺大和国諸荘田畠坪付帳」に見えない。国忌田は平安初期に没収され、一一世紀末以降、その地に中世荘園京南荘が立てられたらしい［吉川、二〇一七］。

(45) 「興福寺大和国諸荘田畠坪付帳」は「進官帳」とも呼ばれたので、そこに登載された荘園は「進官免荘」と言われた。本願施入田畠の多くは、伽藍の諸仏に供える仏《ぶっ》聖米《しょうまい》を負担する「仏聖領」、灯油免田は諸堂の灯油を貢進する「御油

て、基本となったのは寺田（熟田）主体の荘園で、墾田由来のものではなかったと予想される。

院家領荘園は、寺僧がもつ私領が院家領になることによって生まれた［川端、二〇

荘」となり、また雑役免田畠は維摩会の「不足米」などを出す荘園（負所）として存続した［泉谷、一九九七］。

表 6　鎌倉時代の興福寺寺門領荘園（凡例は注 46 参照）

国	荘名	1200	1262	1265	維摩	平安までの初見年
大和国	田村荘	○	○	○	◎	1173（不足米）
	京南荘		○			1177（年中行事）
	猪屋荘			○		
	島荘			○		
	進官免荘	○				
山城国	賀茂荘	○	○	○		1095（平 1342）
	瓶原荘		○	○		1182〔春日社領〕
	狛野荘	○	○	○		
	綺荘		○	○	◎	1173（不足米）
	大住荘	○	○	○		1129（平 2137）
	朝倉荘		○	○		
	宇治荘			○	◎	1173（不足米）
	長井荘			○		
河内国	足力荘	○	○	○		
	狭山荘	○	○	○		
	志貴荘			○	◎	1173（不足米）
	若江荘	○		○	◎	1167（平 3429）
	宇礼志荘	○		○		1152（平 2759）
	□乳荘	○				
和泉国	谷河荘	○	○	○		
摂津国	吹田荘	○	○	○		
	河南荘	○	○	○		
	新屋荘	○	○	○		
	浜崎荘	○	○	○		
	甘舌荘	○	○	○		
	沢良宜荘	○	○	○	◎	1173（不足米）
	猪名荘	○	○	○		
	溝杭荘	○	○	○	◎	1173（不足米）
近江国	笠荘	○	○	○		
	岡田荘	○	○	○		
	淵荘	○	○	○		1023〔大安寺領〕
	物部荘	○	○	○		747〔法隆寺領〕
	安吉荘	○	○	○		
	浅井荘	○	○	○		1094〔大安寺領〕
	鯰江荘	○	○	○		
	犬上荘	○	○	○		
	坂田荘	○		○	◎	1171（玉葉）
	馬椙荘	○				
丹波国	三俣戸荘			○		
播磨国	吉殿荘		○			1134（世要抄）
	三箇荘		○			
備前国	小岡荘		○			
安芸国	日高荘		○			1170（因明裏）
讃岐国	藤原荘	○	○			

○○／安田、二〇〇一]。私領の多くは、公田の永続的な用益が認められて発生するが、それが院家領となることで荘号を獲得し、安定したのである。大和国では、国議不輸田畠や雑役免田畠もこうした私領が基盤にあり、寺門領と院家領が重なり合うことも少なくなかった。たとえば寺門領(雑役免)出雲荘とほぼ同じ場所に大乗院出雲荘が成立すると、現地支配権は大乗院がもち、興福寺本体は雑役免分の収益だけを取った。しかし、二つの出雲荘は領主が異なる別々の荘園であり、「免田型荘園から領域型荘園への発展」などといった図式は、ここでは成り立たない[安田、二〇〇二]。

興福寺の中世荘園のうち、寺門領については今後の研究が楽しみである。ほとんどが畿内・近国に立地し、中臣氏のタドコロまで遡及するかもしれない荘園群――地域に即して考え、中世史料を活用することで、長期存続した古代荘園の実像が見えてくるであろう。

3 東大寺領美濃国大井荘――墾田永年私財法以後

古代荘園の第二形態

天平一五年(七四三)に墾田永年私財法が発令されると、古代荘園には大きな変化

(46) **表6**の略号は次の通り。**1200**は正治二年(一二〇〇)のものと推定される「興福寺維摩会不足米餅等定案」(『鎌倉遺文』一五五九〇号)、**1262**は『略安宝集』(内閣文庫所蔵)弘長二年(一二六二)六月一日沙汰次第、**1265**は文永二年(一二六五)「興福寺人夫召注文」(『鎌倉遺文』九三七二号)を典拠とし、**維摩**は維摩会料田。**不足米**は承安三年(一一七三)八月一五日「興福寺維摩会不足米勘文案」(興福寺所蔵『維摩会引付』)、**年中行事**は『興福寺年中行事』所引安元三年(一一七七)三月日「興福寺別当等起請文」、**平**は『平安遺文』(数字は文書号数)、**世要抄**は『類聚世要抄』所引「中暦記」長承三年(一一三四)正月一

が生じた。それまで脇役にすぎなかった墾田を主体とする荘園が続々と生まれ、しかもそれらが代々相続されたり、売買されるようになったのである。通説的理解では、これらは「初期荘園」と呼ばれるが、むしろ「古代荘園の第二形態」と考えたほうがよい〔佐藤、二〇〇四〕。熟田(既墾田)主体の荘園が第一形態、墾田主体の荘園が第二形態であり、両者あいまって古代の王族・貴族・寺院による大土地所有を形づくったからである。

墾田主体の新しい古代荘園の代表格が、東大寺領荘園である。東大寺は聖武天皇の勅願によって天平一四年(七四二)に金光明寺《こんこうみょうじ》の名で発足し、やがて大仏を本尊とする寺院に成長して東大寺と改称された。天平二一年には寺院の墾田所有が許可され、東大寺は四〇〇〇町を上限として、莫大な墾田を所有できるようになった。そこで北陸地方を中心として、たくさんの墾田主体の荘園が成立していく。北陸荘園が律令体制の解体とともに消えていったことは著名だが、しかし東大寺領荘園のなかには中世荘園につながるものもあった。いわゆる「初期荘園」論では中世荘園への連続性が重視されないが、それを含めて古代荘園を評価する必要がある。

そこで、古代荘園から中世荘園へ転成した東大寺領の例として、現在の岐阜県大垣市に八世紀から一六世紀まで長期存続した、美濃国大井荘について考えてみたい。大井荘は平安時代以降の文献史料が豊かで、中世荘園としての様相は早くから明ら

日条、因明裏は興福寺本『因明四相違』裏文書。

かにされてきた。荘域については歴史地理学の方法で復原が試みられ、近年は海老澤衷を中心とする研究グループが現地調査と文献的研究を精力的に進めている［海老澤編、二〇一八］。大井荘もまた多様な史料・方法を活かすことができ、市街地化したとはいえ、現地を踏査すれば荘園研究の醍醐味が実感できる、まさに絶好のフィールドなのである。

大井荘の成立

まず文献史料から、大井荘の成立をトレースしておこう。大井荘の成立に関わる史料は二点ある。A天平勝宝八歳（七五六）正月一〇日「美濃国移」と、B天平勝宝八歳七月一二日「勅旨所施入文」である。[47] まずA文書からは、大井荘の成立までに次のような経緯があったことが知られる（カッコ内は文書の欠損部分の推定内容）。

①天平勝宝年間、諸国に「勅旨田」を開発するよう指令が出されたらしい。
②その後、開発した面積と稲の収穫数の報告が求められ、美濃国も上申した。
③勝宝七歳、美濃国の開発田と収穫稲を（東大寺に）施入することになった。
④美濃国が調べてみると、勝宝六年の洪水で溝が埋まり、翌七歳は耕作できなかったことが判明した。八歳も耕作しなければ（施入が空しくなってしまう）。
⑤美濃国は、使者を下して耕作すべき田を調査するよう、東大寺に要請した。

（47）Aは石崎直矢所蔵東大寺文書（『寧楽遺文』中巻六六一頁）、Bは西尾種熊所蔵東大寺文書［田島、二〇一八］。

ここにいう「勅旨田」とは「天皇(太上天皇)の御料田」のことで、「勅旨によって開発された田」の意ではない[吉川、二〇〇二]。墾田永年私財法が発令されると、貴族や豪族は競うように墾田開発を進めたが、それは天皇家も同じであった。国司たちを動員し、各国の正税を用いるという特権的な手段により、勅旨田＝天皇(太上天皇)領荘園を開墾させたのである。天皇家は墾田開発のトップランナーであった。勅旨田という語はA文書を初見とするが、それは諸国(尾張・美濃・備前が知られる)に開発を命じたものである。美濃国の勅旨田は、こうして天平勝宝七歳に東大寺への施入が決まった。

しかし、その墾田は河川の近くにあり、洪水によって耕作困難になっていた。そこでA文書が東大寺に送られたが、これを承け、東大寺は実検の使者を赴かせたに違いない。その結果は二通り考えられる。i荒廃がひどく東大寺は別の田地の施入を希望した、ii復旧可能だったのでそのまま施入された、のいずれかである。iの可能性も否定できず、その場合は別の勅旨田を施入するのが自然であろう。しかしA文書の文面からは、美濃国で別の勅旨田が開発されていたことは考えにくく、また洪水からの復旧が望めないというニュアンスも読み取れない。やはりii案のほうが穏当と言うべきであろう。(48) そうであれば、東大寺使が帰還して報告した後、正式の施入手続きが進められたはずである。

(48) かつて私はi案を是としたが[吉川、二〇〇二]、その後の再検討の結果、ここではii案を採ることにした。仮にi案のほうが正しかったとしても、大井荘は「墾田法以後に開発された勅旨田」に由来するのではなかろうか。

B文書は近年発見されたものである。いくつか不審な点もあるが、勅旨所(天皇の私財を管理する組織)にいったんプールされた美濃国勅旨田を、東大寺へ正式に移管する文書があったらしく、その文書を下敷きにして作られた具書《ぐしょ》(裁判用の証拠文書)がB文書と推定される。少なくとも具体的な地名で示された四至(49)は、古代のある時点での領域を伝えるものであろう[赤松、二〇一八]。この領域は中世大井荘に完全に包含されているから(後述)、A文書にいう美濃国勅旨田が東大寺へ施入され、大井荘と呼ばれたと理解されるのである。洪水の被害を乗りこえ、ここに東大寺領大井荘が発足した(50)。

なお、大井荘と並び称される美濃国の東大寺領荘園・茜部荘《あかなべ》も、もとは桓武天皇の勅旨田であった。それが皇女の朝原《あさはら》内親王に譲られ(賜田)(51)、彼女の死後、弘仁九年(八一八)に母の酒人《さかひと》内親王(桓武妃)が東大寺に施入した[古尾谷、二〇〇六]。東大寺は、言わば「天皇家の氏寺」だったから、天皇領・王族領の荘園が寄進されるのはもっともなことである。茜部荘は朝原内親王の遺志により、越前国(のち加賀国)横江荘・越後国土井荘とともに、彼女が父母のために創始した読経会《どきょうえ》の財源とされたのである。

(49) 土地の東西南北の限りを示し、その領域を表現する記載。

(50) 大井荘は墾田(輸租)からなる荘園であったが、前身の勅旨田は不輸租だから、成立当初から不輸租の荘園(寺田扱い)だった可能性がある。

(51) 賜田は、八世紀末から九世紀前半にかけて盛んに行なわれたが、このように勅旨田が割き与えられる場合もあった。

大井荘はどのような地域に立地し、いかなる変遷をたどったのだろうか。一一世紀になると、美濃国の受領が官物や臨時雑役を賦課するようになり、東大寺はこれを何度も朝廷に訴え出た。その過程で大井荘の領域が新たに確定し、不輸不入権が獲得され、中世荘園として確立していく。こうした訴訟文書には、九—一〇世紀の情報も用いられている。そこで関連史料を含め、一一世紀までの面積・四至に関するデータを集めてみた(**表7**)。

一見してわかるように、大井荘の四至は二つあった。地名に基づく天平勝宝八歳(七五六)の四至と、条里に基づく延久三年(一〇七一)の四至である。前者は古代大井荘の領域、後者は中世大井荘の領域を示し、法廷でその齟齬が問題になったこともある[赤松、二〇一八]。また、この間に安八《あはちま》郡の条里地割が広がってきて、大井荘域に及んだことも知られる。面積については、承和一四年(八四七)の情報を疑う意見もあるが、確たる論拠は見あたらない。古代大井荘の領域は二五〇町に及び、九世紀中葉にはそのうち五七町余りが耕作されたと考えて、何の問題もない。この耕作面積は一〇世紀中葉までおおむね維持され、一〇世紀後葉に五〇町に固定された。しかし、一一世紀に入ると受領は二〇町の不輸だけを認め、雑役の賦課を強めていく。一方、大井荘側では「朽ちて失われた」古代の牓示《ぼうじ》(境界標識)を復旧すると称して、「本領の四至の外」に新しい牓示を立て、公田を広く荘域内に取り込んだ。

表7　大井荘の荘域・面積の変遷

年・出典	四至	面積	出典
天平勝宝8歳(756)勅旨所施入文	東限藤江，南限生子墓，西限若森，北限川口		〔田島，2018〕
承和14年(847)坪付		四至内見地250町のうち，見作57町3段	平安遺文1060
天暦4年(950)荘園目録		52町9段180歩	平安遺文257
安和2年(969)東大寺牒	(浜を大井荘に入れよと別当が要求)		東大寺別当次第
天延元年(973)寺家用途帳		50町	平安遺文1060
長徳4年(998)注文定		50町(「私勘」では24町×24町＝576町)	東大寺要録6
天喜3年(1055)大井荘住人等解		本図100余町，見作20余町	平安遺文748
延久2年(1070)官宣旨(寺家奏状)		本免田20町	平安遺文1046
延久3年(1071)官宣旨	限東御墓志墓，限南布志墓并十六条南縄，限西十六条三里西縄，限北十三条北縄		平安遺文1060
寛治元年(1087)官宣旨(国司申状)		本免250町，加納160余町	平安遺文1255
嘉保3年(1096)官宣旨(国司申状の絵図)		見作188町8段300歩のうち 本荘四至傍示内36町9段120歩 本四至外新立傍示内加納公田151町9段180歩	平安遺文1353

(52) 天喜四年閏三月二六日官宣旨案(『平安遺文』七九〇号)、延久三年六月三〇日太政官符案(同一〇六〇号)、嘉保三年五月一二日官宣旨案(同一三五三号)。

(53) 寺領荘園でも王家領荘園でも、本来の荘園(本荘)や私領から拡大し、公田や山野を取り込んで領域型荘園を形成することがあったが、この取り込まれた公田を「加納」と呼ぶ。加納では一般に、官物を国衙に、雑役を荘園領主に納入した。

(54) ただし、荘域東部には記載を省略された部分がある。大井荘は東大寺(惣寺)領であったが、その北東部の楽田郷、南東部の榎戸郷・高橋郷は東大寺別当が支配・相伝この新牓示による四至が天喜四年(一〇五六)の官宣旨で認められ、延久三年に追認されて、中世大井荘の領域が確定したのである。(52) 耕作面積は加納《かのう》(53)を含めて一八八町余りに達し、大井荘は格段に大きくなった。この領域は中世を通じてほぼ保たれ、永仁三年(一二九五)の検注帳からその様相がよくわかる。(54)

次に古代・中世の荘域を吟味しておこう。まず中世の荘域については、足利健亮の復原案が通説である[足利、一九九七]。足利説には疑問点も少なくないが、おおまかな把握には役に立つ。そこで暫定的に足利説を採って、一一世紀中葉に定まった中世の荘域を示しておく(図4)。それによれば、南北方向は美濃国安八郡条里の十三条から十六条まで、東西方向は同じく三里から六里までで、現在の大垣市街地の中心部分が含みこまれている。総面積は四八〇町にのぼり、(55) 法隆寺領播磨国鵤荘よりも広大であった。

古代の荘域は、天平勝宝八歳(七五六)の文書から推定できる。東限は藤江、南限は生《う》子墓《しはか(?)》、西限は若森、北限は川口である。このうち藤江と若森は今も地名が残っている。生子墓は、中世大井荘の南限のうち「布《ふ》志墓《しはか(?)》」と同じで、古代・中世の南限は一致する部分があったらしい。(56) 問題は北限の川口である。これについては、古代大井荘域を二里四方と考え、大垣駅西方の「河間田」「河垂」付近に求める説が有力である[田島、二〇一八]。しかしこの時期、大井荘域に条里地割はなかったか

する領地として別扱いにされた[赤松、二〇一七]。永仁の検注帳では、このうち楽田郷と榎戸郷の記載が省略されたが、本来は大井荘(加納公田)の一部だった可能性がある。

(55)『東大寺要録』巻六、諸国諸荘田地(長徳四年注文定)の美濃国大井荘に付された「私勘」には「大井荘、東西廿四町、南北廿四町、合五百七十六町」とあり、大井荘は条里で南北四条分、東西四里分あると述べている。おそらく一一世紀後半—一二世紀前半に書き込まれたものであろう。なお、荘域の中央やや西南には近世になって大垣城が築かれるが、中世にはこの場所に大井荘の下司の居館、つまり荘園経営の中枢があったと考えられる

図4　大井荘の古代・中世の荘域（正式２万分の１地形図「大垣」〈1893年〉をもとに作成）
：中世の荘域（足利説）．○○条，○里は安八郡条里
：用水路（近世・近代）

［似鳥、二〇一八］。

(56) 足利は中世大井荘の南限「布志墓」を、永仁検注帳の「竹・社立」（竹藪と神社敷地）に比定するが、根拠は薄弱である。「生子墓」と同じく「ウシ墓」（立派な人物の墓）が訛ったものであろうが、安八郡条里の十六条四里東南隅、現在の大垣市民病院からその南方にかけての小字は「碓橋」で［足利、一九九七］、これを「ウス橋」と読むのであれば、「ウシ墓」の地名を微かに伝えるものかもしれない。

ら、条里にそって荘域を正方形にする必然性は全くない。そこで別の考え方として、「川口」を主要用水路が荘域に入ってくる地点と想定し、笠縫地区の「井ノ口」付近に比定することもできる［山田・竹谷、二〇一三］（**図4**参照）。この説をとれば、古代の荘域は地形に制約された不整形のものでもよく、承和一四年（八四七）に総面積が二五〇町だったこととも程良く整合する。すなわち中世大井荘（足利説）のおおむね西半分が、古代大井荘の領域だったことになる。

大井荘の立地は、鵤荘や沢良宜荘とずいぶん異なっていた。近世には東に揖斐《いび》川、西に杭瀬《くいせ》川が流れ、堤防に囲まれた大垣輪中《わじゅう》のなかにあった。古代の環境はわからない部分が多いが、荘域の内外に弥生遺跡が点在するから、開発が弥生時代にさかのぼることは確実である。ところが、それらは古墳時代までに廃絶し、七―八世紀の遺跡は見あたらない。たとえば荘域の東にある今宿遺跡では、弥生時代中期から水田が作られてきたが、古墳時代に洪水をうけて放棄されてしまった［大垣市編、二〇一一］。こうした環境変化により、大井荘周辺は荒蕪地に戻ったのではなかろうか。そして八世紀半ばに朝廷の命令をうけ、改めて墾田開発がなされたと推定されるのである。このとき新しい用水路が開かれたが、それが菅野《すがの》川（杭瀬川支流）から水を引く興福地《こうふくじ》用水［大垣市編、二〇〇八］などに受け継がれるのであろう。用水路は「井ノ口」を通って荘内に入り、北西から南東に傾斜する地形に沿って分岐し、古

井ノ口付近の水門川（興福地用水の下流、著者撮影）

代の荘域を潤したと考えられる[土山、二〇一八]。

興福地用水は、大井荘の北方二キロにある「興福地」から始まる。興福地やその周辺には奈良時代の集落遺跡が多く、広々とした条里水田が続いている。おそらく安八郡那賀《なか》郷(里)の一郭で、地名からすれば、興福寺か弘福寺の荘園があったらしい[57]。那賀郷は大井荘すぐ北の河間・中野・中川まで広がっていたようだが、大井荘内に別の古代の郷が存在した確証はない。八世紀の大井荘域は安八郡南部のフロンティアで、那賀郷の用水路を改修・延長して墾田が開かれたのではなかろうか。長い歴史をもつ熟田を切り取るのではなく、荒廃地を数百年ぶりに開墾して、勅旨田(大井荘)が生み出されたのであろう[58]。

対比事例――越中国井山荘

美濃国大井荘は、勅旨田という特権的開発地から生まれた点で、東大寺領荘園の中でも異色であった。そこで、大井荘の特徴をよりよく理解するため、北陸荘園の事例と比べてみたい。素材は、越中国砺波《となみ》郡の井山《いやま》荘である[吉川、二〇〇二]。

東大寺領北陸荘園はみな墾田主体の古代荘園であるが、その成り立ちはさまざまであった。①東大寺がみずから原野を占めて墾田開発を行なったもの(越前国糞置《くそおき》荘など)、②すでに開発された墾田を買ったもの(越前国桑原荘など)、③朝廷の施入や

(57) 美濃国安八郡には興福寺の古代・中世荘園は確認できないが、弘福寺なら和銅二年(七〇九)の水陸田目録に一二町の寺田が見える(**表3**)。

(58) 美濃国安八郡を大化前代から続く「王領」の地とし、ほぼ全域が大海人皇子の湯沐《とうもく》(領地)となり、大井荘域もその一部だったとする学説がある[田島、二〇一八]。しかし、大海人の湯沐がそれほど広範囲であった証拠はなく、さまざまな王族・豪族に伝領されたはずの部民集団を一括して「大王家の私有民」と捉えるのも適切ではない。かかる「王領」概念は古代史研究で広く認められてはおらず、本章もこれに拠らないで記述した。

地方豪族の寄進をうけたもの（越中国石粟荘など）の三種類に大別できる［藤井、一九八六］。②③の場合はすでに経営施設があったり、開墾が進んでいたりしたが、①は東大寺が国司・郡司の協力を求めながら、自力で開発しなければならなかった。朝廷の指令をうけて国司が開発してくれた美濃国大井荘とは、事情が全く異なっていたのである。

越中国井山荘は砺波平野の東端、現在の富山県砺波市徳万《とくまん》・頼成《らんじょう》付近にあった［金田・田島、一九九六］。現地の豪族・砺波臣志留志《しるし》が墾田を寄進したことに始まる、上記③の荘園の一つである。天平神護三年（七六七）には総面積が一二〇町で、うち開墾された田が四七町余、未墾地が七三町弱あった。東大寺に寄進するまでに、志留志はそれなりに開発を進めていたようである。東大寺は近傍の住人に耕作させて荘園経営を行なったが、類例から推せば、多くは小作（賃租）に出し、一部は佃《つくだ》（直営田）としたものであろう。井山荘は墾田からなっていたから、すべて輸租田だったと考えてよい。

井山荘の経営は九世紀になって危機を迎えた。近くに淳和院《じゅんないん》[59]の荘園が成立し、労働力として浪人たちが寄進されたのだが、彼らはもともと東大寺の配下にあり、井山荘で耕作する者たちであった。このため荘園経営が立ち行かなくなったと東大寺は述べ、浪人の返還を要求したのである。淳和院は「越中国諸荘別当」の文室長主《ふんやのながぬし》

(59) 淳和天皇が在位中から用いた後院（離宮・家政機関）で、平安京右京四条二坊にあり、「西院」とも呼ばれた。淳和は退位後はこの淳和院で暮らし、承和七年（八四〇）に死去した。東大寺が淳和院に要求をつきつけたのはその翌年のことで、淳和の死による政治力低下につけこんだものと見られる。

に調査を命じるとともに、東大寺に用水の樋を施入して懐柔をはかった。結果はわからない。ただ、淳和院という強大な新勢力の荘園が立てられたため、東大寺領が圧迫されたことだけは確実である。しかも淳和院領荘園の経営にあたった文室長主は、東大寺阿弥陀《あみだ》院領の井山荘（東大寺領井山荘の西隣にあった別の荘園、面積は六〇町）ゆかりの人物で、越中国で力をもつ富豪だったと推測される。彼は淳和院の政治力を頼んで、東大寺を見限ったのであろう。

同じようなことは、因幡国高庭《たかば》荘などでも起きていた。九世紀に遠隔地の東大寺領荘園が衰退したのは、新興の院宮王臣家《いんぐうおうしんけ》(60)（上級王族・貴族）との競争に敗れたことが大きい。現地の富豪たちは院宮王臣家と結んで、弱まりつつある旧勢力から離反していった。つまり、「初期荘園」一般が没落したのではない。政治力の低下した王族・貴族・寺院の荘園が没落し、新興勢力の荘園に取って代わられたのである。

その後の井山荘の動向ははっきりしない。長徳四年（九九八）のものらしい東大寺領荘園目録(61)には、「別功徳分荘」として井山荘四〇町が見え、すでに荒廃したと注記されている。別功徳分荘とは特定の法会のための荘園のことだから、この井山荘は一切経《いっさいきょう》読経の財源とされた東大寺阿弥陀院領のほうらしい。つまり、東大寺本体がもつ井山荘はさらに早く姿を消していたのである。ここで重要なのは、史料に「荒廃」と記されても、本当に荒れ果てたのか、単に支配できなくなっただけなの

(60) 太上天皇の家政機関である「院」、皇太子と三后（皇后・皇太后・太皇太后）の家政機関である「宮」、そして五位以上（狭義には三位以上）の貴族の家政機関である「家」を総称したもの。九世紀にはその活動が大きな政治問題となった。

(61) 『東大寺要録』巻六、諸国諸荘田地。東南院文書にはその草案と思しき文書が伝えられ、参考にした（『大日本古文書　家わけ第一八　東大寺文書之三』四九頁）。

か、軽々に判断できないことである。ブームに乗って開墾したから荒廃しやすかった、などという単純な話ではない(大井荘を見よ)。井山荘の「荒廃」の内実もよくわからない。しかし、ちょうど受領制が確立していく時期であることから推せば、受領の支配強化に対抗できずに「収公」され(=公田として官物・臨時雑役が課され)、地子収入がゼロになったと考えるのが自然ではなかろうか。少なくとも、一〇—一一世紀の史料が言う「荒廃」や「開発」を額面通りに受け止めるのは、いかにも危険なことのように思われる。

東大寺領の古代荘園と中世

東大寺領古代荘園には、中世荘園に転成したものと、古代のうちに滅び去ったものとがあった。大井荘は前者の例、井山荘は後者の例である。そうなった理由を考えるためには、東大寺領全体の変遷を俯瞰しておくことが必要であろう。そこで、A天暦四年(九五〇)、B長徳四年(九九八)、C大治三年(一一二八)、D建保二年(一二一四)の荘園リストを用いて、この間の変化をとらえることにしたい(**表8**[62])。

まず注目されるのは、Bの九九八年までに北陸荘園の大多数が消滅したことである。Aの九五〇年にはまだ生き残っていたかのようだが、そのころ越前国道守《ちもり》荘・鎧《よろい》荘・糞置荘を東大寺は支配できていなかった[63]。つまり、Aリストは必ずしも実

(62) Aは天暦四年一一月二〇日「東大寺封戸荘園并寺用帳」(『平安遺文』二五七号)、Bは『東大寺要録』巻六、諸国諸荘田地(*は注61で示した草案による)、Cは大治三年七月日「東大寺荘園目録」(『平安遺文』二一一九号、〇は面積不記載の荘園)、Dは『東大寺続要録』寺領章、建保二年五月日「東大寺領諸荘田数所当等注進状」による。数字は、荒廃・川成以外の田の面積で、単位は町。歩は四捨五入した。Aの「新開田」は「別功徳分」以外の面積に加えた。なお、ここに見えない古代・中世荘園もあるが、論旨に影響はない。

(63) 天暦五年一〇月二三日「越前国足羽郡牒」(『平安遺文』二六三号)。

		A 950年	B 998年	C 1128年	D 1214年
前国	椿原荘	50.0	0.0		
	道守荘	326.2	0.0		
	鎧荘	101.0	0.0		
	糞置荘	15.9	0.0		
	国富荘	83.9	0.0		
	鯖田荘	17.5	0.0		
	小榛荘	40.0	0.0		
	溝江荘	133.6	0.0		
賀国	幡生荘	250.0	250.0		
中国	狩城荘	100.0	0.0*		
	石粟荘	120.0	0.0*		
	須賀荘	56.8			
	楔田荘	130.9	0.0*		
	成戸荘	59.8			
	鹿田荘	30.4	0.0*		
	大荊荘	150.0	0.0*		
	丈部荘	91.9	0.0*		
後国	石井荘	65.1	65.1	○	
	吉田荘	20.9	0.0*		
	真沼田荘	26.0	0.0*		
	豊田荘				35.2
波国	後河荘	22.4	28.4	○	28.8 ＋畠　7.2
	布佐比荘	0.0	0.0		
播国	高庭荘	12.2	0.0*		
磨国	粟生荘	21.6	0.0*		
防国	槻野荘	91.6	0.0*		
波国	新島荘	3.0 ＋地　85.1	0.0* ＋地　83.2		
予国	新居荘	4.7 ＋畠　88.4	0.0* ＋地　93.0		
総計)		2678.8 ＋　188.3	2104.1　＋　185.0		1172.5 ＋畠 127.5
功徳分】					
伊国	三毛荘		3.8		
	名陵村		0.0*		
	土崎村		0.0*		
賀国	狛野荘		4.0		
江国	息長荘		19.3		
	霊山悔過料		7.5		
	水沼荘		7.9		
中国	井山荘		0.0*		
濃国	厚見荘		0.0*		
賀国	横江荘		0.0*		
和国	酒登荘		8.0　＋畠　7.1		
	長屋荘		8.0		
前国	田宮荘		53.8		
後国	土井荘		200.0		
磨国	水田		24.7		
総計)			337.0　＋畠　7.1		

表 8　平安中期～鎌倉初期の東大寺領荘園(凡例は注 62 参照)

		A 950 年	B 998 年	C 1128 年	D 1214 年
【荘＋新開田】					
平城	二条	2.0 ＋地 3.0			
	三条	1.2			
	四条	1.2	1.2		
	田村地		2.5		
	八条市荘	0.0 ＋畠 1.3	1.2		
大和国	酒登荘(春日荘)	5.7 ＋畠 0.9	8.6	○	25.0
	櫟本荘(櫟荘)	17.7	25.7	34 ＋畠 4	34.3 ＋畠 [illegible]
	川上荘		9.5	○	
	陵田		3.4		
	西園田		1.5		
	佐保院田		4.3		
	長屋荘	2.2	2.2 ＋畠 0.8	10 ＋畠 1	8.3 ＋畠 [illegible]
	村屋荘	5.9 ＋畠 0.5	5.9	6	
	清澄荘	5.9 ＋畠 1.1	27.2	○	24.3 ＋畠 [illegible]
	薬園荘		10.4 ＋畠 3.1	(○)	49.3 ＋畠 21[illegible]
	飛驒荘	7.7	3.9	4 ＋畠 3	4.7 ＋畠 [illegible]
	十市荘	2.5	1.0 ＋畠 1.5	2	0.0 ＋畠 [illegible]
	戒本師料		4.0		4.0
	白米免田				36.0
	灯油免田				66.0
	香菜免田				24.0
	華厳会色衆饗免田				20.0
山城国	泉荘	0.0 ＋畠 4.0	0.6	0 ＋畠 4	0.0 ＋畠 [illegible]
	瓶原(賀茂荘)	0.0 ＋畠 4.0	0.0 ＋畠 3.4	○	4.1 ＋畠 [illegible]
	玉井荘		30.0	8 ＋畠 8	9.4 ＋畠 [illegible]
摂津国	水成瀬荘	0.0	8.7	40	12.3 ＋畠 [illegible]
	猪名荘	85.2	85.2	45	41.5
	安曇江・新羅江荘	1.5	0.6	○	
伊賀国	柏野荘	14.1	4.0		
	笠間荘(B～D 大和)		32.1	○	39.3
	鷹生荘(B～D 大和)		4.1	○	5.7
	黒田荘			15	24.9 ＋畠 3[illegible]
	黒田荘出作・新荘				270
	玉滝・湯船村等			○	95.9
	鞆田荘				60
近江国	因幡荘	121.0	121.0		
	大国荘	7.2	7.2		
	覇流荘	112.7	113.7		
	息長荘	4.3	76.2		
	私市荘	4.8	4.9		
伊勢国	三重荘	0.0	430.0		
美濃国	大井荘	53.0	50.0	○	172.2
	茜部荘			○	77.5 ＋畠 3[illegible]
尾張国	(海部郡)	10.0	10.0		
	(中島郡)	156.6	296.3		
	(春部郡)	6.0	50.0		
	(山田郡)	6.0	36.0		
	(愛智郡)	5.0	70.0		
	(葉栗郡)	4.0	36.7		
	(丹羽郡)	10.0	180.8		

態を反映しておらず、言わば「支配すべき荘園のリスト」なのであった。してみれば、北陸荘園の衰滅は一〇世紀中葉までに始まっていた可能性があり、それは因幡国高庭荘・周防国椹野《ふしの》荘・伊予国新居《にい》荘といった遠隔地の荘園でも同じかもしれない(64)。いずれにせよ、Bリストから面積過大と見られる伊勢国三重荘・尾張国諸荘(勅旨田)を仮に差し引くと、水田の総面積は約九九四町となり、Aリストの約二六七九町の三分の一近くになる(差し引かねば総面積約二二〇四町、Aの約八割)。減少分の大多数は北陸など遠隔地にある墾田主体の荘園であった。

その裏返しであるが、大和国・山城国・摂津国・伊賀国・美濃国など、畿内・近国の荘園の多くは衰滅することなく、中世荘園に転成していった。CリストとDリストはほぼ同じ傾向を示し、中世の東大寺領荘園の枠組みが一二世紀前葉までに定まったことが読み取れる。ただし、この間に近江国の諸荘が消え去ったことには注意しなければならない。同じ近国と言っても、尾張国・近江国・紀伊国(別相伝)の古代荘園は中世化しておらず、どうやら国単位で違いが生じたらしい。特に尾張国の諸荘は、大井荘と同じく不輸租の勅旨田に起源をもつのに、すべて東大寺の支配が及ばなくなった。

中世につながる荘園をさらに観察しよう。大和国・山城国・摂津国の荘園はみな小規模であるが、日常的な寺院経営には欠かせない存在であった。注目されるのは、

(64) 播磨国粟生《あわう》荘や阿波国新島《にいじま》荘の田地も、長徳四年までに「荒廃」していた。

(65) 平城京東郊には春日離宮・高円《たかまど》離宮と呼ばれる離宮があり、聖武天皇もこれを用いたが、彼が没すると付属田地とともに東大寺に施入され、春日荘になったと考えられる。猪名荘には「宮宅地」という一郭が含まれ、その前身は離宮施設と推測される。清澄荘は紫微中台領「浄清所」が施入されたもので、中臣氏のタドコロにさかのぼる領地かもしれない[吉川、二〇一七]。玉井荘は天平宝字四年(七六〇)七月、光明皇太后の七七日忌に先立って勅施入されたが、玉井は光明の母方氏族・橘氏の根拠地であった。

聖武天皇・光明皇后ゆかりの荘園がいくつも含まれることである。春日荘・猪名《いな》荘は聖武天皇の離宮とその付属地に由来し、清澄《きよずみ》荘・玉井《たまのい》荘は光明皇后領であった可能性が大きい(65)。村屋《むらや》荘・飛騨《ひだ》荘などもそういう古い由緒をもつ領地だったのではないだろうか(66)。東大寺の創建に聖武と光明が力を尽くしたことは言うまでもなく、二人の領地が東大寺領になったのは、それが考慮されたために違いない。畿内の東大寺領には、このような熟田を主体とする第一形態の荘園が含まれ、中世まで長い生命を保ち続けた。たとえ墾田永年私財法以後に成立した古代荘園であっても、こうした古いタイプが含まれていたのである。

そのほかの畿内・近国の荘園に目をやれば、大和国の四種免田(白米免田・灯油免田・香菜免田・華厳会色衆饗《けごんえしきしゅきょう》免田)(67)が一四六町にのぼり、さらに伊賀国黒田荘・玉滝《たまたき》荘(周辺を含めて計四五二町)と美濃国大井荘・茜部荘(計二五〇町)が有力で、あわせて鎌倉初期の東大寺領荘園の四分の三を占めた。四種免田は、興福寺の国議不輸田畠・雑役免田畠とよく似たプロセスで生まれ、大和国を基盤とする点も同じであった[田村、一九九四]。一方、黒田荘・玉滝荘と大井荘・茜部荘は中世荘園に成長し、大規模な近国荘園として中世東大寺を支えた。これらの荘園が拡大したのは、大井荘で見たように「公田の取り込み」が基本的な手段であり(もちろん開墾の進展もあった)、公田を荘園化した点では四種免田と同じであった。それは中世王家領が、

(66) 村屋荘は、王家領由来と考えられる寺領荘園が集中する地にあった(注43)。飛騨荘も藤原京朱雀《すざく》大路が日高山を登り、飛鳥川に臨む一等地にあり、七世紀以来の離宮や邸宅に由来する可能性がある。いずれにせよ、聖武没後すぐ東大寺に施入された荘園は、聖武と深い関わりをもっていたと考えられ、春日荘・猪名荘・清澄荘・飛騨荘のほか、勅旨田に由来する水成瀬《みなせ》荘・大井荘がこれにあたる。ほかに平城京内で葛木寺《かずらきでら》東所・田村所が施入された。村屋荘の施入年代は残念ながらわからない。

(67) 大和国は白米三五斛《こく》五斗、油六斛五斗二升を東大寺に納める決まりだったが(『平安遺文』二

私領を核としつつ広大な公田を包みこんで立荘されたこと［川端、二〇〇〇］とも軌を一にしている。東大寺領中世荘園の基幹部分は、公田（熟田）から発生したと言っても過言ではない。

　こうして見ると、いわゆる「初期荘園の没落」とは、主として遠隔地に立地した、墾田主体の荘園に特徴的な現象だったことがわかる。北陸荘園の壊滅につい目が奪われてしまうが、そればかりが古代荘園の運命ではなかった。中世まで生き残った古代荘園には、熟田主体の荘園（第一形態）と墾田主体の荘園（第二形態）がともに含まれ、新興勢力との競争、受領支配への対抗という激烈なプロセスの果てに、畿内・近国の特定の国々において中世化を果たした。また、中世荘園として拡大・充実していく際には、公田の取り込みが不可欠だったのである。

おわりに——寺領荘園というもの

　本章で取り上げた三つの古代荘園は、それぞれの立地・地域性に即して、三者三様の個性的な歴史をもっていた。ミヤケに由来する法隆寺領揖保荘、タドコロに始まる興福寺領草和良宜村、そして勅旨田（天皇御料田）として開墾された美濃国大井荘——どれもが古代荘園から中世荘園への転成を果たし、長期間にわたって存続し

五七号）、その代わりに公田の官物徴収権を与えたのが白米免田三六町・灯油免田六六町で、興福寺の国議不輸田畠と似たものである。香菜免田と華厳会色衆饗免田は雑役免田で、興福寺のそれと同じく、東大寺に特定の役務を奉仕するという名目で、臨時雑役が免除された公田等である。

た荘園であった。熟田主体の古代荘園も、墾田主体の古代荘園も、畿内・近国では必ずしも消え去らなかった。東大寺領北陸荘園のイメージだけで古代荘園を語ることはできない。

ただ、ここで論じてきたのは寺領荘園ばかりである。古代荘園も中世荘園も、その領主は大寺院に限られるわけではない。王家・王族・貴族も数多くの荘園を領有していたから、[68] いくら古代荘園の史料が寺領に偏っていると言っても、王族・貴族の荘園そのものを論じないのは問題であろう。それを承知の上で、寺領荘園から考えるという戦略をとったのだが、理由は二つあった。

第一に、第2節で少し述べたように、王族・貴族の荘園は政治情勢や相続によって不安定になりかねなかったが、寺院という宗教組織に施入することで、永く保全していくことが期待できた。特に不輸租の寺田(熟田)は収公されなかったから、安定性が際立っていた。王族・貴族にとって、みずからが檀越《だんおつ》である寺院の荘園は、広い意味での家産の一部であり、言わば「王族・貴族領の外周部」が寺領荘園だったのである。[69] したがって、寺院に施入・寄進された荘園には、かつて王族領・貴族領そのものであった歴史が刻み込まれており、寺領荘園から古い荘園の様相をうかがうことができる。

第二に、墾田永年私財法以降に、とりわけ遠隔地において墾田主体の荘園が増え

(68) 神社の荘園もあったが、九世紀までは目立った存在ではなかった。

(69) 寺田・寺領荘園は名目だけのもので、王族や貴族の「財産隠し」のために寺院に施入された、などと考えているわけでは全くない。そうした事例もあったかもしれないが、施入された寺田・荘園は法会や経常経費に用いられ、檀越である王族・貴族の宗教的救済や一族結集に役立てられたのである。

ていくと、その領有と経営をめぐって諸勢力が競合したが、やがて法隆寺・東大寺など旧来の寺院は政治的実力を弱め、王族・貴族を中心とする新勢力に圧迫されていった。その過程で、院宮王臣家と呼ばれる新勢力の動向が、まるでネガフィルムのように見えてくるのである〔吉川、二〇〇二〕。このような新勢力の荘園は、全体として拡大していったと私は推測している。やがて受領や現地土豪との関係がいよいよ複雑化していくなか、王族・貴族領と寺領とを問わず、中世荘園へと続く道が現われてくるのであろう。

寺領荘園から古代荘園を考えるのは、一つの方法ではあったが、見逃したものもきっと多いに違いない。さらに総合的な検討は今後に委ねたいと思う。これからは「墾田永年私財法から」始まる「初期荘園」というワンパターンの思考から抜け出し、それぞれの地域に即して古代荘園の歴史を跡づけることが肝要であろう。その際には、古代の文献史料ばかりを操作するのではなく、中世史料の遡源的利用をはかりたい。考古学・歴史地理学・荘園現況調査の知見をしっかり活かしていくことも望まれる。手がけてみればすぐにわかることだが、こうした作業はほんとうに面白く、フィールドの踏査も刺激に満ちている。古代荘園の新しい研究は、まだ始まったばかりである。

引用・参考文献

赤松秀亮、二〇一七年「美濃国大井荘内榎戸郷の基礎的研究」『日本史攷究』四一

赤松秀亮、二〇一八年「美濃国大井荘の中世化と「開発領主」大中臣氏」海老澤衷編『中世荘園村落の環境歴史学』吉川弘文館

足利健亮、一九九七年「歴史地理学的調査」『大垣市遺跡詳細分布調査報告書　解説編』大垣市教育委員会文化部

石上英一、一九九六年「古代荘園と荘園図」金田章裕ほか編『日本古代荘園図』東京大学出版会

泉谷康夫、一九七二年『律令制度崩壊過程の研究』鳴鳳社

泉谷康夫、一九九七年『興福寺』吉川弘文館

井上通泰、一九三一年『播磨国風土記新考』大岡山書店

海老澤衷編、二〇一八年『中世荘園村落の環境歴史学』吉川弘文館

大垣市編・発行、二〇〇八年『大垣市史　輪中編』

大垣市編・発行、二〇一一年『大垣市史　考古編』

梶木良夫、一九九三年「「赤井・内山井」灌漑体系の歴史的考察」『播磨国鵤荘現況調査報告V』龍野市教育委員会

川端　新、二〇〇〇年『荘園制成立史の研究』思文閣出版

岸　俊男、一九八五年「「額田部臣」と倭屯田」『末永先生米寿記念献呈論文集』末永先生米寿記念会（のち同『日本古代文物の研究』塙書房、一九八八年に収録）

岸本道昭、二〇〇四年「鵤荘以前」『播磨国鵤荘現況調査報告　総集編』太子町教育委員会

北村安裕、二〇一五年『日本古代の大土地経営と社会』同成社

鬼頭清明、一九七七年「法隆寺の庄倉と軒瓦の分布」『古代研究』一一

金田章裕・田島公、一九九六年「越中国砺波郡東大寺領荘園図」金田章裕ほか編『日本古代荘園図』東京大学出版会

小林基伸、一九八九年「播磨国の開発領主に関する一考察」『塵界』創刊号

小林基伸、一九九三年「平野部の水利と荘園」『荘園絵図とその世界』歴史民俗博物館振興会

鷺森浩幸、二〇〇一年『日本古代の王家・寺院と所領』塙書房
佐藤泰弘、二〇〇四年「荘園制と都鄙交通」『日本史講座3』東京大学出版会
新尺雅弘、二〇一九年「久米寺式軒瓦の成立と展開」『考古学研究』六六―二
太子町教育委員会編・発行、一九八八―二〇〇四年『播磨国鵤荘現況調査報告』Ⅰ～Ⅳ・Ⅵ・総集編
太子町史編集専門委員会編、一九九六年『太子町史　第一巻』太子町
高島正憲、二〇一七年『経済成長の日本史』名古屋大学出版会
高槻市教育委員会編、一九九七年『継体天皇と今城塚古墳』吉川弘文館
田島　公、二〇一八年「美濃国大井荘の成立事情と成立当初の荘域」海老澤衷編『中世荘園村落の環境歴史学』吉川弘文館
龍野市教育委員会編・発行、一九九三年『播磨国鵤荘現況調査報告Ⅴ』
田村憲美、一九九四年『日本中世村落形成史の研究』校倉書房
土山祐之、二〇一八年「美濃国大井荘の土地利用と水害」海老澤衷編『中世荘園村落の環境歴史学』吉川弘文館
永島福太郎、一九四四年『奈良文化の伝流』中央公論社
西岡虎之助、一九三三年「ミヤケより荘園への発展」『市村博士古稀記念東洋史論叢』冨山房（のち同『荘園史の研究　上巻』岩波書店、一九五三年に収録）
仁藤敦史、一九九八年『古代王権と都城』吉川弘文館
似鳥雄一、二〇一八年「検注と条里」海老澤衷編『中世荘園村落の環境歴史学』吉川弘文館
菱田哲郎、一九八六年「畿内の初期瓦生産と工人の動向」『史林』六九―三
菱田哲郎、二〇一二年「大田茶臼山古墳と五世紀の茨木」『新修茨木市史　一』茨木市
菱田哲郎、二〇一六年「東奈良遺跡出土の塼」『茨木市立文化財資料館館報』二
平林章仁、二〇〇二年『七世紀の古代史』白水社
藤井一二、一九八六年『初期荘園史の研究』塙書房
古尾谷知浩、二〇〇六年『律令国家と天皇家産機構』塙書房

森田克行、二〇〇六年『今城塚と三島古墳群』同成社
安田次郎、二〇〇一年『中世の興福寺と大和』山川出版社
山田昭彦・竹谷勝也、二〇一三年「律令国家の展開と大井荘の成立」『大垣市史　通史編　自然・原始〜近世』大垣市
吉川真司、二〇〇二年「院宮王臣家」吉川真司編『日本の時代史5　平安京』吉川弘文館（のち同『律令体制史研究』岩波書店、二〇二二年に収録）
吉川真司、二〇〇四年「安祥寺以前」『安祥寺の研究Ⅰ』
吉川真司、二〇一三年「小治田寺・大后寺の基礎的考察」『国立歴史民俗博物館研究報告』一七九
吉川真司、二〇一七年「平城京南郊の古代荘園」栄原永遠男ほか編『歴史のなかの東大寺』法蔵館
吉川真司、二〇二二年「片岡四寺考証」菱田哲郎編『聖地霊場の成立についての分野横断的研究』京都府立大学文学部歴史学科
吉川真司、二〇二三年a「文献史学からみた平城京と条里」『条里制・古代都市研究』三八
吉川真司、二〇二三年b「日本古代の仏都と仏都圏」堀裕ほか編『東アジアの王宮・王都と仏教』勉誠社
吉田　晶、一九七三年『日本古代国家成立史論』東京大学出版会
吉田　孝、一九九一年「律令国家と荘園」『講座日本荘園史2』吉川弘文館（のち同『続律令国家と古代の社会』岩波書店、二〇一八年に収録）

挿図引用文献

茨木市立文化財資料館編、二〇一四年『茨木に眠る資料』茨木市教育委員会
姫路市史編集専門委員会編、二〇一〇年『姫路市史　第七巻下』姫路市

コラム　不比等と房前の荘園

藤原氏は律令体制のもとで大きく発展した。その有力者は奈良時代から多くの領地をもっていたはずだが、文献にはほとんど現われない。鎌足《かまたり》ゆかりの荘園が興福寺領になったことは本文で述べたが、彼の後継者はどうだったのであろうか。

延暦一一年(七九二)、摂津国島上郡の野の整理が行なわれ、藤原不比等《ふひと》(鎌足の子)の野八七町、房前《ふささき》(不比等の子)の野六七町、清河《きよかわ》(房前の子)の野八〇町はこれまでどおり領有が認められた(『類聚国史』巻一八二)。子孫たちが受け継ぎ、放牧・狩猟・伐採などに用いていたものだろうか。島下郡にあった三島別業とは、直接の関係はなさそうである。

農業経営を行なう領地はどうか。興福寺の「本願施入田畠」は、必ずしも本願＝藤原不比等ゆかりの荘園ではない。しかし、ほかの興福寺領に不比等・房前ゆかりの荘園が見出せる。専論もあるので[谷本、二〇一六]、私見を加えつつ紹介しよう。

藤原不比等は養老四年(七二〇)八月三日に没した。娘の光明《こうみょう》皇后は、忌日法会の財源として「山背《やましろ》・越前両国の水田七十町」を興福寺に施入した(『興福寺流記』)。光明は不比等の財産を受け継いだ人物だから、七〇町の水田(熟田)はもともと不比等の荘園だった可能性がある。一二―一三世紀、不比等の忌日法会は興福寺講堂で行なわれ、越前国木田荘《きだのしょう》が布施の綿を進上した(『類聚世要抄』巻一二)。木田荘はそのころ興福寺東北院領となり[佐藤、一九八九]、興福寺寺門の支配から離れていた。六一頁の**表6**に現われないのはそのためである。おそらくこの木田荘こそ、光明皇后が施入した越前国の水田なのであろう(残念ながら山背国の荘園は特定できていない)。福井駅の南西約一キロ、足羽山《あすわやま》の東麓に木田荘はあり、応仁の乱のころまで存続した。足羽山をはさんだ西隣には、東大寺領道守荘の墾田が開かれるが、その事情を考える上でも木田荘は見逃せない。

藤原房前は天平九年(七三七)四月一七日に死去した。彼の忌日法会も興福寺講堂で開催され、大治四年(一一二七)には「三《み》俣門《またど》御忌日」と呼ばれていた(『類聚世要抄』巻一〇)。それは丹波国三俣戸荘が布施の紙を貢上したためである。三俣戸荘は**表6**にも見える寺門領荘園で、やはり応仁の乱のころまで生き残った。木田荘と同じく、房前の死から間もない時期に施入された可能性がある。清水正健『荘園志料』以来、丹波北端の天田郡の「三俣」に比定されてきたが、その地は八条院領六人部《むとべ》荘に含まれる。むしろ、『大乗院寺社雑事記』が「桑田郡三俣戸荘」と明記することから(長禄二年〈一四五八〉七月七日条)、国府のある桑田郡に立地したと考えられる。承安四年(一一七四)の「丹波国吉富荘絵図写」に「三俣」が見え、近世にはちょうどそのあたり、三俣川の流域に山階村があった(現在は京都府亀岡市旭町の一部)。山階寺(興福寺)の名を伝え、春日の神が祀られるのは興福寺領荘園の故地にふさわしい。国府にも近いこの一帯に三俣戸荘があったことは疑いなく、起源が八世紀にさかのぼることも考えてよい。近隣地域では発掘調査も進んでおり〔高野、二〇一四〕、学際的なフィールド研究が楽しみである。

木田荘も三俣戸荘も著名な荘園ではない。しかし、その歴史をさらに追究すれば、古代藤原氏の社会的基盤が見えてくることであろう。古代荘園の研究は、政治史を考えるためにも役に立つのである。

◉佐藤圭「越前国足羽郡の中世荘園について」『福井県立博物館紀要』三、一九八九年
◉高野陽子「丹波国刑部郷における古代の開発とその背景」『晴歩雨読』藤陵史学会、二〇一四年
◉谷本啓「興福寺領丹波国三俣戸荘(藤原房前忌日料所)の基礎的考察」『日本史研究』六四九、二〇一六年

古代荘園から中世荘園へ

佐藤泰弘

はじめに
1　課税の強化と荘園の応答
2　荘園の経営組織
3　公田兼併と荘園
4　摂関期から院政期へ
おわりに
コラム　猪名荘と長洲荘

はじめに

奈良県五條市にある栄山寺《えいさんじ》は、小島山の南麓、吉野川に面する古刹である（図1）。藤原氏《ふじわらし》南家《なんけ》の氏寺であり、南家の祖である武智麻呂《むちまろ》（六八〇—七三七）が創建したと伝えられる。境内の八角堂は藤原仲麻呂《なかまろ》が造立したもので、国宝に指定されている。栄山寺から少し西に行くと、宇智川《うち》が吉野川に合流する。その宇智川の左岸には、栄山寺の僧侶が発願《ほつがん》したと推測される八世紀末期の磨崖碑《まがいひ》がある［福山、一九八二］。

栄山寺は小島山の山麓や宇智川の流域を中心に所領を営んだ。まず武智麻呂の死後、その墓が小島山に造られ、宇智川・吉野川にまで及ぶ墓山つまり墓域が設けられた。また武智麻呂の遺領が長子の豊成《とよなり》によって栄山寺に施入されたのをはじめとして、山麓に開かれた田畠、吉野川の対岸の牧や田畠などが施入された。

栄山寺の所領に関する史料がまとまって残されているのは、一〇世紀後葉からである。国司による寺領への課税と有力農民による寺領の押領《おうりょう》(1)によって、栄山寺は所領経営の危機に直面し、それに対応した史料が残されるようになるのである。栄山寺の所領は散在しており、厳密に言うと荘園(2)ではないが、その史料は平安時代の荘園研究に重要な手がかりを与えてくれる。

（1）「押して＝強引に」領有すること。

（2）古代の荘園は、「貴族・寺社が本拠となる邸宅や境内から離れた場所に所有する別業《べつぎょう》つまり荘《しょう》家《け》とそれに付属する土地」と定義するのが適切である。

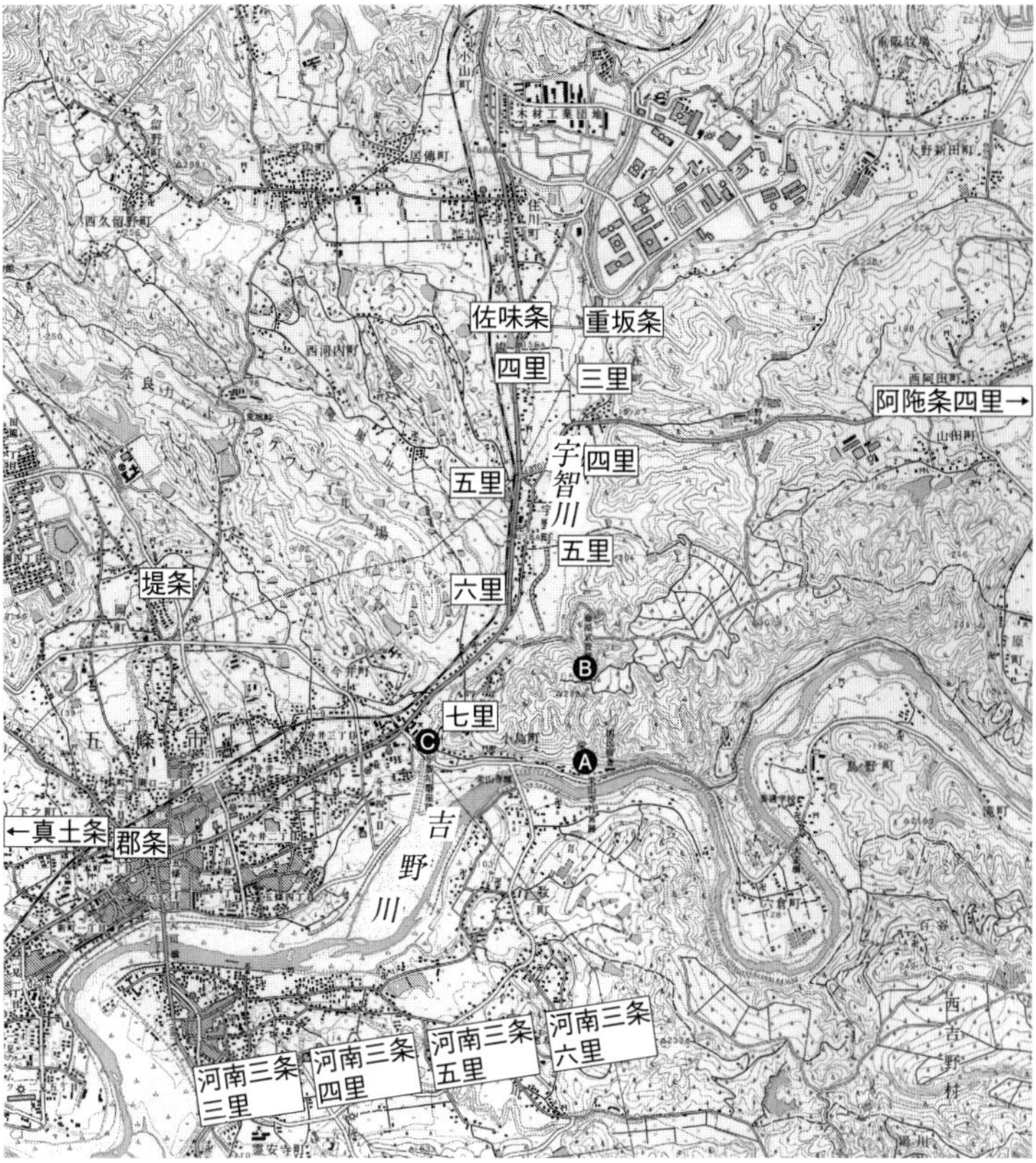

Ⓐ栄山寺　Ⓑ藤原武智麻呂の墓　Ⓒ宇智川磨崖碑

図1　栄山寺の周辺(25000 分の 1 地形図「五条」をもとに作図)

初めて栄山寺を訪ねたのは、大学四回生の春休みである。卒業論文のなかで栄山寺領に言及することになり、研究室の助手が手配してくれて、仲の良かった同級生三人と一緒に栄山寺を見学した。岡田隆夫氏が作った栄山寺領の分布図〔岡田、一九七八〕を片手に寺領の故地を歩いたのが、お粗末ながらも最初のフィールド調査であった。

私が学生時代を送った一九八〇年代は、それまでの荘園研究の成果をまとめた論文集が続々と出版されていた。その一方、環境や生業の研究に繋がることにもなる新しい荘園研究が生まれていた。新旧の研究動向が交錯する様相は魅力的であった。試行錯誤の末に卒業論文のテーマを決めて、たどり着いた史料の一つが「栄山寺文書」であった。

本章で古代荘園から中世荘園への変化を考えるにあたり、その起点を栄山寺の所領に置いてみたい。一〇世紀後葉に栄山寺が直面した事象は、古代から中世へと荘園が変貌していくトリガーであると思われるからである。また農民や村落については従来の研究で検討されているため、本章では視点を変えて、荘園経営のあり方や、その担い手に注目したい。

1 課税の強化と荘園の応答

栄山寺の所領

栄山寺の所領経営が課税によって危機に陥っていたというと、疑問を持つ方がいるかもしれない。高校の教科書などでは荘園が「不輸《ふゆ》」という免税の特権を持っていると説明されることもあるからである。しかし、それは間違いではないものの、正確ではない。

不輸の特権は土地税を免除される特権であり、律令税制において、土地税である租を納めなくてよい不輸租田《ふゆそでん》に由来する。この不輸租田は天皇・王族の所領である勅旨田、天皇が寺院・神社に施入した寺田・社田に限られていた。寺院については、寺領のすべてが不輸租であったわけではなく、朝廷の発給する太政官符《だじょうかんぷ》により寺田であることを認められた田地のみが不輸租の特権を持った(3)。では栄山寺の所領は、どうだろうか。

まず栄山寺領の分布と由緒について概観しておきたい。栄山寺の所領は大和盆地北部の広瀬郡・十市《とおち》郡にもあるが、寺領の大半は寺院のある宇智郡にあった。これらの所領は、栄山寺が取得した経緯によって三つに分けて考えることができる。図

(3) 朝廷が寺院に土地の所有を認める場合、太政官符が民部省に下され、それを受けて民部省符が国司に下されるのが、本来の手順であった。しかし一〇世紀後葉からは民部省符が省略されて太政官符が国司に下されることもあった。このような太政官符・民部省符を得た寺院の荘園は官省符荘と呼ばれる。

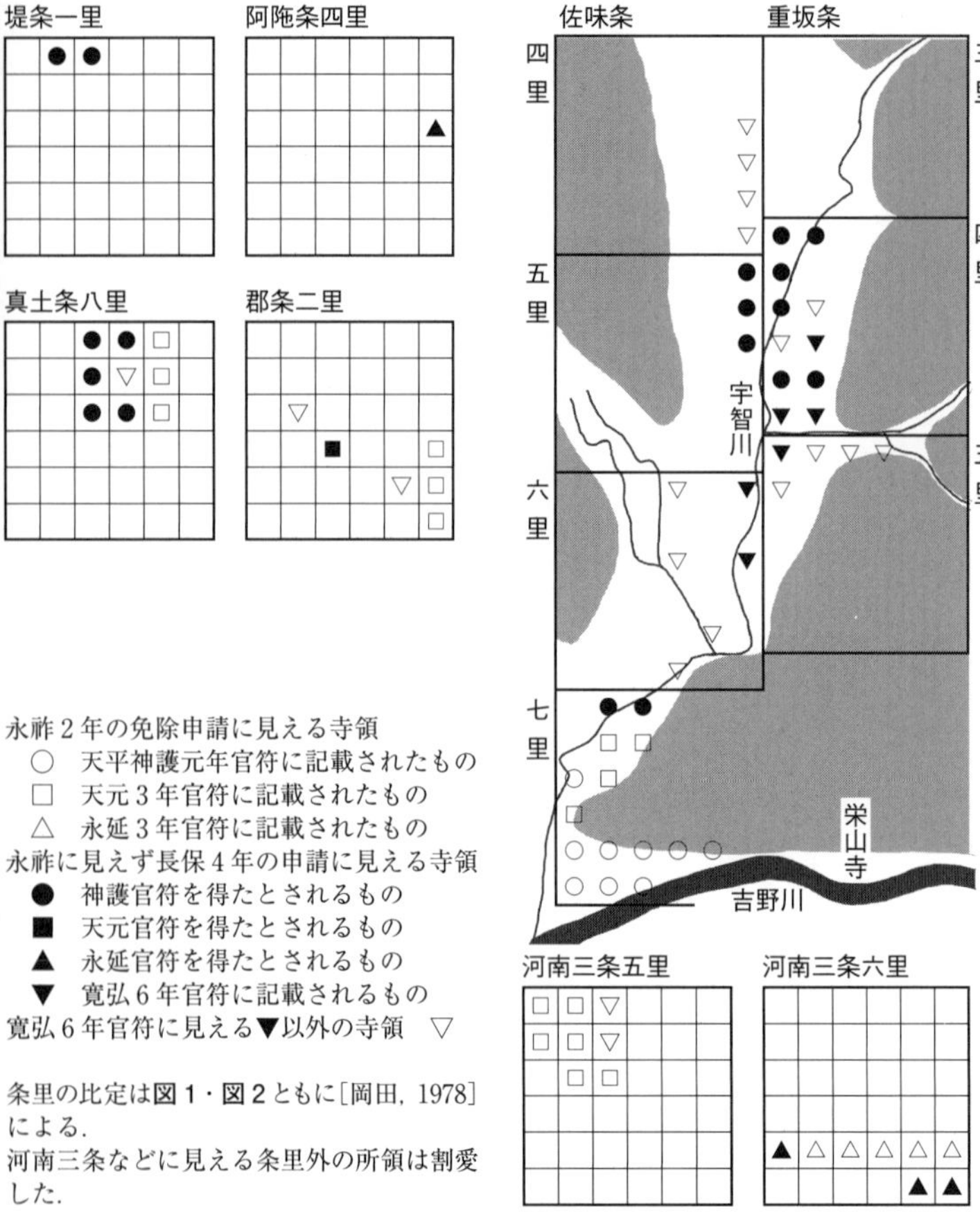
堤条一里
阿陁条四里
真土条八里
郡条二里
佐味条
重坂条
四里
五里
六里
七里
三里
四里
五里
宇智川
栄山寺
吉野川
河南三条五里
河南三条六里
永祚2年の免除申請に見える寺領
○ 天平神護元年官符に記載されたもの
□ 天元3年官符に記載されたもの
△ 永延3年官符に記載されたもの
永祚に見えず長保4年の申請に見える寺領
● 神護官符を得たとされるもの
■ 天元官符を得たとされるもの
▲ 永延官符を得たとされるもの
▼ 寛弘6年官符に記載されるもの
寛弘6年官符に見える▼以外の寺領 ▽
条里の比定は図1・図2ともに[岡田, 1978]による.
河南三条などに見える条里外の所領は割愛した.

図2 栄山寺領の分布

2に宇智郡の寺領分布を概念的に○・□・△などで示した(条里の位置は図1を参照)。

一つ目(○印)は、藤原豊成が父である武智麻呂の遺領を施入したものであり、栄山寺の近傍にある。天平神護元年(七六五)に栄山寺の田地であることを確認する太政官符が発給されている。二つ目(△印)は、それ以外で栄山寺に施入された所領であり、宇智郡(河南三条六里)のほか広瀬郡・十市郡にもあった。今では失われているが、一〇世紀後葉には栄山寺に施入状があったと考えられる。三つ目(□印)は、墓域内(墓山)の水田、吉野川南岸の高栗栖牧《たかくるすのまき》に開かれた新開田(河南三条五里)、吉野川北岸の山間部に開かれた水田(郡条・真土条)である。これらの由緒は曖昧であり、栄山寺は寺領であることを示す文書を持っていなかったと考えられる。

この三つを課税の観点から見ると、一つ目は太政官符を得て朝廷に認められた寺田であり、不輸租田であった。二つ目・三つ目は太政官符を得ていない輸租田であり、一般の墾田《こんでん》と同じ扱いだろう。栄山寺領には不輸租の寺田と輸租の墾田とが混在していたのである。

これらの寺領を栄山寺がどのように経営したのかが分かる史料は乏しい。そこで一般論として説明しておこう。九・一〇世紀の水田経営は、輸租・不輸租にかかわらず、佃経営《つくだ》(直営田経営)と請作経営《うけさく》(地子田《じしでん》経営)とがあった。佃経営は、寺院が農民を雇用して水田を耕作するもので、収穫はすべて寺院が取得した。請作経営は寺院が農民に水田の耕作を請け負わせて地代である地子（小作料）を収取するものである。このうち一般的なのは請作経営であり、田堵《たと》と呼ばれる有力農民に耕作を請け負わせた。また租は耕作者が負担することになっており、佃経営では寺院が、請作経営では田堵が負担した。

栄山寺も寺領から地子を収取しており、請作経営であったが、地子額は分からない。ただし律令制では田品《でんぽん》(4)という土地の肥瘦に応じて標準収穫量が定められており、地子額は収穫の二割であった。例えば九世紀に近江国にあった東大寺の荘園では段別、つまり水田一段当りの地子が、田品により異なるものの、平均して米三斗五升であった。栄山寺領の地子もこの程度ではなかろうか。

官物率法と検田

栄山寺の所領経営は「はじめに」で述べたように一〇世紀後葉に危機に直面した。その危機とは地子が徴収できなくなることである。この頃まで栄山寺は大過なく寺領の地子を徴収してきたが、国司による寺領への課税と有力農民による寺領の押領によって地子が徴収できなくなった。まずは土地課税について見てみよう。

一〇世紀後葉は土地課税の強化を軸とした徴税制度の転換期であり、それを推進したのは受領国司《ずりょうこくし》、つまり受領(5)であった。土地税である租と人頭税である調庸《ちょうよう》等を

(4) 田の等級。『延喜式』によると上・中・下・下々の四等級があり、標準収穫量は町別でそれぞれ五〇〇束・四〇〇束・三〇〇束・一五〇束。

(5) 国司には守《かみ》・介《すけ》・掾《じょう》・目《さかん》の四等官があり、守もしくは介が一国の財産を引き継いで、受領国司（受領）と呼ばれた［佐藤、二〇一五］。九世紀後葉から受領国司に行政権限が集中するようになり、他の国司は任用《にんよう》国司と呼ばれ、受領のもとで政務を分掌した。受領も含め国司の任期は四年。

(6) 国司が地方財源の稲（正税）を貸し付ける出挙（高利貸し）の利息が土

柱とした律令税制は、人民支配の基礎となる戸籍制度や班田収授《はんでんしゅうじゅ》制が実質を失うにしたがい、九世紀後葉から一〇世紀にかけて土地税中心の税制へと変化していく。調庸や正税《しょうぜい》(6)などは口分田《くぶんでん》などに転嫁され土地税となっていく。そして一〇世紀後葉、受領は地方行政の仕組みを改編するとともに、土地課税を中心とした税制を構築して徴税を強化した［佐藤、二〇一五］。

一〇世紀後葉までは口分田など租や正税を負担する租税田と、賃租(7)して地子を収取する地子田とが区別されていた。しかし受領はこの区分を解消し、課税対象を一律に公田とした。また土地税の租、土地税化した調庸や正税、賃租の地子を統合し、官物《かんもつ》と呼ばれる税目とした。そして公田に対し、田品を採用せず、一律に官物を賦課した。

公田に対する官物の課税基準が公田官物率法《こうでんかんもつりっぽう》である［勝山、一九九五］。公田官物率法は複数の品目から構成され、その品目は国ごとに個性があり時代とともに変化した(8)。そのため官物の総額を一般的に示すことは難しいが、大和国では米に換算して段別四斗ほど、伊賀国では六斗ほどになる。本章では、これを畿内・畿外における官物額の目安として用いる(9)。この税制改革は単純化による課税の強化であり、課税の合理化ともいえるが、とても乱暴な制度改革であった。

課税対象となる公田を確保するため、受領は着任した初年に「検田使《けんでんし》(10)」と呼ばれ

地税化して「正税」と呼ばれるようになる。

(7) 口分田に班給していない乗田などを国司が農民に貸し付けて地子を徴収した。

(8) 官物の構成品目は調庸などの代納品であるとともに現物貨幣であり、米・絹・綿など地域の産業によって異なる。

(9) 大和国の官物率法が低額なのは、畿内は調が諸国の半分で、庸も免除されていたため［小原、二〇一八］。

(10) 検田使は水田の作柄を調べる使節として八世紀から見え、任用国司が務めたが、一〇世紀後葉には受領の親族や従者が務めるようになった。

る使者を郡ごとに派遣して土地調査を行った。検田使は山中にも立ち入り、水田を見つけると公田として課税した。寺院の所領についても墾田は当然のこと、不輸の寺田であってもその根拠が明瞭でなければ公田として官物を賦課した。これを「収公《しゅうこう》」(11)と言う。

栄山寺が直面した課税の強化とはこの収公であり、これが地子収入に大きな打撃となった。官物は租と同じく耕作者の負担であり、請作経営では田堵の負担が激増したからである。例えば、地子を三斗として田堵の負担を推算すると、七升五合の租と三斗の地子で計三斗七升五合であったものが、四斗の官物と三斗の地子では計七斗になる。負担の増えた田堵が地子を納めなくなったり、耕作を放棄したりすれば、寺領の経営は難しくなる。栄山寺に近い**図2**の○印の所領は太政官符もあるため収公を免れたと思われる。しかし△印や□印の所領は、それまでは寺領として見逃されていたとしても、検田の強化によって収公され、官物を負担することになったのであろう。

(11) 公田として官物を徴収することであり、所領の没収(没官)ではない。

太政官符の取得

収公とならんで栄山寺を悩ませたのが寺領の押領である。田堵が、請作している寺領を「己の治田《ちでん》(墾田)・領畠」であると称して、地子を納めなくなった。これは栄山寺と田堵が土地の所有権を争っている状態であるとも言える。[12]

この収公と押領を同時に解消する方法が、朝廷に申請して太政官符を獲得することであった。太政官符によって寺田と認定されることで、田堵の押領に対しては寺領であることを示し、国司の収公に対しては不輸であることを示すことができたのである。

まず栄山寺は、**図2**の□印の水田と周囲の墓山・山地について、天元三年（九八〇）に官符を得た。これは施入状などの文書がなく寺領であることの根拠が最も弱い部分である。ついで施入状のある田畠（△印）も永延三年（九八九）に官符を獲得した。施入状だけでは収公と押領に対抗できず、官符が必要であったのだろう。

しかし収公については、官符を得れば自動的に官物が免除されるわけではなかった。課税の強化にともない、不輸の寺田であっても受領が着任して最初の検田が行われる際、国の役所（田所《たどころ》）で審査を受け、受領から官物の免除認定（免判）を得ることが必要になったからである。寺院は、寺領の坪付《つぼつけ》（所在地）や面積を記したリストに太政官符や先例となる免判を添えて審査を受けた[13]。そして収公か免除かの判断は受領の裁量によるところが大きかった［坂本、一九七二］。

栄山寺は官符を獲得した後、永祚二年（九九〇）に初めて官物免除を申請し、受領から認められた。この後、正暦五年（九九四）・長保四年（一〇〇二）・寛弘三年（一〇

（12）田堵は、地子に官物が加わると負担が倍増するため、官物を納めるのであれば、その土地を自分の所領としたかったのであろう。

（13）坪付は条里制の坪を単位として土地の所在を示したもの。免除の判断は坪を単位とした。一坪の面積は一町であり、坪内に水田が六段ある場合、寺田が七段あれば全て免除されたが、二段しかなければ四段分は免除されなかった。

〇六)と受領が交替する都度、免除を申請している。この間、栄山寺は申請のたびに官符に未記載の水田(**図2**の●■▲▼)を加えて寺領を増やした。長保四年には受領の判断で審査を省略し、申請通りに免除された。受領の協力もあり、栄山寺は免除申請を利用して寺領を拡張していった。そして寛弘六年には、加えられた坪々にも官符を得て、正式に寺田として認められた。この時の田数をもとに以後も田数を加えながら、康平二年(一〇五九)まで免除申請が続いた。

墾田への対応――治田率法

栄山寺は官符を獲得して墾田を不輸の寺田としたが、官符を得ていない墾田は収公されるだけだったのだろうか。東寺の丹波国大山《おおやま》荘(現在の兵庫県丹波篠山《ささやま》市)を例に見てみよう。大山荘は承和一二年(八四五)に東寺が綜芸種智院《しゅげいしゅちいん》(14)を売却して購入した田地・林野等に由来する。荘内には太政官符で認められた九町余の寺田と、その後に開発された墾田が混在していた。一〇世紀中葉には荘内の新しい墾田を寺田として認めるよう国司に申請し、田租を免除されている(15)。

公田官物率法が成立すると、栄山寺と同じく、東寺も大山荘の官物免除を国司に申請した。しかし申請通りに官物が免除されるとは限らなかった。治安元年(一〇二一)の免除申請では、官符で認められた寺田のみ官物を免除され、それ以外は治

(14) 空海が作った庶民にも開かれた学校。

(15) 国の役所には「国図」と呼ばれる条里制に基づいた碁盤目状の図面があり、口分田・墾田など各種の田地、太政官符で認められた寺田などが登録されていた。寺院の荘園で新しく開発された水田は太政官符を得ていなくても、国司に申請して国図に記録されることで、国の役所においては寺田として認定された[坂本、一九七二]。

田（墾田）として、田租に相当する額のみ課税された［佐藤、二〇〇三］。この治田に対する特別な賦課基準を「治田率法」という[16]。官物に比べて負担は少ないが、完全な免除ではなかった。

治田率法の適用は寺院以外の荘園にも見える。一一世紀後葉、覚増《かくぞう》という僧侶の所領である伊賀国湯船荘（現在の三重県伊賀市）では、ある大納言家の口添えにより治田率法が適用された。治田率法は税収の大幅な減少になるため容易には適用されず、権力者の紹介が必要であった。言い換えれば、受領は権勢を持つ貴族等への対応として治田率法を導入したのであり、弱小な領主や一般の農民には適用されなかったと考えられる[17]。

地子の増徴

受領が土地課税を強化したことに応じて、寺院の荘園では地子が増徴された。元《がん》興寺《ごうじ》の愛智《えち》荘で見てみよう。

元興寺の近江国愛智荘（現在の滋賀県愛荘町・東近江市）は、聖武天皇が先帝の施入物を元手に買得した水田に由来する荘園であり、当初の田地は不輸の寺田であった。その後、周辺の墾田などを加えて荘園は拡大し、一一世紀中葉には不輸の寺田つまり免田《めんでん》と、それ以外の「領田」と呼ばれる田地が広い範囲に入り組んで分布してい

（16） 治田率法が作られたのは、調庸等が土地税化する際に口分田に賦課され、私財田である墾田（治田）に転嫁されなかったからだろう。なおこの頃の田租は増額されていた。

（17） 治田率法が開発特典として運用されることもあった。一一世紀中葉に大僧都の深観《じんかん》が伊賀国に持っていた所領では、国司が「開発の功」として治田率法を適用している。

た。[18]元興寺はこれらを合わせて官物の免除を受領に申請したが、「領田」の官物免除は難しかった。官物を免除された免田は地子が三斗であった。しかし公田として官物を国司に納める「領田」は、免田並みに地子を徴収することは難しかった（この点については後述する）。

このような状況のなか、元興寺は免田の地子を三斗から五斗に引き上げた。この地子増徴により元興寺は作人と対立し、国司に裁定を求めた。国司は地子額の提示を避け、地子の多少は元興寺が決めればよいとの判断を繰り返した。康平三年（一〇六〇）の三度目の訴えにおいて愛智荘司《しょうじ》は、近隣の荘園では地子が五斗・六斗であること、別の寺院の荘園では国司の認可により地子を三斗から五斗に引き上げたこと、元興寺でも五斗・六斗の地子を収納した先例があることを主張した。他の荘園の地子増徴は「近代のこと」と言われており、一一世紀中葉の近江国では各所の荘園で地子の増徴が進んでいたと考えられる。

近江国の官物率法が未詳であるため伊賀国と同じく六斗であるとすると、免田の地子が五斗・六斗というのは、官物との釣り合いを考えているのだろう。官物率法が地代の基準を示し、地子額の引き上げが進んだとも言える。このような動向は近江国に限らず、各地の荘園で見られたはずである。

また愛智荘司は国司の裁定を求める訴えにおいて、寺家の命令に従わない田堵は

(18) 田数が一段に満たない坪もあるが、免田は六二カ坪、領田は九一カ坪に及んだ。

(19) 愛智荘では、免田

寺領での耕作や居住を止めるべきだと主張する。田堵が寺領に暮らし寺領を耕作することが生業の根幹になっていれば、そこを離れることが難しくなる。元興寺は負担を増やしても田堵が逃げないとの見込みを持っていたのではなかろうか(19)。居住・耕作を規制することによって田堵を荘園の住人として編成し、支配を強めようとしているのである。

検田使と不入

土地課税の強化が荘園に与えた影響を説明してきた。しかし荘園の田地が公田として官物を賦課されること、つまり収公の要因は、検田使が荘園に入って田地を公田と認定するからである。そこで検田使の立ち入りを拒むことが一〇世紀末期から見られるようになる。高校の教科書では「不輸」とならんで説明される「不入《ふにゅう》」である(20)[木村、二〇〇六]。

検田使の不入が求められたのは、収公を回避するためだけではなく、来訪した検田使への饗応が現地の人々にとって大きな負担になったからである。一〇世紀後葉に受領の配下である郎等《ろうどう》が検田使を務めるようになると、豪華な饗応(21)を求めるようになり、饗応そのものが課役になり、臨時雑役《ぞうやく》の一種と考えられるようになった。

ここで臨時雑役について簡単に説明しておきたい。臨時雑役は国司・郡司が人々

の臨時雑役が免除されたことを機に、荘園に下向する使者への供給、薦《こも》や続松《ついまつ》などの「雑事」と呼ばれる課役を増やしている。これらは後の公事《くじ》である。また免田ではない寺領の田畠から領田の加《か》地子《じし》(一一六頁参照)や作畠の地子を徴収している。荘園の四至が畠地などを支配する根拠になったと考えられる。

(20) 不入の史料上の初見は、公卿であった平惟《これ》仲《なか》が正暦五年(九九四)に紀伊国在田郡の石垣上荘(阿弖川《あてがわ》荘)などで検田使の不入を求めた事例。

(21) 宿舎の提供、引出物(おみやげ)なども加わった。これらの負担は「供給」と総称される[早川、一九八六]。

に課す労役として一〇世紀前葉から見られる。(22) 臨時雑役は官物とならぶ収取制度の柱となり、一一世紀には公田の面積を基準に賦課されるようになった。受領は臨時雑役を賦課する使者を国内に派遣したため、臨時雑役の回避には「臨時雑役使」の不入が重要であった。

不入を実現するには荘園の領域を確定する必要がある。荘園の土地が分布する範囲は四至《しいし》と呼ばれる東西南北の境界で示されていたが、四至は必ずしも排他性を持つものではなかった。(23) ところが、不入が主張されるようになると四至は排他的な境界となり、四至に打たれる牓示《ぼうじ》(24) という標識が荘園の境界を象徴するようになった。

郡郷とならぶ荘園

検田使の拒否に始まった不入は、臨時雑役を賦課する使者の不入、さらに受領が派遣する使者一般の不入へと拡大していく。それによって受領の支配は荘園に及びにくくなる。課税への防衛として始まった不入が荘園の自立性を高めたのである。

しかし不入と不輸とは別である。不入権の有無によらず、荘園内に公田があれば官物を納めなければならなかった。荘園は郡郷のもとで官物を納めるか、郡郷とならんで官物を納めるかで、違いがある。ここでは、荘園が郡郷とならんで官物を納めたことを示す事例を紹介し、郡郷のもとで官物を納めた例は第3節で紹介する。

(22) 初期の臨時雑役は物品それ自体の徴収ではなく、物品を調達する仕事[大津、一九九三]。

(23) 一一世紀になると山野を含む荘園では四至が山林を用益するテリトリーとなり、荘園の住人を主体とする境界紛争(境相論)が起こるようになる[水野、二〇〇〇]。

(24) 荘園の四至に立てられた立て札。道路が荘園に入る所など人目に付く場所が選ばれた。巨石を置いたり、大木に札を掛けることもあった。

なお、ここで言う郡郷とは「国—郡—郷」という律令制のものではなく、受領が律令制の郡内に設けた徴税領域である。一〇世紀後葉、受領は郡内に北郡・南郡、東郷・西郷などの徴税領域を設定し、(25)それぞれに郡司・郷司などを置いた。その郡郷司に年度ごとの官物の納入実績を示す「結解《けちげ》」という決算書を作らせた。

近江国は官物の一部を封物《ふうもつ》(26)として東大寺に納めており、受領は封物相当の官物を国内の郡郷等に割り当てた。天喜四年(一〇五六)・五年分の東大寺の封物を分担した郡郷等のリストが部分的に残されており、そこには栗太南郡などとならんで、日野牧・首藤荘・柿御園《かきのみその》という荘園が見えている。この三カ荘は摂関家領である。史料に欠落があるため納入額の全容は未詳であるが、荘内に公田があり、官物を納めていたことがわかる。日野牧等の荘官《しょうかん》は、官物を納めたり、官物の納入実績を国司に報告したり、郡郷司と同じ仕事をしていたと考えられる。(27)

一二世紀になると荘官が郡郷司と同じ役割を担うことが一般的になる。院政期の大規模荘園は「加納《かのう》」と呼ばれる公田を包摂していることが多く、加納公田は臨時雑役を免除されたが、官物を国司に納めた。(28)一二世紀に伊賀国では「郡司・郷司・加納田司」が官物納入の決算書を作成するとされており、この「加納田司」とは公田を含んだ荘園の荘官のことである。つまり日野牧等の荘官は加納田司であり、院政期の状況を先取りしていることになる。

(25) 徴税領域の呼称は、紀伊国名草郡郡許《ぐんこ》院、石見国の久利《くり》郷など、国ごとに違いがあった。

(26) 封戸《ふこ》(食封《じきふ》)は指定された戸の租・調庸等を寺社や貴族に与える制度。それが変質し、諸国が封戸の貢納物(封物)に相当する官物を納めるようになった。

(27) 摂関家領以外の荘園が見えないのは、郡郷司のもとにあったからだろう。

(28) 公田を包摂した荘園の構造は、複合的領域構成と呼ばれる[高橋一樹、二〇〇四]。

高校の教科書で荘園公領制として説明される荘園は、学術用語では「領域型荘園」と呼ばれるもので、郡郷と並列して荘園内の住人を統治する機能[29]を担う。以上に説明してきた事柄は「領域型荘園」を特徴付ける諸要素でもある。課税の強化に対する荘園の応答は、結果として、領域型荘園の成立を準備したと言えるだろう。

一〇世紀後葉に受領が主導した徴税強化に直面し、それまで続いてきた荘園は様々な対応を見せた。官符を獲得して不輸を確実にし、地子を官物並みに増徴し、不入権により臨時雑役を免除されて荘園の自立性を高め、郡郷とならぶ役割を担った。これらが積み重なると、国司・郡司の支配を離れた荘園が生まれることになる。

2 荘園の経営組織

近江国愛智荘と伊勢国大国荘

前節では一〇世紀後葉の課税強化に対する荘園の応答を検討したが、本節では荘園の経営方法・経営組織に注目して、古代から中世への変化を見てみたい。

史料が多く残された寺院の荘園について、まず九・一〇世紀の荘園を確認しておこう。この時期の荘園経営は、寺院から派遣される寺使《じし》と、現地で荘家《しょうけ》を預かる別《べっ》当《とう》[30]が担った。その様子を具体的に見ておきたい。

(29) 領域型荘園の発達により、住人の意識も変わる。各地に暮らす人々が自分自身を「〇〇郷住人」「〇〇荘住人」のように表現するようになる。

(30) 荘園の経営拠点である荘家を預かる役職の呼称は別当・預《あずかり》など多様である。

元興寺の愛智荘は、九世紀中葉、種々の問題に直面していた。田堵が寺田を自身の墾田と偽って貴族に売却したこと、田堵が請作する寺田を自身の家地や墾田と称して地子を納めないこと、田堵が田品を偽ったり方付《かたつけ》(31)を指し違えたりして地子を減額することなどである。そこで延保《えんほ》という僧が、嘉祥元年(八四八)から一〇年間、毎年「検田使」として現地に赴き、(32)前任者から引き継いだ「田帳《でんちょう》」(検田帳のような土地台帳)をもとに田堵と交渉し、寺田を回復し地子を収納した[原、二〇一八]。別当は延保の指示に従い、口分田に班給された寺田を回復するため百姓を問い質したり、係争中の田に強引に作付けしたりと、実力行使を担った。

東寺領の伊勢国大国《おおくに》荘(現在の三重県多気《たき》町)は弘仁三年(八一二)に布施《ふせ》内親王の墾田が東寺に施入され、太政官符を得て成立した荘園である[水野、二〇〇九]。嘉祥二年(八四九)の班田の時、荘預《しょうあずかり》が交替した隙に多気郡司が寺田を百姓の口分田や治田とした。ようやく承平元年(九三一)一〇月に真演《しんえん》という僧が東寺から派遣され、神宮司《じんぐうし》(33)や郡司と交渉して寺田を回復し、翌春には田堵に散田《さんでん》(34)を行っている。真演は天慶二年(九三九)春に下向した時に盗人のため殺害され、荘園の公験《くげん》(証文)や重要な文書の三分の一が紛失したという。この時まで毎年、真演は寺使として公験等を携え荘園に赴いていたと考えられる。

両荘の事例から、荘園経営は、帳簿や文書を駆使して田堵や国司・郡司と交渉す

(31) 条里制による土地管理は最小単位が坪であるが、一坪は約一〇八メートル四方と広いため、土地が坪内のどの場所にあるかを「四坪の東方」のように示した。これを方付という。

(32) この「検田使」は、国司の検田使が行う、作柄調査をもとにした土地調査とは異なり、水田の所在地や耕作者を確定している。

(33) 伊勢国度会《わたらい》郡・多気郡・飯野郡など伊勢神宮の神郡では伊勢神宮司が国司の役割を担った。

(34) 散田には色々な意味があり、ここでは田地を田堵に割り付けること。

る寺使の力量に依存していたことが分かる。田堵と交渉するには検田帳が、国司・郡司と交渉するには公験が必要であり、検田帳や公験は寺使が携えていた。寺使を同じ人物が継続して務め、毎年下向しているのは、荘園経営を再建するためであろうか。平常時の様相は未詳であるが、近江・伊勢など畿内周辺の荘園であれば、使者が毎年のように下向することも可能であったのだろう。では遠方の荘園はどうであろうか。東大寺の荘園を取り上げてみよう。

遠くの荘園

九世紀中葉、東大寺では俗別当[35]の石川真主《まぬし》が諸国の荘園を巡回して寺領の復興に取り組んだ。石川真主は承和七年(八四〇)に阿波国の新島荘《にいじま》(現在の徳島市)を訪れ、口分田として班給された荘園の畠地[36]を回復するため、国司の協力を取り付けた。しかし四年後に東大寺が使者を派遣してみると、寺領は回復していなかった。東大寺は四年間、寺使を派遣しておらず、現地の管理者[37]も東大寺に報告していなかったのである。

石川真主は承和九年に因幡国の高庭荘《たかば》[38](現在の鳥取市)を訪れた。この時、荘家を三年間、預かっていた別当が、寺使による負物の徴収に堪えることができず逃亡した。この別当は荘家を預かることで負債が生じており、三年ぶりに荘家に来た寺使

(35) 寺院の庶務を担当する世俗の役人。

(36) 阿波国は水田が少なく、畠地も口分田とされた。天平勝宝八歳(七五六)に成立した新島荘は畠地が中心で、枚方《ひらかた》や那《な》賀《か》郡勝浦等の飛び地がある。八世紀の東大寺領の近江国覇流《へる》田・水沼《みぬま》田、越中国鳴戸《なると》野地も荘家が離れた場所にある。

(37) 嘉祥三年(八五〇)に荘長がみえる。

(38) 八世紀中葉に開墾用地を定めて成立し、さらに墾田を買得した。開墾用地は一部を開発しただけで九世紀初頭に貴族に売却し、買得した墾田のみが経営された[丸山幸彦、二〇〇一]。

によって、その仕事ぶりが明らかにされたのである。

寺使が毎年派遣されるわけではなく、現地で荘家を預かる別当も心許《こころもと》ないとすると、遠隔地の荘園経営はどうなっていたのであろうか。寛和三年(九八七)二月、東大寺は阿波国の新島・勝浦・枚方の三カ荘[39]に使者を派遣した。寺使の役割は三つあり、その一つは、去年とそれ以前の地子を東大寺に進上することであった。東大寺は何年かに一度、寺使を荘園に遣わし、複数年の地子をまとめて進上させていたのである。寺使が運搬する地子は、荘家に蓄えられていたのであろう。高庭荘において別当が荘家を預かって負債が生じたのは、収納した地子の保管ができていなかったからではなかろうか[40]。

寺使の二つ目の仕事は「散田」、つまり田堵に荘園の土地を割り振って請文《うけぶみ》[41]を取り、荒田がないよう開発することであった。この請作の契約は当該年度のものであるが、次に寺使が下向して更新されるまで有効なのであろう。寺使のもとで田堵と契約を結ぶのは、寺使が田堵と交渉した愛智荘や大国荘の事例に共通している。

寺使の仕事のうち三つ目は、収公されていれば「官省符」を国司に提示して官物を免除してもらうことであり、一〇世紀後葉における課税強化に対応した、新しいものである。しかし一つ目・二つ目の仕事は遠隔地荘園の経営方法を説明している。何年かに一度、寺使が荘園に下向して田堵と請作の契約を新しく結び、前の契約に

(39) 八世紀に新島荘のもとにあった枚方や勝浦は、この頃までに新島荘から独立していた。

(40) 稲穀を荘に蓄積することは、諸国の正倉に通じる。一〇世紀末に受領が備前国鹿田《しかた》荘から奪った地子米も複数年分の蓄積だろうか。

(41) 寺使が田堵に提出させる請文は、請作における「春時の起請」と呼ばれるもの。これを取りまとめたものが、寺使が所持して下向する検田帳ではないか。

よって田堵が荘家に納めた地子を荘園領主のもとに持ち帰るのである。そして、ここに見える経営の仕組みは、荘園の遠近によらず、九・一〇世紀における荘園経営の原理を示していると考えられる。それを模式的に示すならば、荘園経営は寺使と田堵が結ぶ請作契約を基礎として、田堵が荘家に納める地子を別当が管理し、地子は寺使が寺院に運ぶのである。(42)

京下りの荘官

一一世紀になると寺使と別当による荘園経営の方式に変化が見られる。寺使が現地に常駐し、荘官として活動するようになるのである。このような荘官を、都から下ってきた荘官という意味で、「京下《きょうくだ》りの荘官」と呼ぶことにする。京下りの荘官は上司《じょうし》・荘司などと呼ばれ、現地の荘官である下司《げし》・別当・預《あずかり》などを指揮して活動した。明確な上下関係を持った、荘園の経営組織、つまり荘官組織が成立するのである。ここでは石井荘と大国荘を取り上げて見てみよう。

東大寺の越後国頸城《くびき》郡石井《いしい》荘(43)では永承七年(一〇五二)、兼算《けんさん》という僧侶が荘司として現地に下り、現地の預とともに荘園を経営した。兼算が下向すると、隣郷の古《こ》志得延《しのとくえん》という人物が石井荘の田堵となり、兼算の従者にもなって、荘田の開発に携わった。得延は信濃国から浪人を招いて開発を進めていたが、兼算と対立するよう

(42) 一〇世紀中葉に摂関家領の越前国方上《かたかみ》荘では足羽郡司が「惣別当」を務めた。この場合も別当の役割は変わらないだろう。

(43) 国府の近傍、信濃川の下流域に立地した。天平勝宝五年(七五三)に成立し、新潟県上越市の岩ノ原遺跡で八・九世紀の荘所が確認された。

になり、兼算の乱行を東大寺に訴えて逃亡した。その訴えを信じた東大寺は兼算を解任し、住人の帰住を促して荘園を復興することを期した。この兼算は、荘園研究において、田堵を招き寄せて開発を進めたことで有名である〔工藤、二〇二二〕。しかしその他にも兼算は、荘園に課された綿(真綿)を免除するよう国司と交渉し、浪人が逃亡して作付けできていないと説明して免除された。

東寺の大国荘では、治暦四年(一〇六八)、請作する人々が荘田を自らの治田・畠であると相論を起こし、寂安《じゃくあん》という下司がその対応を東寺に求めた。この時、官物の免除を証明する「代々の国司免判」など、本寺の公験、荘の公験と呼ばれる重要な文書を稲木大夫という現地の人間が所持しており、荘園側では活用できなかった。稲木大夫は伊勢外宮《げくう》の権禰宜《ごんねぎ》の一族であり、「前々上司」の外子孫(娘の子孫)として、父祖の持っていた公験等を継承していたのである。

この「前々上司」は京下りの荘官であり、現地で寺田の所在や官物の免除を確認するために、東寺から公験等を持参したと考えられる。九・一〇世紀には寺使が検田帳などを携えて下向したが、そのような文書等も京下りの荘官のもと、現地で保管されるようになったはずである。

承保三年(一〇七六)、東寺は大国荘を立て直すため、円順《えんじゅん》という僧を寺使として派遣した。円順は荘司として現地に駐留し、下司の寂安ら(44)とともに積極的に活動し

(44) 下司寂安のもとに専当・預がおり、専当の安元は寂安の二男。預の安延も親族だろう。安元は円順に教唆して伊勢神宮の御園などを押領したと批判されている。

た。円順は永保二年(一〇八二)から物部頼季《もののべよりすえ》という現地の有力者と結び、東寺が手放した川合《かわい》荘を回復することを試みる。円順は頼季を川合荘司に補任《ぶにん》し、自らは「川合大国荘長任執行司」や「川合大国荘司」と名乗った。この時、円順は上司として荘政所を主宰し、荘政所が頼季を下司に補任し、農民に荘田を宛行《あてが》っている。しかし頼季が離反し、田堵として請作していた荒木《あらき》田延能《だののぶよし》(前述の稲木大夫の子)が荘田を押領するなど、荘園経営は容易ではなかった。

石井荘の兼算も大国荘の円順も長期にわたって荘園現地に駐在し活動している。彼らは荘園経営を任され、田堵と契約を結び、受領と交渉した。京下りの荘官が荘家に入ることで、現地の荘官はその下僚となって「下司」という呼称が生まれた。この下司は荘官の呼称として、一二世紀以降、各地の荘園で用いられるようになる。

なお荘官組織の整備は荘官を下向させることだけではない。東寺の大山荘では一一世紀前葉に官途を持つ荘司が見える。(45) 荘官には文筆能力だけでなく下級官人としての地位が必要になっているのであろう。

荘官組織の整備の進展

京下りの荘官は重要な役割を果たしたが、寺使の機能を荘官組織に組み込むための過渡的役割であったと思われ、一二世紀以降には継承されない。その代わり、一

(45) 大山荘では、長和二年(一〇一三)・長元元年(一〇二八)に大山荘司の解状《げじょう》で官物の免除を申請した。荘司は山田久光という人物で、長和二年は「別当若狭目」、長元元年は「荘司信濃掾」として解状に署判した。大山荘の住人に山田氏が見え、久光も現地の住人と考えられる。

一世紀後葉から一二世紀にかけて、公文《くもん》・田所などと呼ばれ、下司のもとで荘務を分掌する専門的な荘官が生み出され、荘官組織の整備が進む。とくに代表的なものが公文である。

公文の初見は、承保元年(一〇七四)に見える延暦寺《えんりゃくじ》の近江国津田荘(現在の滋賀県近江八幡市)南公文である。公文の具体的な職掌については、東大寺の美濃国茜部荘《あかなべ》(現在の岐阜市)に関する久安四年(一一四八)の史料から読み取ることができる。茜部荘の公文は、給与である料田《りょうでん》(46)を与えられ、田文《たぶみ》(検田帳)の作成と管理に責任を持ち、結解を作成するという役割を持っていた[小原、二〇一六]。公文は給与を与えられ、検田・収納という荘園経営の根幹を支えていたのである。

荘官の組織は一一世紀後葉から一二世紀にかけて整備が進み、荘園によって一様ではないものの、荘務を分掌する荘官を生み出した。これによって荘園の経営拠点である荘家は、地子を納める倉庫としての役割から、荘園経営の実務を担う役所へと転換していく。この荘家の変貌は、荘園が郡郷とならぶ役割を果たすようになることと表裏の関係にある(47)。この後、現地の状況に疎くとも経営に長けた人物が荘園を任されることも見られるようになる。そのような経営の専門家が活動できたのは、荘官組織が整備されていたからであろう。

(46) 一二世紀初頭、大和国崇敬寺の紀伊国木本荘は東西に分かれ、多くの荘官が置かれた。荘官の給田(料田)は西分・東分それぞれ案主《あんず》に五段、出納《すいのう》に三段、職事《しきじ》に一段であった。また荘園全体の惣公文《そうくもん》は給田が二町である。給田の額は、それぞれの地位の重さを示している。

(47) 荘園の経営組織が整備される背景には、寺社や貴族の経済基盤の変化もある。律令制において寺社や貴族は封戸(食封)をはじめとする豊かな財源を与えられていたが、それらの収入は一〇・一一世紀を通じて減少し、経済基盤として荘園の重要性が高まっていく。一二世紀になると荘園が主たる財源になった。

3　公田兼併と荘園

便田と負名

本章の「はじめに」において、一〇世紀後葉に栄山寺が直面した二つの課題として、土地課税の強化と寺領の押領を挙げた。第1節で土地課税の強化を検討した際に、寺領の押領にも言及した。栄山寺から見ると寺領を請作する田堵であるが、この田堵は寺領を取り込んで私領を形成する領主でもある。この点をさらに検討してみたい。

私領の形成については、一〇世紀後葉、律令制の各種地目が公田に一元化されることに並行し、その公田を兼併して、つまり本来は自己の土地でないものを取り込んで、私領の形成が進んだことが分かっている。そして栄山寺の事例からは、私領には公田だけでなく寺田が取り込まれることもあったことが分かる。

ここでは主として公田の私領化を取り上げよう。一〇世紀後葉になると家地に近接した公田を便宜《びんぎ》要門田《ようもんでん》(便田《びんでん》)と称して私領化するようになる［泉谷、一九七二／田村、一九九四］。これは開発や再開発によらず、熟田《じゅくでん》とも称される安定した既墾地を兼併することによる所領形成である。便田は家地と一体で伝えられるうちに便田であることが忘れられていく。

この便田は朝廷の定めた制度ではなく「土風の例」、つまり地域の慣習であり、山城・大和・伊賀という畿内・近国で見られる。この地域は寺僧・貴族官人層の私領が簇生するが、その多くは便田に由来するものであろう。便田をもとにした私領は荘号を称するものもあるが(48)、公田であるため官物・臨時雑役を負担した。

私領の形成に対応して官物を収取するため、受領は私領をもとに最末端の徴税単位を設けた。これが負田《ふでん》(名《みょう》)である。負田の規模は数町から数十町まで差が大きく、一つの私領が一つの負田になることもあれば、複数の私領を組み合わせて一つの負田が編成されることもある。負田の管理者が負名《ふみょう》であり、現地に屋敷を持つ領主が負名になったと考えられる(49)。

便田による荘園の設立——大和国今木荘

便田に由来する荘園として今木《いまき》荘(現在の奈良市)を紹介しよう。大僧正の雅慶《がけい》は東大寺別当を務めたこともある高僧であり、雅慶には僧侶や俗人が房人《ぼうにん》(50)として仕えていた。寛弘八年(一〇一一)一二月、ある二人の房人が一六町八段の家地・田地を雅慶に寄進して今木荘が立てられた[赤松、一九七二]。その所在地は大和国添上《そふのかみ》郡七条二里・三里であり、「三十余町の便田を点領」したと言われるように坪数は現

(48) 便田の所領は荘号を名乗らず、「〇〇御領」のように称されることもあった。

(49) 負名は土地所有のうえでは領主であるが、国司に対しては官物収納の事務を担った。ただし官物の納入義務は負名ではなく個々の田堵(作人)にあった。

(50) 貴族の家政機関は身分により三位以上が「家」、五位以上が「宅」と呼ばれるが、有力な僧侶も家政機関を持っており、それが「房」と称された。雅慶の家政機関は「大僧正房」と言われており、大僧正房に仕える人々が房人である。

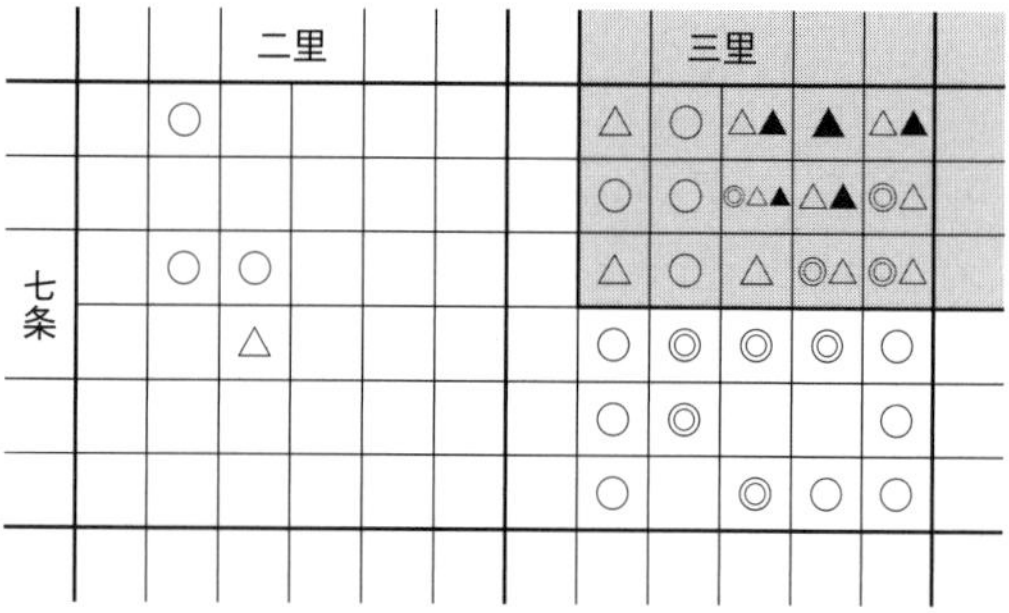

今木荘に含まれる田地：◎家地　○公田　△社田・神田　▲社敷地
アミカケは春日荘の範囲

図3　今木荘の所領配置

地にあった菀足社《うなたりしゃ》の敷地・神田等も含み込んで三一カ坪に及んだ（**図3**）。二人の房人は便田からなる私領を雅慶に寄進して荘園としたのである。寄進の背景には、房人らを当事者とする現地での土地争いがあったのではなかろうか。

　この今木荘が東大寺の春日荘の一角を押領したため、東大寺と雅慶の間で係争となった。春日荘は聖武天皇の離宮が施入された荘園であり、聖武天皇の周忌法要を営む財源であった。東大寺は雅慶と交渉したが埒が明かず、朝廷に訴えた。

　雅慶は、朝廷の訴訟担当者に宛てた書状では、便田を寄進者に返したと弁明する。一方、東大寺側へ送った書状では、今木荘が法要の経費を負担すると提案し、荘園の支配を続けようとする。[51] 雅慶は朝廷には低姿勢を示しながら、東大寺側には高圧的に臨んだ。

　寛弘九年八月に東大寺が朝廷に提出した訴状では、雅慶の使者が郡司・刀禰《とね》に圧

（51）東大寺に「春日荘田であっても雅慶房が請作して何が悪いのか」と強硬な姿勢を示し、寄進者の房人が苗代を作っている。

力をかけて今木荘を強引に立てたこと、郡司・刀禰が危害を加えられることを恐れて今木荘の設立に同意する文書に署判したことなど、雅慶の使者による暴行を生々しく訴えている。この訴訟の決着は未詳であるが、一〇月に雅慶が亡くなっており、今木荘は廃絶したと考えられる。

今木荘は東大寺と対立したために存続しなかった。しかし寺僧や貴族官人が公田を兼併して生み出した私領は、大和国内を覆うようになる。これらの私領は、あるときは円満に、あるときは暴力的・強権的に生み出された。その例をさらに紹介しよう。

受領による私領の形成——因幡国高殿荘

清和源氏の源頼親《みなもとのよりちか》(52)は一一世紀前半に大和守《やまとのかみ》を三度も務め、受領の権勢を背景に便田を利用して大和盆地南部の高市郡(現在の奈良県橿原市)に広大な私領を営み、そのうち六六町を東大寺に寄進して、法会《ほうえ》などに用いる灯油(エゴマ油)を納める荘園とした。この寄進は東大寺にも頼親にも利点があった。一一世紀初頭に東大寺は大和国が納める官物を灯油の財源としていたが、頼親の寄進によって灯油を納入する荘園を確保できた。また頼親の私領は公田であるため官物を負担しなければならなかったが、灯油を納めることで六六町は官物を免除されて灯油免田となった。

(52) 武家として活躍する源氏の一族であり、源満仲を父に持ち、頼親自身も大和源氏の祖となった。

頼親の私領は分割して伝領され、一二世紀には五つの荘園に灯油免田が分配されていた。高殿《たかどの》荘二五町、西喜殿《にしきどの》荘五町、東喜殿荘一〇町、城戸《じょうど》荘一三町八段、波多《はた》荘一二町二段である。ただしこれらは灯油免田の田数であり、各荘園の規模はもっと大きかった(53)。また諸荘園は互いに入り組んでいたと考えられる。それは頼親の所領が、小さな領主や田堵の便田をもとにしているからではなかろうか。

このうち高殿荘を見てみよう。高殿荘は源頼親の子孫から、源師房《もろふさ》に伝えられた。同じ源氏であるが、師房は朝廷で権勢を持つ村上源氏であり、高殿荘は師房の子孫に伝えられた。一方、高殿荘に権利を持っていたのは東大寺だけではなかった。大和国では課役の納入先を負所《おっしょ》と呼ぶが、一二世紀中葉、高殿荘の負所は東大寺のほか、興福寺西金堂・春日社・神通寺・法花寺・薬師寺・海龍王寺の六カ所があった。荘内には東大寺の灯油免田二五町、興福寺西金堂の不断香免田三町、春日社の二季彼岸不断経免田があり、神通寺などの寺田も荘内にあったのである。

東大寺は、寄進の当初、町別一斗の油を収取するだけであったが、様々な名目で課役を増やした(54)。一二世紀中頃には東大寺への負担が重くなり、住人等は興福寺・春日社と一緒になって、灯油免田の負担は町別油一斗・米二斗(55)だけだと訴えた。この相論における領主の関与は薄く、東大寺・興福寺・春日社という有力な負所が住人に強い影響力を持っていたことが分かる。

(53) 灯油免田のほかに、これら五カ荘に取り込んだ公田、つまり加納が七〇余町に及ぶとも言われている。

(54) 段別二升の「副米」、四升の「土毛米」、「臨時雑事」つまり臨時雑役など。

(55) この「米二斗」は東大寺が創作した聖武天皇の施入状に書かれた架空のものであるが、この施入状は興福寺にも住人にも信用された。

雑役免除による荘園——大和国北田中荘

高殿荘は東大寺にとって、土地所有権を持たずに収取権だけを持つ荘園である。このような荘園は古代荘園にはなかった「もう一つの荘園」である。そのような荘園として、成立経緯が異なる、大和国添上郡の北田《きたた》中今吉《なかいまよし》負田（現在の奈良県大和郡山市）を紹介しよう。

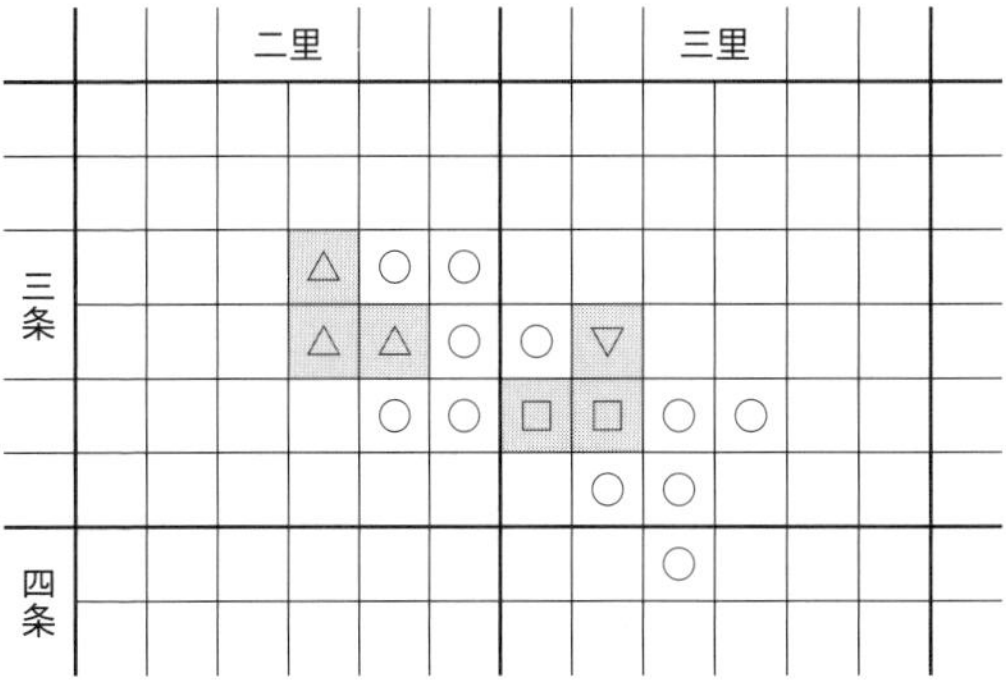

北田中荘の土地：○公田　△一品田　□無量院　▽伝法院
アミカケは不輸の田地

図4　北田中荘の所領配置

北田中今吉負田は、**図4**に示す康和五年（一一〇三）の坪付によると九町九段一八〇歩の田畠からなり、三町の一品田(56)のほか、無量院の田一町、伝法院の田三段という不輸の寺田を取り込んでいた。その名称は、国の徴税単位である今吉負田と、東大寺香菜免田の北田中荘という二つの顔を現している。今吉負田の負名は北田中荘の荘司でもあった。

(56) 位階に応じ貴族に与える位田に対し、品田は親王の品階により与えるもの。

官物便補による荘園——大和国小東荘

香菜免田とは、大和国内の領主が私領を寄進して荘司となり、東大寺大仏に香菜[57]を供える代わりに臨時雑役を免除されたことに由来する。一一世紀初頭には香菜免田の荘園が一六カ荘あり、荘司に課される雑役が免除されていた。その後、一一世紀後葉に坪付・田数を定めた免田となり、一八の荘園に再編された[58]。さらに東大寺と国司の協議により香菜免田の官物が免除され、一二世紀初頭には検田権も国司から東大寺に委ねられた。東大寺は官物・臨時雑役を免除され、検田権も得て、国司のような収取権を行使し、香菜免田に対する支配を強めた。こうして官物を納める負田の性格は消えたが、荘園が領主の私領であることに変わりはなかった。

保安四年(一一二三)には平資範《たいらのすけのり》が北田中荘の領主であり荘司であった。資範の高祖父[59]が大安寺僧の仁休《にんきゅう》から買得し、伝領された私領である。仁休による所領の形成は一〇世紀末期に遡ると考えられる。

北田中荘のうち四町は一一世紀中葉から興福寺の観禅院との係争を繰り返しており、保安四年、資範は北田中荘司として東大寺を介して観禅院を朝廷に訴えている。資範によると、公田と位田(一品田)の官物は東大寺に納め[60]、公事(雑役)は本寺に勤めているという。東大寺の荘園であることが領主権の保護に役立っているのである。

(57) 大仏への供物。

(58) 再編の契機は延久の荘園整理令(一〇六九年)であったと考えられる。

(59) 高祖父は威儀師という僧職を務めた仁城という僧。高祖父とは祖父母の祖父で、四世代前。

(60) 位田は一一世紀中葉には不輸免田となっている。

高殿荘・北田中荘の成立は私領の寄進という契機が強いが、国司が負田の官物を寺院に与えて生まれた荘園もある。その例として東大寺白米免田《はくまいめんでん》の小東《こひがし》荘を紹介する〔稲垣、一九八一／佐藤、二〇〇一a〕。

小東荘(現在の奈良県河合町・広陵町)は、**図5**に示すように、飛鳥川が大和川に合

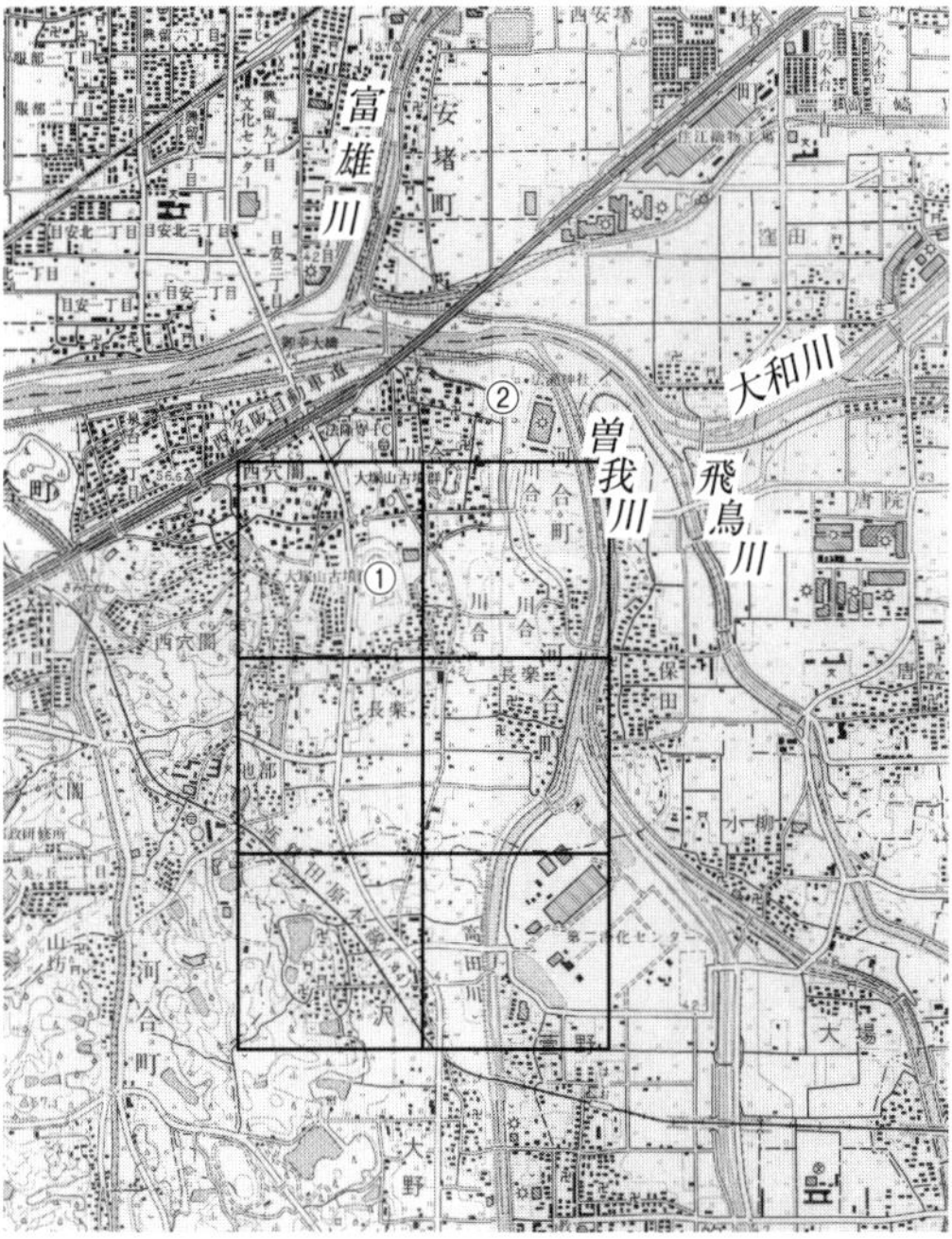

①大塚山古墳　②広瀬神社

図5　小東荘の周辺(25000分の1地形図「信貴山・桜井・大和高田・大和郡山」をもとに作図)

図中の条里

12条2里	12条1里
13条3里	13条2里
14条4里	14条3里

流する地点より西南に位置し、水の神として神祇官が祀る広瀬神社や、大塚山古墳を中心とした古墳群がある。古くから開かれた地域であり、大和と河内・摂津を結ぶ交通の要衝であった。その領域は江戸時代の長楽村・池辺村を中心として、川合村・穴闇《なぐら》村・沢村等にも及ぶ。かつての景観は失われつつあるが、平安時代の荘園を考えるには格好のフィールドであろう。

東大寺の大仏に供える白米(大仏供白米)は大和国が正税を財源として納めていたが、徴税制度が再編されると官物から納められるようになった。一一世紀中葉からは負田を指定して、公田三六町分の官物を大仏供白米に充てる(便補《びんぽ》する)ようになった。[61] 東大寺に白米を納める田地は国衙《こくが》に官物を納めないため、白米免田と呼ばれた。この白米免田の一部が大和国広瀬北郷の太田《おおた》犬丸《いぬまる》負田に置かれ、小東荘となった。

太田犬丸負田の負名は東大寺の楽人《がくにん》を同族に持つ山村氏であり、一二世紀初頭に見える山村吉則《よしのり》という人物は負名の系譜を引くと考えられている。[62] 負田の規模は一〇町から一二町余であり、そこに割り当てられた白米免田は当初、七町であった。しかし一一世紀後葉に白米免田が再編されて一一町分が割り当てられると、官物を負担する公田がなくなって小東荘が残った。

太田犬丸負田も、北田中荘・今吉負田のように、一人の領主の私領に由来した可

(61) 便補とは、国司が寺院などに貢納物を納める代わりに、負田や郡郷などを指定して官物の徴収権を与えること。小東荘は負田への便補。郡郷を単位に便補した荘園は便補保と呼ばれた。

(62) 太田犬丸負田の負名は山村氏であるが、楽人を務めた人物であったかどうかは未詳である。山村吉則の所領に隣接して、楽人である山村助高(資高)の所領があり、助高の子時高は一二世紀中葉に小東荘の荘司を務めている。

能性がある。しかし一一世紀中葉に負田の坪数・面積は変動しており、複数の私領が組み合わさっていたのではなかろうか。一一世紀に太田犬丸負田として見える田地と一二世紀中葉における小東荘の土地を比較して**図6**に示した。これによると、性格の異なる田地が重なっている六カ坪を除き、太田犬丸負田から小東荘に引き継がれた水田が四六カ坪(◎印)、小東荘から外れたものが一一カ坪(▲▼◆印)、負田にはなく小東荘に見えるものが一八カ坪(○印)である。

山村吉則の所領を**図6**にアミカケで示した。康和四年(一一〇二)に吉則は一七町五段余の所領を、息子・娘など合わせて九人に分割して譲与した。長男の則房《のりふさ》に家地四町二段、便田一町七段半、畠二段が宛行《あてが》われ、一町二段の白米免田が割り当てられたように、白米免田の負担を継承しながら小東荘の領主は分裂していく[63]。

このような領主の動向に対し、東大寺は国司の力を利用しながら荘園への支配を強めていった。天養元年(一一四四)、国司のもとで一国検注と呼ばれる国内の一斉の土地調査が行われた際[64]、東大寺は荘内の田堵に白米免田だけでなく田・畠・屋敷なども報告させた。**図6**に○印で示した坪はこの時に加わった部分である。保元三年(一一五八)の一国検注の際は、免田以外の田・畠・屋敷からも地子を収取することを領主・作人に認めさせた。

小東荘における東大寺の権利は土地支配権には及ばない。しかし、官物を便補し

(63) 小東荘が負担する白米は領主ごとに負担額(免田の面積)が割り当てられており、領主の所領が分割される際は、免田の面積が配分された。山村吉則の所領に含まれていた白米免田は九人に分割されたが、所領規模や水田面積などに比例して配分されたものではない。

(64) 一二世紀の大和国は興福寺・東大寺の勢力が強く、国司は弱体化していた。そこで摂関家の藤原忠実が国司を推挙し、実質的に忠実のもとで土地調査が強行された。

て白米免田が成立したことで東大寺は国司の官物収取権を継承しており、独自に経営を展開する領主に対して支配を強めることができたのである。

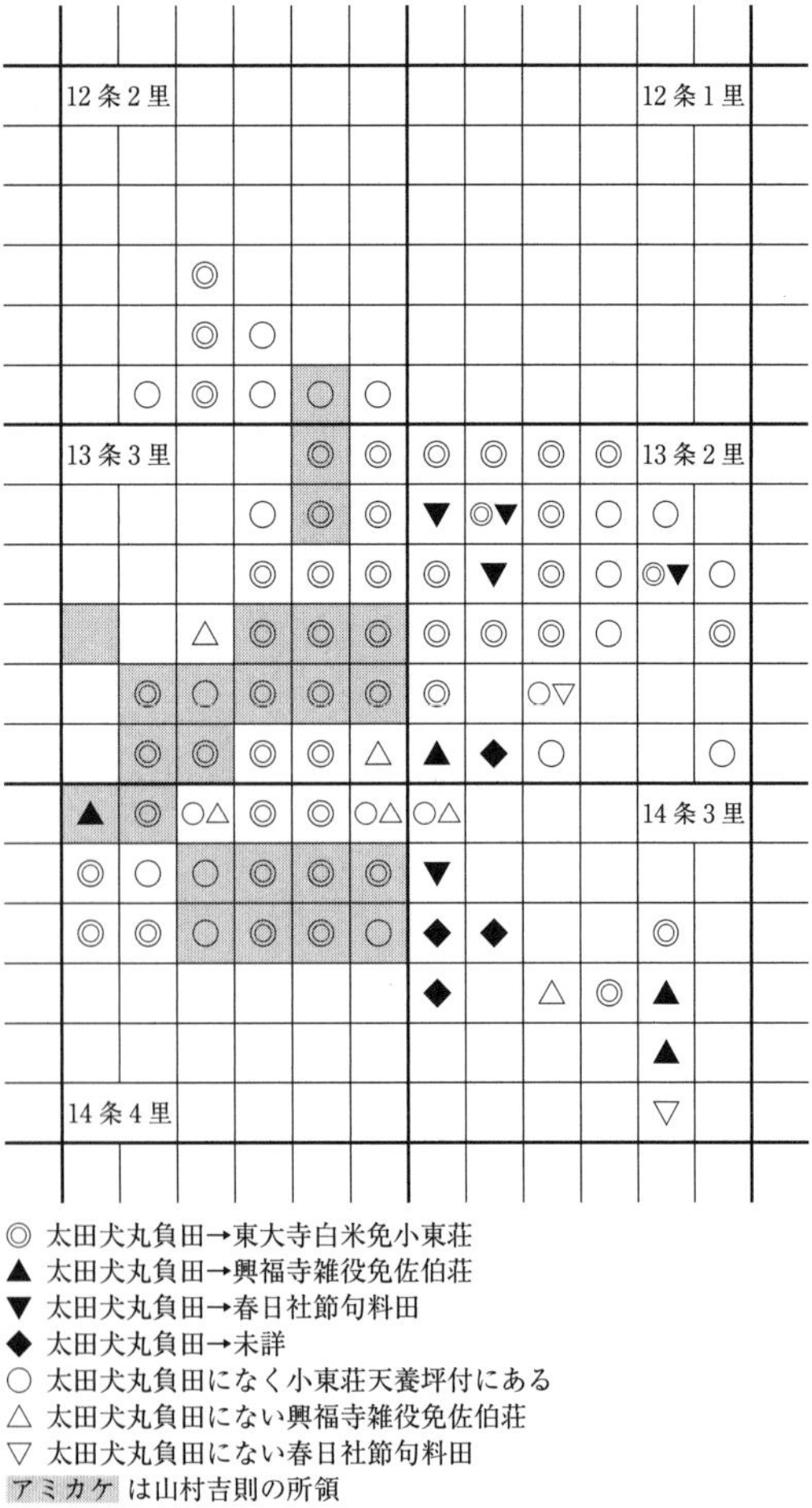

図6 小東荘の所領分布

主殿允国有輔——中納言藤原朝成——土佐守藤原時清—┬—散位藤原為賢—┬—権大納言
大蔵史生宗岡兼憲—┘　［　未　詳　］—┘

図7　石原荘の伝領系図

便田は大和国のほか山城国・伊賀国にも見られる。便田からなる京郊の荘園を二つ紹介しよう。長元六年(一〇三三)、山城国紀伊郡石原郷において権大納《ごんだいな》言《ごん》領の(65)「御領便田」二五町七段一八〇歩が立券(66)された。これが石原荘であり、伝領の経緯は**図7**のようになる。朝廷に勤める下級官人の所領が公卿や受領に売買され、寛弘二年(一〇〇五)から長元六年までの二八年間に複数の領主から所領を入手し、石原荘の立券に至った。「御領便田」として立券されたが、そもそも下級官人が便田により形成した所領がもとになったと考えられる。

源師房《もろふさ》は山城国乙訓《おとくに》郡で八カ坪に散在する四町五段余の田畠を入手した。この所領は所在地の乙訓郡長岡郷に因んで、長岡荘と呼ばれている。作人が切物《きりもの》(67)・臨時雑役を賦課されたと訴えたため、師房は長久四年(一〇四三)一二月、乙訓郡司に切物・臨時雑役の免除を求めた。郡司は師房が領主となったことを知らなかったと弁明し、所領の所在地を確認するために坪付を示すよう求めた。そこで翌年一〇月に師房は坪付を伝えている[大山、一九九二]。

郡司によると、長岡郷は藤原頼宗《よりむね》領の富坂荘があるため、郷内に検田使を入れず、切物・臨時雑役も賦課せず、国郡の支配から離れてい

(65) **図7**の権大納言は藤原道長の子息である頼宗・能信・長家の誰かである。

(66) 律令制で土地売買文書(売券)を作成する(立てる)手続きに由来し、一〇世紀中葉からは、貴族・官人・寺僧などの土地所有権を国司や郡司が認定する手続きを指すようになった。院政期には荘園を立てることを立券と呼ぶようになる。

(67) 切り宛てられた(割り当てられた)賦課。

るという。長岡郷の検田使不入は、郡司が摂関家の一族である頼宗を憚った、非公式で一時的な措置であろう。しかし平安京近郊には貴族の所領や荘園が散在しており、このような事象は珍しくなかったのではなかろうか。

伊賀国の便田も紹介しよう。左馬寮《さめりょう》の官人であった藤原実遠《さねとお》は一一世紀前葉に伊賀国阿拝《あへ》郡・名張《なばり》郡等に広大な私領を営んだ。実遠が阿拝郡に持っていた所領は便田に由来するものがあり、経営の拠点があったと考えられている[木村、二〇〇七]。名張郡の矢川・中村の所領も便田ではなかっただろうか。矢川・中村の住人は、実遠が田屋《たや》(68)を建て住人を従者として駆使したと回顧している。そのような直接的な経営は、今木荘を雅慶が房人に耕作させたことに通じる。実遠は田舎にも拠点を持ち、都鄙を往来したのであろう(69)。

私領から荘園へ

公田を所領とすることとは、官物を負担することである。領主が直営する佃経営では領主が官物を納めるが、作人に宛行《あてが》う請作経営の場合、作人の負担は領主への地子と国司への官物が重なって過重になる。そのために官物を優先しながら領主の得分を確保するため、加地子《かじし》の制度が生み出された。加地子は「土風の例」とも言われているように、朝廷が定めたものではなく、領主の申請に応じて国司が認めた領

(68) 離れた土地を経営するための家屋で、小規模な荘家のような経営拠点であったと考えられる。

(69) 実遠の父である清《きよ》廉《かど》に関する説話が『今昔物語集』に収められている。清廉は大蔵省の官人であり、山城・大和・伊賀三カ国に田を多く作っている「器量の徳人」であった。その所領が分割相続され、伊賀の所領を継承したのが実遠であった。清廉が所領を持っている地域が、便田の存在が明らかになっている地域と重なっている。

主得分であった。加地子は官物の減免ではなく作人の負担として生み出され、その額は段別一斗から一斗五升であった[佐藤、二〇〇三]。

第1節で取り上げた元興寺の愛智荘では、寺田ではない領田は官物の免除が認められず、加地子を徴収した。加地子は一一世紀中葉に定着しており、その成立は一一世紀前葉に遡ると考えられる(70)。このように加地子は寺領でも見られるが、それがより重要であったのは公田を兼併した私領の領主である。その様子を具体的に見てみよう。

先に紹介した藤原実遠は矢川・中村の所領を自ら経営して加地子を徴収しなかった。しかしその所領を継承した領主は在京したままで、田堵から加地子や雑役を収取するようになった。一一世紀末には藤原保房《やすふさ》という下級貴族が領主であった。この矢川・中村は、地元の住人だけでなく、宇陀川対岸にある東大寺領黒田荘の住人が出てきて請作していた(**図8**)。しかし黒田荘から「出作」する田堵は東大寺の権威を笠に着て、加地子や雑役を納めなかった。国司や東大寺が保房の命令に従うよう繰り返し田堵に命じたが効果は十分ではなく、所領経営は難航した(71)。

また保房は国司に対し矢川・中村の所領は荘園であると主張したが、国司は「公験を相伝し代々の免判を得た実績があって初めて荘園を称することができる」と反論し、荘号を認めなかった(72)。九・一〇世紀には貴族・寺社の所有地が荘園を称した

(70) 近江国では加地子が他の官省符荘でも見られる。延久二年(一〇七〇)、大和国の弘福寺は近江国の四つの荘園について、収公され公田となった寺領から段別一斗の加地子を収取することを国司に申請して認められた。

(71) 黒田荘の住人は東大寺に仕える身分であり、一般の地元の住人とは異なっていた。

(72) 国司が荘号を認めなかったのは、矢川・中村が黒田荘の出作する公田であり、荘号を認めると国司・郡司の支配が難しくなることもあるだろう。

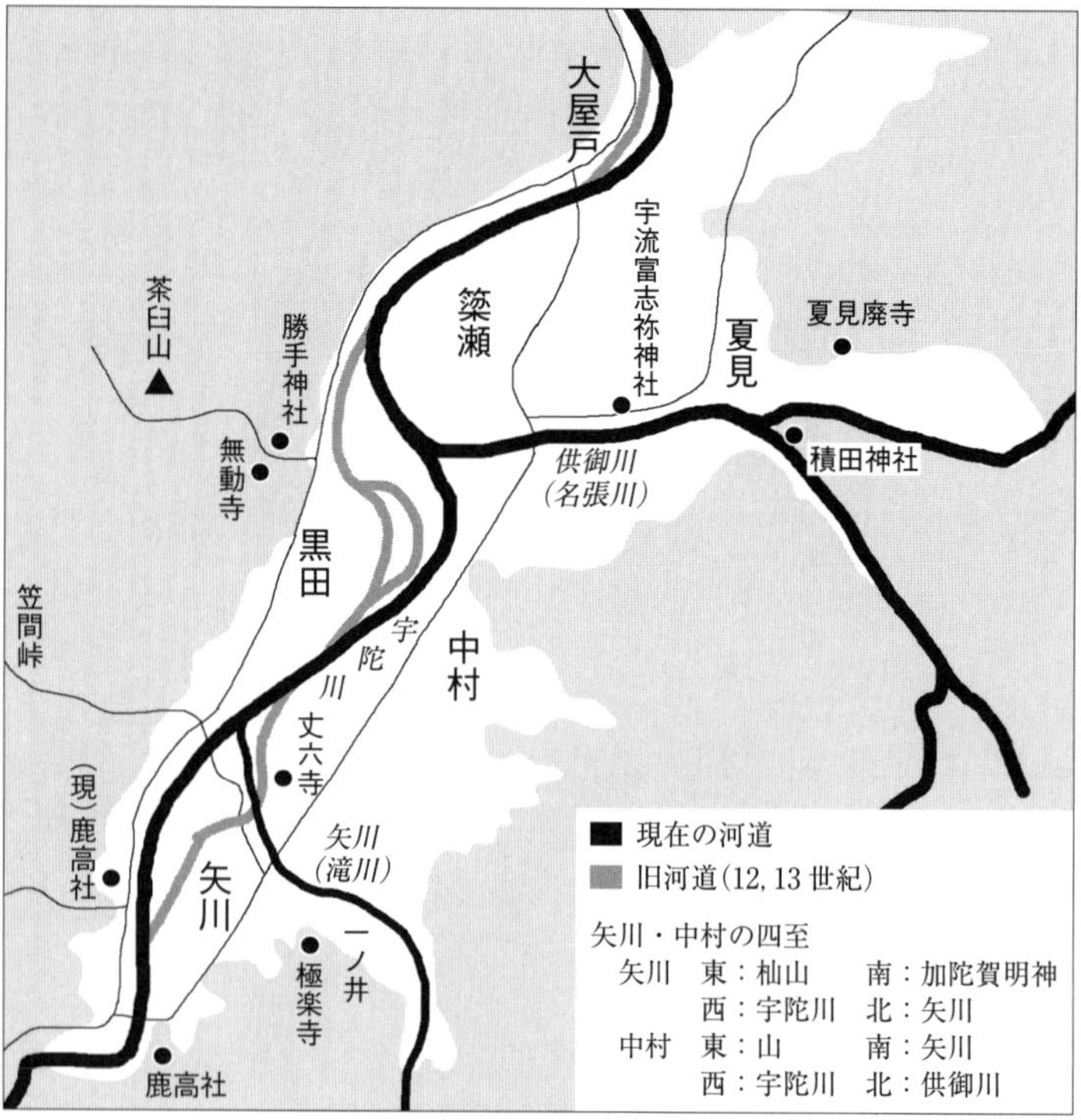

図 8　矢川・中村の周辺([足利, 1986]を参考に作図)

が、院政期になると加地子を収取するだけの公田の所領は、荘号を得ることが難しかったのである。

その後、矢川・中村は東大寺の東南院に伝えられ、長承二年（一一三三）に所領が確定された。東南院領となったのは一九六町で名張郡の大半に及び、一五八町が黒田荘の荘民による出作、三八町が地元住民の耕作であった。大規模な所領であるが、東南院領となっても私領としての性格は変わらず、荘号を称していない。

応保二年（一一六二）、東南院は加地子のうち三〇石を東南院が行う法会の費用に充てることを条件に、矢川・中村を東大寺に譲り渡した[73]。東大寺は承安二年（一一七二）に国司に官物の免除を認められ、承安四年には後白河院からも保証されて、出作地が「黒田荘の出作」、地元住民の耕作地が「黒田新荘」と呼ばれる東大寺の荘園として確立したのである。東大寺領となり官物を免除されたことで、私領から荘園へと転換できたのである。

本節では大和・山城・伊賀における私領の形成を取り上げた。この地域は便田の慣例があったおかげで、公田を兼併するプロセスが見えやすい。しかし私領の形成は、この地域に限るものではない。便田という名称はなくとも、公田の兼併は諸国において展開したと考えられる。その主体は、国府に勤める役人である在庁官人、郡郷司や刀禰などの地域の有力者、また各地の有力寺社の関係者などであろう。開

（73）官物を免除された荘園において、荘園の設立前に私領を持っていた領主や荘園のなかで私領を開発した領主が、加地子を取得することで荘園に組み込まれることもあった。東大寺末寺の大和国崇敬寺が領有する紀伊国木本荘では、三河守源有政が荘園の開発に関わり、加地子の取得を求めた。

発・再開発による私領の形成の場合も、全くの荒野の開発ではなく、その多くは農民が開発した田地を兼併するものではなかっただろうか。(74)

4　摂関期から院政期へ

荘園整理と賀茂社領寄進

栄山寺が受領の交替に合わせて官物の免除を申請したのは、永祚二年(九九〇)から康平二年(一〇五九)までである。この手続きを用いて栄山寺は寺領を拡張したが、一般的には受領が免田を抑制する制度であった。またこの頃は、受領が着任時に朝廷から荘園整理令(75)を発令してもらい、国務に従わない荘園を停止することも稀ではなかった。その一方で受領が任国で自身の所領や荘園を設けることや、上級貴族への奉仕として荘園を立てることもあった(76)［川端、二〇〇〇］。受領の荘園政策は振れ幅が大きい。

ところが受領任初の免除申請は、栄山寺領だけでなく各所で、延久元年(一〇六九)の荘園整理令を契機として、一一世紀中葉に終息していく(77)。朝廷が記録荘園券契所を設けて実施した荘園整理は、膨張した荘園を整理する一方、坪付を定めることで官物を免除する範囲を確定した［鎌倉、二〇〇九］。そのため受領が任初に免除

(74) 一〇世紀中葉になると行政機関が認定する土地所有権は寺僧や貴族官人、および寺社の所領に限られるようになる。開発対象となる「無主の荒野」とは、認定された領主が存在しない土地のことであり、現地には一般農民の土地が存在していることが多かった。

(75) 一国に限る荘園整理令は、延久の荘園整理令のような全国的なもの(全国令)に対し、一国令と呼ばれる［市田、一九八五］。

(76) 受領が摂関家に仕えているか否かなど貴族社会での立場により、受領の荘園政策は異なった。一方、寄進を受けた貴族も、摂関期においては荘園経営に積極的ではなか

認定を行う必要が無くなったのである。

しかし延久の荘園整理によっても、荘園の設立・収公や公田の兼併が無くなったわけではない。むしろ院政期になると新しい動きが始まる。

寛治四年(一〇九〇)、堀河天皇が夢想により賀茂《かも》上・下社に六〇〇余町の不輸租田を寄進し、各地に賀茂社領の荘園が立てられた。不輸租田の寄進が立荘に帰結したのには理由がある。この時、実際には、賀茂社が神事に必要な料物を計上し、それを賄うに足りる私領を準備したうえで、天皇による寄進が行われた[網野、一九九一/川端、二〇〇〇]。荘園整理や収公によって経営が逼塞した私領の領主は、有力な寄進先を探していたのである。別の見方をすれば、天皇が不輸租田として寄進できるピュアな公田はもはや存在しておらず、公田は私領になっていたのだ。

寛治年間の賀茂社領の寄進は、社領が各地に設けられた点で画期的であった(78)。王家の祈願に応じて私領を寄進して荘園を立てることが、一気に広まったのである。院政期には王家による御願寺《ごがんじ》の造営が盛行し、その経費を賄う財源として、私領が寄せられ、御願寺の荘園が立てられた[丸山仁、二〇〇六]。ただし一二世紀初期までは荘園を抑制するという伝統的な政策基調が残っており、荘園に必要な田数を決め、坪付を定めて荘園が立てられた。その手順は、まず検注して田数を定めて荘園を立て、その後に牓示を打って荘園の領域を確定し、不輸を認めるというものであった。

った。このような状況を背景に立荘と荘園整理が繰り返された。

(77) 弘福寺の大和国内の寺領では寛弘三年(一〇〇六)から延久四年(一〇七二)まで、東大寺の摂津国猪名荘では寛弘六年(一〇〇九)から延久元年(一〇六九)まで、免除申請が行われた。

(78) 後の史料では、下鴨社だけで七四五町、一九カ荘が立てられたとされている。賀茂社領の寄進の少し前、応徳三年(一〇八六)に越前国司は、白河天皇の中宮賢子《けんし》の御願寺である醍醐寺円光院のため、越前国大野郡に牛原《うしがはら》荘を立てた。牛原荘は荒野二〇〇町を占めて開発したと言われている。

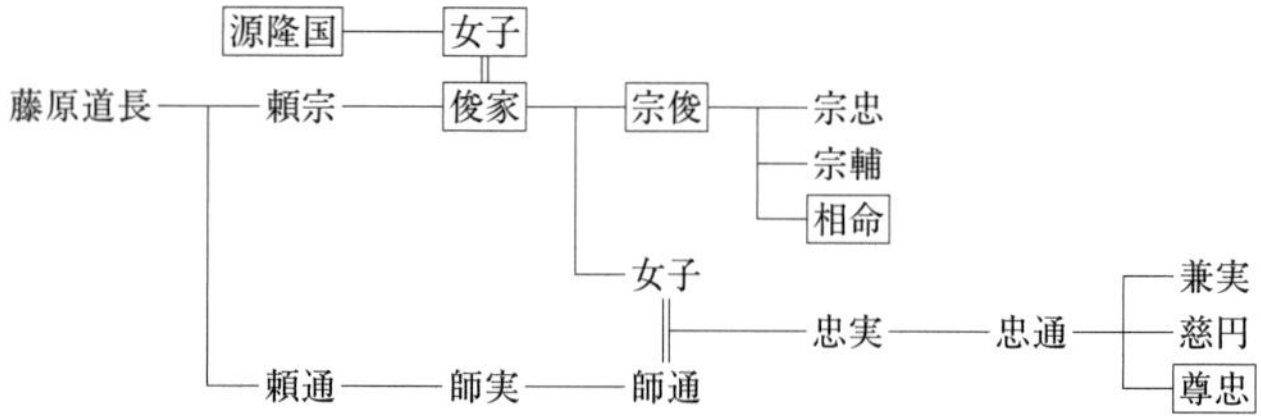

図9　弘田荘の伝領系図

しかし一二世紀中葉になると、荘園の設立は牓示を打つだけになる[佐藤、二〇〇一a]。

院政期は荘園制の成立期であり、寄進と立荘が盛行する。そこで検注・牓示打ちの手続きを踏んだ荘園として弘田《ひろた》荘・質侶《しとろ》牧を、牓示打ちだけで成立した荘園として神野《こうの》真国《まくに》荘を取り上げよう。なお旧来の荘園が改めて立券されることもあれば、新たに開発されて成立する荘園もある。それについてはコラムを参照してほしい。

本免と余田の逆転——紀伊国弘田荘

紀伊国那賀《なか》郡弘田荘(現在の和歌山県岩出市)は二〇町の本免田《ほんめんでん》と、余田《よでん》または加納と呼ばれる六〇町の田畠からなる荘園である。長久二年(一〇四一)に現地の領主である紀利延《きのとしのぶ》らが、大納言の源隆国《たかくに》に寄進した河南《かなん》院荒田《あらた》村の弘田荘に由来する。(79) **図9**に示したように、荘園の領主は源隆国から娘婿の藤原俊家《としいえ》を経て、宗俊、そして相命《そうみょう》僧都《そうず》へと継承された。相命は延暦寺妙香院の僧であり、

(79) 紀利延等の寄進状によると年貢は御服料の八丈絹一〇疋である。仮に絹一〇疋で米一〇〇石とすれば、所領が二〇町の場合、段別五斗である。

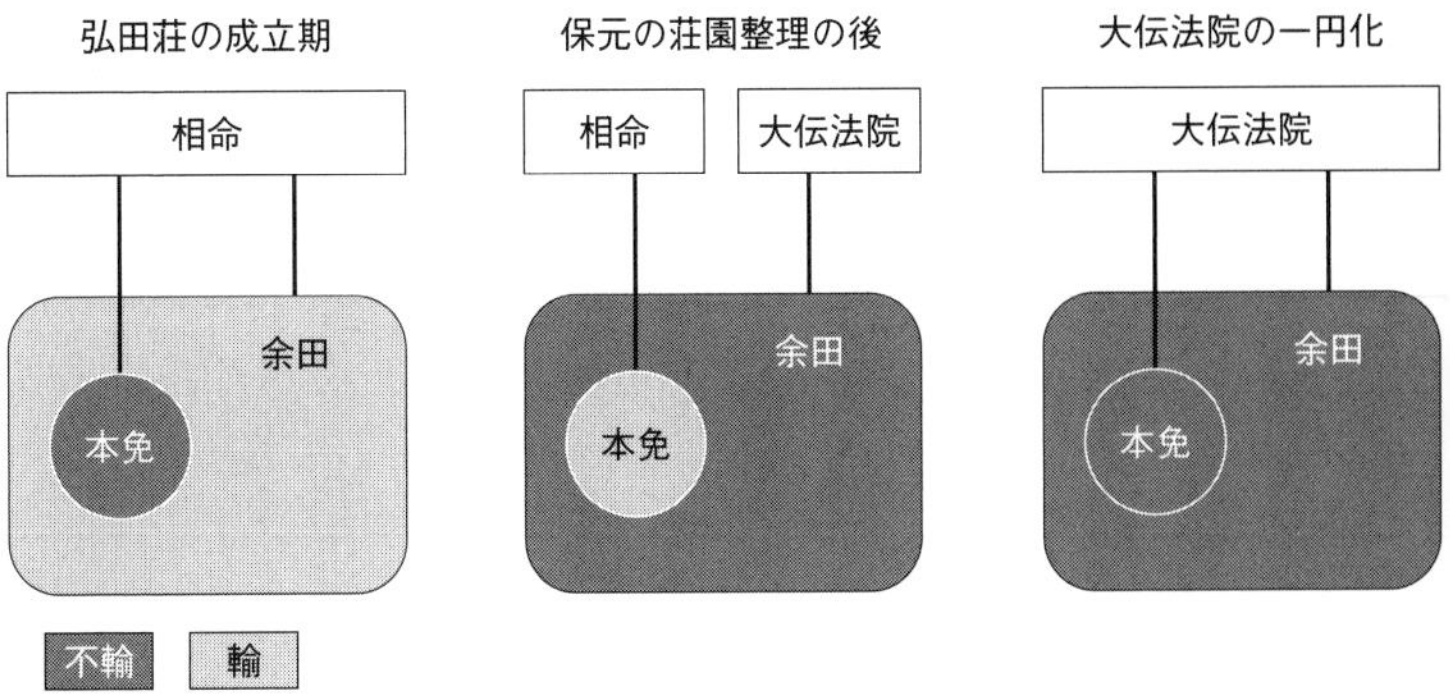

図10　弘田荘の構造変化

摂関家の縁戚であった。

天承元年（一一三一）に相命は余田を手放し、人を介して覚鑁《かくばん》(80)という真言宗の僧侶に伝えた。覚鑁は高野山《こうやさん》に大伝法院を起こして法会を興立し、鳥羽院の庇護を得て荘園を立てた。覚鑁は手に入れた余田を大伝法院に寄進し、長承元年（一一三二）、検注のうえで牓示が打たれ、大伝法院領の弘田荘が立てられた。その翌年、弘田荘は他の大伝法院の荘園とともに太政官符を得て官物・臨時雑役が免除された。

本免は相命のもとに残されたが、もともとは弘田荘の核であった本免は、大伝法院領の弘田荘内に残された相命の所領となった。そして後白河天皇が行った保元の荘園整理において、本免は相命の所領として整理対象となり、官物を負担することになっ

(80) 大伝法院は金剛峰《こんごうぶ》寺《じ》と対立し、一三世紀末期に根来寺《ねごろでら》に移った。その後、根来寺では新義真言宗が興立し、覚鑁はその開祖とされた。

た。相命の得分は加地子と雑役になったはずである。その後、本免は相命の弟子である尊忠《そんちゅう》という僧侶に伝えられた。本免があるため、尊忠の使者や、官物を収取する国司の使者が弘田荘に入って来ることは、大伝法院側に混乱をもたらした。そこで長寛二年(一一六四)六月、尊忠は本免を大伝法院に寄進した。しかし官物の負担が残っていたため、仁安元年(一一六六)、大伝法院は朝廷に申請して、本免の官物・臨時雑役を免除する太政官符を得た。これによって弘田荘は一円不輸(81)の荘園となったのである(**図10**)。

(81) 領域内がすべて不輸。

摂関家から王家へ——遠江国質侶牧

一一世紀前期に遠江守を務めた大江公資《おおえのきんより》は、遠江国蓁原《はいばら》郡の質侶郷(現在の静岡県島田市)で牧を経営した。これが質侶牧である。国司が任国で水田を経営することは制限されていたが、牧の経営は許されており、牧内で水田が営まれることもあった[西岡、一九五三]。公資は長暦年間(一〇三七—四〇)に質侶牧を権大納言の藤原長《なが》家《いえ》に寄進し、本家と仰いだ(82)。長家は権勢を誇った藤原道長の息子である。国司の任を終えた公資は、長家の権勢を借りることで、牧の保全を図ったのだろう。庇護の見返りに公資は長家に一定の年貢を送り、牧の経営は公資が保持していた。公資が預所に補任されたわけではないだろう。

(82) 公資と長家とは歌人として交流があった。

質侶牧は、公資から広経に伝えられ、その娘が藤原成季と結婚したことによって、二人の間に生まれた藤原永実《ながざね》へと継承された。また本家は、長家から娘を経て、兼《かね》実《ざね》の養父となった藤原信長《のぶなが》に継承された(83)（図11）。

質侶牧は一二世紀初頭までに、質侶郷に加えて湯日《ゆい》郷・大楊《おおやなぎ》郷を取り込み、大規模な所領になった（図12）。質侶牧が拡張した時期は未詳であるが、本家の権勢が強かった藤原信長の頃ではなかろうか(84)。しかし天永元年（一一一〇）に源基俊《もととし》が遠江守になると、質侶牧は厳しい状況に置かれた。まず大楊郷が収公された。これに対し永実は天永三年、本家と白河院を介して基俊に働きかけ、収公を免れようとした。基俊は、在庁官人の調査にもとづいて収公したまでであり、大楊郷が牧内であることを示す証文があれば免除すると返答した。大楊郷は免除されなかったと考えられる。その後、湯日郷も収公されたが、再度の訴えにより、永久元年（一一一三）一〇月、基俊は湯日郷は牧内として国使不入を認めた。ただし官物は免除

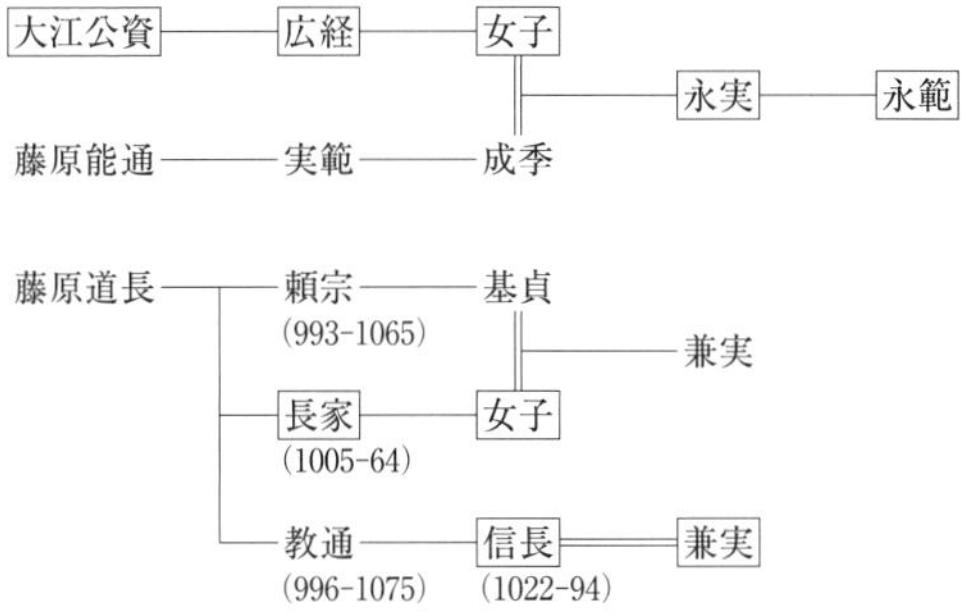

図11　質侶牧の伝領系図

(83) 兼実が信長の養子になるに当たり、長家もしくは長家の娘が質侶牧を信長に譲ったのであろう。

(84) 質侶牧の拡張は、延久の荘園整理令との関係が未詳である。藤原教《のり》通《みち》は兄頼通《よりみち》の譲りを得て後三条天皇・白河天皇の関白を務めた。教通の後は頼通の息子である師実《もろざね》に譲る予定であったが、教通は息子の信長を関白に就けようとしたと考えられている。しかし承保二年（一〇七五）に師実が関白となってから信長の権勢は衰えはじめ、その子である兼実は権勢が振るわなかった。

されなかったと考えられる。大楊郷には多くの水田があり、質侶牧は水田の過半を失ったのである。

天永三年（一一一二）、質侶牧の回復に向けて永実が腐心していた頃、本家が一《いっ》切経《さいきょう》の書写を始めた。そこで永実は写経の費用として絹二万五〇〇〇疋《ひき》を本家に納め、質侶牧を買い戻した。(85) 永実は衰微した本家との縁を切ったのである。

その後、質侶牧は永実の息子である永範に伝えられた。永範は、白河院の養女として鳥羽天皇の妃になった待賢門院《たいけんもんいん》が大治三年（一一二八）に円勝寺を建立した際、質侶牧を寄進した。同年一二月、質侶牧は円勝寺領として質侶郷・湯日郷・大楊郷にまたがって検注のうえ立券され、翌年に牓示が打たれた。永範はその預所に補任された。(86)

質侶牧の盛衰は本家の権勢に連動している。大江公資は藤原長家を本家と仰いだ

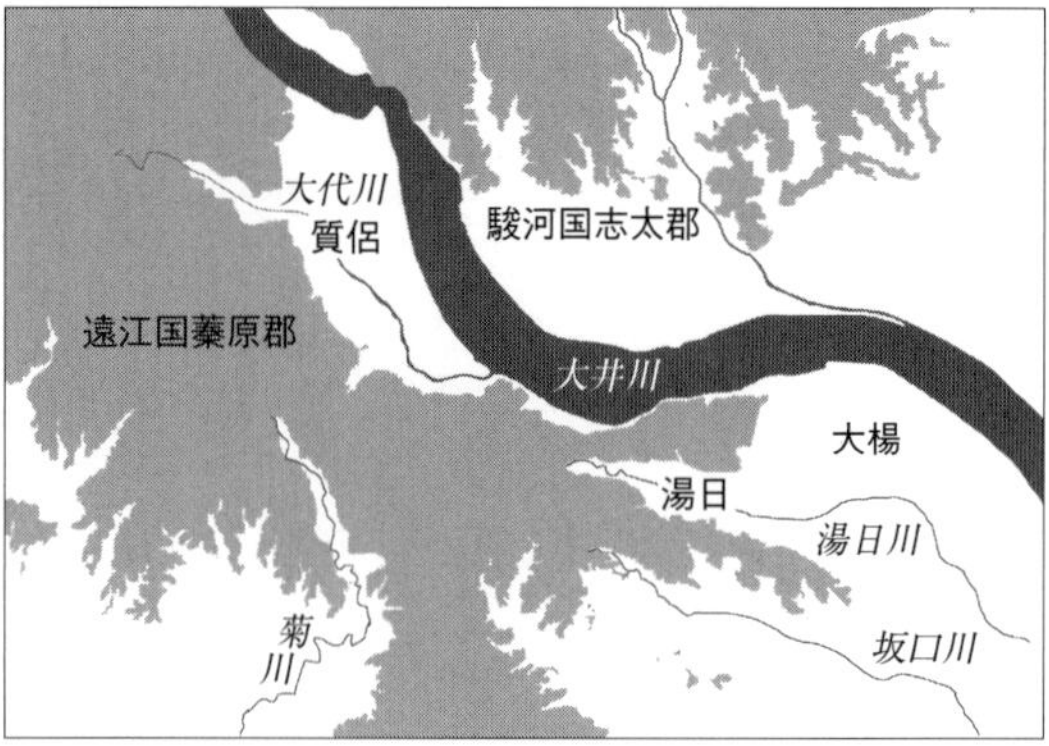

図 12　質侶牧の周辺（[石上, 1997]をもとに作図）

(85) 湯日郷の国使不入は白河院と本家を介して獲得しているので、買い戻しの時期は、それ以降であろう。

(86) 荘園の領主が貴族の場合には美称として「領家」と呼ばれた。公資は質侶牧の領家である。領家である公資が長家を本家としても、摂関期の本家と領家の関係は緩やかな庇護関係にとどまっていた。しかし院政期に本家が本所として、領家を預所に任命するようになると、本家は預所の任命権によって領家に対する支配を強めることが可能になった。

が、永実は摂関家庶流を見限り、永範は王家に乗り換えた。院政期の受領は、御願寺の造営をはじめとする院・女院への奉仕で多大な負担を担うようになる。それを賄うために受領は王家との関係が薄い荘園や所領を整理し収公する。そのために経営を圧迫された荘園・所領は質侶牧に限らない。その状況において王家が造営する御願寺を維持するために荘園が求められると、逼塞していた領主は荘園・所領を寄進して打開策を見出そうとした。立荘と荘園整理のなかで、荘園と国領が並びたった中世荘園制が生み出される。

領域確定から始まる荘園——紀伊国神野真国荘

神野真国荘は紀伊国那賀郡(現在の和歌山県紀美野町)にあった山間部の荘園である。神野《こうの》川と真国《まくに》川に沿って水田が開かれているが、材木を切り出す山林の領有を目的とした荘園である。現地の領主が神野・真国という隣接した私領を権中納言の藤原成通《なりみち》に寄進し、さらに成通から鳥羽院に寄進され、牓示を打って、院領の荘園として立券された。(87) 鳥羽院への寄進に際し年貢として米一〇石を高野山に納めることが決められており、一二世紀後葉には高野山の荘園になった。**図13**は康治元年(一一四二)に院領荘園になった時に作られた絵図である。

この絵図は牓示が黒い丸印で描かれており、個々の牓示には説明が付記されてい

(87) 鳥羽院は領家である成通が預所の地位を譲ることを認めた。この荘園は領家の独立性が強く、後に高野山に寄進する際も領家が判断している。

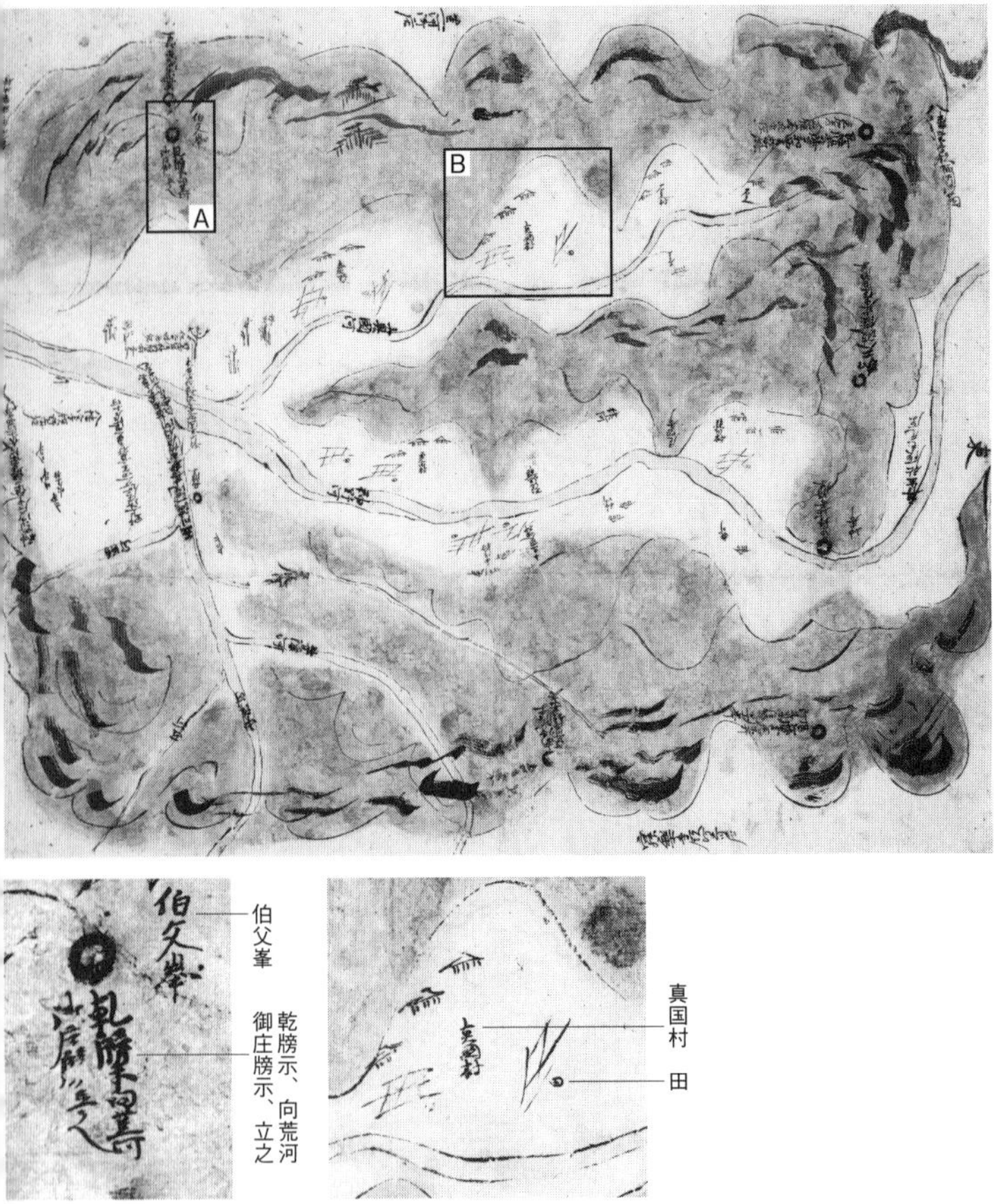

A　乾牓示の部分　　　B　真国村の部分

図 13　紀伊国神野真国荘絵図(所蔵＝神護寺)

る。例えば**図13A**に示した「乾牓示である。荒河御庄の牓示に向けて立てた」のように、隣接する荘園との境界画定が強く意識されている。一方、荘内では神社などの拠点となる場所が記され、荘内の村落は、**図13B**のように「真国村」という村名、畦畔を象徴する格子状の図柄と「田」という文字によって簡略に記されるだけである。

牓示を打って領域を確定するという立荘の手続きは、この後に立てられる平野部の荘園でも見られる。領域確定により立荘が完了するのは、検注などの領域内の統治を領家に委ねるからである。(88)その意味において、神野真国荘の絵図は象徴的であろう。

（88）荘園の検注は国司の行う検田とは異なり、年貢・公事を収取するために「名」の編成が行われた［富澤、一九九六］。この時に定められた名主が荘園の住人である。荘園の住人編成は一一世紀から始まっているが、立荘における検注によって荘園のメンバーシップが決まった。

おわりに

栄山寺の所領経営に危機をもたらした二つの要素を手がかりに、荘園のあり方が九・一〇世紀から一一・一二世紀にかけて変化する様子を、具体的に紹介してきた。古代荘園は一〇世紀後葉における土地課税の強化に大きな影響を被りながら、それに応答するなかで中世荘園を特徴付ける色々な要素を生み出していった。その一方、東大寺の荘園では、越後国の石井荘が一一世紀まで存続しているが、因幡国の高庭荘や阿波国の新島荘は存続していない。これは東大寺が経営を続ける荘園を取捨選択した可能性がある。

八・九世紀から続く貴族の荘園について本章ではほとんど検討していない。しかし貴族の荘園であっても、官物を免除されたわけではない。治田率法を適用されたもの、加地子を収取するに止まったものもあり、遠隔地の荘園では廃絶したものも多かったであろう。

公田つまり熟田を兼併して私領の形成が進み、その私領は郡郷のもとで負田として官物を負担した。開発による私領の形成は時代を問わないが、公田の兼併は一〇世紀後葉・一一世紀前葉に特有な運動である。行政機関による土地所有認定が貴族官人層に限られるようになり、権勢を背景として土地の兼併が進む。それは現代の価値観では暴力的であり非合法な行為のように見えるが、そのような土地兼併が急速に進行した。生み出された私領は、大和国・山城国では荘園を称するものが多いが、伊賀国の矢川・中村は荘号の獲得が難しかった。大和・山城と伊賀では荘号の意味が異なっており、荘号に地域性が生まれている。

荘園や土地制度における変化は、律令体制の解体によって身分制社会の本質が急速に露わになっていくという、政治社会体制の大きな変動の一部である。一〇世紀後葉における政治社会体制の転回により始まった摂関期は、流動的で可塑性に富んだ時代だ。その変化の全体像を描く作業は、本章で取り上げることができなかった諸論点とともに、また別の課題である。

引用・参考文献

赤松俊秀、一九七二年『古代中世社会経済史研究』平楽寺書店
浅岡俊夫、二〇〇一年「東大寺領猪名庄の位置とミヤケ開発」『地域史研究』三一—一
足利健亮、一九八六年「名張川・宇陀川流路の変遷」『週刊朝日百科　日本の歴史四　中世の村を歩く』朝日新聞社
網野善彦、一九九一年『日本中世土地制度史の研究』塙書房
網野善彦他編、一九八九—二〇〇五年『講座日本荘園史』全一〇巻、吉川弘文館
石上英一、一九九七年『古代荘園史料の基礎的研究　下』塙書房
泉谷康夫、一九七二年『律令制度崩壊過程の研究』鳴鳳社
市田弘明、一九八五年「王朝国家期の地方支配と荘園整理令」『日本歴史』445
稲垣泰彦、一九八一年『日本中世社会史論』東京大学出版会
大津　透、一九九三年『律令国家支配構造の研究』岩波書店
大山喬平、一九九二年『京都大学博物館の古文書　第九輯　浄土宗西山派と三鈷寺文書』思文閣出版
岡田隆夫、一九七八年「栄山寺領の形成過程」井上光貞博士還暦記念会編『古代史論叢　下』吉川弘文館
勝山清次、一九九五年『中世年貢制成立史の研究』塙書房
鎌倉佐保、二〇〇九年『日本中世荘園制成立史論』塙書房
川端　新、二〇〇〇年『荘園制成立史の研究』思文閣出版
木村茂光、二〇〇六年『日本初期中世社会の研究』校倉書房
木村茂光、二〇〇七年「藤原実遠の所領とその経営」木村茂光編『日本中世の権力と地域社会』吉川弘文館

木村茂光、二〇一四年『日本中世百姓成立史論』吉川弘文館
工藤敬一、二〇〇二年『荘園制社会の基本構造』校倉書房
工藤敬一、二〇〇二年『荘園の人々』筑摩書房
久保田和彦、一九八九年「名張郡司丈部氏一族と簗瀬保」『中世日本の諸相　上』吉川弘文館
黒田日出男、一九八四年『日本中世開発史の研究』校倉書房
小原嘉記、二〇一六年「平安後期の官物と収取機構」『日本史研究』641
小原嘉記、二〇一八年「畿内の国郡司と受領」『講座畿内の古代学　第Ⅰ巻　畿内制』雄山閣
小山靖憲、一九八七年『中世村落と荘園絵図』東京大学出版会
坂本賞三、一九七二年『日本王朝国家体制論』東京大学出版会
佐藤泰弘、二〇〇一年a『日本中世の黎明』京都大学学術出版会
佐藤泰弘、二〇〇一年b「荘園の古代と中世」『新しい歴史学のために』242・243合併号
佐藤泰弘、二〇〇二年「受領の誕生」吉川真司編『日本の時代史5　平安京』吉川弘文館
佐藤泰弘、二〇〇三年「平安時代の官物と領主得分」『甲南大学紀要　文学編』129
佐藤泰弘、二〇〇四年「荘園制と都鄙交通」日本史研究会・歴史学研究会編『日本史講座』第三巻、東京大学出版会
佐藤泰弘、二〇〇六年「東大寺東南院と三論供家」『甲南大学紀要　文学編』144
佐藤泰弘、二〇〇七年「東大寺華厳会免田と香菜免田」大和を歩く会編『シリーズ歩く大和Ⅰ　古代中世史の探究』法蔵館
佐藤泰弘、二〇一五年「受領の支配と在地社会」『岩波講座日本歴史　古代五』岩波書店
須磨千穎、二〇〇五年『荘園の在地構造と経営』吉川弘文館
高橋　修、二〇〇一年「阿弖川荘」『講座日本荘園史　八』吉川弘文館
高橋一樹、二〇〇四年『中世荘園制と鎌倉幕府』塙書房
田村憲美、一九九四年『日本中世村落形成史の研究』校倉書房

東京大学史料編纂所編、一九九九年『日本荘園絵図聚影　四　近畿三』東京大学出版会
富澤清人、一九九六年『中世荘園と検注』吉川弘文館
中田　薫、一九三八年『法制史論集　第二巻』岩波書店
永原慶二、一九六一年『日本封建制成立過程の研究』岩波書店
新潟県教育委員会・財団法人新潟県埋蔵文化財調査事業団、二〇〇八年『岩ノ原遺跡六』
西岡虎之助、一九五三年『荘園史の研究　上巻』岩波書店
西谷正浩、二〇〇六年『日本中世の所有構造』塙書房
早川庄八、一九八六年『中世に生きる律令』平凡社
原秀三郎、二〇一八年『日本古代の木簡と荘園』塙書房
福山敏男、一九八二年『福山敏男著作集二　寺院建築の研究　中』中央公論美術出版
丸山　仁、二〇〇六年『院政期の王家と御願寺』高志書院
丸山幸彦、二〇〇一年『古代東大寺庄園の研究』溪水社
水野章二、二〇〇〇年『日本中世の村落と荘園制』校倉書房
水野章二、二〇〇九年『中世の人と自然の関係史』吉川弘文館
宮崎康充、一九九〇年「大和国高殿庄「領主藤中納言」について」『日本歴史』502
守田逸人、二〇一〇年『日本中世社会成立史論』校倉書房
安田次郎、一九八六年「大和国高殿荘の領家」『年報中世史研究』11
吉川　聡、一九九六年「人から土地へ」京都大学文学部博物館編『荘園を読む・歩く』京都大学文学部博物館

コラム　猪名荘と長洲荘

聖武天皇が摂津国河辺《かわのべ》郡に営んだ離宮と付属する田地が、その没後、東大寺に施入された。これが猪《い》名荘《なのしょう》の起源である。この離宮は海辺に近く、聖武天皇が風光を愛でたという伝承もある。天平勝宝八歳（七五六）に「猪名所」として施入された時に「猪名所の地の図」が作られており、その写しが現存している（**図1**）。この図は平安時代に加筆されており、原本そのままではないが、かえって開発の状況を伝えている。この「猪名所地図」から開発の進展を図に示した（**図2**）［浅岡、二〇〇一／鷺森、二〇〇二］。この図を参照しながら説明しよう。

八世紀中葉に施入されたのは、離宮の敷地八段余（**図2中の◆**）と付属する水田四五町八段余（◎○）であり、合わせて四六町六段ほどである。水田◎と○は田品《でんぽん》（九六頁、注4参照）が記されているか否かが異なる。田品が記された◎が離宮に付属して早くに開かれた水田であり、○は開発して間もないため施入時点で田品が定まっていなかったのであろう。水田□は施入後に開墾されたものであり、一〇世紀中葉の荘園目録で猪名荘が八五町余と見えるのは、◎○□を合わせた田数である。公田官物率法《こうでんかんもつりっぽう》の成立後、一一世紀前半には猪名荘でも官物免除を申請しているが、勅施入の水田◎○だけが免除され、墾田□は収公されたと考えられる。その後、延久の荘園整理によって猪名荘の寺田が確定されたことにより、国司任初の免除申請は行われなくなる。猪名荘の免田は四五町余とされた。

東大寺は、一一世紀末から朝廷に働きかけて猪名荘の復興を試み、ようやく応保二年（一一六二）に猪名荘が立券された。この時、加筆を施した「猪名所地図」が勅施入地の根拠として用いられた。立券の後、下司《げし》の頼兼《よりかね》は堤を追記した絵図をもとに荘域を

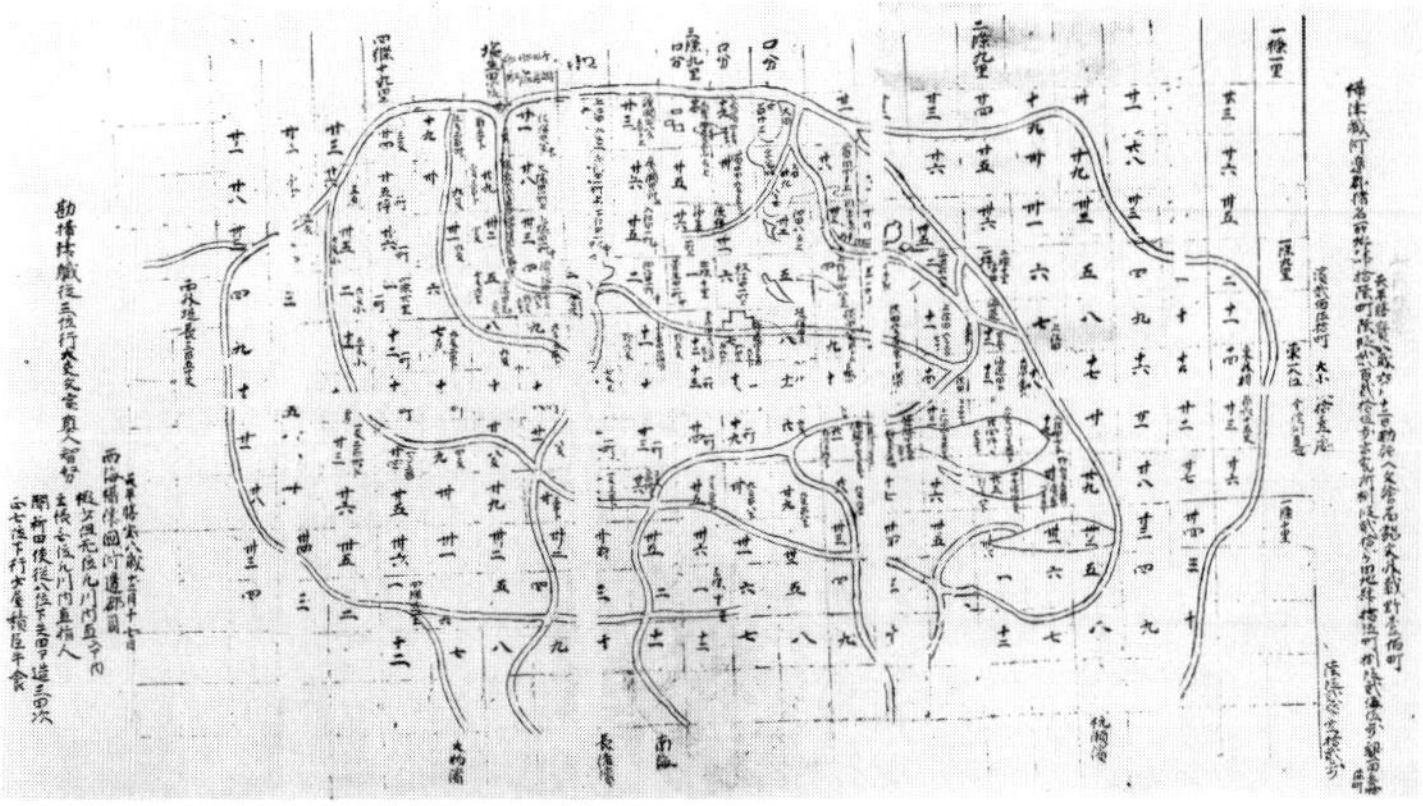

図1　猪名所地図(門田隆夫氏撮影，画像提供＝あまがさきアーカイブズ)

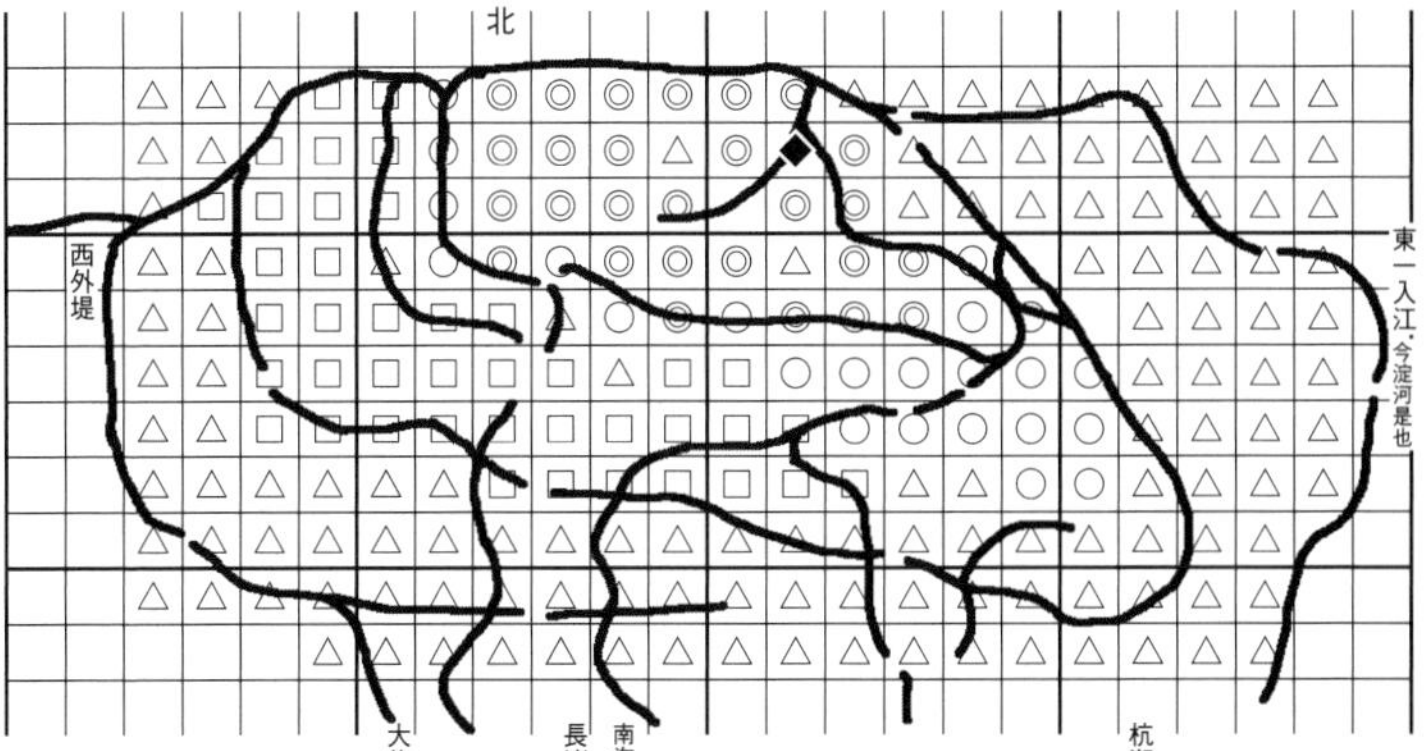

◆ 宮宅地(離宮の所在地)
◎ 施入時に田品が決まっていた水田(早い段階の開発)
○ 施入時に田品が決まっていなかった水田(新しい開発)
□ 10世紀中葉までに開発された墾田
△ 野として見える坪(11-12世紀に拡張した部分)

図2　猪名荘の所領分布

図3　猪名荘の周辺(25000分の1地形図「大阪西北部」をもとに作図)

東西に拡張し、西の橘御園《たちばなみその》と東の椋橋西《くらはしにし》荘と相論になった。

また「猪名所」の南は海であったが、陸地化が進み浜が生まれた。これが長渚《ながす》浜であり、漁業や水運に携わる人々が住み着いた。東大寺は長渚浜を猪名荘の内とし、一〇世紀末期に渚司《すのつかさ》を置き、住民から在家の地子《じし》を徴収しはじめた。水田がないため屋敷地に地代を課したのだ。一方、漁民は一一世紀前葉、敦明《あつあきら》親王に鮮魚を献上する散所《さんじょ》の雑色《ぞうしき》という身分を獲得した。親王家が衰えると、検非違使《けびいし》庁の課役を逃れるため、権勢のあった藤原教通《のりみち》を本所《ほんじょ》と仰ぐようになった。長渚(長洲)浜の散所は教通の所領として娘の皇太后藤原歓子《かんし》に伝えられた。応徳元年(一〇八四)、歓子は長渚浜を、鴨御祖《かものみおや》社が山城国愛宕《おたぎ》郡に持っていた所領と交換した。鴨御祖社は長渚浜を神領として支配するため長洲御厨《ながすのみくりや》を立てた。東大寺は寺領に御厨が出現したことに驚き、鴨御祖社との相論になった。その結果、東大寺に在家の地子を納める長洲荘と、鴨御祖社に鮮魚を納める長洲御厨として、一つの場所に二つの領主が異なる権益を持って棲み分けることになった。

◉浅岡俊夫、二〇〇一年「東大寺領猪名庄の位置とミヤケ開発」『地域史研究』三一・一
◉岡本静心ほか編、一九六六年『尼崎市史』第一巻、尼崎市役所
◉鷺森浩幸、二〇〇一年『日本古代の王家・寺院と所領』塙書房

出土文字史料からみた古代荘園

武井紀子

はじめに
1 貴族・寺院の経済基盤とその経営
2 畿内における荘園経営と出土文字史料
3 畿外荘園の経営と出土文字史料
4 出土文字史料にみる古代荘園の諸相
おわりに

はじめに

古代荘園については、文献史料や荘園図の検討を中心に、多くの研究が積み上げられてきた。その成果は、本書の各章で取り上げられているとおりである。これに加えて、各地の遺跡からは、荘園に関連する木簡や墨書土器などが多く出土している。出土文字史料は古代社会の実態を今に伝える貴重な史料であり、古代荘園を考える上でも不可欠な要素であるといえる。

荘園に関する出土文字史料は、出土地によって大きく二つに分けられる。一つは、都の貴族邸宅跡や寺院跡から出土した文字史料である。その代表例である長屋《ながや》王家《おうけ》木簡からは、長屋王家の経済基盤が明らかになり、土地所有や経営拠点の特徴、その管理・運営方法などが具体的に分かってきた。

もう一つは、荘園遺跡・荘園関連遺跡[1]から出土したものである。「庄(〇〇庄)」「三宅」と書かれた墨書土器などの文字史料を手がかりとして[2]、文献や田図《でんず》・絵図にみえる荘園の現地比定が進み、文献にあらわれない未知の荘園の存在も知られるようになった。これらの遺跡で出土した文字史料からは、荘園の現地経営の具体的様相が浮かび上がってきたのである。

(1) 荘園遺跡・荘園関連遺跡の発掘は、一九五〇年代の東大寺領越前国糞置荘《くそおきのしょう》の調査を嚆矢とし、以降、各地で調査事例が積み重ねられている[吉岡、一九九六]。代表的事例としては、本章でも扱う石川県白山市横江《よこえの》荘《しょう》遺跡や金沢市上荒屋《かみあらや》遺跡(いずれも東大寺領横江荘)などが挙げられる。調査事例は畿内地域や北陸地域で多いが、関東・甲信地域の事例も増えている[宇野、二〇〇一]。

(2) 出土文字史料は遺跡の性格を示す有力な指標であるが、その遺跡が荘園に関連するものか否これまで荘園経営の実態については、史料がまとまって残る東大寺領荘園の事例などを中心に研究が進められてきた。大寺院による土地所有と開墾を中心とした史料群からは、現地の農業経営に郡司《ぐんじ》ら在地豪族の関与が大きかったことなど、多くのことが明らかにされてきた[小口、一九八四など]。一方で、国郡地方社会そのものの解明が進み、在地の複雑な勢力関係が明らかになるにつれ、そうした状況が荘園の現地経営にも反映されていた可能性も指摘されるようになった[新井、二〇〇五]。また、そもそも古代の荘園(史料には「○○庄」「庄」と出てくることが多い)は様々な生業・交易の拠点として機能していたとされ[吉田、二〇一八]、より広い視点から荘園のあり方を捉え直す必要性も提起されている[小倉、二〇一八]。出土文字史料により古代荘園を検討する材料が増加した今、そうした複雑かつ多様な荘園のあり方について、個々の史料に即して、より細やかに実態を把握していくことが求められているといえよう。

以上のような関心のもと、本章では、出土文字史料からうかがえる古代荘園のあり方をできるだけ具体的にみていきたいと思う。

かの判断は、出土文字史料だけで決まるものではない。遺跡の性格については、遺構や遺物の特徴などの考古学的知見や、文献史料や絵図との付き合わせなど、幅広い視点から総合的に考える必要がある。

1　貴族・寺院の経済基盤とその経営

長屋王家木簡にみる土地所有

長屋王家木簡は、平城京左京三条二坊から出土した木簡群である。総数三万五〇〇〇点にのぼる木簡は、長屋王の家政機関により廃棄されたもので、(3)邸の住人に関する情報はもちろん、家政運営の諸相をうかがうことができる一級史料である。なかでも、長屋王家がもつ畿内近郊の所領や国郡との結びつきが明らかになったことは、奈良時代初期における貴族の土地所有や経済活動を考える上で、重要な示唆を与えるものであった。本節では、長屋王家木簡からうかがえる貴族の経済基盤のあり方について考えていきたい。

長屋王家の経済基盤としてまず挙げられるのが、御田《みた》・御薗《みその》と呼ばれた田地や菜園である。木簡によれば、御田や御薗には経営管理のための部署が置かれ、所在地名を冠して「片岡司」「木上《きのえ》司」「耳梨《みみなし》御田司」「山背《やましろ》御薗司」、あるいは「渋川御田」「大庭御薗」などと呼ばれていた。(4) その所在地は大和国を中心に河内国・山背国などに比定されており、米や瓜・芹・菁菜(カブ・カブラナ)・大根などの蔬菜《そさい》類を中心に、様々な食料や生活物資を平城京の長屋王邸に搬入していた。これらの所

(3)　律令の規定では、親王四品以上、職事《しきじ》三位以上に家政機関を持つことが認められていた(家令職員令)。長屋王家木簡の年代は和銅三年(七一〇)から霊亀三年(七一七)の間で、この時期、長屋王は従三位式部卿、霊亀二年には正三位になっている。調査では、雅楽寮から「長屋王家令所」に宛てて舞人の派遣を要請した木簡が出土し、この地が長屋王の邸宅跡であること、そこに長屋王の家政機関が置かれていたことが明らかになった。

(4)　木簡には、このほかに「宇太御□」「佐保」「廣瀬」「矢口司」「高安御田司」「狛御田司」「山口御田司」などがみえる。

領は、例えば「佐保」(奈良市)には後に長屋王の別業「作宝宅」が置かれたことが知られるなど(『懐風藻』)、長屋王家と私的関係が強い土地であったと考えられる。また、御田・御薗以外にも、長屋王家には都祁氷《つげのひ》室《むろ》(5)や炭焼処、丹波杣《そま》などの所有地があり、木上(「木上御馬司」)には馬の飼育管理施設があった。長屋王邸には牛乳が進上されており、乳牛を飼育する牧を所有していた可能性もある[渡辺、一九九二]。長屋王家がこれらの所領を有していたことが、木簡の出土によって初めて分かったのである。

　御田や御薗の具体的な経営方法も明らかになり、労働力として農民を雇い、給与(「功《こう》」)や食料(米や塩)を支給して耕作に従事させていたことが分かった。功食を支給して耕作させていることからみて、収穫物のすべては長屋王家に納められたとみられる。それぞれの経営を担う部署では、働く人々の勤務状況を管理把握し家政機関に報告するとともに、彼らへの功食や必要物資の支給を請求している。家政機関

図1　長屋王家木簡(平城京木簡2-1710. 出典＝木簡庫 https://mokkanko.nabunken.go.jp/ja/6AFITC11000232)

(5)　奈良県天理市と奈良市(旧山辺郡都祁村)にまたがる地域に所在した。

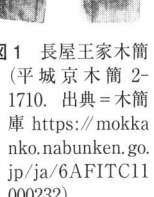

ではその請求に基づいて、食米などの支給を行っている。ここでは例として、山背御田・御薗(6)に関する木簡を掲げる(**図1**)。

①
・移　山背御薗造雇人卌人食米八斗　塩四升可給　軽部朝臣三狩充　○
　　　　　　　　　　　　　　　　　　　　　　　奴布伎
・充　山背使婢飯女子米万呂食米一斗五升
　　　和銅五年七月廿日大書吏　扶　○
(平城京二―一七一〇)

②
・○　移務所　山背御田芸人功卌六常(7)　田苅人功
　　　　　　　［　　　　　　　　　　　　　］
・○　扶　□月［　］　従廣足
(平城京一―一六〇)

木簡に「山背御薗造雇人卌人」「御田芸人(8)」「□田苅人」とみえるのが、耕作労働者である。ほかにも「御田作人」「御薗作人」「薗作雇人」「御薗将作人」「佃人」「雇人」などと呼ばれていたことが確認できる。また、この木簡には長屋王家が所有した奴婢《ぬひ》の名前もみえる。かつては荘園の労働力に奴婢が当てられていたとする見方もあった。しかし、長屋王家木簡を見る限り、奴婢は主に収穫物や功食の運搬などの業務に従事しており、経営の補助的労働力として駆使されている〔神野、一九九三〕。よって、耕作の主体は雇用農民であったとみてよいだろう。

(6)　その所在地について、山背国とみる説もあるが、御田の規模(木簡に「山背御田十町」とある)からみて狭小な地と考えられることから、河内国石川郡山代郷(大阪府南河内郡河南町山城)とみるのが妥当である。

(7)　木簡にみえる「常」は布の単位。功は布で支払われた。

(8)　「芸」は「くさきる」の意。御田の草刈りに従事した人々か。

さらに、①の木簡には、山背御田・御薗の経営機関の職員として「大書吏」や「扶」がみえている。これらの人々は、職員構成の面から見て、長屋王邸内の家政機関とは元来別系統の家政機関に属する職員であったと考えられている。(9) この別系統の家政機関については、諸説あるものの、長屋王の父である高市皇子《たけちのみこ》に由来するものとみる説が有力である[森、二〇〇〇]。山背御田・御薗は、全体としては邸内の家政機関に統括されていたが、所有権や現地経営権はこの別系統の家政機関にあり、元々は高市皇子の領地だったとみられている。山背以外にも、耳梨や矢口(いずれも奈良県橿原市)は高市皇子の香来山之宮《かぐやまのみや》に近く、木上(奈良県北葛城郡広陵町もしくは高市郡明日香村大字飛鳥字木部)も、高市皇子の殯宮《もがりのみや》(城上《きのえ》殯宮)が営まれた地として知られる場所である(10)(『万葉集』巻二―一九九～二〇一)。

長屋王家の所領すべてがそうであるわけではないが、御田・御薗の中に高市皇子に縁の深い土地が含まれている点は注意される。長屋王家木簡には、ほかにも高市皇子に関連する史料がいくつかあり、(11) 長屋王が父の人的基盤や経済的基盤をその経営体ごと継承した可能性が高いといえる。

貴族の私有地としては、これまで『万葉集』にみえる大伴氏の竹田《たけだ》荘や跡見《とみ》荘がほぼ唯一の事例であり、それらは律令制を遡る各氏族の代々の経営拠点(タドコロ・ナリドコロ)に由来するものと考えられてきた[吉田、二〇一八]。長屋王家木簡にみえ

(9) 長屋王の家政機関は三位相当で、職員構成は家令・書吏からなる。これに対し、もう一つの家政機関は(家令)・扶・従・大書吏・少書吏で、律令の規定に照らせば、二品相当の機関である。

(10) 木上からは「供養分米」の進上もみえ、これを高市皇子のための追善供養米と解することもできる。

(11) 壬申《じんしん》の乱で高市皇子に付き従った人物に赤染造徳足《あかそめのみやつこことたり》がいるが、長屋王家木簡には家令として赤染豊嶋の名がみえる。同じウジ名であることから、両者は近い関係にあったとみられる。

る御田・御薗などの所領の存在は、そうした貴族の私的土地所有の系譜関係を、より具体的な形で裏付けたのである。

諸国の封戸と経営拠点

次に、長屋王家の活動を支えたもう一つの経済基盤である、諸国からの貢進物についてみてみよう。長屋王邸跡からは、多数の荷札木簡が出土している。その大半は、封戸《ふこ》からの貢進物に付されたものであったとみられ[12]［渡辺、一九九一／森、二〇〇〇］、物資は朝廷の庫蔵を経由せずに、諸国から直接長屋王のもとに貢進されたと考えられる。木簡にみえる貢進国は三〇カ国以上に及び、近江国・越前国・周防国・讃岐国からのものが特に目立つ。品目も、米（舂米《しょうまい》）[13]・塩・海藻類・水産加工品・鉄など、様々な物資が邸内に納められている。

通常、朝廷に納められる調庸の荷札木簡には、国郡里・貢進者・税目・品目・数量・年月日の情報が記される。しかし、長屋王家の荷札木簡の中には、国名や貢進者名・年月日などを欠くものがある。また、「長屋皇子宮御□」「北宮御塩」など貢進先を明記したものもあり、貢進元の封戸所在地で貢進先が強く意識されていたことがうかがえる。荷札木簡の省略記載も、長屋王家と封戸所在地との直接的な関係を前提とした書き方だったと推測される。

(12) 律令の規定によれば、封戸の田租の半分と調庸の全部が封主の収入となった（賦役令封戸条）。長屋王家木簡にみえる税目も封戸租や調庸が大半であるが、なかには本来天皇に貢上される食料品である贄《にえ》も見られる。長屋王家木簡は、贄という税目の性格を考える上でも重要な史料である。

(13) 「米」は稲を舂《つ》いた状態のものを指す。稲は舂いて白米や黒米（玄米）の状態で京進されるのが一般的であった。

(14) 高市皇子の母であ

また、荷札の宛先にみえる「北宮」というのは、高市皇子宮を指すとみられる［森、二〇〇〇］。長屋王家木簡の中には、筑前国の宗形《むなかた》郡の大領《たいりょう》（郡司の長官）から鯛《たい》醤《びしお》などが進上されたことがみえ、畿外における拠点にも、高市皇子に関連するものが少なからず含まれていたと考えられる。(14) 木簡にみえる貢進物は、長屋王や妻の吉《き》備内親王《びないしんのう》の封戸を超える量があり、(15) 北宮宛と明記されないものであっても、高市皇子に由来する地域からの貢進だった可能性が十分ある。もう一点、北宮宛の木簡を次に掲げる（**図2**）。

〔追筆〕
「封」北宮進上　津税使　（平城京一—四五四）

これは「津税使」（摂津国の税司）から北宮に宛てた封緘《ふうかん》木簡(16)である。北宮宛であることからみて、高市皇子と摂津国の関わりがあったと想定される。摂津国には、その後、長屋王の子の代にも家地を持っていたことが正倉院文書から確認できる。(17) このことからすれば、御田・御薗のように、長屋王家では封戸などの経営拠点も代々継承されていたのではないかと考えられるのである。

では、長屋王家は、それぞれの地域と具体的にどのような形で結びついていたのだろうか。長屋王家木簡の中には、宗形郡大領の事例以外にも、案麻《あま》郡司（隠伎国もしくは尾張国の海部《あま》郡か）からの封緘木簡など、郡司から直接申送された木簡がある。

る尼子娘は宗形氏の出身であり、皇子と宗形郡の郡領氏族である宗形氏との間には深い関わりがあったと想定される。

(15) 長屋王の封戸は位封二〇〇戸（正三位で二五〇戸）、別勅封一〇〇戸、位田は三四町（正三位で四〇町）。吉備内親王は封戸二〇〇戸、位田三四町。

(16) 文書の進上に用いられた木簡。木片の間に紙の文書を挟んで封をし、木簡の表面に「封」字や宛所を書いた。

(17) 天平勝宝四年（七五二）正月一四日に、摂津国西成・東成両郡にあった安宿王《あすかべ》の家地を東大寺が買得している（東南院文書四櫃七巻）。

封戸との結びつきも彼らを介したものであり〔亀谷、二〇一二〕、長屋王家が郡司ら在地豪族と直接私的な関係を築いていたことをうかがわせる。あるいは、元々在地との繋がりがある場所に、律令的な封戸が設定されたとみることもできるだろう。

さらに、**図2**で挙げた木簡にみえる「税使（税司）」の存在も注目される。[18] 長屋王家木簡には、摂津のほかに伊勢・下総・武蔵・出雲などの国名を冠した税司の存在が確認できる。[19]

・「伊勢税司」　進交易海藻十□〔四カ〕斤滑海藻三百村□
・□銭五十三文遺布六常　和銅七年六月廿□〔二カ〕日□□連大田　（平城京一―二〇七）

この木簡によれば、伊勢税司は、海藻などを現地で交易により入手し、長屋王家に進上していた。交易にかかった代金と、その費用として使われたものであろうか、布の用残数を報告している。税司については諸説があるが、現地で封戸の管理に携わった使者とする点はおおかた認められていよう。このことを踏まえれば、ここで

図2　長屋王家木簡（平城京木簡 1-454. 出典＝木簡庫 https://mokkanko.nabunken.go.jp/ja/6AFITB11000102）

(18) 税司は本来、諸国の稲を管理していたらしい。大宝令により、その管理権は国司に移った〔『続日本紀』大宝二年（七〇二）二月乙丑条〕。

(19) 国名を付けず、単に「税司」とある木簡もある。国名のない税司は、「少初位上」の位階をもつ中央下級官人である。邸内に置かれた役職か。

(20) 中宮に支給された食封《じきふ》（封戸）のこと。律令では中宮湯沐二〇〇〇戸が規定される（禄令食封

費用に使われている布は封物だったと考えられる。この木簡からは、税司が現地で封物を元手に交易などの経済活動を行い、それによって入手した物資を長屋王邸に進上していたことが読み取れるのである。また、税司が国司の属僚なのか長屋王家の私的な使者なのか、中央派遣の使者なのか在地豪族なのかなど、様々な点で議論が分かれている。この点については、天平期の正税帳《しょうぜいちょう》に見える中宮職捉稲使《ちゅうぐうしきそくとうし》（但馬国正税帳）や中宮職美作《みまさか》国主稲《しゅとう》（播磨国正税帳）の事例が参考となろう。これらは、中宮湯沐《とうもく》(20)の封戸租を出挙《すいこ》するために中宮職から派遣された使者である。現地で封物をもとに経済活動を行っている点からすれば、税司もこれらの使者と同じく、長屋王家から直接派遣された可能性が高いのではないかと思う(21)。長屋王家では、郡司ら在地豪族と直接結びついたり、使者を介して現地で経済活動を行ったりして、諸国における自らの経営拠点を形成、維持していたのではないかと推測される。

西大寺の薗、封戸と荘園

以上のように、長屋王家木簡からは、長屋王家の経済基盤の全体像をつかむことができる。では、これまでみてきたようなあり方は、長屋王家に特殊なものだったのだろうか。たしかに、税司のように独自に封戸所在地へ使者を派遣するという方式は、高市皇子の封戸に由来する特殊なものと考えられ(22)、一般貴族の封戸経営にど

条）。

(21) 出雲税使としてみえる「神戸臣（神門臣）」は出雲国の在地豪族である。中央から使者を派遣するか在地豪族を任命するかは、それぞれの場合によって異なっていたと思われる。

(22) 長屋王家木簡には高市皇子を指して「後皇子命」とあり、高市が皇太子（東宮）に比する地位にあったと考えられる。令制では東宮に対する食封は雑用料として規定されるが、天武天皇は美濃国安《あ》八磨評《はちまこおり》に湯沐を有しており、これを高市が父から継承したとすると、その管理運営方法が中宮湯沐に類似することは十分想定できる［山下、二〇一二］。

こまで敷衍できるか心許ない〔山下、二〇一二〕。しかし一方で、封主と封戸所在地が関係を有していたことは、長屋王家木簡以外の事例を出土文字史料の中から挙げることができる。奈良市の西大寺《さいだいじ》食堂院《じきどういん》跡から出土した木簡である（**図3**）。

①　東薗進上瓜伍拾壱果　又木瓜拾丸　大角豆十把

茄子壱斗弐升　七月廿四日

別□〔当カ〕□□　（一号木簡）

②・「少戸主波太部直万呂大豆五斗」　（三〇号木簡）

③・「羽郡野田郷戸主□□私人戸口生江伊加万呂」
・「延暦五年十月廿七日　」　（二四号木簡）

①によれば、西大寺でも「東薗」から蔬菜類が進上されていたことが知られる。その所在地や経営方法まではうかがい知れないが、薗から日々の食材が進上されていた様子は、長屋王家の御田・御薗のあり方と類似している。また、②③も封戸な

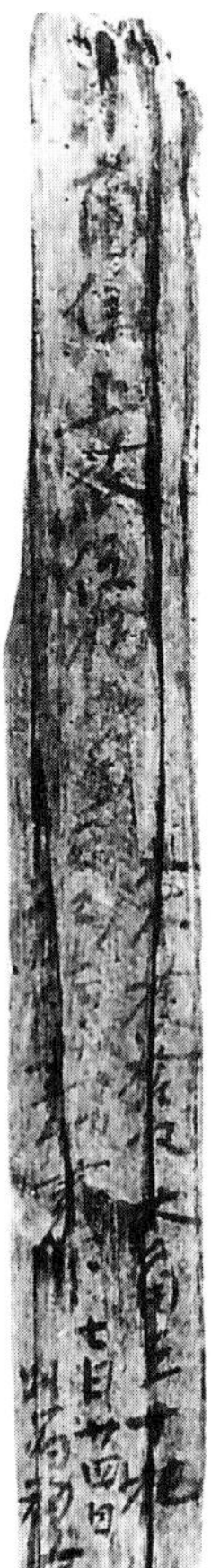

図3　西大寺食堂院跡出土1号木簡（出典＝木簡庫 https://mokkanko.nabunken.go.jp/ja/6BSDIC70000222）

どからの進上とみられるが、②の「少」は越前国足羽郡少名郷のことで、やはり西大寺との直接的な結びつきのなかで取られた略式の記載であったと指摘されている〔奈良文化財研究所、二〇〇七／舘野、二〇一〇〕。③も国名などの記載を欠き、郡名も「羽郡」と略されている。これも②と同様に考えられるだろう。

また、「西大寺資《し》財流《ざいる》記帳《きちょう》」によれば、西大寺は越前国内にいくつかの荘園を有していたことが確認でき、西大寺と越前国との関連がうかがえる。食堂院跡からは、越前国坂井郡赤江《あかえ》荘から進上された米の付札《つけふだ》が出土している（**図4**）。

④・「西大赤江南庄黒米五斗吉万呂」
・「正〔延〕暦十一年六月十五日吉万呂」　（二五号木簡）

⑤・「□万呂黒米五斗西大寺」
・「赤江北庄延暦十一年地子」　（二八号木簡）

ところで、東大寺領の越中国荘園の場合、輸送の便を考慮して、封戸と荘園は効

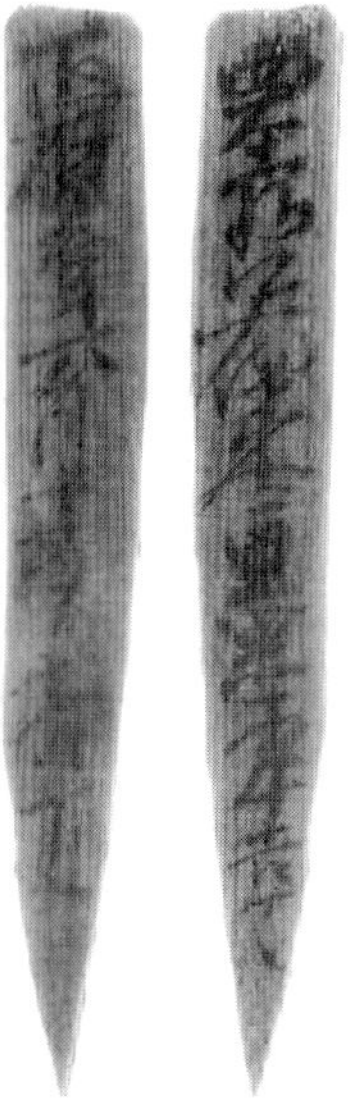

図4　西大寺食堂院跡出土25号木簡（出典＝木簡庫 https://mokkanko.nabunken.go.jp/ja/6BSDIC70000144）

率的に設置され一体的に経営されていた可能性が指摘されている［鈴木、二〇〇九］。西大寺の場合、足羽郡には荘園が置かれておらず、封戸の設置地域も分からないため、封戸と荘園の相関関係は不明とせざるを得ない。しかし、前項でみた長屋王家の事例と合わせて考えるならば、都の貴族や大寺院にとって、封戸経営も在地に経営拠点を築いていく重要な足がかりとなったことは間違いないだろう。

2　畿内における荘園経営と出土文字史料

荘園経営の収支帳簿木簡

長屋王家木簡や西大寺食堂院跡出土木簡が伝える所領経営のあり方は、都の貴族・寺院側における情報をもとに復元したものであった。これに対し、荘園現地では日常的にどのような活動が行われていたのだろうか。

奈良県橿原市藤原宮《ふじわらきゅう》跡から出土した弘仁年間の木簡は、全長一メートル弱の長大な木簡で、とある荘園における弘仁元年（八一〇）一〇月から翌年二月にかけての収支帳簿である（**図5**）。荘園名などについては分からないものの(23)、収支の記載を通じて、畿内荘園の具体的な活動を知ることができる。まずは、木簡の全体を概観してみよう。

（23）この木簡の中には「宮所庄」という荘園名がみえるが、他の部分では単に「庄」と呼ばれており、［奈良文化財研究所編、二〇一九］が指摘するとおり、別の荘園と考えるのが穏当だろう。

木簡の冒頭には「弘仁元年十月廿日収納稲事／合壱千五百□□〔現欠〕」と書かれ、続けて田地ごとの収穫の内訳が記されている。以下の部分は支出記載で、日付ごとに支出の明細と残高が記されている。その内容は、葛木寺《かつらぎでら》への稲の進上(24)、田地にかかる公的負担の支出、領主や領主側から派遣された経営監督者の荘園滞在費、荘園内の諸労働にかかる人件費(功食)、修造費や物資調達費、荘園内の諸行事や祭祀のための費用、人々への出挙料や次年度の佃《つくだ》営料など、多岐にわたる。

また、この木簡には、領主への米の進上記録やそのための舂米作業記録、輸送経費などがみられない。おそらく、現地経営に必要な経費をその年の収入から賄ったあとで、領主への進上の準備に取りかかったと考えられる〔奈良文化財研究所編、二〇一九〕。なお、この木簡と同じ井戸から出土したもう一つの木簡も、八四センチの長大な帳簿木簡である。こちらは荘園外への米の輸送についての帳簿であるが、その中には「舂京上米」とあり、京の領主のもとに米を送った記録がみえている。

(24) 葛木寺は大和国に所在した寺院。獲稲の収納と同日に、稲を進上するための使者が派遣されており、この荘園の所有者を葛木寺に関係の深い氏族(葛木氏)とみる説もある。

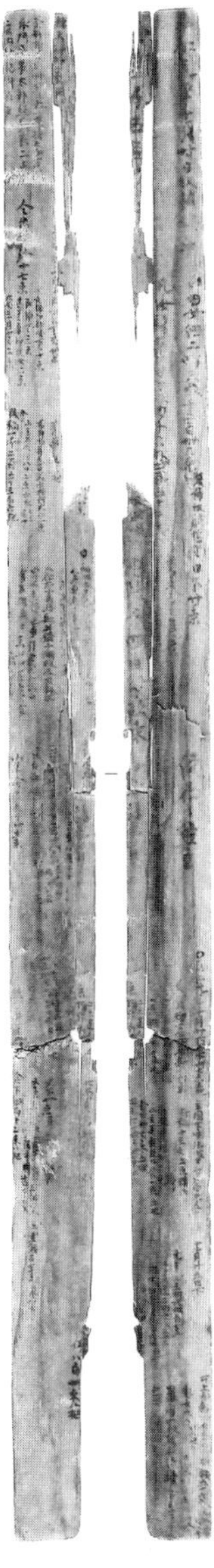

図5 藤原宮荘園木簡 1806号木簡(出典＝木簡庫 https://mokkanko.nabunken.go.jp/ja/6AJJCM25000101)

これを参考にすれば、領主への米の輸納作業には、別帳簿が準備された可能性が高い。木簡の中には「収納帳」という別帳簿の存在もうかがえるが、これも日々の収穫作業を記録した木簡だったとみられる。(25) 荘園では、作業の現場などで大型の木簡が帳簿として用いられることが多くあった〔原、二〇一八〕。この荘園でも、事務内容別に木簡で帳簿を複数作り、管理していたことがうかがわれよう。

荘園経営の労働力

木簡によれば、この荘園は佃と地子田《じしでん》という経営方法の異なる二種類の田地から構成されていた。佃は、耕営に必要な営料(「田作料」(26))を荘園側で準備して耕作を請け負わせ、その収穫稲はすべて荘園に納めさせる直営方式の田地であった。一方、地子田は賃租形式の田で、田地を貸し与えて耕作させ、収穫稲の一部を地子(賃貸耕作料)として荘園に納めさせた。(27) 直営方式の佃は荘園経営の中核をなす田地であり〔小口、一九八八〕、営料の確保は経営の維持には不可欠なものであった。例えば、貞観一八年(八七六)の東大寺領近江国愛智《えち》荘でも、まず荘の収入から「後年営料」と「租料」が差し引かれている(東南院文書五櫃三巻)。

営料とともに必要経費として割かれているのが「租料」、すなわち田租などの公的負担である。木簡からも、佃や地子田に田租(28)や義倉《ぎそう》(29)が賦課され、荘の収入からそ

(25) 類例として、滋賀県高島市の鴨《かも》遺跡出土木簡を挙げることができる。貞観一五年(八七三)の年紀を持ち、日付ごとに刈り取り作業を行った田とその収穫稲数を書き上げた大型の木簡である。

(26) 営種料。種稲の分与だけではなく、佃功や食料としての意味もあったと考えられる。

(27) 佃の穫稲数を参考に、凡海福万呂(一六五頁参照)の地子田における地子の割合を計算すると、全収穫稲の約五分の一程度にあたる。これは『令集解』田令公田条古記などにみえる公田地子の割合と同等である。

(28) 大宝令によれば、田租は一段につき二束二

れらを支出している様子がみてとれる。(30) 関連する部分の釈文を挙げる。

弘仁元年十月廿六日下卌七束五把
　義倉籾一石四升料十六束
　十三束籾料〈別束八升〉
　一束籾女功食料
　二束運人功料
（中略）
更十二月廿五日下
（中略）
可上租穀四石五斗四升料穎五十六束八把〈別束□〔籾カ〕得八升〉
　糙女九人〈別人糙五斗〉功食四束五把〈別人五把〉
　裹薦四枚編幷縄続人食一束
　正倉院運幷上日正倉出納又□□□（以下略）

田租や義倉は穀の状態で納めるため、脱穀作業が行われている。『日本霊異記《にほんりょういき》』（上巻第二）によれば、「稲舂女」と呼ばれる女性が雇われ、家室《かしつ》（家長の妻）の指揮のもとで舂米作業に当たっていた様子がうかがえる。古代では、脱穀・精米といった稲の調製作業は女性により行われることが多く［鬼頭、一九九三］、この荘でも女性

把納めることとされ（田令田長条）、その後、慶雲三年（七〇六）に一束五把に変更された。その輸納期限は九月中旬から一一月三〇日以前とされた（田令田租条）。この木簡では、一二月に納められている。

(29) 貧富の差に応じて粟やその他の雑穀を徴収し、飢饉に備える制度。律令では、上々戸から下々戸まで九等戸に分け、戸等ごとに徴収量を定めている（賦役令義倉条）。その後、徴収対象や資産基準に変遷があった。

(30) 佃分の田租だけではなく、本来は耕作者負担である地子田分の田租も荘園側が負担している。

（「籾女」「糙女」）が料稲[31]と功食の支給を受けて脱穀作業に従事している。田租穀は「別人糙五斗」と、一人あたりの作業量が定量化されている点も注意される。実際に進上された租穀は四石五斗四升で、九人分（五斗×九人で四石五斗）よりも若干多い。これは、料稲を割り当てる時に、五斗分（穎稲五束）よりも一～二束多く割り当てたためだろう。この年の実りは十分ではなく、穎稲一束から一〇升がとれるところ、八升しかとれなかった。このような事態や調製作業による目減り分を見込んで、はじめから料稲を少し余分に割り当てることが一般的であった。木簡の別の箇所でも、「精代」を上乗せして精米させている。穀の状態にした田租は、俵詰《たわらづ》めされて大和国高市郡の正倉院に運ばれている。梱包用の薦《こも》・縄の製作や納入場所までの運搬労働に対しても、食や功がそれぞれ支給されている。

このような作業に従事していたのは、どのような人々だったのだろうか。木簡にみえる諸労働は、調製作業・製作作業のほか、物資の運搬作業が大部分を占める。これらの担い手は荘園に雇われた周辺農民とみられ、その多くはウジ名を記さず、荘園からの出挙や諸労働の対価である功食を受けて生計を立てていた人々と考えられる。佃耕作の多くを請け負った「山田女」という人物は、そうした人々の取りまとめ的な役割を担っていたと考えられよう。女性が農作業を統率した例としては、荘園の事例ではないが、福島県いわき市の荒田目《あっため》条里《じょうり》遺跡から出土した木簡に、里

（31）脱穀用の稲。穂首刈りした状態の穎稲を脱穀して穀（稲穀）の状態にし、さらに精米（舂成）して米を得た。法定では、一束の穎稲から穀一斗、米五升が得られることになっていた。

長の妻である里刀自が人々を率いて郡司職田の耕作に従事したことがみえる。
一方で、木簡からは、自立的な有力農民も荘園経営に参加していたことがうかがえる。佃と地子田の両方の耕作を請け負った「凡海福万呂」という人物がその例で、彼は領主側から派遣された現地監督者とみられる「小主」らと同額の出挙稲を受給している。木簡からは、荘園経営には、在地の様々な層の人々が参画していたことがうかがえるのである。

荘園における祭祀と出挙

続けて木簡の支出項目をみていくと、田租などの納入が一段落したあとに、荘園内で執り行われる諸行事の準備や、次年度の耕作に向けた支度が進められている。木簡にみえる「糯米舂料」「酒」「節料物幷久留美等」は、正月行事に関わるものとみられる(32)。また、「祭料物幷同料菁奈等」「庄内神祀料」など、祭祀に関わる費用が計上されている点は注目される。「庄内神」は戌亥《いぬい》(西北)隅に祀られていた「内神」とみられ(33)、「庄内神祀料」はその神に対する初穂《はつほ》貢納と考えられている[三上、二〇〇六]。

これに対応する農業慣行としては、出挙の実施も重要である。出挙は本来、春に神から賜与された種稲を秋に初穂として奉納するという農耕儀礼に起源をもち、共

(32)「糯米」はもちごめ、「節料物」は節日の祝いのための物資のこと。

(33)古代には、官衙や屋敷の戌亥(西北)隅に内神が祀られていたことが知られる。岩手県奥州市胆沢《いさわ》城跡からは、「内神」の警護に当たった射手の食料を請求した木簡が出土している。

同体内での再生産機能を担う勧農的な行為であった。同時に、出挙による稲の貸借は荘園と農民との間に債務関係を発生させ、農民の荘園への隷属を強めることになり、荘園の労働力確保という面でも重要な役割を果たすものであった。営料の準備や出挙の実施が重要な意味を持ったのはこのためである。

通常、出挙は春と夏に行われる場合が多い。春出挙には種稲の頒下、夏出挙には端境期の労働力に対する食料支給の意味があった。この荘園では一二月と二月に行われている。二月の出挙は福万呂や小主ら有力者に対する出挙で、時期から考えて種稲分与とみられる。これに対し、一二月の出挙は春出挙とみるには早すぎ、また一人あたりの出挙額も少ないので、実際の耕作労働者を対象とした年越しのための貸与だったとみるのも一案であろう[奈良文化財研究所編、二〇一九]。とするならば、乏食期に食料として稲を支給した夏出挙と同様に、一二月の出挙には、人々の生活の資としての意味が込められていたのではないだろうか。木簡には人々の冬服を荘園の経費で購入したこともみえ、荘園経営の諸経費の中に、そこで働く人々の生活を扶ける内容が含まれていた点は興味深い。荘園の運営において、労働力の確保と維持がいかに重要だったかを改めて確認することができる。

もう一点、奈良県香芝市の下田東遺跡から出土した木簡を取り上げたい(図6)。遺跡の所在地は古代の大和国葛下郡《かずらきのしも》にあたり、葛下《かつげ》川の水運と河内・大和を結ぶ陸運の流通拠点に位置する。遺跡からは、古墳時代から奈良・平安時代さらに室町時代に至るまでの遺構が確認され、ほぼ継続的に有力者の拠点が置かれた地域であると考えられている。

木簡は折敷《おしき》(曲物《まげもの》の容器)の底板の表裏をメモとして転用したもので、出土した井戸の埋没年代から九世紀初頭頃に廃棄されたものとみられている。まずは、木簡に書かれている内容の全体を見てみよう[平川、二〇一四]。

図6　下田東遺跡出土木簡(所蔵＝香芝市教育委員会)

一方の面は板を縦長に使い、稲の種播きの日程を記している。「和世種《わせ》」や「小《こ》須流女《するめ》」は稲の品種名であり、複数の稲を品種ごとに管理し、「和世種」は三月六日、「小須流女」は三月一一日と、日付をずらして播種していたことがうかがえる。その後にこの面は削られ、別の内容（「伊《い》福部《おきべ》連豊足」の馬の進上に関する解文《げぶみ》の下書き）が習書されている。「種蒔日」という文字が木簡の上部中央に書かれていることから、削られてしまった部分に「和世種」や「小須流女」以外の品種の播種日も書かれていたのかもしれない。

反対側の面は板を横長の帳簿状に使い、右端から、「小支石」という人物が稲の刈取作業に従事した日付（「上日《じょうじつ》」）を記録している。作業が行われたのは七月中旬で、稲の成育期間を一二〇日とすれば、三月の播種に対応する収穫作業であったと思われる。

収穫作業記録の後ろには、「年魚」（鮎）の売却記録が記されている。遺跡内の自然河道からは魚を捕るための魞《えり》の遺構が見つかっており、捕れた魚を売りさばいていたことがうかがえる。年魚の数量単位を「魚」としている点も面白い[34]。

メモ書きという用途からみて、この木簡は同じ場所の中で使われたものと判断できる。ゆえに、書かれている内容も、当地で行われた活動とみてよい。下田東遺跡では、稲作や馬の飼育、商業活動など多角的な経営が行われていたことが知られる

(34) 平城宮跡出土の荷札木簡では、魚の単位は「隻」で数えられている。

(35) 『万葉集』巻八の天平一一年（七三九）九月に読まれた坂上大娘《さかのうえのおおいらつめ》と大伴家持《おおとものやかもち》の歌の遣り取りのなかに「早稲田」「早穂」とみえる（一六二四番・一六二五番）。「稲依子」「越特子」は、正倉院文書の天平宝字五年（七六一）「賀茂馬養啓」（『大日本古文書』四―五〇七）にみえ、田ごとに品種を変えて作付けされていた様子がうかがえる。

のである。

経営拠点における稲の品種管理

このように、下田東遺跡出土木簡からは古代の様々な生業の様子が読み取れるのだが、なかでも興味深いのは稲の品種についてである。文献史料には「早稲田」「早穂《わさほ》」や「稲依子」「越特子」といった品種名が見られ(35)、古代には稲が品種別に管理されて作付けが行われていたことが知られていた。こうした状況をより具体的に示したのが、稲の種籾俵に付けられた付札《つけふだ》、いわゆる種子札《たねふだ》の出土である。

種子札が出土する遺跡は、地方官衙《かんが》関連の遺跡や豪族居館跡などの在地豪族の拠点的地域のほか(36)、荘園遺跡や物流の拠点となる地域に多い。特に日本海側に多く、石川県金沢市上荒屋《かみあらや》遺跡(「大根子《おおねこ》」など)や畝田《うねだ》ナベタ遺跡(「酒流女《するめ》」「酒㐬女《するめ》」「否益《いなます》」「比田知子《ひたちこ》」)(**図7**)、西念《さいねん》・南新保《みなみしんぼ》遺跡(「須留女《するめ》」)(**図8**)、鳥取市青谷横木《あおやよこぎ》遺跡(「黒稲」「赤稲」「須留女」「長比子《ながひこ》」など)で出土している(37)。また、種子札だけではなく、石川県七尾《ななお》市矢田遺跡からは、稲の品種名を列記した古代の木簡が見つかり注目されている[山内・和田、二〇二二](**図9**)。

注目すべきは、種子札にあらわれる品種名である。これらの遺跡から出土した種子札には、字は異なるが、「須留女(酒流女・酒㐬女)」「長比子(長非子・長比古)」な

(36) 福島県会津若松市の矢玉《やだま》遺跡(「足張《すくはり》」「長非子《ながひこ》」など)やいわき市の荒田目条里遺跡(「古僧子《こほうし》」「女和早《めわさ》」「白稲」など)、山形県米沢市の古志田東《ふるしだひがし》遺跡(「狄帯建《えみしたらしたける》」)など。

(37) 後述のように、上荒屋遺跡は東大寺領横江荘に比定される遺跡であり、畝田ナベタ遺跡や西念・南新保遺跡は、犀川と大野川の河口部に位置し、古代には郡津や国津が置かれ、流域の荘園物資が集まる港湾都市であったと考えられる[平川、二〇一四]。青谷横木遺跡も日置川と勝部川が合流する河口部に近い場所に位置し、日本海側の流通拠点の一つであったと考えられている。

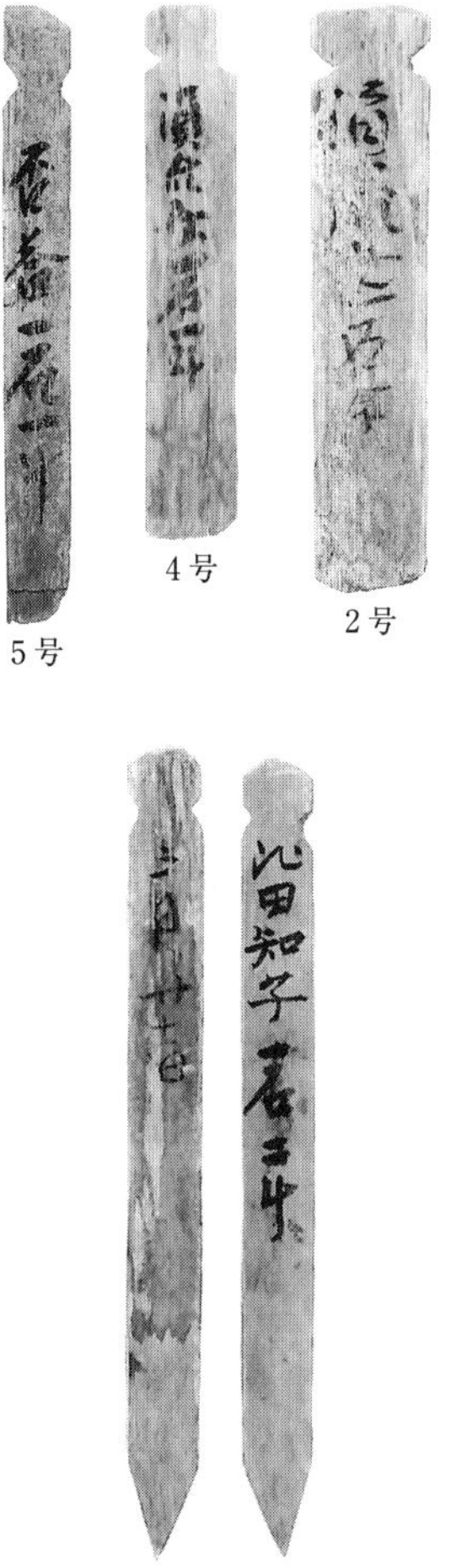

図7　畝田ナベタ遺跡出土木簡「種子札」(2・4・5・6号木簡. 所蔵＝石川県埋蔵文化財センター)

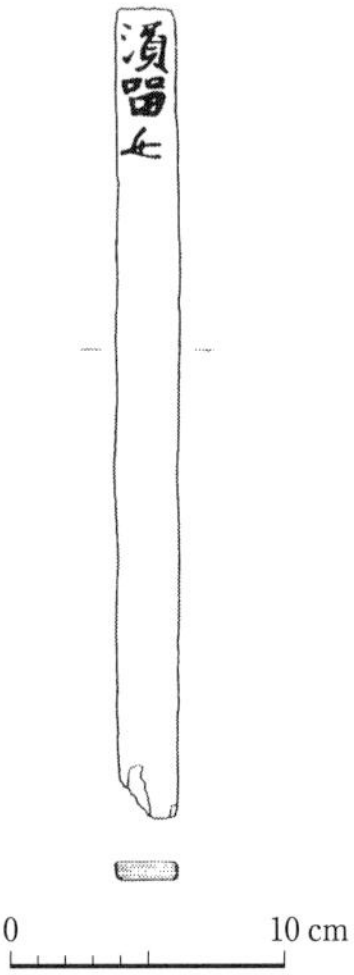

図8　西念・南新保遺跡出土木簡「種子札」[石川県埋蔵文化財センター, 2006]

ど共通する品種名がみえ、これらの品種が広まっていたことがうかがえる。また、近世の農書によれば、新しい品種には改良前の名前に「小」を付けて呼んでいたという。このことを踏まえると、「小須流女」も「須留女(酒流女)」との関連が想定される(38)[平川、二〇一四]。畿内と北陸日本海側とで稲の品種名に関連性が見られる

(38) 近世の農書に掲げる稲の品種名には、「畦越」など古代に遡る名前がみられる。矢田遺跡出土木簡にみえる品種名も、近世加賀地域の農書に同名のものがみえることが明らかになっている[山内・和田、二〇一二]。

ことは、荘園経営などを通じて畿内・畿外双方の地域で農業技術の共有・交換が行われていたことを示唆するといえよう。

では、下田東遺跡は「荘(荘園)」だったのだろうか。厳密に言えば、それを明確に示す史料は今のところ見つかっていない。しかし、木簡に記された「伊福部連豊足解」は、豊足が重病に罹って馬の飼育進上に堪えられない旨を詫びる内容で、豊足は「御馬」を飼育して都の貴族などに進上する立場にあったことがうかがえる。豊足が都から派遣されてきた人物なのか、それとも現地管理を請け負った在地の有力者なのかは分からないが、この地に近都牧《きんとのまき》[39]や長屋王家木簡の「木上御馬司」のような拠点的な荘が置かれた可能性は十分にあるだろう。

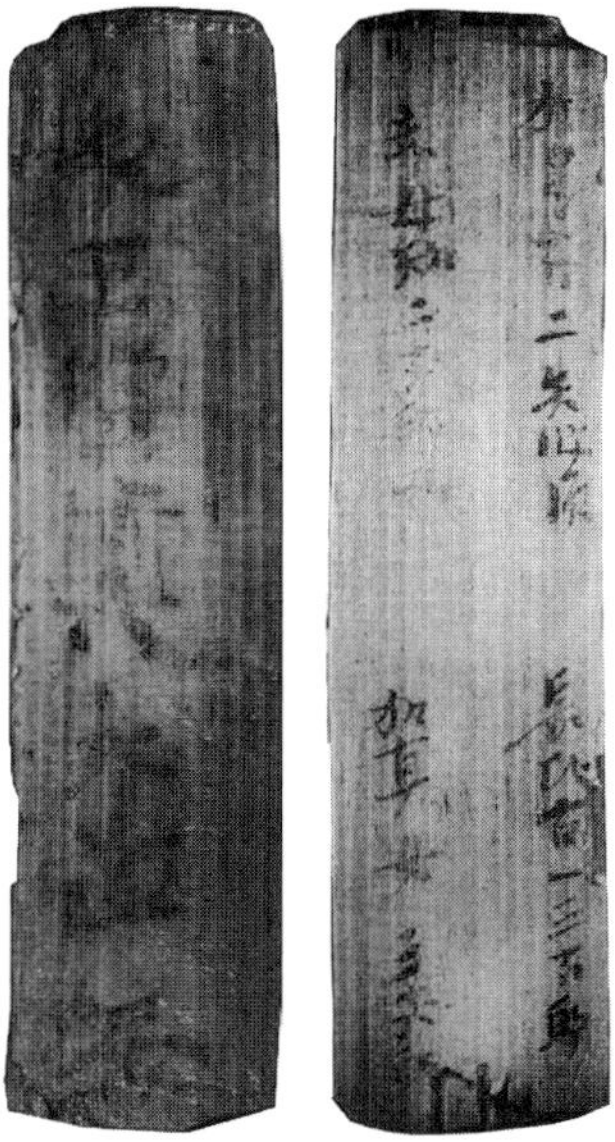

図 9　矢田遺跡出土 1 号木簡(所蔵＝石川県埋蔵文化財センター)

(39) 京都の近郊に置かれた左右馬寮の経営する牧。延喜左右馬寮式には摂津国鳥養《とりかい》牧・豊島《てしま》牧・為奈野《いなの》牧、近江国甲賀牧、丹波国胡麻牧、播磨国垂水牧の計六カ所がみえる。諸国の牧から貢進されてきた繋飼馬牛を一時的に放牧しておき、儀礼・儀式などの需要に応じて都へ進上していた。

3　畿外荘園の経営と出土文字史料

荘園の現地構造と出土文字史料

古代、北陸地方は多くの貴族や寺院の荘園が置かれた地域である。現在までに発掘調査も各所で進められており、考古学的にも大きな成果を挙げている。なかでも、東大寺領横江荘は、文献史料により荘園の来歴が明確なこと、それと遺跡・遺構とを具体的に結びつけて理解できることの二点において、ほとんど唯一の事例である［松任市教育委員会、一九八三／栄原、二〇一九］。関連する遺跡は、石川県白山市横江荘遺跡とその東北に位置する金沢市上荒屋遺跡を中心とする地域に分布している（**図10**）。横江荘遺跡からは、荘家[40]、回廊状施設、東西の倉院などの遺構が見つかり、上荒屋遺跡でも荘家や運河跡・船着場跡などが検出されている（**図11**）。

東大寺領横江荘は、弘仁九年（八一八）に、朝原内親王[41]の遺領を酒人《さかひと》内親王[42]が東大寺に施入したことを契機として成立した（「酒人内親王御施入状」『大日本古文書家わけ一八　東大寺文書　東南院文書之一』）。文献史料からは、在地における墾田の開発拠点の段階から、王臣家の賜田経営の段階、さらに東大寺が経営する大規模荘園段階という変遷を辿ることができる[43]。上荒屋遺跡からは荘園名を示す墨書土器が出土して

（40）ここでは、荘園の管理事務施設のこと。荘家は、文献史料や絵図類には「荘（庄）家」「荘（庄）所」「宮所地」「三宅」「家」などとあり、管理事務施設に限らず、倉などの収納施設や周辺の区画・田地などを含む場合もあり、それぞれのケースによって指すものが異なる点は注意が必要である［藤井、一九八九／小口、一九九六］。なお、横江荘遺跡では三時期の荘家遺構が見つかっている。このうち、中央地区の第二次・第三次荘家とされる回廊状遺構を伴う施設については、東大寺領の荘家ではなく別の性格の施設である可能性があり、石川郡家や寺院などの説が出されている［白山市教育委員会、二〇一八］。

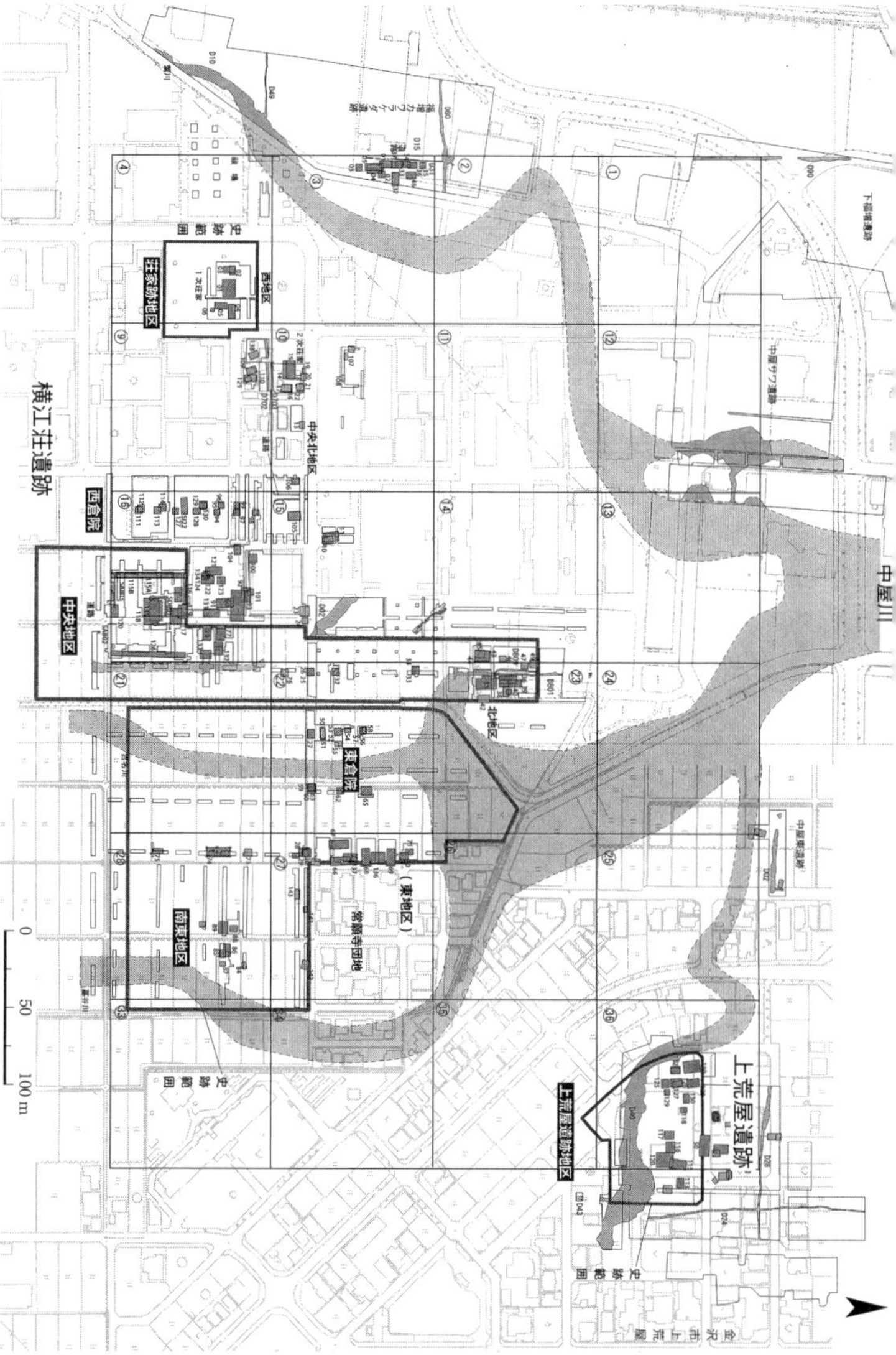

図 10　横江荘関連遺跡全体図（[白山市教育委員会，2018] より，一部に加筆のうえ転載）

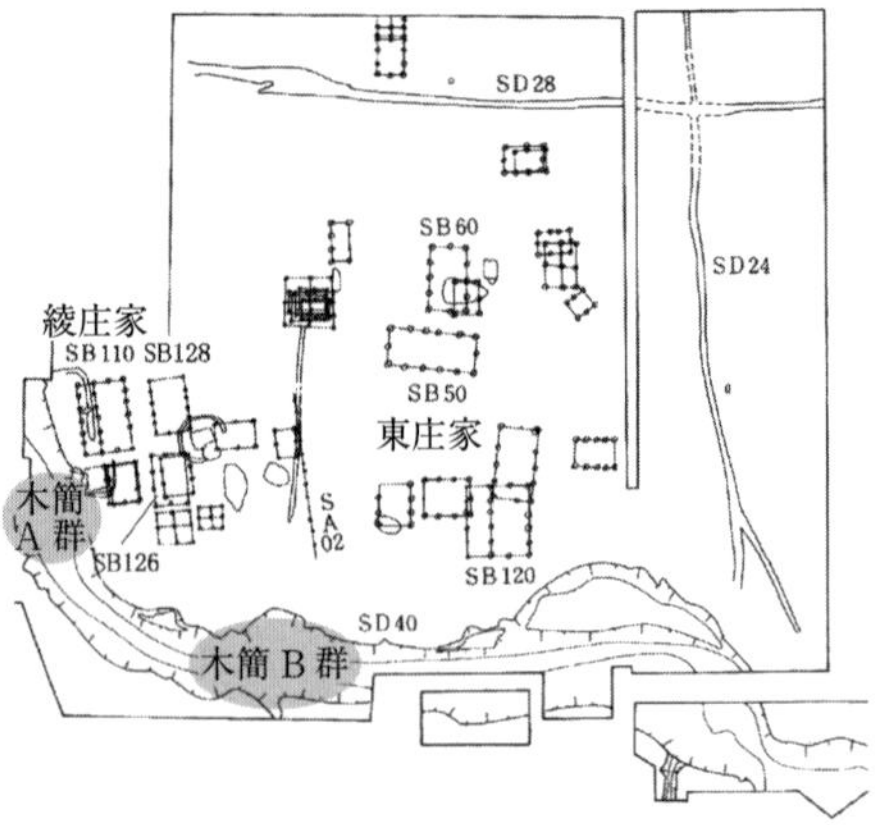

図11　上荒屋遺跡遺構図[出越，2015]

いるが(**図12**)、「田宮」(八世紀第3四半期、墾田開発拠点段階)、「綾庄」(八世紀第4四半期～九世紀初頭頃、賜田系荘園段階)、「東庄」(九世紀前葉～後葉、東大寺領荘園段階)とそれぞれの段階に相当しており、横江荘遺跡・上荒屋遺跡の遺構変遷とも対応関係を見出せる[松任市教育委員会、一九八三・一九九六／金沢市教育委員会、一九九三ほか]。このほかにも、両遺跡からは文字史料が多く出土している。特に上荒屋遺跡の遺物は、木簡五七点と一〇〇〇点以上の墨書土器を数え、その多くは運河状の大溝から出土している。

発掘遺構から具体的な現地施設が知られるのはもちろんであるが、墨書土器からも荘園の構造をうかがうことができる。上荒屋遺跡では、東大寺領段階の墨書土器に方位呼称がみえはじめ、「東庄」のほか「北庄」「南庄」「西庄」と東西南北の庄が出揃う。このほか、荘家建物を指すとみられる墨書土器「東中家」も出土してい

(41) 七七九―八一七。桓武天皇皇女。母は酒人内親王。伊勢《いせ》斎宮《さいくう》を長く務めた。

(42) 七五四―八二九。光仁天皇皇女。母は井上内親王とされる。桓武天皇妃。

(43) 東大寺による経営は、九世紀第4四半期頃には破綻していたとみられ、一〇世紀中頃までには荒廃したらしい[吉岡、一九九六]。

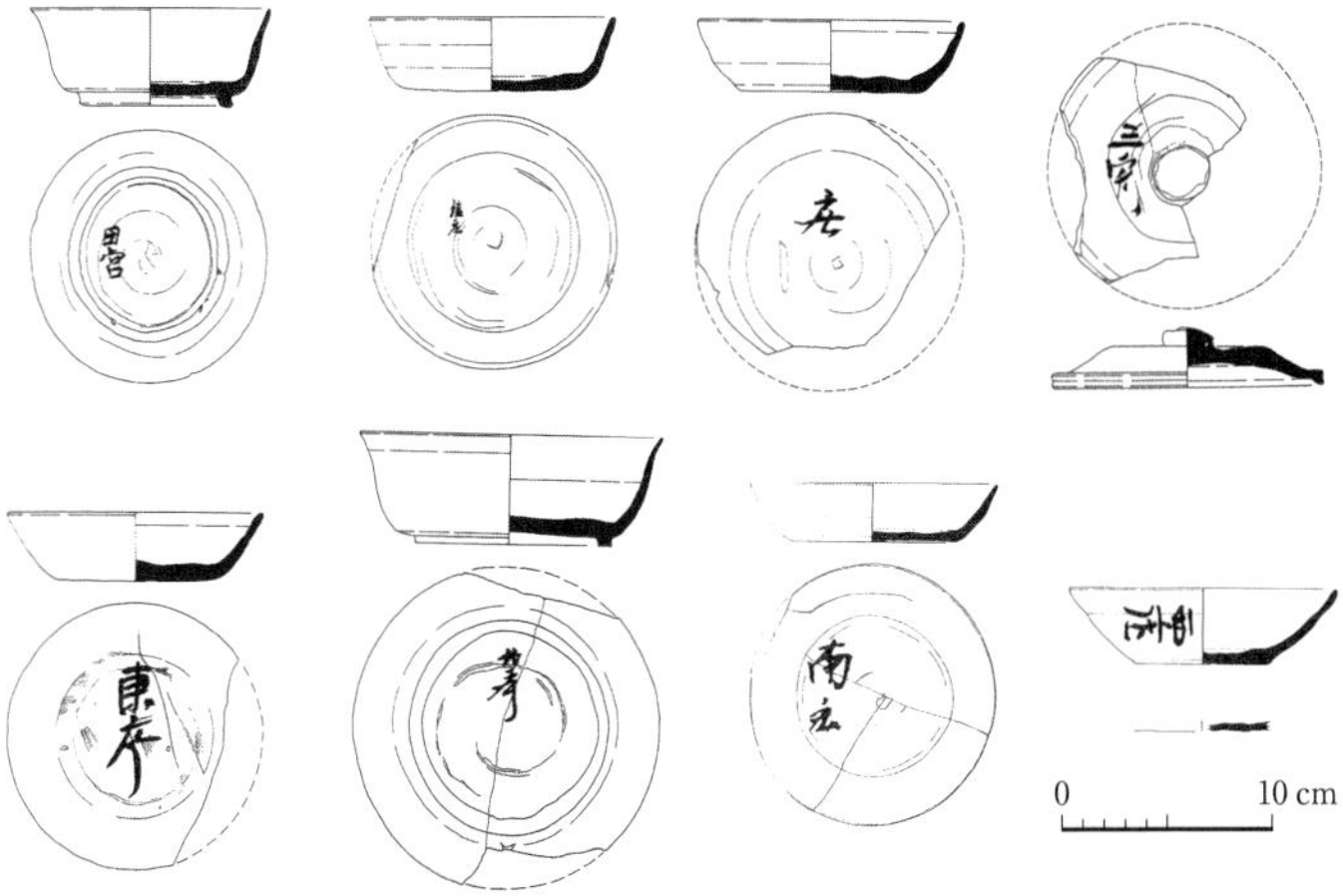

図12　上荒屋遺跡出土墨書土器(所蔵＝金沢市埋蔵文化財センター)

る。このことからは、横江荘では荘園の経営を四つの荘家に分割して行っていたことが推測される。第1節でみた西大寺領越前国坂井郡赤江荘の場合も「北庄」と「南庄」に分かれており、北庄と南庄では荷札木簡の記載方式が異なることから、それぞれの荘家はある程度独立した実務運営を行っていたらしいことが分かる。このような分割経営方式をとる契機や理由は荘園ごとの事情によるのだろうが、(44)ほかの遺跡からも「方位＋庄」「中家(宅など)」などと書かれた墨書土器が出土しており、荘園の経営方法としては当時一般的なやり方だったと考えられる。ま

(44)　西大寺領は越前国内で東大寺領の隙間を縫って設置されたとみられ、赤江荘の場合、一円化が困難だったことにより分割経営された可能性が想定されている[舘野、二〇一〇]。

た、分割拠点は方位に基づいて呼ばれる場合が多いが、文献に「上下産業所」とみられるように、(45)それ以外の方法で区別される場合もあった。金沢市戸水《とみず》大西遺跡出土の付札木簡にみえる「中庄」も個別の荘園名ではなく、「中＋庄」と考えられる〔吉岡、一九九六〕。

・「飛駄満地万呂五斗」

・「中庄　十四条七里
　　　廿九□□」　（五号木簡）

ところで、「中庄」の下に続く条里記載は、「飛駄満地万呂」の耕作地を記したものとみられている〔出越、二〇一五〕。横江荘の一角をなす金沢市中屋サワ遺跡からも、土地ごとの耕作所有権を記した木簡が出土している。ここでは、耕作地の場所を「廿七足原田」と条里の坪付《つぼつけ》であらわしている。

・六段百八十歩　物部須毛　廿七足原田一町　□

・　北三段　□〔佃カ〕一段　国古□〔茂カ〕　□
　地子二段　（三号木簡）

上荒屋遺跡からは、条里の坪並《つぼなみ》(46)を記した木簡（五二号木簡）や、条里の田地数を記

（45）天平宝字三年（七五九）五月一〇日「越前国足羽郡下任道守徳太理啓」（『大日本古文書』四―三六四〜三六五）。

（46）一町（約一〇九メートル）四方の区画を坪といい、これを六×六の六町四方に並べたものを里といった。里内の坪（坊）は一〜三六までの番号を付して呼ばれた。坪並はこの番号の表示方法のことで、平行式と千鳥式の二通りがあった。五二号木簡は、表面を刻線で六段に区切り、上から順に一〜六、さらに折り返して下から順に七〜一二と書かれており、千鳥式の坪並を示していると考えられる。

したと思われる木簡（二七号木簡）も出土している。これらの文字史料は、実際に、横江荘で条里制に基づく土地管理が行われていたことを示しているといえよう。

舂成作業と輸送作業

荘園や封戸から都に進上する稲は、舂いて米の形状にしてから領主のもとに運んだ。そのため、在地において稲の舂成作業が不可欠であった。上荒屋遺跡からは米の付札木簡が多く出土しており、荘園内での舂米作業の様子を具体的に知ることができる。典型的なものを次に掲げる。

①「品治部君足黒五斗二升」　（一号木簡）（図13右）

②「秋万呂上白米五斗」　（二〇号木簡）

③・「浄公上白米五斗」
　・「〔別筆〕『欠二升』　」　（三六号木簡）（図13左）

これらは、いずれも個人から荘園に納入されてきた米の付札であると考えられる。彼らはそれぞれで舂米作業を行い、俵詰めして荘園に輸納してきたのだろう。同様の米の付札は、富山県下新川郡入善《にゅうぜん》町じょうべのま遺跡(47)や新潟県上越市岩ノ原遺跡(48)などからも出土している。このうち、じょうべのま遺跡出土木簡には、裏面に輸納の日付が書かれている。

(47) 東大寺領越中国新川郡丈部《はせつかべ》荘か。米の付札のほか、「西庄」墨書土器などが出土している。

(48) 東大寺領越後国頸《くび》城《き》郡石井荘に比定される。「石井庄」「石井」の墨書土器が複数出土した。

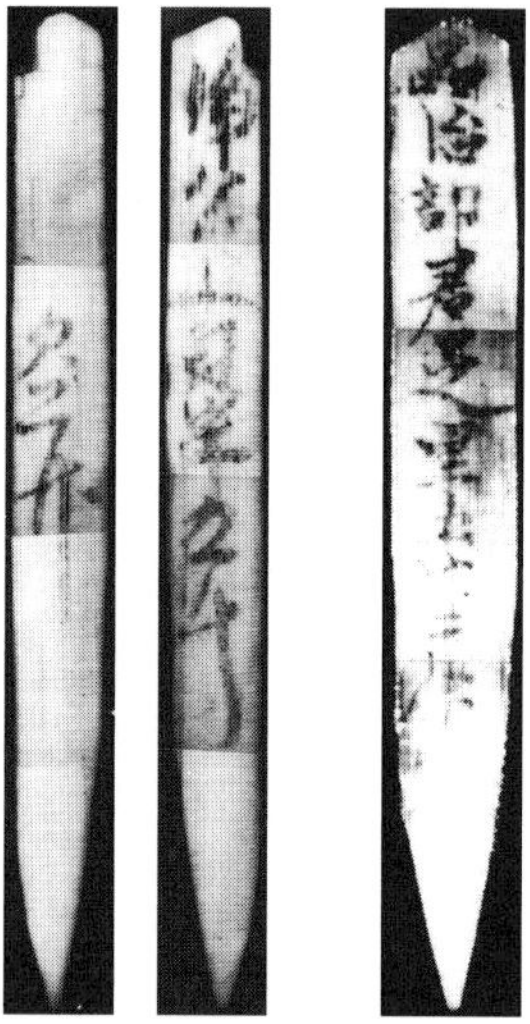

図 13　上荒屋遺跡出土木簡
（右：1号，左：36号．所蔵＝金沢市埋蔵文化財センター）

黒米・白米とも五斗俵での納入を基本とし、黒米の場合には二升分余計に納入している。これは、黒米から白米に精米する時の目減り分（精代）である。また、③の木簡には裏面に別筆で「欠二升」と書かれており、個人から納入された米は、荘園に搬入した後に、中身の勘検を受けていたことがうかがえる。

上荒屋遺跡からは、次のような木簡も出土している。

④　別止万呂十一束　石勝十一束
・□□〔悪都カ〕十一束　足羽家十一束
□□十一束　黒子女十一束
・今日受二斗三升　（一四号木簡）

④は、出挙に関する木簡ともみられるのだが、「十一束」と一人当たりの割り当て数が半端である。木簡の表面は束把（穎稲の単位）なのに対し、裏面の記載は「受」十斛斗（稲穀の単位）であること、一一束は穎稲一〇束＋一束であり稲穀一〇斗（米五

斗)＋一斗(米五升)と換算できることなどから、舂米労働に関わる木簡、具体的には舂米料稲の支給と作業後の舂米の受納量を書いた木簡と解することができるのではないか。この推測が妥当ならば、前節でみた藤原宮跡出土木簡と同様に、料稲を割り当てて調製作業に従事させる様子が浮かび上がってこよう。藤原宮跡出土木簡の場合、稲の調製作業は女性による労働だったのに対し、上荒屋遺跡では男女ともに舂成作業が割り当てられている点も注意される。

舂成された米は、再梱包され、都まで運ばれたと考えられる。その際に、赤江荘から西大寺に進上された地子米の付札のような、京進用の荷札に付けかえられたのだろう。貢進用に荷造りされた米は、荘内に引き入れられた運河から安原川《やすはら》をつたって沿岸部の港湾に運ばれ、そこから京に向けて輸送されたと考えられる。

荘園内でチェックのために一度荷解きしているからだろうか、再梱包の時に白米と黒米が混在する場合がよくあったようである。天平宝字六年(七六二)七月一三日の「造石山院所返抄」[49]によれば、近江国愛智郡から造石山寺所に送られた封租米には白米と黒米が混ざっていたことがうかがえる。愛智郡からは「黒一石、但一斗の米、精代を加え入る」と精代を加えて進上しているが、造石山寺所では、以降は黒米が混在したものは返却せよと通達している。進上先では、白米の状態での納入が望まれたことがうかがえる。

(49)『大日本古文書』一五—二二三。造石山寺所は造東大寺司の下部組織。

品種管理と荘園の祭祀

上荒屋遺跡の出土文字史料でもう一点注目したいのが、稲の品種管理や荘園の祭祀に関する木簡である。

①「<大根子籾種一石二斗」　（五号木簡）（図14）
②「<許庭一石二斗」　（八号木簡）
③「<富子一石二斗　（一六号木簡）

古代、稲が品種別に管理・作付けされていたことは、前節で述べたとおりである。上荒屋遺跡でも、複数の稲の品種が管理されていたことが知られる。また、「□月八日蒔料蓮花種一石」（四〇号木簡）と書かれた木簡も出土しており、蓮根の栽培も行われていたらしい［出越、二〇一五］。種子札の出土は、この荘園が農業経営拠点であったことを如実に表している。

また、出土文字史料からは、農耕祭祀に関する内容も抽出できる。上荒屋遺跡からは、「鴨御神一束」（四三号木簡）という付札が出土しており（図15）、前節でみたのと同様、秋の初穂貢納に関係する木簡とみられる。「鴨御神《かものみおや》」について、これを近隣の式内社などに当てる説もあるが[50]、鴨（賀茂）神の祭祀は農耕に関わることから、この荘園の開発や勧農に深く関わる神であったとする指摘がある［三上、二〇〇六］。

(50) 報告書には、加賀郡に延喜式内社の「賀茂神社」があったほか、安宅に「加茂社」があったことが挙げられている［金沢市教育委員会、一九九三］。

文献や荘園図によれば、越中国東大寺領荘園でも荘園の内外に神社が祀られていたことが確認できる。それらの中には「土神」と記される在地系の神社が含まれており、荘園はそれらの神社を媒介として、在地の共同体組織に結びついていたとされる[吉村、一九九六]。このことをふまえると、「鴨御神」をこの荘園に直接結びつく神とみる説は魅力的である。

ところで、在地の共同体的な農業慣行としては、律令に規定がみえる春時祭田の行事が有名である(儀制令春時祭田条)。春時祭田の祭りは、共同体における春の予祝祭祀で、皆で神社に集まり飲食をする行事である。律令の注釈書である古記[51]では村落レベルでの祭祀を想定しているが、このような農業慣行は在地の様々なレベルで執り行われていただろう。正倉院文書には、郡司が春の祭

図 14 上荒屋遺跡出土 5 号木簡(所蔵＝金沢市埋蔵文化財センター)

図 15 上荒屋遺跡出土 43 号木簡(所蔵＝金沢市埋蔵文化財センター)

(51) 大宝令の注釈書。天平年間成立。『令集解』に引用されている。

礼に参加したことを示す史料がある。それによれば、東大寺領越前国道守荘《ちもり》を現地で管掌した足羽郡大領生江臣東人《いくえのおみあずまひと》は、東大寺の田使《でんし》の召喚に応じなかった理由として、「神社春祭礼」のため酔い伏してしまい参向できなかったと述べている(「天平神護二年〈七六六〉十月十九日越前国足羽郡大領生江臣東人解」『大日本古文書』五―五五一～五五三)。彼が参加した「神社春祭礼」はまさに春の予祝祭祀で、自身の在地豪族としての在地秩序の形成に関わる重要なものだったとみられる[武井、二〇一七]。在地社会では、農耕祭祀を通じて人々の共同体的な紐帯や秩序が形成され、それが農作業などの労働力編成に還元されていたと考えられる。荘園では、そうした農耕祭祀を取り込むことで共同体的な性格を担い、荘経営の労働力編成に活かしたのであろう。

このような荘園における農業慣行を示す出土文字史料としては、ほかに新潟県上越市の榎井《えのい》A遺跡出土木簡を挙げることができる。木簡は八世紀後半のもので、四月五日の御田の「阿櫻夫」という役夫について、人名などが列記されている。遺跡からは「庄」「北舘」と書かれた墨書土器が出土しており、日付より考えて、荘園の田おこしの行事に関わると推定されている[小林、一九九九]。木簡によれば阿櫻夫の人数は九五一人であり、果たして本当にこれだけ多くの人々が参加したのかどうか分からないが、かなり大規模な行事だったと推測されよう。

(52) 加賀郡から郡内の深見村の有力者に宛てて出した命令を記した木簡で、嘉祥二年(八四九)の年紀を持つ。内容は、民衆に対する勧農政策や禁止事項からなる八カ条を示し、広く周知することを命じたものである。加茂遺跡は、古代北陸道がそして、このような祭祀や行事には饗宴、すなわち共同飲食が伴った。この饗宴には、共同労働に対する魚酒(ごちそう)の提供という面があり、荘園における多量の土器類は、労働力として集められた人々への給食器だったとみる説がある[藤井、一九八九など]。とするならば、上荒屋遺跡から出土した大量の土器に「東庄」と墨書されたのは、荘家に備え付けられた食器類の分類管理のためとみることができるだろう[小口、一九九六]。ちなみに、石川県津幡《つばた》町加茂《かも》遺跡出土のいわゆる牓示《ぼうじ》札《さつ》(52)には「田夫意に任せ魚酒を喫《く》らふを禁制するの状」とあり、農民がみだりに魚酒にありつくことを禁じている。特に農繁期には、在地社会で魚酒を提供して労働力を集めることが広く行われたと推測されよう。

このほか、上荒屋遺跡からは、人形・馬形や斎串《いぐし》などの祭祀系遺物や仏教的遺物が出土している。人形や斎串などは律令的な祭祀遺物であり、祓《はらえ》の場が形成されていたことがうかがえる[金沢市教育委員会、二〇〇〇]。律令的な祭祀遺物の出土は、富山県射水《いみず》市北高木《きたたかき》遺跡などでも見られる。北高木遺跡からは、斎串や人形・馬形・舟形や人面墨書土器などが広範囲から出土しているほか(53)、「道長大神進上申三月十日…」と、道の長の大神(54)への上申を記した木簡も出土している。荘園遺跡から出土する遺物や文字史料からは、荘園とそれに関わる人々の多様な信仰をうかがうことができるのである。

分岐する地点に位置し、河北潟の水上交通に接続する交通の要衝である。「路頭に牓示せよ」とあるように、この木簡は往来の多い官道沿いに掲示されたとみられる。

(53) 北高木遺跡からは、「西庄」「西殿」や「佐見御庄」と書かれた墨書土器が出土している。詳細は不明ながらも、西大寺領越中国新川郡佐味荘との関連も推測される。このほか、人々への米の支給記録や出挙稲の合計額を計算した木簡なども出土している。また、隣接する荒畑遺跡でも斎串や馬の骨が出土している。

(54) 富山県射水市の道神社に当たるか。三月一〇日は神社の琴平祭が執り行われる祭日であった。

4　出土文字史料にみる古代荘園の諸相

「庄」墨書土器の出土地

「はじめに」で述べたように、荘園を示す代表的な出土文字史料として、「庄」や「三宅」と書かれた墨書土器がある。実際、東大寺横江荘遺跡の発掘調査では、「三宅」墨書土器の出土が遺跡の性格の決め手になった。これらの墨書土器を出土した遺跡からは、農業関連や紡織・鍛冶などの手工業関連、漁撈や製塩関連など様々な産業に関する遺物、人形・馬形・斎串などの律令的祭祀遺物、木簡・墨書土器・漆《うるし》紙《がみ》文書(55)や硯《すずり》・石帯《せきたい》などの官衙的遺物、広域な交易活動を示す施釉《せゆう》陶器などが出土し、遺物の面でも一般集落とは一線を画している。

しかし一方で、気をつけなければいけないのは、「庄」墨書土器が出土したからといって、その遺跡をただちに荘園遺跡と限定して考えることはできないことである［小口、一九九六］。後述するように、金沢市の戸水C遺跡では「庄」墨書土器が出土しているが、遺跡の性格としては加賀国の津であると考えられている。また、常陸国鹿《か》島《しま》郡家《ぐうけ》跡の神野向《かのむかい》遺跡では「榎庄」墨書土器が、越後国古志《こし》郡家跡の八幡《はちまん》林《ばやし》官衙遺跡で「庄」墨書土器が出土しているように、郡家遺跡から「庄」墨書土

(55) 反古になった紙の文書を漆容器の蓋紙として再利用したもの。紙に漆が染み込んだことにより、地中でも腐らずに遺存した。

器が出土する例もある。この場合、「庄」墨書土器を出土する遺跡は必ずしも荘園遺跡に限らない。また逆に、「庄」墨書土器が出土していなくても、例えば下田東遺跡のように、在地有力者の地域開発拠点が貴族や寺院の経済的拠点として機能した場合もあったと推測される(56)。

古代における荘園(庄)のあり方は多様であり(57)、荘園(荘所)遺跡か否かの判断は非常に難しい。やや曖昧な捉え方になるが、現段階では、「庄」墨書土器の出土地は、在地における経済活動や開発の拠点として広く捉えておいた方が穏当であろう。あるいは、古代における荘園とは、本来的には、そのような拠点としての性格に端を発するものだったのではないか。以下では、このことに留意しつつ、「庄」墨書土器が出土した遺跡の分布や特徴について考えていきたい。

金沢市港湾部の臨海型荘園

石川県金沢市西部の臨海部、犀川《さいがわ》と大野川に挟まれた微高地には、多くの古代遺跡が集中している(**図16**)。この地は古代の加賀郡大野郷にあたり(58)、犀川・大野川河口の大野湊《おおのみなと》から河《か》北潟《ほくがた》や日本海へと接続する水上交通の要衝であった。この一帯は金沢平野の物資が集積される地であり、郡津や国府津などが置かれ、一大港湾都市ともいうべき様相を呈していた[平川、二〇一四/出越、二〇一五など]。

(56) 一方、富山県南砺《なんと》市の高瀬遺跡は東大寺領杵名蛭《きなひる》荘の荘所跡と推定されてきたが、立地条件の不自然さや「庄」墨書土器の出土がないことから、否定的な見解が出されている[小口、一九九六]。

(57) 例えば、考古学の面では、民衆の経営拠点型、在地有力層主導型、有力寺社主導型、民衆の屋敷・在地有力層の居館型と四つに分類している[宇野、二〇〇二]。

(58) 弘仁一四年(八二三)に、越前国加賀郡から加賀国が分国され、旧加賀郡は北の加賀郡と南の石川郡に分割された。

八世紀には、金石本町《かないわほんまち》遺跡や畝田・寺中《じちゅう》遺跡の所在する犀川河口に津の中心があった。畝田・寺中遺跡からは「津」「津司」墨書土器のほか、大野郷長や田行《でんぎょう》(59)に宛てた郡符《ぐんぷ》木簡(60)が出土しており、八世紀の加賀郡の郡津と考えられている。このほか、同遺跡から出土した木簡には、「右大弁史田家牛加比部宮万呂」(八号木簡)とあり、

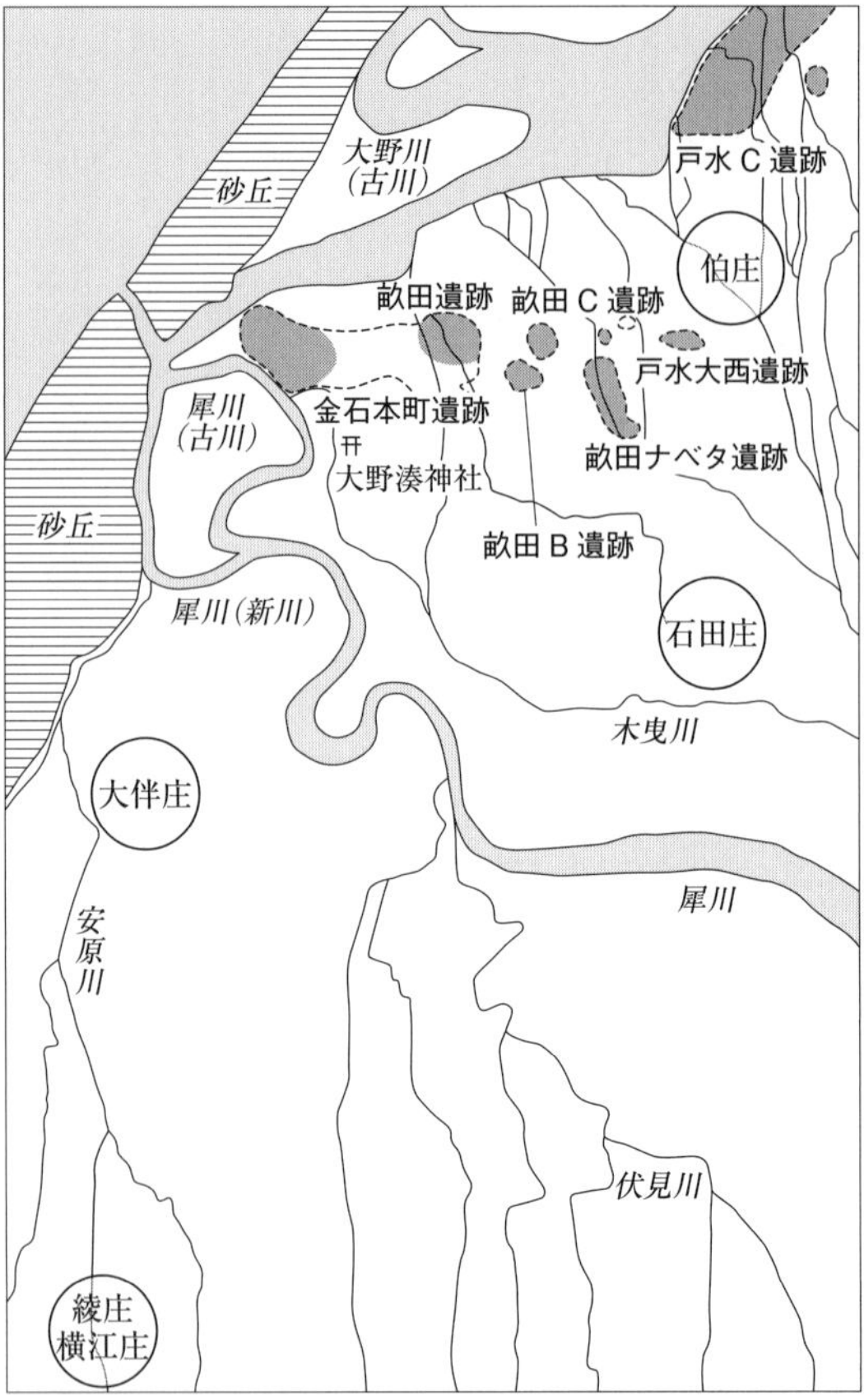

図16 大野湊周辺の遺跡分布と荘園の立地[出越, 2015]

(59) 田領のもとで雑務にあたった郡の雑人と思われる。注68参照。

「右大弁史田家」に所属する人物からの貢納物付札と解されている[平川、二〇一四]。郡津が様々な性格の物資の物流の中心になっていたことがうかがえる。

九世紀に入ると、その中心は犀川河口から北東部の戸水C遺跡の方に移った。戸水C遺跡からは「津」墨書土器が出土しており[62]（**図17**）、加賀立国後は、大野川河口周辺が整備され重要な津として機能したとみられている。

犀川河口から大野川河口へ移行した変化の背景として、八世紀後半から九世紀にかけて、大野川左岸域の金沢平野沖積地で急速な開発が進んだことが挙げられる[平川、二〇一四]。大野川に流れ込む河川の河口域一帯には、この時期、遺跡が狭い範囲に密集しており、その多くで「庄」墨書土器が出土している。遺跡名と主要な墨書土器銘を挙げれば、藤江B遺跡（「石田庄」）、大友西遺跡（「伯庄」「宅」「館」）（**図18**）、戸水大西遺跡（「中庄」「中家」「中」「西家」「西」「宿家」「大市」）、戸水C遺跡（「庄」「依」）、西念・南新保遺跡（「庄」「産」「馬司」「道」）、畝田・無量寺遺跡（「庄」「市」）などである。戸水C遺跡では人名の一部と思われる「依」字が多く出土しているが、この文字は周辺の遺跡にも広く共有されている。このことは、戸水C遺跡を中心として、人的・物的な移動が行われていたことをうかがわせる[出越、一九九八]。

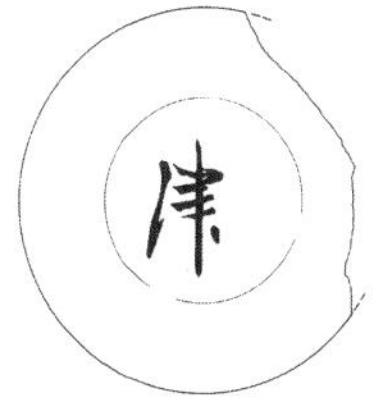

図17 戸水C遺跡出土墨書土器「津」[石川県埋蔵文化財センター，2000]

(60) 郡司の命令を書いた木簡。「郡符……」「符……」と書き出し、その下に宛先となる職名や人名を記す。多くの場合、人の召喚に用いられた。召喚された人は郡符を持って指定された場所へ赴き、郡符はそこで廃棄された。そのため郡符木簡の出土地は、郡家や郡家関連施設である可能性が高い。

(61)「右大弁史」は太政官の右弁官局の右大（少）史のことか。「田家」は荘所のような機能をもった施設と考えられる。

(62)「津」墨書土器の年代は九世紀後葉であるが、遅くとも大型の中心的建物の成立した九世紀第2四半期には津として機能していたとみられる[出越、二〇〇五]。

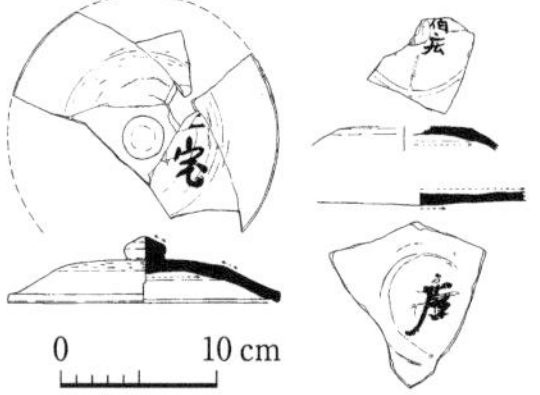

図18　大友西遺跡出土墨書土器「伯庄」「庄」「宅」(所蔵＝金沢市埋蔵文化財センター)

これらの臨海型荘園は、港湾における出先機関のような役割を果たすもので、相互に有機的な関連を持ちながら、広域な経済流通網を形成していたと考えられる。

交通・交易拠点と開発

一般に、荘園の立地は、水上交通を考慮して選ばれた。これは物資の搬出入、特に重貨である米を輸送するのに、水上交通が重要だったからである。前節でみた上荒屋遺跡も、内陸部に位置しながらも、荘所の内部まで引き入れた運河から安原川に接続し、大野湊方面に繋がっていた。この流域には、豊穂《とよほ》遺跡(「大伴庄」墨書土器を出土)、打木《うつぎ》町《まち》東C遺跡(「庄所下」墨書土器を出土)など、いくつかの荘園が位置していたことも知られる。

このような水上交通と荘園との関係を示す事例は、枚挙にいとまがない。潟湖周辺の津と荘園の関係としては、鳥取市の湖山池《こやまいけ》周辺の事例を挙げることができる。湖山池の南岸側の良田《よしだ》平田《ひらた》遺跡では、「□見庄」墨書土器のほか、「馬津」「舩」など水陸交通に関わる墨書土器が出土している。木簡などからみて、遺跡の性格としては官衙的施設である可能性が高いが［鳥取県教育文化財団、二〇一四］、遺跡の東に

(63) 日本海の海上交通の要衝であり、京に向かう物資の荷揚げ港として、越前国内だけではなく各

は、東大寺領因幡国高草郡高庭荘の関連遺跡とされる大桷遺跡がある。両遺跡の直接の関係は不明なものの、推測をたくましくすれば、良田平田遺跡に湖山池の水運拠点があり、荘園もそれを利用していたとみることもできよう。

　また、荘園の立地には、交通だけではなく、交易という側面も重要であった。『日本霊異記』には、楢磐嶋《ならのいわしま》という人物が大安寺の銭を借りて越前の都魯鹿津（敦賀《つるが》津）[63]に赴き、交易して物品を得たことがみえる（中巻第二十四）。磐嶋は寺の出挙銭を借り受けて、それを元手に交易を行い利潤をあげたのだろう。この説話からも、津のような交通の要衝で様々な経済活動が行われたことがうかがえる。金沢市港湾部の荘園でも、郡津や国府津における流通の恩恵に与りながら、大野湊の水運を利用しつつ経営を行っていたと考えられる［出越、二〇〇五］。

　このような事例は、東大寺が「東市庄」「西市庄」[64]や「新羅江庄《しらぎえ》」[65]など交易のための拠点を東西市や難波津《なにわ》に持っていたこと、さらに遡って、第1節で見たような長屋王家が所有した各地の経営拠点のあり方と類似する。古代における荘園は、田地を一から開墾して切り開いていくものが全てだったのではなく、既存の交通や流通経済圏をうまく利用して設けられたものが多かったのである。

　そして、そうした交易活動の拠点が、開発の拠点となったことも想像に難くないだろう。大分県国東《くにさき》市の飯塚遺跡は古代豊後国国埼《くにさき》郡に位置し、宇佐宮《うさぐう》・弥勒寺《みろくじ》[66]の

地からの物品が集まる地点だった。

(64) 東市・西市は都城に置かれた公的な市。東大寺はここに交易や物資購入などの拠点として「庄」を設けていた。

(65) 摂津国西成郡・東成郡の郡界に所在した東大寺の荘園。造東大寺司から「難波使」が派遣されており、難波津に集まる東大寺関係の物資管理を担ったと考えられる。

(66) 大分県宇佐市に所在する豊前国一宮の宇佐神宮は、奈良時代には鎮護国家の神として厚く崇敬された。弥勒寺は宇佐宮の神宮寺である。国埼郡における宇佐宮の封戸は、安岐《あき》・武蔵・来縄《くなわ》の三郷に設定されていた。

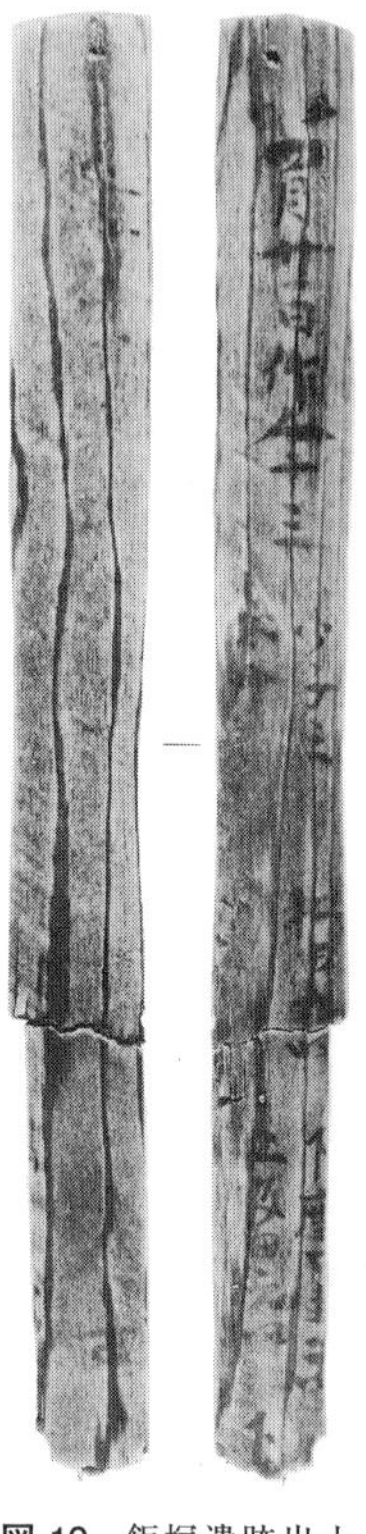

図 19　飯塚遺跡出土2号木簡(所蔵＝国東市教育委員会)

封戸からの物資を中継・運用する物流基地として機能した場所である。国埼は郡津である国埼津があった場所で、古代において重要な流通拠点であったことが文献史料からも確認できる。(67) 飯塚遺跡からは、田畠の耕作や稲の舂米作業、手工業に関わる木簡が出土している。

①・「

○以四月廿一日作人十三　少子三 太十　和田九段　下薦□□〔口圭カ〕二段

上板田六段　下□〔板カ〕×

・「○伎佐本阿作　工人田阿作六段　□〔神カ〕人上吉

□□

（二号木簡）

②・召□□可作人□智□

・知月廿日以前作畢其状申於殿門不得怠倦　専当珎栄師

十一月十八日被宣国前臣刀佩

（二一号木簡）

(67) 延暦一五年(七九六)には「まさに草野・国埼・坂門等の津より公私の船の往還を聴すべき事」という太政官符が出ており(『類聚三代格』巻一六、延暦一五年一一月二一日太政官符)、公的・私的物流の中核として国埼津が機能していたことがうかがえる。

①は、田の耕作に従事した「作人」の労働力編成に関わる木簡である（図19）。②は召文《めしぶみ》木簡で、宇佐宮・弥勒寺（「殿門」）側の「弥栄」の指示（「宣」）を受け、「国前臣《くにさきのおみ》刀佩」が誰かを召喚するために作成したものと考えられる〔西別府、二〇一二〕。実際の労働力編成に、在地の有力豪族が関与していたことも見逃せない。飯塚遺跡の木簡からは、この地が封物の集積地としてだけではなく、多角的な経営拠点としても機能していたことが読み取れるのである。

荘園の現地経営と在地勢力

荘園の現地経営には、在地の有力豪族らが深く関わっていた。このことは、正倉院文書にみえる東大寺領越前国桑原《くわばら》荘の経営に足羽郡大領生江臣東人が関与していたことからも指摘されてきたが、飯塚遺跡出土木簡にみえる「国前臣」の事例のように、出土文字史料からも明らかになってきた。

東大寺横江荘の地は、地名から考えて横江臣が勢力を持っていたと考えられる。『日本霊異記』によれば、横江臣は加賀郡大野郷畝田村に居住していたことが知られ（下巻第十六）、大野湊一帯に勢力を持っていたことがうかがえる〔平川、二〇一四〕。畝田・寺中遺跡出土一一号木簡には、郡司のもとで働く田領や田行などの郡雑任《ぐんぞうにん》と(68)して横江臣が登場する。上荒屋遺跡からは、残念ながら横江臣に関する文字史料は

(68) 郡司のもとで様々な郡務に従った人々。田領は「たのうながし」のことで、農民への命令伝達などを行った。田行については、注59参照。

見つかっていないが、「道」「大私」「丈」などの墨書土器が出土している。「道」は、天平二年(七三〇)度越前国正税帳や加茂遺跡出土牓示札などにみられる加賀郡郡領の道公《みちのきみ》を指すと思われる。「道」墨書土器は綾庄《あやのしょう》段階の土器であり、在地豪族が王臣家と結びついて荘園の開発経営に携わっていた可能性を指摘できる。「道」墨書土器は、西念・南新保遺跡からも出土している。

郡司クラスの在地豪族は、在地社会に自身の勢力基盤を有しており、荘園ではそれを取り入れ、労働力編成を有利に進めたと考えられている。石川県能美《のみ》市辰口《たつのくち》西部遺跡群の徳久《とくひさ》・荒屋《あらや》遺跡からは「江沼□/専当□〔綱カ〕長/勝□」墨書土器が出土している。江沼《えぬ》臣は、越前国正税帳に江沼郡の主政《しゅせい》・主帳《しゅちょう》としてみえ、南加賀における郡司クラスの在地豪族であったことが知られる。この遺跡からは「庄」「荘」墨書土器が出土し、東大寺領幡生《はたなり》荘に比定されている。「専当□長」は貢納物の運搬責任者を指すと考えられ、在地の有力者が荘園の貢納物輸納の責任を負っていたことが読み取れる。先に郡家や津などの遺跡で「庄」墨書土器が出土する事例に触れたが、それは、荘園を公的施設の近隣に設けることで、在地社会における人的動員力や流通ルートを利用する狙いがあったのだろう。

また、在地の有力者と荘園領主の直接的な結びつきがうかがえる出土文字史料も存在する。兵庫県豊岡市袴狭《はかざ》遺跡からは、延喜六年(九〇六)の年紀を持つ禁制木簡(69)

(69) 所有地に対する排他的な権限を主張するために作成された木簡。木簡冒頭に「禁制」と書き、その下に所有地の坪付などを記す。多くは立て札として用いられた。

が出土している。[70] ここに、木簡の作成掲示者として「民部卿家書吏車持公」の名がみえる。この時の民部卿は藤原有穂《ありほ》で、[71] 袴狭遺跡の周辺に彼の荘園があったことが知られるのだが、その家政機関の職員としてみえる「車持公」は、但馬国出石《いずし》郡の有力者とみられている［磐下、二〇二〇／山本、二〇二二］。郡司や在地の有力者が中央の貴族たちと私的に結びつきながら、荘園経営に関わった様子をみてとることができる。

荘園の開発と在地社会

国司は地方長官として荘園の設置を検分する立場にあると同時に、自らもまた開発経営の主体となった。国司の開墾については法令で規制が設けられていたが、[72] 牧など制限のない別の地目で領有したり［加藤、二〇〇二］、国司の職を一族で継続的に務めたりして［鈴木、二〇一七／山本、二〇二二］、在地における経済基盤を保持したらしい。

国司の荘園への関与は、在地社会にも大きな影響を与えた。長野県松本市下神《しもかん》遺跡は、古代信濃国筑摩郡蘇我郷にあった大納言《だいなごん》藤原冬緒《ふゆお》の所領とされている。[73] この遺跡は、八世紀末から九世紀初頭に集落の様相が大きく変化しており、その要因として、国府が筑摩郡へ移転したこととの関連が考えられる。この時期の遺構からは

(70) 袴狭遺跡は但馬国出石郡家関連遺跡。この木簡の作成に郡司が関わったかどうかについては議論が分かれる。

(71) 八三八—九〇七。延喜六年には従三位民部卿であった。

(72) 国司の開墾した土地は、交替に際して収公されることになっていた（田令荒廃条）。墾田永年私財法でも国司の墾田は対象外であった。

(73) 藤原冬緒（八〇七—八九〇）は京家藤原浜成の孫。この荘園は仁和三年（八八七）に多武峯妙楽寺に施入されている。下神遺跡からは「草茂」墨書土器が出土しており、文献にみられる冬緒の所領の所在地名と一致する。

都とのつながりを示す遺物が多く出土するなど、既存の集落が国司を介して中央と結びつき、荘園として大規模に開発されていった様子がうかがえる。その後、九世紀中頃にかけて、一つの大型竪穴《たてあな》住居を中心として則天《そくてん》文字(74)「𠙺」墨書土器が集落内で広く共有されるようになった。このことは、「𠙺」を用いる集落内の有力者が成長して私的影響力を強め、一円的管理がなされたことを意味している〔野村、一九九四〕。集落内の一集団がそのまま経営主体として成長したからであろうか、中央との直接的関係は緩く、「庄」としての意識は薄かったとみられ、下神遺跡では「庄」墨書土器は一点も出土していない。この点は、鎖川《くさりかわ》を隔てた対岸に位置する三の宮遺跡で「庄」墨書土器が出土していることと対照的である。立荘の経緯やその後の開発経営の仕方は、当然ながら、それぞれの荘園によって様々だったのであり、それが墨書土器に反映されているといえよう。

このほか、関東地方を中心に、「庄」や「三宅」墨書土器を出土する遺跡の発掘事例が報告されている(75)。それらの中には、例えば山梨県南アルプス市百々《どうどう》遺跡のように、牧関連の遺跡と思われるものもある。百々遺跡からは古代の馬・牛の骨が多く出土しており、承和二年(八三五)に葛原《かずらわら》親王(76)へ与えられた「巨麻郡馬相野空閑地五百町」に近く、のちの八田御《はったのみ》牧《まき》につながるとされる。荘園と牧との関連は、下田東遺跡や藻原《もばら》荘(77)の事例などもあり、荘園の一類型として注意される。

(74) 唐の高宗の后であった則天武后(六二四—七〇五)が定めた独自の文字。唐では則天武后が亡くなると使用が禁止されたが、日本では八世紀以降も使用された。特に、集落遺跡では、則天文字が書かれた土器が多く出土するが、なかば記号化された文字として用いられていたらしい。

(75) 「三宅」墨書土器が出土した埼玉県狭山市今宿遺跡(貞観寺領武蔵国入間郡広瀬荘か)や、「成生庄　上」墨書土器を出土した栃木県矢板市堀越遺跡など。また、「庄」墨書土器の出土は確認されないが、埼玉県上里町中堀遺跡も九世紀に武蔵国に置かれた勅旨田の経営拠点とされる。

「庄」墨書土器の出土は、多くの遺跡で一、二点を数えるのみだが、大量に出土した遺跡もある。茨城県桜川市の辰海道《たつかいどう》遺跡は古墳時代から続く集落で、常陸国新治《にいはり》郡家跡とも近く、郡領氏族の本拠地があった地域である。「庄」墨書土器は八世紀後葉からあらわれはじめ、「菩庄」「庄南」「西宅」なども出土している。

また、千葉県流山市の思井《おもい》堀《ほり》ノ内《うち》遺跡や千葉県酒々井《しすい》町飯積原山《いいづみはらやま》遺跡でも、「庄」墨書土器が大量に見つかっている(図20)。これらの遺跡では、八世紀後半に集落が出現する点で、既存の集落が基盤となって発展した辰海道遺跡の事例とはやや異なる。また、「庄」のほかに、思井堀ノ内遺跡では「宗」、飯積原山遺跡では「三倉」「三」「三寺」の文字が多く出土しており、それぞれの遺跡における開発集団に関わるとみられる。注目すべきは集落の終焉の時期で、飯積原山遺跡の集落は九世紀第3四半期までしか存続しないのに対し[木原、二〇一六]、思井堀ノ内遺跡では「庄」墨書土器こそ消滅するものの、九世紀後半以降も流通・生産活動がみられる。これらの差異がなぜ生じるのか、荘園の所有者側の問題なのか、開発に携わった在地有力者の違いによるのか、興味は尽きない。出土文字史料からの追究はこれ以上難しいが、在地社会の中で「庄」墨書土器を出土した遺跡がどのような変遷を辿るの

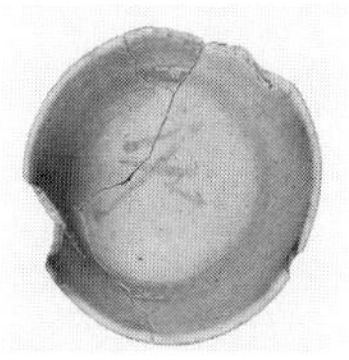

図20 思井堀ノ内遺跡出土墨書土器「庄」[千葉県教育振興財団文化財センター，2010]

(76) 七八六—八五三。桓武天皇の第三皇子。

(77) 上総介・上総守を歴任した藤原黒麻呂が、入手した牧を開墾して田としたものをもとに成立した(『朝野群載』巻一七)。

かという問題は、中世荘園とのつながりを考える上でも重要な課題であるといえよう。

おわりに

本章では、出土文字史料を通して古代荘園の実像について考えてきた。史料の個別的な説明に終始してしまった感もあるが、古代荘園を考える上で重要な論点が見えてきたように思う。

出土文字史料が描き出した古代荘園像の最も重要な点は、従来から指摘されていた荘園の拠点的性格について、その内実を具体的に明らかにしたことであろう。荘園は、田地の耕作だけではなく、手工業生産や交易など多様な経済活動を行う場であった。まさに、ナリハヒの拠点だったのである。こうしたあり方は、長屋王家木簡、あるいはそれ以前にまで遡るものであり、古代荘園の本質的性格を示すものであったといえる。

また、荘園内の様々な労働作業とそれに従事する人々の姿を、よりリアルに捉えることができるようになった。農耕祭祀や魚酒の提供を媒介とする労働力編成は古代社会に広く見られるものであり、古代荘園もそうした原理に則って経営されていたことが改めて明らかになった。在地社会には郡や郷里など様々なレベルの共同体的拠点が重層的に存在していたが、上記の点からすれば、古代荘園の経営体も決して特異なものなのではなく、それらと同質な面を持つものだったと考えることができる。

一方で、「庄」墨書土器の出土例などからは、荘園が在地の共同体組織と重ならずに設定・開発されていく場合と、開発拠点としての集落を包摂あるいは新たに形成しつつ開発する場合があったことがみえてきた。荘園の立荘・開発の経緯はそれぞれだったと言ってしまえば簡単である。しかし、荘園の現地経営が在地のどのレベルと結びついてなされたのかという点に、荘園の設定された時期の差や地域の差があらわれるように思う。出土文字史料からは、荘園領主と荘園のタテの関係だけではなく、荘園が所在する在地社会におけるヨコの関係もみえてくるのである。荘民の問題なども含め、在地社会の中で古代荘園をどのように位置づけていくかについては、今後のさらなる課題となるであろう。

推測にわたる部分も多く、また触れられなかった史料も多いが、本章で述べてきたことが新たな古代荘園像に結びつくことを願い、擱筆したい。

引用・参考文献

新井重行、二〇〇五年「荘園遺跡の出土文字資料よりみた在地情勢」佐藤信編『西大寺古絵図の世界』東京大学出版会
磐下徹、二〇二〇年「袴狭遺跡出土延喜6年禁制木簡についての一考察」『古代文化』七二―二
宇野隆夫、二〇〇一年『荘園の考古学』青木書店
小口雅史、一九八四年「初期庄園の経営構造と律令体制」土田直鎮先生還暦記念会編『奈良平安時代史論集　上』吉川弘文館
小口雅史、一九八八年「九世紀に於ける「畿内型」初期庄園の経営構造――近江国愛（依）智庄を事例として」『ヒストリア』一一九
小口雅史、一九九六年「荘所の形態と在地支配をめぐる諸問題」佐藤信・五味文彦編『土地と在地の世界をさぐる――古代から中世へ』山川出版社
小倉真紀子、二〇一八年「日本古代における庄と初期荘園」佐藤信編『史料・史跡と古代社会』吉川弘文館
加藤友康、二〇〇一年「上総国の藻原荘」千葉県『千葉県の歴史　通史編古代2』第三編第二章第二節
金沢市教育委員会、一九九三年『上荒屋遺跡（二）』
金沢市教育委員会、二〇〇〇年『上荒屋遺跡Ⅳ』
亀谷弘明、二〇一一年「封戸と郡司層」『古代木簡と地域社会の研究』校倉書房（初出一九九七年）
鬼頭清明、一九九三年「稲春女考――日本霊異記と木簡」『古代木簡の基礎的研究』塙書房（初出一九八六年）
木原高弘、二〇一六年「酒々井町飯積原山遺跡における初期荘園について」（公財）千葉県教育振興財団『研究連絡誌』七七
小林昌二、一九九九年「「御田の阿櫻夫」九五一人」『日本歴史』六一八
栄原永遠男、二〇一九年「東大寺領横江荘と横江荘遺跡」『郵政考古紀要』歴史・民族・考古学論攷（Ⅰ）
神野清一、一九九三年「「長屋王家木簡」および「二条大路木簡」の奴婢」『日本古代奴婢の研究』名古屋大学出版会

鈴木景二、二〇〇九年「越中の東大寺荘園と田図」木本秀樹編『古代の越中』高志書院
鈴木景二、二〇一七年「砺波郡古代史料再考——東大寺荘園史料・嵯峨源氏国司の開発」『砺波散村地域研究所研究紀要』三四
武井紀子、二〇一七年「古代日本の農事慣行と地方官人」吉川真司・倉本一宏編『日本的時空観の形成』思文閣出版
舘野和己、二〇一〇年「西大寺領越前国赤江庄の復元——西大寺食堂院跡出土木簡をめぐって」『福井県文書館研究紀要』七
(財)千葉県教育振興財団文化財センター、二〇一〇年『流山運動公園周辺地区埋蔵文化財調査報告書2——流山市思井堀ノ内遺跡(旧石器時代〜奈良・平安時代編)』
出越茂和、一九九八年「古代墨書土器の諸問題」石川県埋蔵文化財保存協会『古代北陸と出土文字資料』
出越茂和、二〇〇五年「北陸の津湊と交通」小林昌二・小嶋芳孝編『日本海域歴史大系』1、清文堂
出越茂和、二〇一五年「金沢平野の荘園と水上交通」鈴木靖民・川尻秋生・鐘江宏之編『日本古代の運河と水上交通』八木書店
鳥取県教育文化財団、二〇一四年『良田平田遺跡』
奈良文化財研究所、二〇〇七年『西大寺食堂院・右京北辺発掘調査報告』
奈良文化財研究所編、二〇一九年『藤原宮木簡　四』八木書店
西別府元日、二〇一一年「古代宇佐宮と地域社会——大分県飯塚遺跡の歴史的性格をめぐって」『史学研究』二七一
野村一寿、一九九四年「筑摩郡の初期庄園」『松本市史研究』四
白山市教育委員会、二〇一八年『平安のドラマ・横江荘は語る——東大寺領横江荘遺跡　立荘一二〇〇年記念シンポジウム』
原秀三郎、二〇一八年「倉札・札家考」『日本古代の木簡と荘園』塙書房(初出一九八六年)
平川　南、二〇一四年『律令国郡里制の実像　上・下』吉川弘文館

藤井一二、一九八九年「「荘所」の形成に関する基礎的考察——越中・越前を中心にして」楠瀬勝編『日本の前近代と北陸社会』思文閣出版
松任市教育委員会、一九八三年『東大寺領横江庄遺跡』
松任市教育委員会、一九九六年『東大寺領横江庄遺跡Ⅱ』
三上喜孝、二〇〇六年「「鴨御神」小考—古代の農耕祭祀に関わる一資料」国士舘大学考古学会編『古代の信仰と社会』六一書房
森　公章、二〇〇〇年『長屋王家木簡の基礎的研究』吉川弘文館
山内花緒・和田龍介、二〇二二年「七尾市矢田遺跡「稲の種子名列記木簡」について」石川県埋蔵文化財センター『石川県埋蔵文化財情報』四七
山下信一郎、二〇一二年「長屋王家木簡と食封制」『日本古代の国家と給与制』吉川弘文館（初出二〇〇一年）
山本　崇、二〇二一年「袴狭遺跡出土禁制木簡と国司」山尾幸久編『古代日本の民族・国家・思想』塙書房
吉岡康暢、一九九六年「北陸の初期庄園遺跡と横江庄遺跡」松任市教育委員会『東大寺領横江庄遺跡Ⅱ』
吉田　孝、二〇一八年「律令国家と荘園——律令制と庄」『続　律令国家と古代の社会』岩波書店（初出一九九一年）
吉村武彦、一九九六年「初期庄園の耕営と労働力編成——東大寺領越中・越前庄園から」『日本古代の社会と国家』岩波書店
渡辺晃宏、一九九一年「長屋王家の経済基盤」奈良国立文化財研究所編『平城京長屋王邸宅と木簡』吉川弘文館

挿図引用文献

石川県埋蔵文化財センター、二〇〇〇年『金沢市戸水C遺跡・戸水C古墳群（第9・10次）』
石川県埋蔵文化財センター、二〇〇六年『金沢市畝田東遺跡群4』石川県教育委員会・財団法人石川県埋蔵文化財センター
金沢市埋蔵文化財センター、二〇〇三年『大友西遺跡Ⅲ』

備前国鹿田荘を発掘する
——鹿田遺跡と鹿田荘

山本悦世

はじめに
1 鹿田遺跡が語る古代の世界——奈良時代後期・平安時代前期
2 中世前夜の鹿田荘——発掘調査と史料が語る平安時代中期
3 中世集落の世界——新たな集落景観の誕生と変貌
4 鹿田荘を構成する遺跡群と周辺環境——水田域を探る
おわりに
コラム 烏帽子は何を語る——鹿田荘に眠る武士の姿

はじめに

「備前国鹿田荘」とは

「備前国《びぜんのくに》」に所在する鹿田荘《しかたのしょう》(1)は、藤原摂関家《ふじわらせっかんけ》殿下渡領《でんかわたりりょう》(2)として著名な古代—中世の荘園であり、全国でも四カ所に限定されるなかの一つである。最高位にあたる貴族が受け継ぐ由緒ある荘園として、様々な書物で取り上げられてきた[竹内編、一九八八]。

「鹿田荘」の名称が登場する史料は、藤原良世《よしよ》が昌泰三年(九〇〇)に残した『興《こう》福寺《ふくじ》縁起《えんぎ》』が初見である。この史料の中では、藤原氏の氏寺である興福寺において執り行われた弘仁八年(八一七)の法華会《ほっけえ》や、承和一三年(八四六)の長講会《ちょうこうえ》に、鹿田荘から地代として納められた地子米《じしまい》(年貢米)が充てられていた旨が記されており、九世紀(平安時代前期)には、鹿田荘が同氏の荘園として存在し、藤原摂関家の経済を継続的に支えていたことが読み取れる。

こうした地子米の使用や、同家における儀礼に際して、その名が登場する史料は少なくないが、古代・中世前期における鹿田荘の在地の様子を伝えるものは限定的である。そのため、有力貴族の荘園として時代を超えて営まれた荘園であるにもか

(1)「かたのしょう」「かつたのしょう」とも。中世史料での表記や地名などの分析から「かたのしょう」の妥当性が示され[久野、二〇一六]、近年ではその呼称を使用する研究者も増えている。

(2) 藤原氏の中で摂政・関白を輩出する家の氏長者が代々受け継ぐ荘園で、鹿田荘のほかに、大和佐《さ》保殿《ほどの》、越前方上《かたかみ》荘、河内楠葉牧《くすはのまき》がある。

かわらず、在地の実像を史料から探ることは難しい。謎に包まれた荘園であった。

鹿田荘の故地については、江戸時代の『吉備温故《きびおんこ》』などの史料に、「備前国御野《みの》郡《ぐん》出石郷《いずしごう》の南に当り」とあり、その中に記された地名や、明治時代の『御津《みつ》郡誌《ぐんし》』に登場する「鹿田村」「古鹿田村」の記載などをもとに、現在の、旭川《あさひがわ》(3)下流の西岸にひろがる岡山市街地の南部一帯に求められてきた(**図1**)[藤井、一九六六]。その想

(3) 岡山平野の中央部を南流する一級河川で、現在の児島《こじま》湾に流れ込む。『備前国上道郡荒野荘領地図』に書かれた「鹿田河」にあたるとされる(二三九頁、**図17**)。

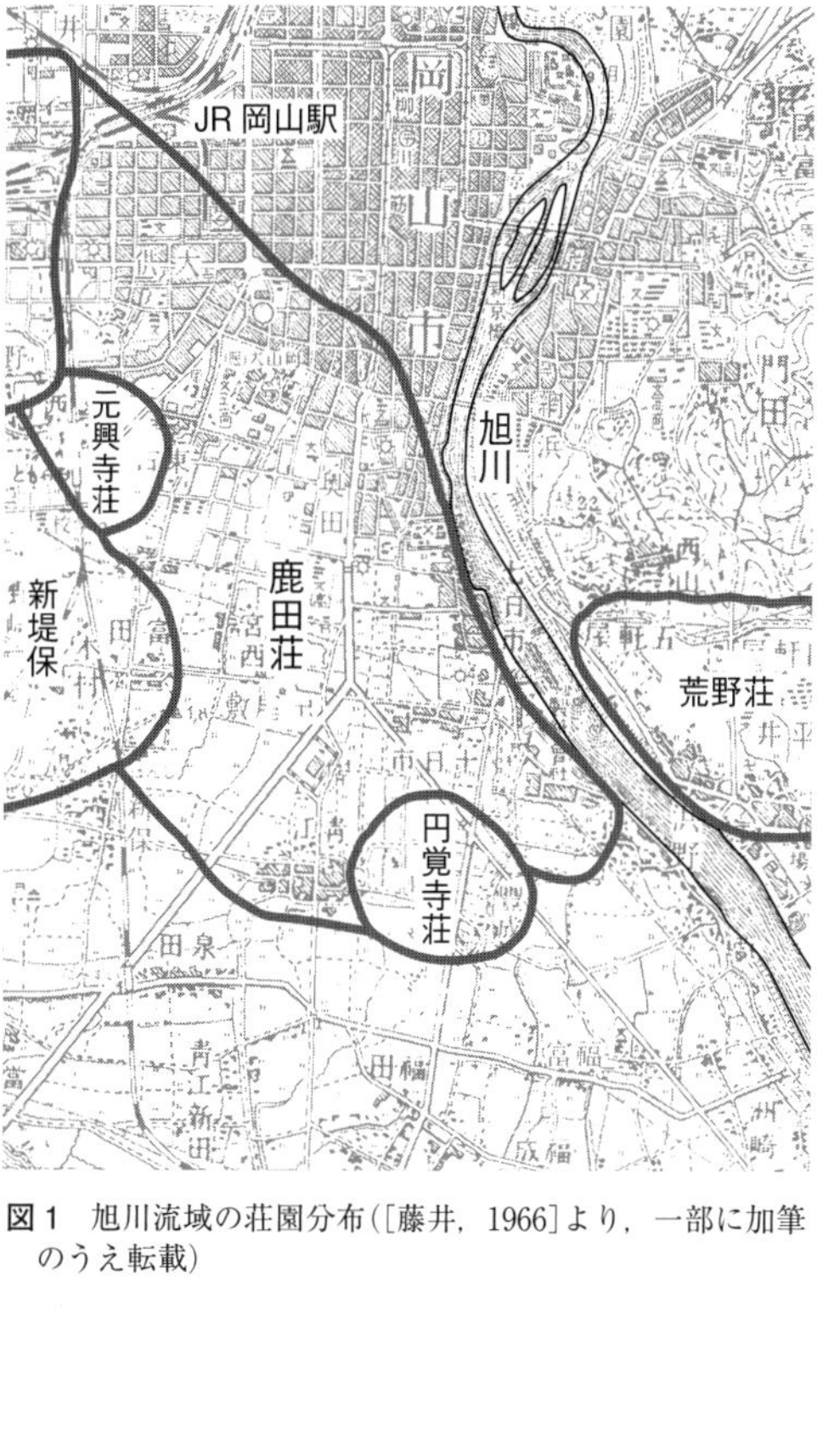

図1 旭川流域の荘園分布([藤井, 1966]より, 一部に加筆のうえ転載)

定域内では、鹿田遺跡をはじめとするいくつかの遺跡で発掘調査が実施され、鹿田荘との関連性が指摘されている［出宮、一九八七／草原、二〇〇二ほか］。

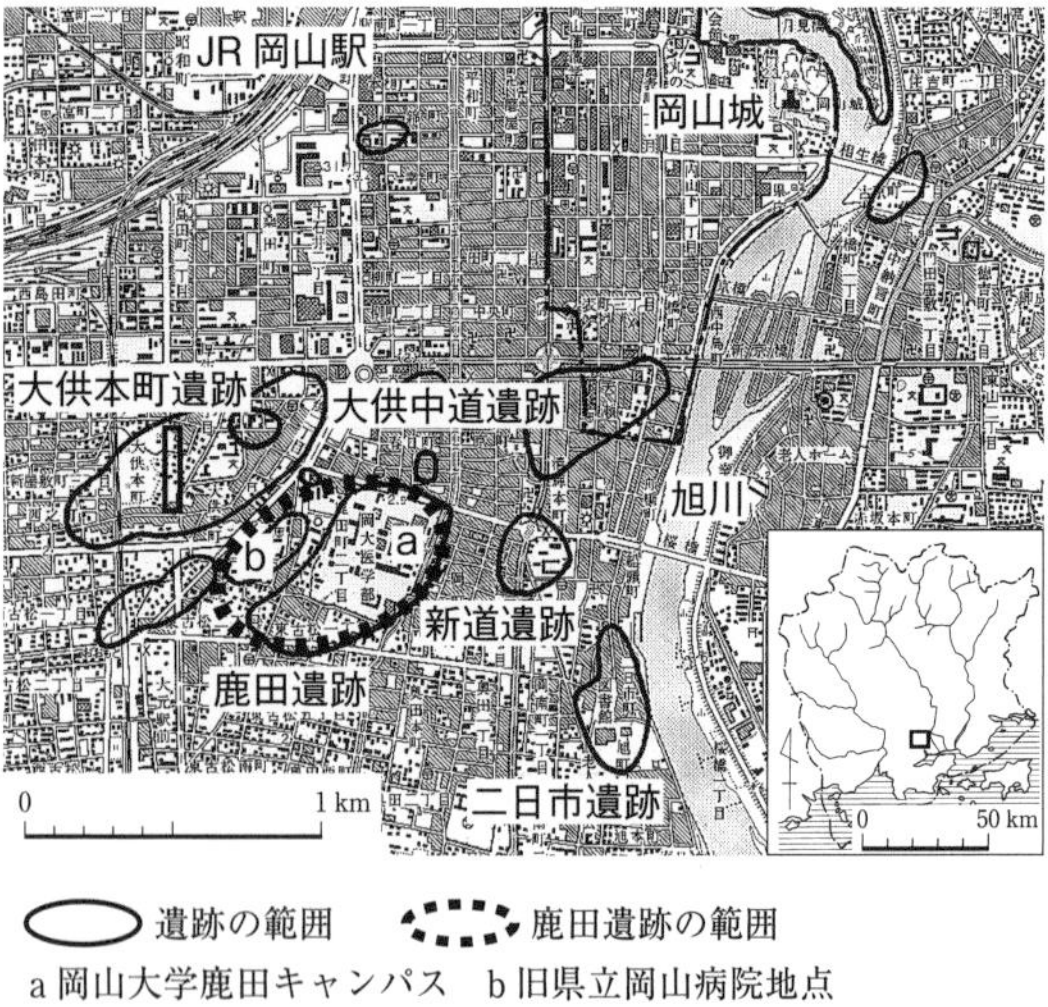

図2　鹿田遺跡の位置と周辺の遺跡分布

「鹿田遺跡」とは

鹿田遺跡は、岡山市北区鹿《しか》田《た》町および鹿田本町に所在する遺跡である（**図2**）。現在も「鹿田」の地名が残っている。

本格的な発掘調査は、岡山大学鹿田キャンパス（鹿田町）において、一九八三年から開始された(4)。その後、鹿田本町に位置する旧県立岡山病院（現岡山県精神科医療センター）敷地内での調査が加わる(5)。両調査地点は、約二五〇メートル離れているが、旧地形の復元から、同じ微高地に位置すると考えられており［草原、二〇〇二］、地形的に一つのまとまりをもつ

(4)　岡山大学が、東西約四〇〇m・南北約四五〇mの敷地内において、一九八三—二〇二三年に二九回の発掘調査を実施。パズルのピースを埋めていくように調査範囲を広げている。

(5)　岡山県古代吉備文化財センターが、二〇〇一—〇六年にⅢ期に分けて発掘調査を実施。東西約一五〇m・南北約八〇mの範囲が対象とされた。ここで使用する施設名は、発掘および報告書刊行時の名称とする。

活動の場と捉えてよいだろう。その広がりは、東西約七〇〇メートル・南北約四五〇メートル程度が想定される。

現在、鹿田遺跡は、JR岡山駅から南にわずか約二キロの場所に所在し、商業ビルやマンションなどが周囲に立ち並ぶ。岡山大学鹿田キャンパス内にも大学病院や医学部などの高層ビルが林立し、荘園の時代の面影は全く残っていない。鎌倉時代の絵図では河口近くに描かれる鹿田荘であるが、現在は瀬戸内海に通じる児島《こじま》湾まで七キロ程度の距離があり、海との位置関係も当時から大きく変化している。

ただし、遺跡の東約六〇〇メートルに位置する旭川は、荘園の時代の環境を偲ばせる。また、岡山平野南半に広がる近世以降の干拓地を差し引くと、この遺跡の場所と海との距離は、さほど遠くなかったはずである。その間に、遺跡はほとんど分布しないことからも、鹿田遺跡は海に最も近い集落遺跡の代表的存在であり、海と川とのアクセスが良好な自然環境下に形成された集落跡と理解される。

鹿田遺跡の中心をなすのが、膨大な発掘データが蓄積されている岡山大学鹿田キャンパスの地点である。この場所では、約二一〇〇年前の弥生時代中期後葉に集落が形成されて以降、鹿田荘の時代を経て、近世、そして近・現代に至る人々の営みが、発掘調査によって紐解かれてきており、弥生時代には、すでに地域を代表する集落であった点からも、「鹿田」の地の歴史的な重要性を窺うことができる。この地点の発掘調査成果を軸に、古代—中世前期における鹿田荘の姿を復元してみよう。発掘調査は、荘園の時代に「鹿田」の地に生きた人々の、史料だけでは分かり得ない生活や集落の様子、そして、その移り変わりを雄弁に語ってくれるだろう。

1　鹿田遺跡が語る古代の世界——奈良時代後期・平安時代前期

岡山大学鹿田キャンパスの地では、弥生時代の集落が古墳時代初頭(三世紀)に途絶えたのち、飛鳥時代(七世紀前半)の小規模な集落の営みを経て、さらに約一〇〇年後、奈良時代後期—平安時代前期頃(八世紀後半—一〇世紀初頭)の集落が活動を開始する。(6) 世の中では、富士山などの火山の噴火のほか、貞観年間(八五九—八七七)には三陸沖の大地震や津波をはじめとする大災害が各地で起きていた時代に重なる。

この時期に登場するのが、掘立柱《ほったてばしら》建物群(7)と大形の井戸を中心に置いた集落である。竪穴《たてあな》住居を中心とする飛鳥時代以前の集落とは一線を画するものであり、それまでとは全く異なる集落景観が出現する。

掘立柱建物と井戸が織りなす居住域

遺構が集中的に検出された場所は、遺跡の北半部に限定される(**図3**)。当時、周

(6) 岡大鹿田キャンパスの西側に位置する旧県立岡山病院の場所では、この時期の遺物が河道《かどう》(河の流路)などから出土するが、検出された遺構は極めて少ない。岡大キャンパスに広がる古代集落の縁辺部にあたるとされる[岡山県古代吉備文化財センター編、二〇〇七b]。

(7) 礎石を使用せずに、地面に穴を掘って柱を立てた建物。規則的に柱を配して側柱を構成し、四角形の建物形状を成す。発掘調査では、その柱穴の配置や形状の特徴などから、一つの建物を見出す。

囲を河道や低湿地に取り囲まれる状態にあった岡山大学鹿田キャンパスの中で、海抜一・五メートルを越える安定した高位部であり、東西二三〇メートル前後・南北一〇〇メートル前後の広がりをみせる。

　この空間に残された掘立柱建物群や井戸の跡は、この場所が当時の人々の日常的な活動の場であったことを物語る。こうした場所を居住域と呼ぼう。検出された井戸は合計五基を数えるが、その内の三基は居住域の中央部に、そして東端部と西端部付近に各一基が配されている（**図3**）。これらの井戸は八世紀後半—一〇世紀初頭を中心とした時期に使用されており、[8]この三地点において、井戸が同時に使用される時期があったと考えられる。つまり、居住域内での活動の場は、約一〇〇メートル前後の間隔をもって、三カ所に想定できそうである。

　居住域の中で、複数の井戸が構築され、活動期間が最も長いのが中央部である。その内の一基の井戸と、それを取り巻く掘立柱建物

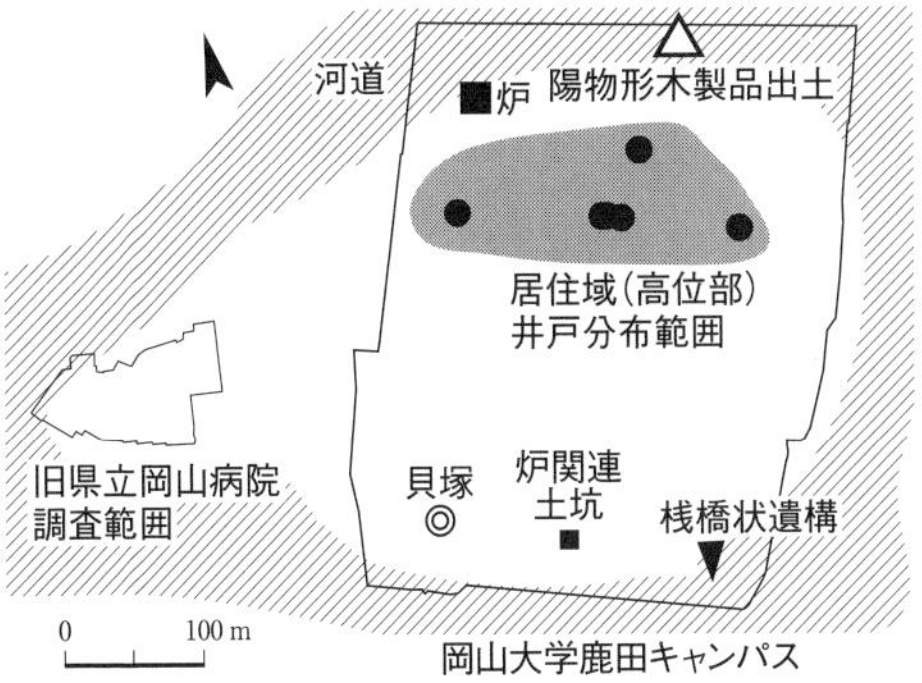

図3　古代の遺構配置（●は井戸の位置を示す）

（8）各井戸が使用された時期は、中央部で八世紀後半—九世紀前半と九世紀末—一〇世紀初頭以前、東端部では八世紀後半—九世紀、西端部では八世紀後半である［岡大埋文センター編、一九八八・一九九三・二〇一八a］。

群にフォーカスし（**図4**）［岡山大学埋蔵文化財調査研究センター（以下、岡大埋文センター）編、一九八八］、八世紀後半―九世紀における集落のひとコマを描き出してみよう。

掘立柱建物九棟と井戸一基が、東西約六〇メートル・南北約五〇メートルの空間で検出された。ここでは遺跡内で最大規模を有する井戸を中心に、その北・東・西側の三方に、掘立柱建物の多くが配されている。その間隔は一〇―二〇メートルを保っているが、すべての建物が同時に存在したわけではない。建物の軸方向の違いや重なり合う建物跡などから、建て替えや改修を背景とした複数の時期が予想され

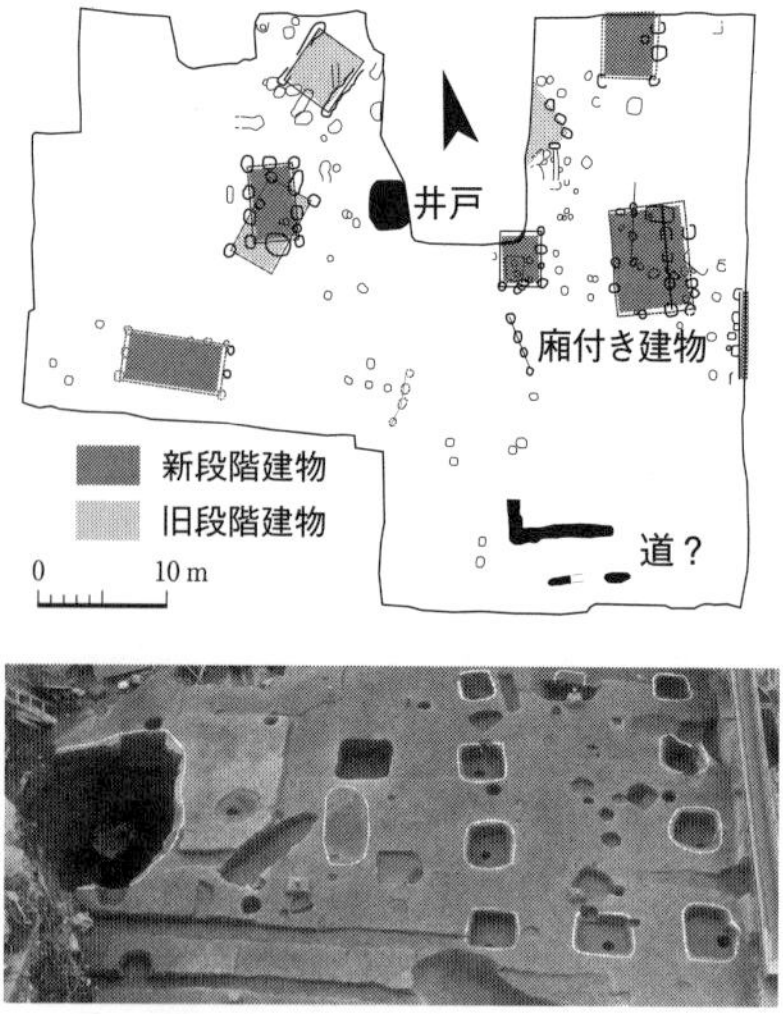

図4　平安時代前期の井戸と掘立柱建物群（［岡大埋文センター編，1988］に加筆．画像提供＝岡山大学文明動態学研究所）
写真は井戸の西側を北から撮影．左端の大きな穴が井戸．

る。その中の、新段階の一時期を切り取ると、井戸一基と掘立柱建物四—五棟程度の組み合わせが抽出される（図4）。

掘立柱建物は桁行《けたゆき》三間《けん》(9)・梁間《はりま》二間を主体とするが、そのサイズは建物によって異なる。(10) 例えば、同じ構造の二棟の床面積は二六・五平米（約一六畳）と一三・七平米（約八畳）であり、歴然とした違いをみせる。また、井戸の東側に位置する一棟は、桁行四間・梁間二間を有する唯一の掘立柱建物であり、その規模は八・四メートル×四・五メートル前後、面積は約三八平米（約二三畳）を有しており、集落内で最大規模となる。この建物の東辺には、約一・六メートルの間隔をもって五本の柱穴の並びが予想されることから、廂《ひさし》付きの建物であった可能性が高く、廂部分を含めると、その面積は約五一平米となる。他とは明らかに区別される特別な建物である。(11) このように、同時期の建物規模には大・小、そして特大の三タイプの違いが明瞭に認められる。こうした規模や構造が異なる掘立柱建物の存在は、各建物の機能に応じた人々の営みが、井戸を中心に行われていたことを伝えてくれる。

目を南に転ずると、掘立柱建物群の南側に、平行して走る二条の溝の痕跡が断続的に見つかる。北側の一条は北側に折れ曲がっており、活動空間の南端を区切り、導入路となる道の痕跡の可能性が考えられる。

(9)「間」は、古代では長さを表現する単位ではなく、柱間を指し示す。例えば、「三間」とは、「三つの柱間」を有すことを示す。長さ（寸法）は尺で表す。

(10) ここでは、柱間の寸法は約二・一mのほかに、一・五m前後が確認される。

(11) 美作《みまさか》国府の調査では、本遺構と同規模の廂付き建物が報告されている。ただし、全体的に、より大型の建物群が存在することや瓦の出土量が多いことなどの点では、本遺跡との違いを示す［岡山県教育委員会編、二〇一二］。

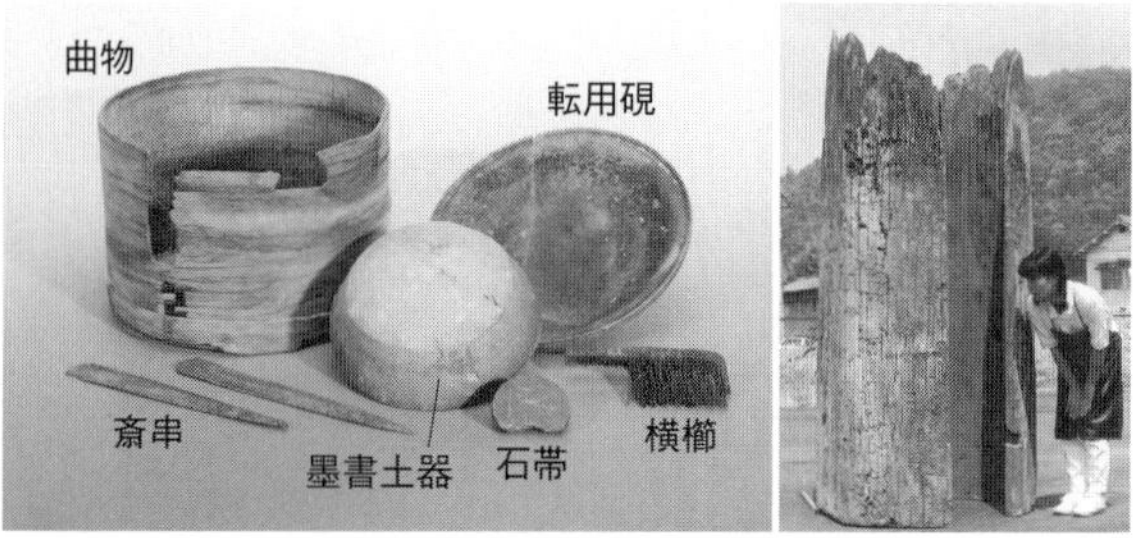

図5　平安時代前期の井戸側（右）と出土遺物（画像提供＝岡山大学文明動態学研究所）

重厚な構造をもつ井戸と執り行われる祭祀

この地点に形成された井戸は実に大きくて深い（**図4**下の写真参照）。井戸を作るために掘削した穴の大きさは、上面で三・六×三メートル、深さは約三・六メートルに及ぶ。底面は湧水層を突き抜けて海抜下一・八五メートルの深さに達する。発掘時にも清涼な水が豊かに湧き出していた。その穴の中央に据えられた井戸《いど》側《がわ》(12)にはスギの大木が用いられ、二つの分厚い刳り貫き材を合わせ口の形状に設置し、直径一メートルの井筒《いづつ》部が形成されている。その大きさや外面の成形からは、船の部材を再利用した可能性さえも思わせるように、大形で外見上も重厚な作りをみせる（**図5**右）。上端部は欠損しているが、全体的に残存状況は極めて良好で、約一二〇〇年の年月を経た現在も当時の姿を保つ。官衙《かんが》関連遺跡で報告される井戸の規模や構造に引けを取らない(13)。

この井戸の底から出土した遺物では、赤色顔料を塗布した丹塗《にぬ》り土師器《はじき》や、小形

(12) 垂直に掘られた井戸の壁面の崩落を防ぐために、井戸の内部に設置された囲い。木材や石材が使用されることが多い。木材では刳り貫き材や板材が使用される。

(13) 美作国府の調査では、同様の規模や構造をもつ井戸が報告されている。三・二七m×二・九二m、深さ二・七mの規模を有する井戸の内部には、井戸側の設置痕跡も確認される［岡山県教育委員会編、二〇一一］。

の曲物・横櫛・斎串・刀子形などの木製品が特徴的であり(図5左)、そこには、律令的祭祀具とされる遺物が認められる。そのほかに、数多くのモモ核(種)、ウリ類やヒョウタンの種子も含まれる。いずれも水と関わりの深い植物である。こうした品々は、この井戸の改修や廃絶時に執り行われた祭祀の一端を示す。そして、同時に律令的祭祀の影響を示す証左となろう。

また、刳り貫き材を使用した井戸側の設置や律令的祭祀具を伴うという特徴は、他の井戸にも共通しており、確立された井戸の管理状況を示唆すると同時に、一般の集落とは一線を画す集落としての特別感を高めている。

井戸から出土した絵馬は、何を語る?

居住域の西端部では、井戸から興味深い遺物が出土した。絵馬である。絵馬は官衙関連遺跡などからの報告例が多い。その形状は、まさに現代の絵馬に通じる。井戸の中に、二枚が重ね置かれて出土した(14)[岡大埋文センター編、二〇一八a]。その内の一枚にはサルがウマの手綱を引く「猿駒曳《さるこまひき》」のモチーフが(図6右)、もう一枚には「ウシ」の姿が描かれている(図6左)。そして、板の上部に穿たれた紐掛け用の小孔や表面の劣化から、この二枚が外気に晒される場所に掛けられていたことは明らかであった。どこに掛けられていたのだろうか。

(14) 絵馬の使用は、本来、二枚セットで行われることが指摘されている[岩井、一九七四]。

図6　「猿駒曳」(右)とウシ(左)の絵馬(画像提供＝岡山大学文明動態学研究所)
(右)横幅約 23 cm，馬具をフル装備したウマと着座して手綱を引くサルが描かれる．
(左)横幅約 21.5 cm．黒のラインが残る．描線をわかりやすく加工した写真．

それに対して、絵柄に注目した見解がある。古来より、サルはウマの飼育に強く結びつく動物とされることなどから、猿駒曳の絵馬は厩《うまや》と結びつき、共伴するウシを描いた絵馬は、その厩にウシも飼育されていたことを示すとされる。そして、二枚の絵馬が掛けられたのは、ウマとウシを飼育する厩であり、井戸の近くに、その飼育小屋が予想されると言うのである[川尻、二〇二一]。確かに、厩の守り神としてサルが描かれた史料も少なくない。絵馬と厩のつながりは十分に考えられるだろう。

一方、発掘データに目をやると、絵馬が出土した井戸の周辺では、他の活動地点に特徴的な遺物は全く出土していない。それに加えて、井戸の時期も八世紀後半に限定される。いずれも他の地点とは異なる状況であり、居住域の西端部が、他とは異なる活動の場であった可能性は高い。厩の存在に直接つながるデータではないが、絵馬の評価から導き出された見解と矛盾しない。この二枚の絵馬は、集落が形成された八世紀後半に、牛馬の厩に掛けて使用されたのち、厩の撤去とともに埋め戻された井戸の祭祀に用いられて[15]、最後の役目を終えたと考えるのが妥当であろう。居住域の西端部には牛馬の飼育の場が想定できそうである。

ところで、鹿田遺跡出土の絵馬は、全国的にみても、地方への普及において早い段階のものである[16]。また、ウマの描写は、手慣れた筆使いによって、都城出土の絵馬に共通する表現がなされており、都の絵師の存在を強く印象付ける。それに対して、報告例が数例に留まるウシの絵柄の絵馬は[17]、いずれも都以外の地で出土しており、この地域の在地性が垣間見える。「猿駒曳」の絵柄も、類例は中世まで見つかっていない。こうした特徴をもつ二枚の絵馬からは、都との太いパイプと在地の影響力を背景とした、鹿田荘の先進性と独自性の一端を知ることができよう。

居住域を取り囲む空間と船着き場

居住域の周囲は、それとは全く異なる状況をみせる(二〇七頁、**図3**)。海抜一・四―〇・八メートル程度に広がる空間で検出された遺構は極めて少ない。加熱作業を行った炉の跡などが二カ所と貝塚が、小規模な作業場の存在を裏付ける程度である。そして、この空間の先には、居住域から南に約二二〇メートル離れた場所で桟橋《さんばし》状

(15) 絵馬については神への捧げ物や乗り物、疫病退散、雨乞い・止め雨の祈願などでの使用が想定されており[岩井、一九七四ほか]、水との深い関わりも予想される。

(16) 発掘調査で出土した最古の絵馬は天平一〇年(七三八)に遡る。難波宮や平城京のほかに日笠フシンダ遺跡出土の資料があげられる[北條、二〇二二]。

(17) 「ウシ」の絵柄は、九世紀後半の伊場《いば》遺跡(静岡県浜松市)出土の絵馬が著名である。鹿田遺跡以外に全国に三例があげられる[北條、二〇二二]。

遺構が発見された[18]［岡大埋文センター編、一九九〇］。

それは、集落の南端を走る河道の調査中に、泥の中でびくともしない柱として出土し、その後、列をなす丸太杭として全貌を現した。垂直に打ち込まれた三本の杭は河道内に向かって張り出すように、長さ約四・五メートルの列をなす。そのほかにも、三本の丸太杭が傾いた状態で検出されている、いずれも直径は約二〇―三〇センチで、建物の柱並みの太さである。先端は長さ八〇―一〇〇センチにわたって鋭くカットされ、堅牢な基礎部の構築を目指した様子が見て取れる。三メートル近い長さを残すものもあり、その強度は、発掘終了後の取り上げに際してクレーンが必要だったほどである。

桟橋状遺構に類似する遺構は、平安時代前期以前の岡山平野では、管見の限り他に報告例をみない[19]。この遺構が示す船着き場の存在は、九世紀頃の鹿田荘の地が、河川を通じた物流拠点として重要な場にあったことの証左となろう。

「鹿田荘」に暮らした人々の活動とその姿――出土遺物は雄弁なり

注目されるのは、文字関連資料や官職の標識となる遺物、そして当時の最高級品の存在である。

文字関連資料では、文字が書かれた木簡《もっかん》と墨書《ぼくしょ》土器、そして硯《すずり》が挙げられる［岡

（18）発掘調査報告では、この遺構について橋脚の可能性が指摘され、物流拠点であるとの評価がなされているが［藤原、一九九〇］、対岸へのつながりが不明瞭である点から、ここでは桟橋の可能性を考えたい。

（19）物流拠点に関連する遺構としては、平安時代中期（一〇世紀）の道や鎌倉時代以降の大形の橋が、旭川東岸に位置する百間川米田《ひゃっけんがわよねだ》遺跡で調査されている［岡山県教育委員会編、二〇〇二］。

大埋文センター編、一九八八／野崎、二〇一〇〕。これらは、居住域の中央部と東端部に位置する井戸や、その周辺から出土しており、文書作成などの文字を多用する作業が執り行われていた場の広がりを示す。

墨書土器では、須恵器《すえき》の杯《つき》の外面に「玉」・「専」、土師器には「田」の文字が鮮明に読み取れる（図7）。いずれも達筆である。文字を書くことに手慣れた人物の存在が思い浮かぶ。硯は、転用硯《てんようけん》(20)のほかに円面《えんめん》硯と蹄脚《ていきゃく》硯(21)が出土している。古代の一般的な食器である須恵器の杯蓋《つきぶた》の裏面を利用した転用硯には、当時の墨が使用痕となって黒く鮮明に残っており、手頃な硯として下級役人クラスの人物が日常的に使用した様子が窺われる。官職に関わる遺物が石《せき》帯《たい》(22)である（二一〇頁、図5左）〔岡大埋文センター編、一九九〇〕。出土した石製の丸鞆《まるとも》は低い官位を示すもので、この地に在住あるいは来訪した地方官衙の役人の存在を暗示する。実際に文字を使う作業に携わった人物かもしれない。

当時の高級品として注目されるのが、円面硯と蹄脚硯である。出土品は小片であったが、その存在自体が重要である。いずれも高官クラス

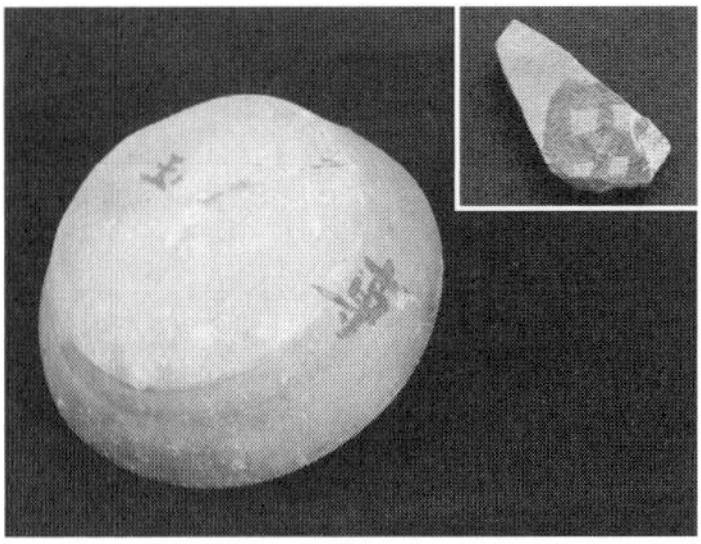

図7　墨書土器（画像提供＝岡山大学文明動態学研究所）

(20) 須恵器などの器《うつわ》を利用した硯。窯焼成による須恵器の硬質さが活かされている。鹿田遺跡の出土品は直径一三—一七cmで手の平に置きやすいサイズ。

(21) 円面硯は円形の硯で、透かし孔をもつ台座が付く。蹄脚硯は、台座部に断面三角形の蹄形の脚が等間隔に配される。いずれも大型の硯。

(22) 古代の役人などが正装で身に着ける腰帯。黒い皮ベルトに複数の石《せっ》銙《か》を連続的に綴じつける。石銙には方形の巡方《じゅんぽう》や上部が半円形の丸鞆のタイプがあり、身分で素材も異なる。高位の場合は金銅製など。

が使用する硯で、中でも蹄脚硯は最高ランクにあたる。国衙《こくが》などの官衙遺跡や伊勢の斎宮《さいくう》跡のような、通常の集落とは一線を画す遺跡から出土する傾向が強い。そのほかに出土した最高級品としては、緑釉《りょくゆう》陶器の唾壺《だこ》(23)があげられる。本来は大きく開く口縁部を欠損しているが、直径一〇センチ程度の小壺部分は当時の美しさを保ち、緑黄色の光沢を放つ。愛知県域に属する猿投窯《さなげよう》産のもので、非常に良質な仕上がりをみせる優品である[岩﨑、二〇〇五]。酷似するものが、やはり斎宮跡から出土している。

これらの遺物は、鹿田遺跡として残された古代の集落が、文書などの記録作業を行う管理地的な「場」として機能し、公的機関とも密接な関係をもつ、特別な集落であり、そこには、作業を担う下級クラスの人物に加えて、高位の立場にある人物も生活していたことを雄弁に語る。まさに、大小の掘立柱建物や廂を有する特別な掘立柱建物、そして、律令的祭祀が執り行われる重厚な作りの井戸などが、長期間にわたって維持管理された集落に見合う品々である。豊かな経済力を有した物流拠点としての鹿田荘に生きた人々の姿が垣間見える。

古代の鹿田荘、その始まりと終焉

ここで、鹿田荘の開始時期に触れておこう。その時期は、史料から平安時代前期

(23)元来、中国大陸では、唾《つば》・痰《たん》を吐きいれる容器であったが、日本列島内では平安時代頃から調度品として使われる。

以前に求められてきたが、奈良時代後期については、その成立に対して慎重な意見も散見された(24)。

しかし、長年の発掘調査成果を踏まえると、鹿田遺跡において、奈良時代後期と平安時代前期の遺構・遺物が描き出す集落の状況に大きな変化は認めがたい。その高い継続性を重視すると、鹿田荘の始まりは、「鹿田」の地に新たに集落が形成された奈良時代後期(八世紀後半)に遡る可能性が高いと考えられる。

では、なぜ鹿田の地が選択されたのか。少し時代を振り返ってみよう。鹿田遺跡と児島湾(かつての内海)を挟んだ場所が「児島」(25)である。この地には、瀬戸内海の中央部にあって、かつてヤマト政権の直轄地であった「備前国児島屯倉《こじまのみやけ》」が置かれていたように、律令期以前から、この周辺が海上交通の掌握において極めて重要であったことは言うまでもない。また、岡山平野では、百間川米田《ひゃっけんがわよねだ》遺跡の発掘調査において、「国府市《こくふのいち》」に位置づけられている古代の集落が、奈良時代末頃に、急速に衰退したことが確認されており[岡山県古代吉備文化財センター編、二〇〇二]、鹿田荘が成立する頃の大きな社会変化を予想させる。このような社会背景のもとに、経済活動上、極めて魅力的な場所として、児島の対岸にあたる鹿田の地に藤原氏が鹿田荘を求めた可能性は高い。

古代の鹿田荘では、集落の南端に船着き場が設置され、活動の中心となる居住域

(24) 奈良時代後期については、荘園形成期前の公領期にあたる可能性を認め、その後に、鹿田荘へと移行するという意見[出宮、一九八七]や、公的施設である「津」との極めて密接な関係を重視する意見がある[草原、二〇〇二]。

(25) 現在は、岡山平野から南側に陸続きとなっているが、古代―中世には海に浮かぶ島であり、古事記の国生み神話にもその名が登場する。中世の『備前国上道郡荒野荘領地図』(二三九頁、**図17**)にも描かれる。

には、官衙などの公的機関にも通ずる規模の井戸や掘立柱建物が建ち並び、牛馬の飼育場を伴う時期もあったと推測される。こうした集落の状況は、地域の物流にも関わる荘園として、周囲から際立つ存在であった鹿田荘の始まりの姿を如実に示している。

その後、岡山大学鹿田キャンパスの場所では、九世紀末―一〇世紀初頭に埋め戻された井戸を最後に、古代の集落は終焉を迎え、一〇〇年近い活動の中断期に入る。平将門《たいらのまさかど》の乱などの争乱が始まる少し前、不安定な社会の足音が聞こえてくる頃だろうか。そして、人々の活動の場は、古代には、集落の西側縁辺にあたっていた旧県立岡山病院の場所に移っていく。

2 中世前夜の鹿田荘――発掘調査と史料が語る平安時代中期

平安時代前期の集落が終焉を迎えたのちの、一〇世紀―一一世紀前半、おおむね平安時代中期の状況を取り上げよう。「摂関政治の時代」であり、藤原道長や紫式部の活躍が思い浮かぶ時期である。史料には、注目される二つの事件が記録されている。まずは、この時期のデータが報告されている旧県立岡山病院敷地内で実施された発掘調査の成果を確認しておこう［岡山県古代吉備文化財センター編、二〇〇七a・

b］。

鹿田遺跡（旧県立岡山病院）の発掘調査

この時期の主たる遺構は一三基の井戸である。その分布は、一〇世紀末―一一世紀前葉になると、東側に位置する岡山大学鹿田キャンパスの北西部にも点在しており［岡大埋文センター編、二〇一〇・二〇一八a］、旧県立岡山病院の地点から東に向けて、居住域の広がりが想定される（**図8**）。

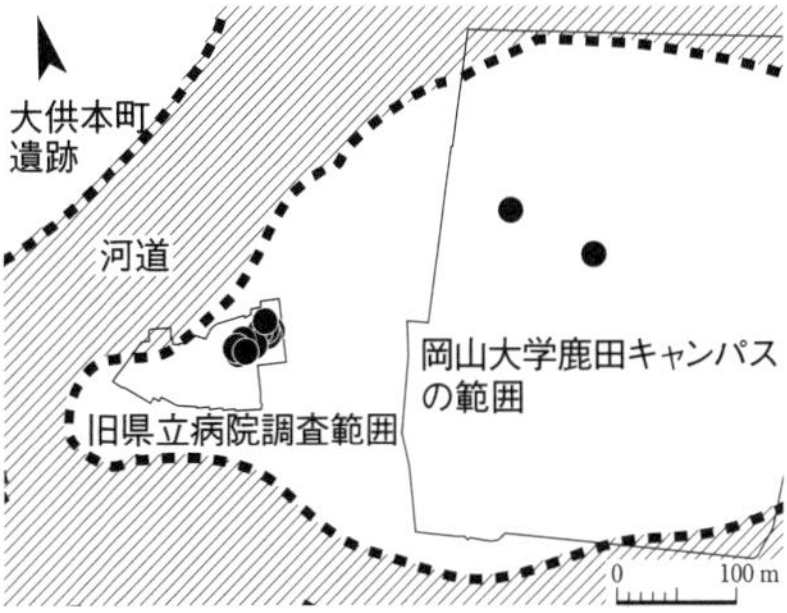

図8　鹿田遺跡の井戸分布と周辺環境
（●は井戸の位置を示す）

居住域の状況は、平安時代前期から大きな変化をみせる。井戸の数は、はるかに増加する一方で、刳り貫き材を利用した重厚な井戸側は姿を消し、底板を外した大型の曲《まげ》物《もの》を底部に据える状態が、数基の井戸で認められる程度となる。井戸の周囲には多数の柱穴が分布し、複数の建物の存在を裏付けるが、確実な掘立柱建物は報告されていない。簡易な構造の建物であった可能性も考えられる。出土遺物についても顕著な変化が指摘される。井戸の祭祀を想起させる遺物は、土師器の小皿が数点程度であり、律令的祭祀具をほとんど伴わない。遺跡から出土する食器の種類も、土師器の杯《つき》から黒色土器椀(26)への動きを見せる。

このように、いくつかの点で平安時代前期との違いが指摘される一方で、中世前期の集落との違いも確認できる。例えば、吉備《きび》南部地域(岡山県南部―広島県南東部)の中世前期を特徴付ける吉備系土師器椀(27)は出現していない。中世を特徴付ける、溝で区画された屋敷地の存在も明確ではない。つまり、古い時代の要素を払拭しながらも、次の時代の特徴も確立されていないのが、平安時代中期の鹿田荘の状況である。それは、まさに中世前夜の姿を思わせる。

では、この時期、史料では鹿田荘はいかに描かれているのだろうか。次に、二つの事件を紹介しよう。

「鹿田荘事件」が語る荘園内の様子

鹿田荘の内部の様子が読み取れる史料として、備前国司と鹿田荘との諍《いさか》いに関する記録がある(『本朝世紀』など)。「鹿田荘事件」と言われる。その内容は、注目点をまとめると以下のようになる。

寛和二年(九八六)に事件は起きた。同年、備前国司である藤原理兼《まさかね》は、数百人の兵を集めて鹿田荘に攻め込み、荘司《しょうじ》(28)を捕縛して荘倉《しょうそう》(29)を打ち開き、地子米三二〇石

(26) 平安時代前期の食器は、器の底部が平坦な杯の形態が主体。平安時代中期には、底部が丸みをもち、高台が付く椀形態が登場。岡山平野では、表面を黒色に仕上げた「黒色土器椀」が増加する。

(27) 白色の深椀形態を特徴とする在地産の素焼きの椀。一一世紀後半―一四世紀前半の吉備南部地域を代表する中世土器で、畿内を代表する黒色の瓦器《がき》椀と同時期に普及する。

(28) 荘園領主(本所)から荘園の管理を任された者。

(29) 荘園において、コメなどの貢納品を蓄えておく倉庫。

を奪い取った。さらに、荘家の家宅三百余を破却して家財などを奪取し、荘司である下野守貞《しもつけのもりさだ》の居宅からも財物を運び出したのちに焼失させた、というのである［藤井、一九七二］。

この史料は、鹿田荘に多数の家宅と、多量の地子米を保管した倉庫が存在したことを伝えている。家宅の数にはやや過大な表現を感じるが、多くの人が集住する集落であったことは確かであろう。また、多量の物資の保管場所を示す荘倉の存在は、鹿田荘が物資の集積地として経済的に潤っていたことを予想させる。

発掘調査では、このように多くの家宅は確認されていないが、狭小な調査範囲はその一角を見せているだけなのかもしれない。また、発掘調査で出土した緑釉陶器や灰釉《かいゆう》陶器(30)などの高級品は、豊かな経済力や集落の格の高さを示しており［岡山県教育委員会編、二〇〇七b］、史料の内容と矛盾しない。こうした鹿田荘の盛んな経済活動を具体的に伝えるのが次の史料である。

物流を担う鹿田荘

長徳四年(九九八)の「備前国鹿田荘梶取佐伯吉永解文《かんどりさえきよしながげぶみ》」である(『北山抄裏文書』)。この史料には、鹿田荘に住む梶取(船頭)である佐伯吉永が、同荘の別当《べっとう》(31)である渋河幸運が所有する二六〇石積《こくづみ》の船を使って、現在の岡山県北部の美作国から南都(奈

(30) いずれも平安時代に国内で生産された施釉陶器。この調査では緑釉陶器は近江と京都地方から、灰釉陶器は東海地方から搬入されたとされる。

(31) 公家や摂関家の事務一式を担当する政所の長官。ここでは荘園の事務をつかさどる荘官を指す。

良）の秋篠寺《あきしのでら》に一八〇石のコメと塩二〇籠を搬送していたことが記されている。その途中に摂津国武庫《むこ》の小港で南の風にあおられて遭難し、積み荷や船が水手《かこ》（船の乗組員）たちに奪われそうになったので、吉永が検非違使庁《けびいしちょう》に訴えて裁断を仰いだ文書である［久野、一九九〇b］。

この史料からは、鹿田荘には船を所有する別当と船頭がいたことや、広域的な物流を担う荘園の経済活動が読み取れる。さらに、美作国から旭川を川船で下ったのち、鹿田荘において、当時最大級の海船に荷を積み替えるという行程が推測され、河川交通と海上交通を掌握する物流拠点としての鹿田荘を取り巻く賑わいが、一〇世紀にはすでに形成されていたとされる［久野、二〇一六］。

このように、平安時代中期の鹿田荘では、遠隔地輸送をこなす技術をもつ人材と運搬に必要な規模の船が所有され、集落内には、荷物の積み替えに必要な作業スペースや輸送物資の保管場所が確保されており、物資をめぐる経済活動に必要な要素が揃っている。その物流作業に関わる人々の家宅や積み荷を保管する荘倉などが建ち並ぶ集落景観が、「鹿田荘事件」に描かれた姿であったのかもしれない。

「鹿田荘事件」後の鹿田荘、新たな集落形成に向けて

「鹿田荘事件」は、寛和二年のうちに国司らの処分で収束するが、その後の鹿田

荘についての記録はない。一方、旧県立岡山病院の地点では一〇世紀末―一一世紀前葉の時期に多くの井戸が埋め戻されて、遅くとも一一世紀前半までに活動は途絶える。それに対して、一一世紀後半に屋敷地が急速に広がるのが、岡山大学鹿田キャンパスの場所である。こうした居住域の移動の背景に、「鹿田荘事件」が影響したのかどうかは定かではないが、新たな景観を生み出す集落が、院政期に重なるように開始する点にも注意が必要であろう。

3 中世集落の世界——新たな集落景観の誕生と変貌

岡山大学鹿田キャンパスの地では、一〇世紀初頭に活動痕跡が途絶えたのち、時を経て、一一世紀後半には人々の活動が全域で再開される。摂関政治の時代から院政の時代へと変わっていく時期である。

この時期の集落は、居住域が一部の微高地に限定されていた古代とは全く異なる様相をみせる。その広がりは、かつて構築物が極めて希薄であった場所を取り込み、溝で区画された屋敷地を数多く配するという新たな集落景観が誕生する。

その後、土地や屋敷地を区切る溝(区画溝)は、鎌倉幕府の成立期前後にあたる一二世紀後葉―一三世紀初頭と、その幕府が終焉に向かう一三世紀末葉―一四世紀前葉に、集中的に埋め戻される傾向が認められる。その背景にあったのは、両時期に、区画溝を作り替えながら屋敷地の配置を再編するという状況である「山本、二〇一五」。これらの区画溝の位置を手掛かりに、この二つの再編期を境として営まれた一一世紀後半—一二世紀(おおむね平安時代後期)と一三世紀—一四世紀前葉(鎌倉時代[32])を比較しながら、両時期における居住域の特徴と変化をまとめてみよう。平清盛《たいらのきよもり》(一一一八—一一八一)が活躍する時代と源氏が開いた幕府を中心とした武士の時代における鹿田荘の姿である。

(32) 荘園には鎌倉幕府から任命された地頭《じとう》(現地の管理者)が置かれ、管理体制は変化する。

平安時代後期にみる溝で区切られた屋敷地の配置

屋敷地が配される居住域の広がりは、区画溝の位置や居住域の周囲を巡る河道などの地形を参考にすると、南北幅約三一〇メートル、東西幅は三一〇—三三〇メートル程度が予想される。南北約二・八町(一町は約一〇九メートル)、東西約二・八—三町程度で、おおむね三町四方である。その内部を比較的細かく方形に区画する状況が、検出された区画溝の位置から復元される(**図9上**)。

居住域を南北に区切る東西ラインについては、仮に中央部の東西ラインを基準にすると、このラインから北側と南側に各一町、そして、さらにその北側に二分の一町と、南側に三分の一町の位置に、それぞれを区切るラインが求められる。また、一町の内部は、それぞれ三分割されているようである。こうした土地分割には高い計画性が読み取れる。

南北ラインの規則性は明確ではないが、東西ラインの位置と組み合わせると、居住域の南北に八区画、東西に七区画程度が想定される。その結果、溝で区切られた敷地には、一部に大きめの区画を残しつつも、三分の一町四方などの小区画が多くなる傾向が指摘される。ただし、これらすべての区画に、井戸の存在から想定される屋敷地が配されているわけではない。

居住域の北東から南西にかけては、やや低い土地が広がっていたようで、一部の区画では、池状遺構や耕作関連の小溝群が検出されている(**図9上**)〔岡大埋文センター編、二〇一七〕。こうした低地空間を挟んで、おおむね一七カ所に求められる屋敷地の配置は、居住域の北西部に七カ所、中央部に七カ所前後、南東部に三カ所が、それぞれにまとまりを見せる。この三群のそれぞれに一基の屋敷墓《やしきばか》(33)とみなされる墓が形成されている点も示唆的である。こうした状況を積極的に評価するならば、この三群は何らかの強い繋がりをもつグループであった可能性も考えられる。

大形化する屋敷地の出現と居住空間の変貌——鎌倉時代

鎌倉時代に入ると、区画溝は明らかに減少する。居住域の南東部を構成した屋敷

(33) 一一世紀中頃—一四世紀前半の屋敷地に形成される墓。屋敷地内での数は二—三基に限定され、同地の祖のような特別な人物の埋葬が想定されている。荘園遺跡での報告例が多い〔橋田、一九九二〕。

地は放棄され、その範囲は南北幅を約三一〇メートルから約二二七メートル（約二町）に減じる。東西幅は三三〇メートル程度（約三町）が維持されており、横長の居住域へと変化する（**図9**下）。その内部では区画溝の廃絶やラインの移動がなされ、個々の屋敷地は飛躍的に拡大する。その結果、おおむね三分の二町×二分の一町程度の敷地が主体となる。平安時代後期の屋敷地二区画分程度の広さである。一部には三分の二町四方程度に及ぶ場所も認められる。

新たに設定された居住域内では、かつて一四カ所を数えた屋敷地は六カ所に集約

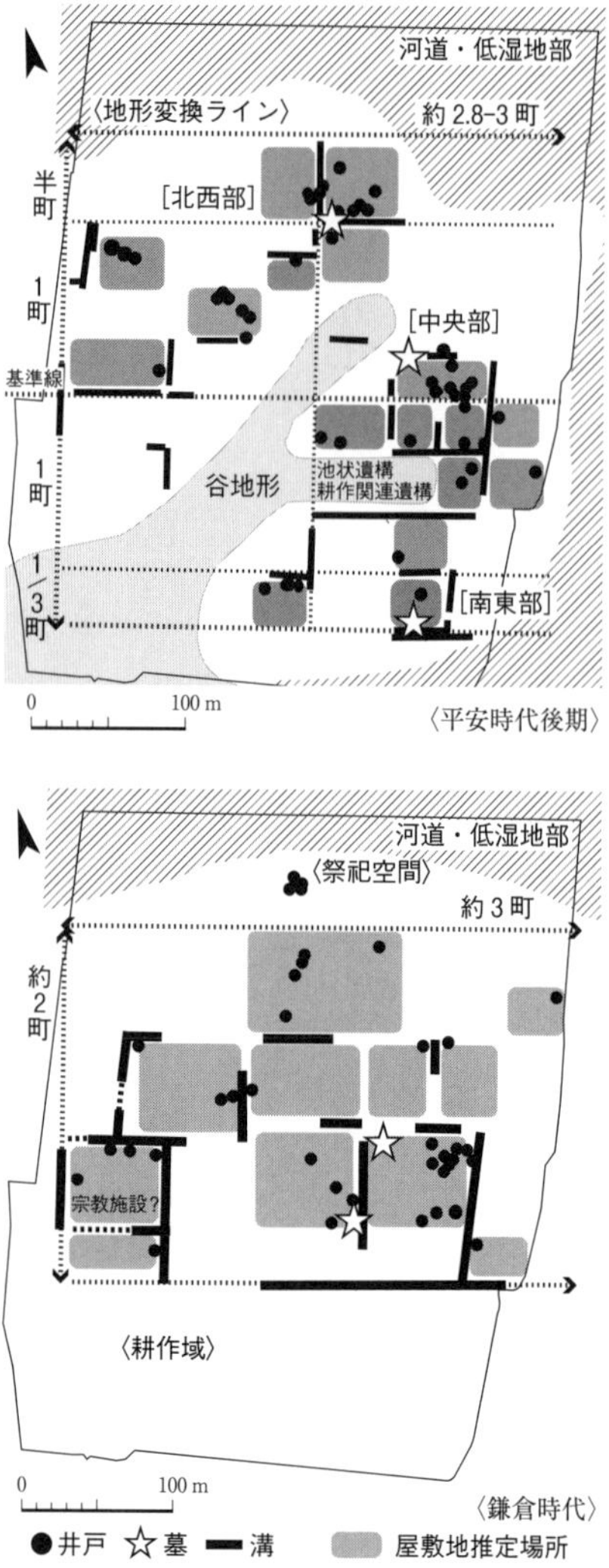

図9　中世前期の区画溝と屋敷地の配置

される。それに加えて、五カ所に新たな屋敷地が誕生し、かつての低地空間を埋める。その結果、合計一一カ所に想定される屋敷地は、居住域の東西・南北に、それぞれ二—四カ所の配置が復元される。敷地を拡大した屋敷地がまとまって並ぶ様子は、それまでとは異なる集落景観の誕生を予想させる。

かつて、屋敷地の配置に認められた偏りが消失する中で、特別な人物が葬られるという屋敷墓についても興味深い動きが看取される。三カ所に分散していた平安時代後期とは異なり、鎌倉時代には、かつての居住域の中央部に限定される。居住域全体を代表するかのようでもある。

平安時代後期における屋敷地の様子

屋敷地内の様子を覗いてみよう。居住域の南東端に位置し、営まれた時期が平安時代後期に限定される屋敷地を取り上げよう(**図10**)[岡大埋文センター編、一九九〇]。この屋敷地では、新旧二段階の遺構が調査されている。その内の、新段階に属する可能性が高い区画溝は、北・南・東の三方に確認されており、南北間は約三六メートル(三分の一町)である。西側を区切る溝は検出されていないが、周辺の状況から三分の一町四方程度の敷地が予想される。区画溝の規模は、幅六〇センチ前後・深さ三〇センチ前後が残り、端部が途切れる状態が認められる。例えば、屋敷地の東側ラインの溝は、南側を区切る溝とつながることなく、約七メートルを残して途切れている。屋敷地への入口であろうか。北側ラインの溝も、その両端は途切れており、溝が連続的に屋敷地を取り囲む状態とは言い難い。溝の規模も際立つ大きさではない。この時期の屋敷地は、比較的開放的な空間であったのではなかろうか。

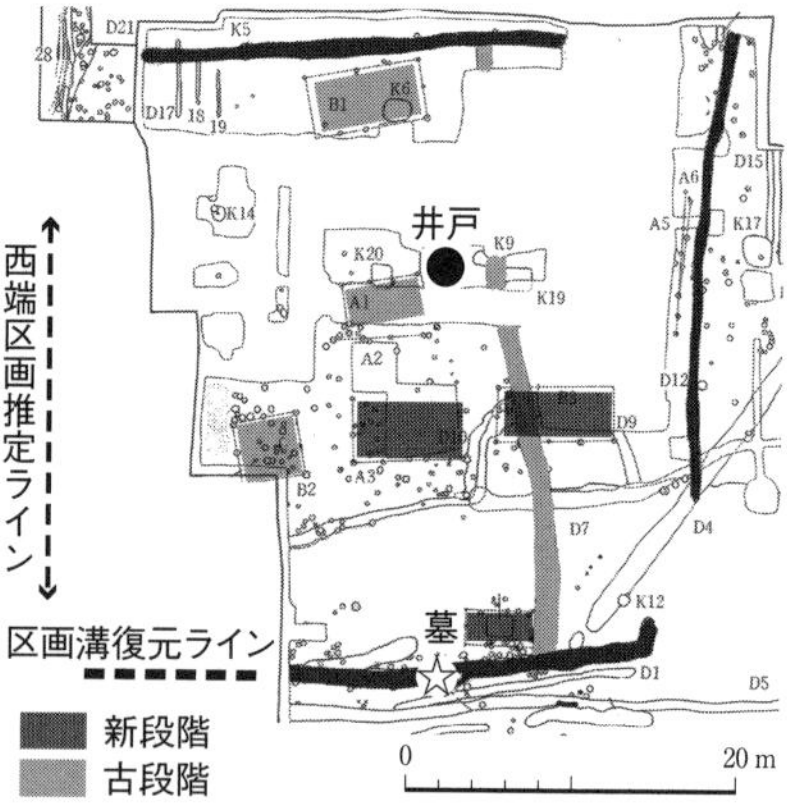

図 10　平安時代後期の屋敷地([山本, 2007]に加筆)

敷地内には、掘立柱建物のほかに、井戸と墓が認められる。建物の規模は、四間×二間と三間×二間の二三―二四平米前後(一四畳前後)、二間×二間で一三平米前後(八畳前後)、三間×二間で九平米前後(五・五畳前後)の三タイプで構成される。これらは、建物の軸方向の違いから新旧の二群に分けられ、敷地中央部付近に位置する井戸の北側から西側に古い段階、そして南側に新しい段階の掘立柱建物三棟がそれぞれ配されている。

墓は南側の区画溝の位置に重なる。屋敷墓は、境界領域に作られることが多いとされており［西口、二〇〇九］、簡素な素掘りの土壙墓であるが、集落の南端を区切る重要なライン上への埋葬には、深い意味合いが感じられる。

(34) 地面を掘りくぼめて、遺体を直接埋葬する墓。棺などの埋葬施設を伴わない。

堀で囲まれる鎌倉時代の屋敷地——開放的な屋敷地から閉鎖的屋敷地へ

鎌倉時代ではその特徴として屋敷地が拡大する傾向を指摘したが、それに対応するかのように、区画溝の大形化が生じている。その変化は比較的開放的であった屋敷地を、堀状の大溝で囲むことで閉鎖性を高めた屋敷地へと変貌させる［山本、二〇〇七・二〇一五］。この特徴が明瞭に確認されたのが、居住域の南西部に位置する屋敷地の調査である（**図11**）［岡大埋文センター編、一九九七・二〇〇七・二〇一九・二〇二〇］。

屋敷地は東西七〇メートル・南北五四メートル前後（おおむね東西三分の二町・南北二分の一町）の広さを有し、その周囲を大型の溝が巡る。敷地の北側から東側につながる溝は、幅四—五メートル・深さ一メートル前後の規模を有しており、その形状は堀を彷彿とさせる。小船であれば入って来られるだろう。この屋敷地内の調査で検出された平安時代後期の溝と比べると、その規模の違いが際立つ（**図11**）。一方、敷地の西側を区切る溝の規模は、幅三メートル・深さ八〇センチであるが、注目されるのはV字形の断面形態である（**図12**）。その形状は防御的機能を想起させる。

この大溝で囲まれた屋敷地では高い閉鎖性が予想される。その性格を考える上で

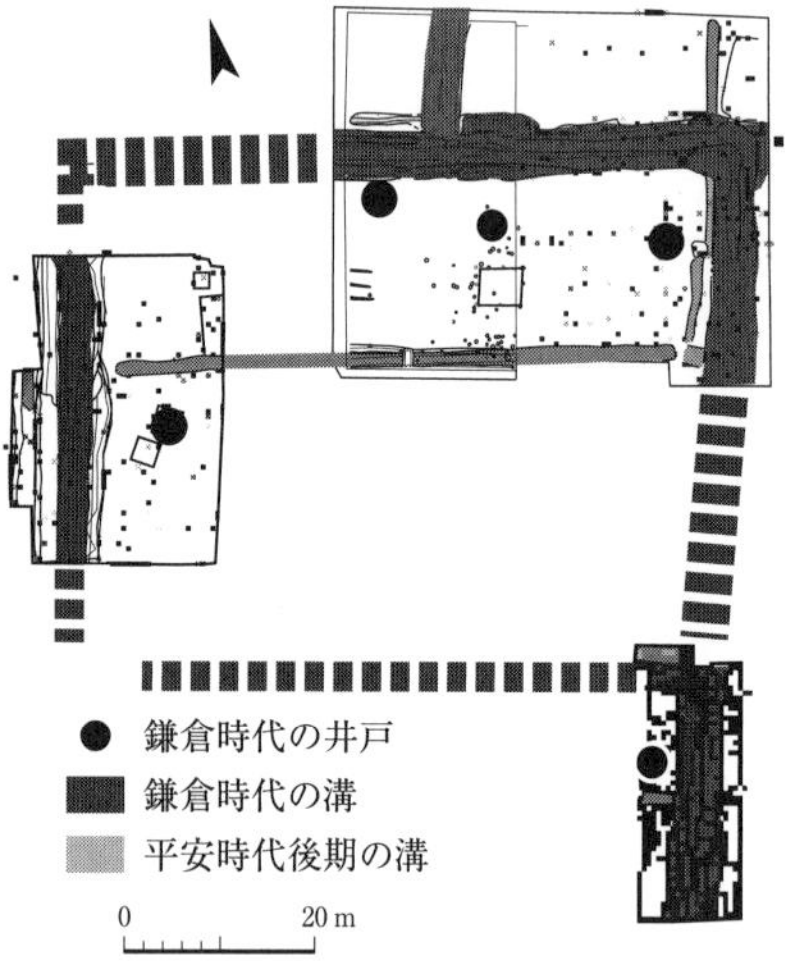

図 11　大溝が巡る鎌倉時代の屋敷地（[山本, 2020]に加筆）
平安時代後期の溝から鎌倉時代の溝へ，規模の拡大と位置の移動が確認できる．

図 12　鎌倉時代の大溝（画像提供＝岡山大学文明動態学研究所）．右図西端の大溝を北から撮影．

注目されるのが、銅鋺《どうわん》や碁石《ごいし》、そして板碑《いたび》状の石製品の存在である。いずれも小さな遺物であるが、仏教関連施設の可能性を考えさせる(35)。

このように、鎌倉時代の鹿田荘では、大型溝が巡る屋敷地や宗教関連施設で構成されたマチ並みを描くことができそうである。大溝で閉鎖性を高めた大形の屋敷地の登場は、平安時代後期から変貌していく新たな集落の姿を特徴づける。

(35) 銅鋺は仏具としての性格が強い遺物である。碁石の出土は囲碁を愛好していた公家や僧侶の存在を示唆する。板碑状の石製品は供養塔の存在につながる。

変化する井戸の祭祀——道教思想と仏教

屋敷地を構成する井戸では、方形縦板組の井戸側を備える井戸が普及し、量産が可能な板材の使用が増加する。祭祀については、地元の日常雑器である吉備系土師器椀と土師器の小皿を使用する形態が一般的となるが、その他にも注目される遺物が出土している。

平安時代後期では呪符《じゅふ》木簡《もっかん》（**図13**）と牛・馬骨があげられる。この呪符木簡には、天岡星《てんこうせい》（道教の神で北斗七星を表す）・星座図・陰陽五行説に関連する文言などが墨書されており、道教思想の一端をみせる[36]［岩崎、二〇〇四］。また、牛や馬の頭骨は、井戸の底やその上部で出土しており［岡大埋文センター編、一九八八・一九九三］、水神とのかかわりの深い民間信仰の広がりが指摘される[37]。

一方、鎌倉時代に入ると、こうした道教思想関連の遺物は影を潜める。そのなかで、仏教関連施設が設置された可能性を考えると、集落内で執り行われる祭祀形態に、目に見える変化が起きていると考えてもよさそうである[38]。

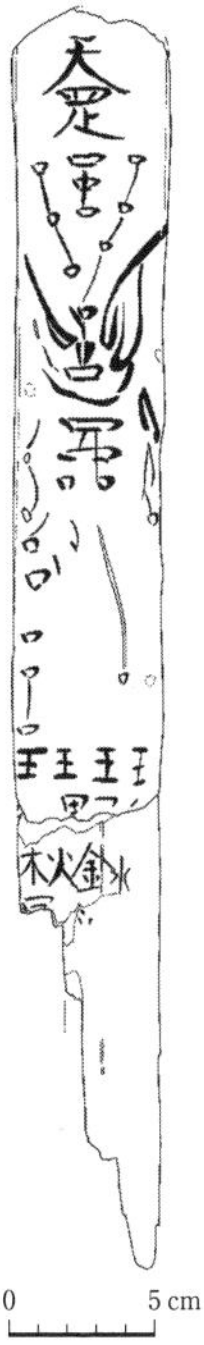

図13 呪符木簡（［岩崎，2004］に加筆）

(36) この木簡以外にも、一二世紀の池状遺構から、「鬼」の字と「急々如律令」と復元される文字が残る呪符木簡が出土している［山本・久野、二〇〇〇］。

(37) 牛馬を用いた祭祀に関しては、雨乞い祭祀として民間信仰の中で執り行われたことが指摘され、水とのかかわりが深いとの意見も多い［松井、一九九五］。

(38) 鎌倉時代に入ると、仏教は国家や貴族のものから民衆へと広がり、親鸞《しんらん》や日蓮《にちれん》が活躍する。武士が好む禅宗なども誕生し、宗教的な変化が起きている。

屋敷墓にみる鹿田荘の変化――担い手は武士へ

屋敷墓は、平安時代後期に三基、鎌倉時代に二基が確認される。平安時代後期の墓はいずれも土壙墓で、構造的には極めて簡素であるが、副葬品には違いが認められる。居住域中央部の屋敷地に形成された一基には、輸入陶磁器である白磁《はくじ》の碗と皿が副葬される［岡大埋文センター編、二〇一八b］。それに対して北西部と南東部の屋敷地に残る二基の墓では、在地の土器である吉備系土師器椀がわずかに使用されるにとどまる。

鎌倉時代の屋敷墓が作られるのはこの中央部のみとなる［岡大埋文センター編、二〇一七・二〇一八b］。連続して形成されたと考えられる両墓では木棺が使用され、中国から輸入された青磁《せいじ》碗・白磁皿が複数点出土した。その内の一基では木棺に漆《うるし》塗りの痕跡が残り、最高級ランクに位置づけられる漆椀(39)も併せて副葬されている。こうした埋葬設備や副葬品における質の高さや豪華さには、平安時代後期の墓とは歴然とした差が認められる。その中で注目されるのが、もう一方の墓から出土した烏帽子《えぼし》である。被葬者の頭部に着装されていた烏帽子は、一般的に武士が使用する折《おり》烏帽子であり、その形態や人骨の分析から、熟年（四〇―五九歳）の武士の姿が蘇る［岡大埋文センター編、二〇一八b］。具体的な人物像につながる遺物である（二四七

(39) 副葬された二点の漆椀には、黒漆の表面に朱漆で花の紋様が描かれており、漆を多用した最高級品が、被葬者の経済的な豊かさを際立たせる［岡大埋文センター編、二〇一七］。

頁、コラム参照）。

ところで、ここで述べてきた墓の設備や副葬品が、被葬者あるいは埋葬地となる屋敷地の財力を示すとするならば、平安時代後期の集落では経済的な優位性を維持した屋敷地の存在を想定することができる。そこには、当時の集落内に内包された屋敷地間の関係が見えてくる。また、平安時代後期と鎌倉時代の墓の比較からは、まさに鎌倉時代における鹿田荘の経済力の飛躍的な高まりと、それを掌握する人物として、それを担った武士の姿が垣間見える。

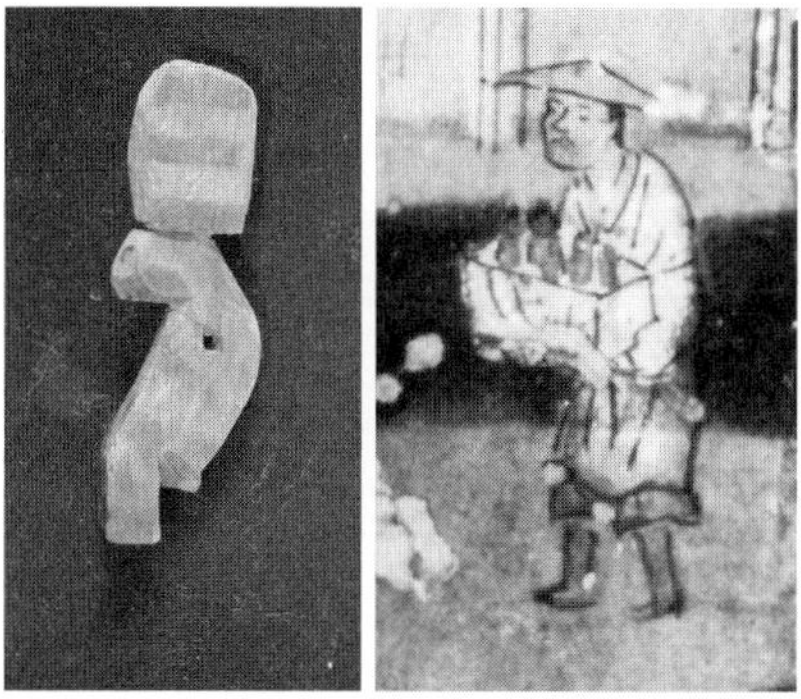

図 14 左　猿形木製品（画像提供＝岡山大学文明動態学研究所）
高さ約 5 cm の人形．赤と黒のボーダーで彩られた烏帽子を被ったサルの横姿．顔と尻は赤く塗られる．

図 14 右　傀儡回し（「洛中洛外図歴博甲本」より．画像提供＝国立歴史民俗博物館）

鹿田荘界隈の賑わい

中世前期に含まれる出土遺物の中には、遠隔地から届いたと思われる品々が数多く含まれる。平安時代後期では、中国から白磁が、そして列島各地からは、九州産の石鍋などの高級品のほかに、日常雑器である捏《こ》ね鉢（すり鉢）や甕《かめ》が、主に東播磨《はりま》や備前地域などから盛んに搬入されていることが確認できる。食器類では近畿地方を代表する黒色の器である瓦器《がき》椀も少なくない。鎌倉時代になると、輸入品としては、青磁碗が増加するほか、東海地域の常滑《とこなめ》焼の大甕も加わる。こうした品々は、海上交通や河川交通、あるいは陸上交通を通じて鹿田の地に運び込まれており、鹿田荘の盛んな経済活動や、それに伴って生み出された賑わいを彷彿とさせる。

その傍証になる遺物が猿形木製品であろう(**図14**左)。烏帽子を被ったサルの姿を模した小さな人形である。鎌倉時代の屋敷地を巡る大溝から出土した[岡大埋文センター編、二〇〇七]。この人形の底部には、棒を差し込む小孔が穿たれており、その棒を使って、傀儡回《くぐつまわ》しが、首から掛けた箱の上で、この人形を操って見せたとされる(**図14**右)[岩﨑、二〇〇七/加納、二〇一八]。傀儡回しは、各地の「市《いち》」などを巡る芸能民である。この人形の存在は、傀儡回しの屋敷地への来訪を示すと同時に、近隣に「市」の存在を予想させる。鹿田荘界隈の「市」場の賑わいと鹿田遺跡を結びつける遺物である。この人形の時期は一四世紀とされており、正安二年(一三〇〇)の端裏書《はしうらがき》をもつ『備前国上道《じょうどう》郡荒野荘《こうやのしょう》領地図』(二三九頁、**図17**)に描かれた鎌倉時代の「市」の様子が思い浮かぶ。

4 鹿田荘を構成する遺跡群と周辺環境――水田域を探る

鹿田荘の経済活動については、海上交通と河川交通の結節点に位置する環境を背景にした、物資の流通などの商業活動との深い関わりが指摘される［しらが、二〇一四ほか］。一方で、荘園と言えば、耕作地から得られるコメが経済力を支えるイメージが強い。史料に立ち返ってみると、九世紀以降、藤原摂関家が執り行う興福寺などの長講会や法華会に鹿田荘の地子米が充てられている。こうしたコメの耕作地はどこに求められるのだろうか。

鹿田荘の荘域については、『東寺文書』（応永二〇年〈一四一三〉）に「鹿田荘大荘也」と記されており、その後の史料から、鹿田遺跡の北西部や南側に広く想定されてきたことは冒頭に述べた。それはおもに中世後期以降の史料をもとにした復元である。古代から中世前期まで遡ると、果たしてどうであろうか。鹿田荘を構成するとされる遺跡の発掘データから荘域内部の状況を探ってみよう。

荘域を区切る北側ライン

まず荘域の範囲を考える上で注目されるのが、鹿田遺跡（岡大鹿田キャンパス）の北端を走る道路に重なるラインである。このラインは、北から伸びてくる真北方向を示す条里地割が、東に約一五度傾く地形へと変化する境界線を形成している(図15)。

発掘データに目を向けると、このラインに近接して出土した陽物形《ようぶつがた》木製品(40)が注目される。土地の境界で行われる祭祀と契わりが深い遺物である。出土場所は岡山大

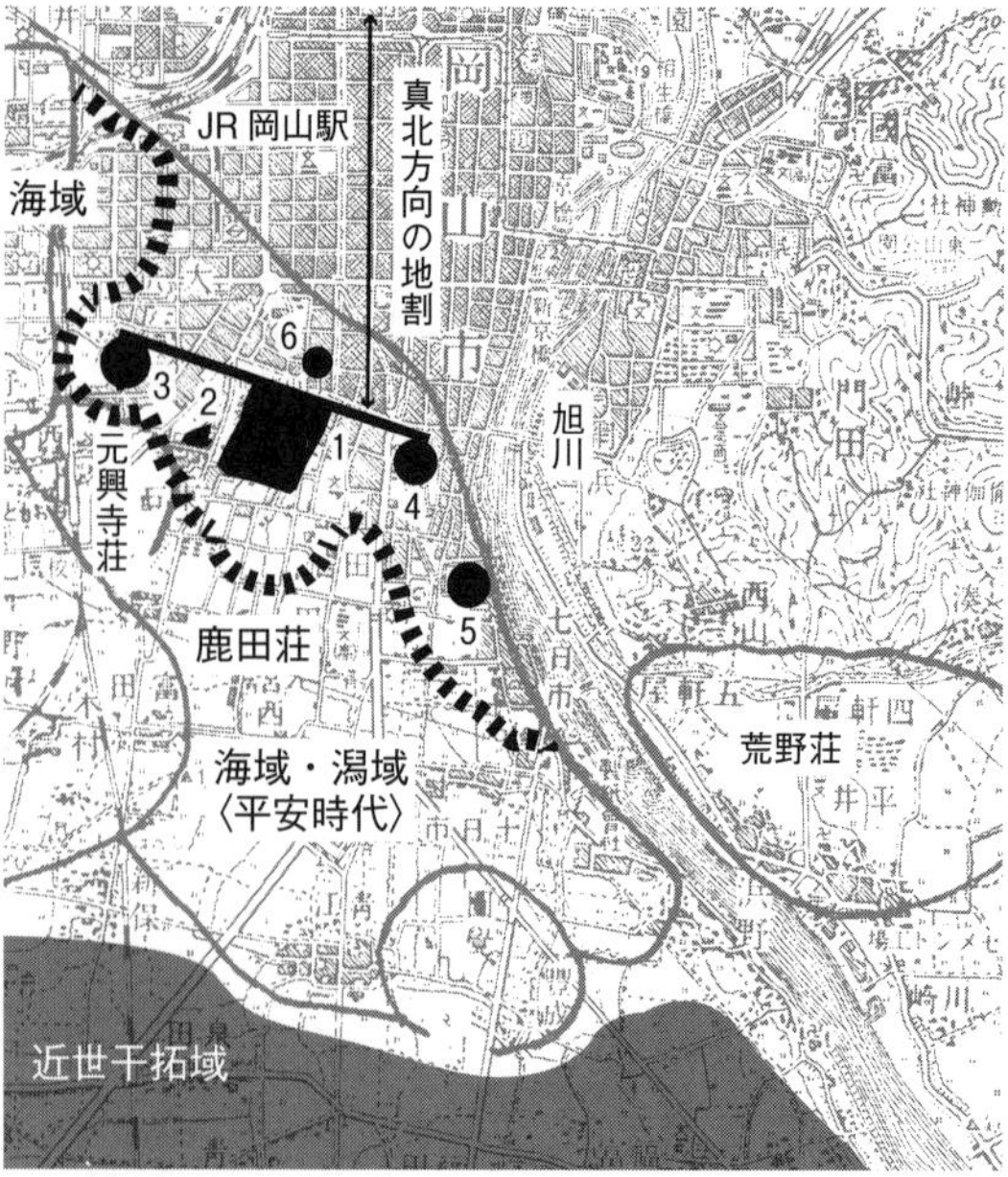

▮▮▮▮▮▮▮▮▮ 平安時代の海域・潟域予想ライン

1. 鹿田遺跡(岡山大学敷地)　2. 鹿田遺跡(旧県立岡山病院敷地)
3. 大供本町遺跡　4. 新道遺跡　5. 二日市遺跡　6. 大供中道遺跡

図15　鹿田荘の中核を構成する遺跡配置と周辺環境([藤井, 1966]より, 一部に加筆のうえ転載)

(40) 男性性器を模した木製品。出土品のサイズは長さ約二二・七cm・断面五×四・一cm。邪悪なものの侵入を防ぐ呪術具として古代の「道」の祭祀で用いられる。一〇世紀以降は衰退する[平川、二〇〇六]。

学鹿田キャンパスの北端部で、このラインに沿って走る河道内である〔二〇七頁、図3〕。共伴する土器から八世紀後半—九世紀前半のものとされ、この河道の位置が、古代の鹿田集落の北側を区切る境界と考えられている〔光本、二〇一二〕。鎌倉時代になっても、その周囲では祭祀的要素が強い井戸が数多く作られており〔二二六頁、図9下〕〔南、二〇一二〕、この位置が境界として意識されていたことを予想させる。

この東西に延びる道路ラインに沿って、古代—中世の遺跡である新道《しんみち》遺跡(41)・鹿田遺跡・大供《だいく》本町《ほんまち》遺跡(42)が東から西に向けて並ぶ点も、鹿田荘の荘域を考える上で見逃せない（図15）。

鹿田荘の荘域としては、さらに北側に広がる可能性を否定するものではないが、遺跡の配置なども踏まえると、陽物形木製品が示す境界ラインに、その時期の北端ラインを求めることも的外れではないだろう。

鹿田荘を構成する遺跡群——平安時代後期・鎌倉時代

鹿田遺跡以外で鹿田荘に関連する遺跡は新道遺跡・大供本町遺跡、そして、新道遺跡の南側に立地する二日《ふつか》市《いち》遺跡(43)があげられる（図15）。

新道遺跡は、現在の旭川に近い場所に位置する。ここでは、一二世紀後半頃に属する一基の井戸から鹿田荘につながる重要な遺物が出土している。「□御庄久延弁」

(41) 岡山市教育委員会が一九九八年に発掘調査を実施し、二〇〇二年に発掘調査報告書が刊行されている。

(42) 岡山市教育委員会が二〇〇五—一〇年の間に四回の発掘調査を実施している。

(43) 岡山市教育委員会が一九八二年に発掘調査を実施している。

図16　新道遺跡出土の木簡［岡山市教育委員会編，2002］幅約1.5cm・残存長約15cmの短冊形の薄い札に墨書が残る．

の墨書が残る木簡である（**図16**）。「庄」の文字が見てとれる。その内容は、名《みょう》あるいは名主の名称と推測される「久延」が何かを弁済したと読み解かれ、この場所に鹿田荘の管理・運営にあたる荘家の存在が推測されている〔岡山市教育委員会編、二〇〇二〕。この遺跡の南側で、旭川西岸の自然堤防上に位置するのが二日市遺跡である。平安時代後期—鎌倉時代の遺構が調査されており〔岡山市教育委員会編、一九八四〕、鹿田荘の時代、この地点が盛んな活動の場であったことを裏付ける。その立地環境や「二日市」という地名は、まさに、『備前国上道郡荒野荘領地図』（**図17**）で「鹿田河」の西岸に描かれた「市」の場所のイメージと重なる。当時の「市」場周辺の風景を彷彿とさせる遺跡である。

鹿田遺跡の西側の大供本町遺跡では、奈良—室町時代の調査によって、この場所の北西側から南側に、かつての海の広がりが想定され、この環境を背景に、鹿田荘の西端に位置した港湾機能をもつ集落としての評価がなされている〔岡山市教育委員会、二〇〇六ほか／久野、二〇一六〕。一方、鹿田遺跡の調査では、平安時代後期に屋敷地が集中して形成され、鎌倉時代には宗教施設も備えたマチ並みが復元される。

出土遺物も豊かであり、鹿田荘の中枢部にあたる集落であったことは十分に理解される。鹿田荘を構成する集落の中央部付近に位置している点も示唆的である。

荘域内に分布するこれらの遺跡の調査から、平安時代後期―鎌倉時代には、荘家の在所、「市」場、港湾機能をもつ集落、宗教的施設をもつ集落など、それぞれに周囲の環境に適合した機能をもつ集落が形成され、鹿田荘における活動を担っていたことが明らかになってきた。集落が分布するのは、東西約一・五キロ、南北約九〇〇メートル程度の範囲である。当時の旭川の正確な位置は特定できないが、現在

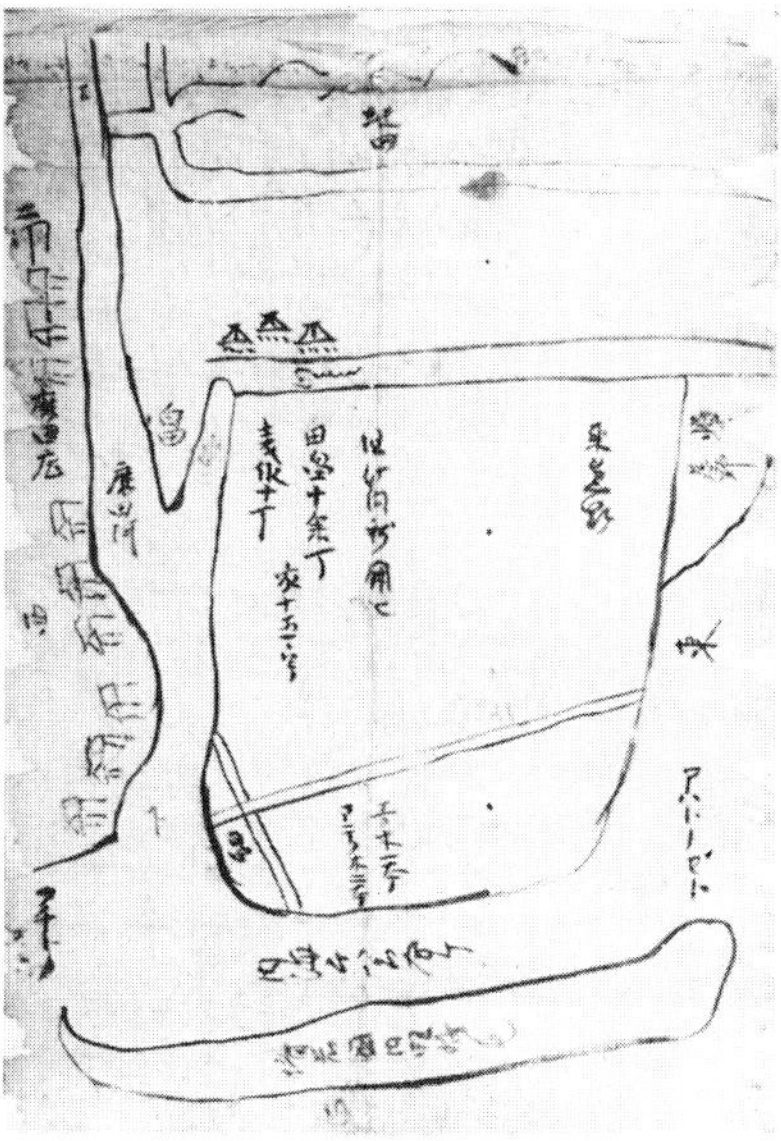

図 17　『備前国上道郡荒野荘領地図』(影写本「大宮文書」東京大学史料編纂所蔵)
「鹿田河」は現在の旭川，「内海」の文字が描かれた空間を挟んで，向かいに「備前国内児嶋也」とあり，鹿田河の西岸には「鹿田庄」と「市」の文字と多数の建物が描かれる．

の旭川までを含めると東西一・七キロとなる。この範囲が鹿田荘の中核といえるだろう。

鹿田荘を取り巻く環境――平安時代の水田域を探る

では、水田域はどこに求められるだろうか。残念ながら、関連する遺構は見つかっていない(44)。平安時代後期以前の環境から探ってみよう。

鹿田荘を構成する遺跡群が立地する地域は、岡山平野の旧旭川河口に広がるデルタ地帯にあたる。そのため、複数の中小河川が鳥趾状《ちょうしじょう》に流れ、低湿地や大小の微高地が点在する状態が長らく残る(45)。鹿田荘の時代においても、大供本町遺跡や鹿田遺跡(旧県立岡山病院)の周囲には、海や潟、あるいは河道などの広がりが指摘されている(二三六頁、**図15**)[岡山県古代吉備文化財センター編、二〇〇七b]。その東側に位置する鹿田遺跡(岡大鹿田キャンパス)から新道遺跡周辺でも、複数の小河川の流れが想定され、その間に低地の広がりは認められるが、水田域は未確認である[岡山市教育委員会編、二〇〇二]。

その中で、岡山大学鹿田キャンパスの南側については、地形の復元から、水田域の候補地となる可能性があるが、海域の近さを考え合わせると、良好な環境とは言い難い。奈良時代後期―平安時代前期まで遡ると、さらにその範囲は狭かったであ

(44) 鹿田遺跡(岡大鹿田キャンパス)では、屋敷地に囲まれた場所に畠関連遺構の小溝群が検出されているが、水田耕作に関連する畦畔や用水路は検出されていない[岡大埋文センター編、二〇一七]。

(45) デルタ地帯は洪水頻発地で、低湿地や干潟などが取り囲む鹿田荘域では水田域の広がりは考え難いとされる[しらが、二〇一四]。

ろう。このように、平安時代後期以前、鹿田荘を構成する集落周辺に安定した水田域を広く求めることは難しい。史料に記された地子米の存在を前提とすると、集落周辺域から離れた場所に、水田域が存在することも視野に入れて、今後検討することが求められよう。

鎌倉時代に進む大規模開発——農業基盤の拡大

鎌倉時代に入ると、耕作地の状況に大きな変化が認められる。岡山平野一帯で、大規模な土地開発が開始されるのである［山本、二〇一五］。その痕跡は、鹿田遺跡（岡大鹿田キャンパス）周辺でも確認される。遺跡の北側に位置する大供《だいく》中道《なかみち》遺跡では、鎌倉時代以降の耕作地が報告されている［岡山市教育委員会編、二〇〇〇］。その時期まで、遺跡が確認されていない場所であり、広域におよぶ土地開発に伴う耕作域の拡大を裏付ける。鹿田遺跡でも、居住域から外れた集落南西部において水田土壌の堆積が確認されており(46)、鎌倉時代以降、耕地開発が南側へ広がる状況を予想させる。

この時期に認められる大規模な土地開発の兆しは、史料からも追認できる。『備前国上道郡荒野荘領地図』（**図17**）は、鹿田荘の下司《げし》（現地における管理者）であった村主幸重《すぐりゆきしげ》が、現在の旭川の対岸に「荒野荘」の開拓を申請する際の計画書であり、そこには土地開発に積極的な鹿田荘の姿が垣間見える。また、その中に描かれた内

(46) 岩崎志保氏（岡山大学文明動態学研究所）の教示による。

容から、鹿田荘界隈での土地開発が、海域を対象とするほどの規模であった点が指摘されている[久野、一九九〇a]。こうした鎌倉時代における土地開発の取り組みが、鹿田荘の経済力を飛躍的に高めたことは想像に難くない。そして、応永二〇年(一四一三)の『東寺文書』などが伝える、「大荘」としての「鹿田荘」の姿に繋がっていくと考えられる。

おわりに

鹿田遺跡の発掘調査は、古代から中世へと社会が大きく転換していく中で[47]、集落景観を変貌させていった鹿田荘の実態を描き出す。

古代の遺構や遺物は、鹿田荘で執り行われた活動やそれを支えていた人々の姿を如実に伝えてくれる。重厚で特別な構造物の存在、そして実務的道具や格の高さを示す品々は、一般の集落とは一線を画する存在であったことを指し示している。この時期における鹿田荘の様子は、藤原摂関家の殿下渡領の姿を考える上で興味深い。

そして中世に向けて、平安時代後期には、溝で区切られた屋敷地が集まり、新たな中世集落にいち早く姿を変える。この時期、岡山平野で中世的な要素を確立した集落は、管見の限り、その発掘例をみない[48]。そこには鹿田荘のもつ先進性が鮮明に

(47) 鹿田遺跡で確認される集落の変化は、律令国家体制から王朝国家体制へ、院政期、鎌倉時代開始期、鎌倉時代の終焉期という、社会的に重要な変革期に対応する。

(48) 旭川東岸の百間川原尾島遺跡で、一一世紀後半とされる一基の井戸が報告されている[岡本、一九九六]。ただし、その資料数は限定的であり、溝で区切られる屋敷地の集まりは不明瞭である。中世的な集落形態の普及には疑問が残る。

表れている。その背景に、藤原摂関家を通じた畿内との密接な関係があることを軽視することはできない。それは荘園成立段階から認められる物流拠点としての経済活動にも大きな影響を与えていたはずである。鎌倉時代には、堀状の溝が巡る大形の屋敷地や宗教施設が建つマチ並みが、防御性を高めた集落景観を誕生させる。岡山平野全域に広がる大規模な土地開発の波の中で、鹿田荘も積極的に水田開発を進める時代である。それによって、さらに経済力を高めていく活動の中心に見えてきた武士の姿は、鹿田荘の名を残しつつも、荘園の管理を担う在地武士による大荘へと向かう力強い営みを示唆しているようである。

時代とともに姿を変えていく鹿田荘であるが、荘園成立期から一貫して、物流を担う経済活動を一つの柱として、周辺地域の中で際立つ存在であったことは確かである。それが、藤原摂関家が最後まで手放さなかった鹿田荘の一つの姿なのかもしれない。

発掘調査は、既存の研究を見直す機会を与えてくれる。例えば、岡山市南部の荘園配置として示されてきた元興寺荘の場所［藤井、一九六六］は、発掘調査によって河道が走る範囲にあたることが確認され（二三六頁、**図15**）、現在、その検証が求められている。鹿田遺跡においても、発掘調査が及んでいない範囲は広い。本章では、既存のデータのわずかな手がかりをもって鹿田荘の復元を試みた部分も多い。今後、発掘調査は新たな発見を生み出すだろう。こうした考古資料と史料研究の協働によって、これまで以上に具体的で鮮明な鹿田荘の実像が描き直されることを期待したい。

追記　全ての図の作成においては、岩﨑志保氏(岡山大学文明動態学研究所)の協力を得た。

引用・参考文献

岩井宏実、一九七四年『絵馬』(ものと人間の文化史一二)、財団法人法政大学出版局
岩﨑志保、二〇〇四年「鹿田遺跡第一四次調査出土木簡について」『岡山大学埋蔵文化財調査研究センター紀要二〇〇三』岡山大学埋蔵文化財調査研究センター
岩﨑志保、二〇〇五年「古代のうつわ」『岡山大学埋蔵文化財調査研究センター報№34』岡山大学埋蔵文化財調査研究センター
岩﨑志保、二〇〇七年「鹿田遺跡出土猿形木製品について」『鹿田遺跡五』岡山大学埋蔵文化財調査研究センター
岡本寛久、一九九六年「中世の村落」『百間川原尾島遺跡五』岡山県埋蔵文化財発掘調査報告一〇六
岡山県古代吉備文化財センター編、二〇〇二年『百間川米田遺跡四』岡山県埋蔵文化財発掘調査報告一六四
岡山県古代吉備文化財センター編、二〇〇七年a『鹿田遺跡』岡山県埋蔵文化財発掘調査報告二〇七
岡山県古代吉備文化財センター編、二〇〇七年b『鹿田遺跡』岡山県埋蔵文化財発掘調査報告二一〇
岡山県古代吉備文化財センター編、二〇一一年『美作国府跡・小田中遺跡・山北遺跡』岡山県埋蔵文化財発掘調査報告二二八
岡山市教育委員会、二〇〇六年『大供本町遺跡発掘調査現地説明会資料』
岡山市教育委員会編、一九八四年『二日市(中央図書館)遺跡発掘調査報告』

岡山市教育委員会編、二〇〇〇年『大供中道遺跡発掘調査概報』
岡山市教育委員会編、二〇〇二年『新道遺跡』
岡山大学埋蔵文化財調査研究センター編、一九八八年『鹿田遺跡Ⅰ』岡山大学構内遺跡発掘調査報告第三冊
岡山大学埋蔵文化財調査研究センター編、一九九〇年『鹿田遺跡Ⅱ』岡山大学構内遺跡発掘調査報告第四冊
岡山大学埋蔵文化財調査研究センター編、一九九三年『鹿田遺跡三』岡山大学構内遺跡発掘調査報告第六冊
岡山大学埋蔵文化財調査研究センター編、一九九七年『鹿田遺跡四』岡山大学構内遺跡発掘調査報告第一一冊
岡山大学埋蔵文化財調査研究センター編、二〇〇七年『鹿田遺跡五』岡山大学構内遺跡発掘調査報告第二三冊
岡山大学埋蔵文化財調査研究センター編、二〇一〇年『鹿田遺跡六』岡山大学構内遺跡発掘調査報告第二六冊
岡山大学埋蔵文化財調査研究センター編、二〇一七年『鹿田遺跡一〇』岡山大学構内遺跡発掘調査報告第三二冊
岡山大学埋蔵文化財調査研究センター編、二〇一八年a『鹿田遺跡一一』岡山大学構内遺跡発掘調査報告第三三冊
岡山大学埋蔵文化財調査研究センター編、二〇一八年b『鹿田遺跡一二』岡山大学構内遺跡発掘調査報告第三四冊
岡山大学埋蔵文化財調査研究センター編、二〇一九年『鹿田遺跡一三』岡山大学構内遺跡発掘調査報告第三五冊
岡山大学埋蔵文化財調査研究センター編、二〇二〇年『鹿田遺跡一四』岡山大学構内遺跡発掘調査報告第三六冊
加納克己、二〇一八年『日本操り人形史　形態変遷・操法技術史』八木書店
川尻秋生、二〇二一年「絵馬の起源を探る——古代史研究と民俗資料」『馬と古代社会』八木書店
橘田正徳、一九九一年「屋敷墓試論」『中近世土器の基礎研究Ⅶ』日本中世土器研究会
草原孝典、二〇〇二年「殿下渡領備前国鹿田庄との関係」『新道遺跡』岡山市教育委員会文化課
しらが康義、二〇一四年「備前鹿田荘と旭川流域の流通・商業——岡山城下町成立の歴史的前提」『岡山県立記録資料館紀要9』岡山県立記録資料館
竹内理三編、一九八八年『角川日本地名大辞典33　岡山県』角川書店
出宮徳尚、一九八七年「古代の条里と荘園」近藤義郎編『岡山県の考古学』吉川弘文館
西口圭介、二〇〇九年「近畿の中世墓」狭川真一編『日本の中世墓』高志書院
野崎貴博、二〇一〇年「鹿田遺跡第一九次調査」『岡山大学埋蔵文化財調査研究センター紀要二〇〇八』岡山大学

埋蔵文化財調査研究センター
久野修義、一九九〇年a「岡山の荘園絵図」『図説 岡山県の歴史』河出書房新社
久野修義、一九九〇年b「瀬戸内海運の発達と市場の賑わい」『図説 岡山県の歴史』河出書房新社
久野修義、二〇一六年「文献からみた鹿田庄」『岡山大学埋蔵文化財調査研究センター紀要二〇一四』岡山大学埋蔵文化財調査研究センター
平川 南、二〇〇六年「道祖神信仰の源流――古代の道の祭祀と陽物形木製品から」『国立歴史民俗博物館研究報告』一三三、国立歴史民俗博物館
藤井 駿、一九六六年「第一編 中世における産業経済の発達」『岡山市史(産業経済編)』岡山市
藤井 駿、一九七一年『吉備地方史の研究』法蔵館
藤原千鶴、一九九〇年「古代の橋脚遺構について」『鹿田遺跡Ⅱ』岡山大学埋蔵文化財調査研究センター
北條朝彦、二〇二一年「絵馬」佐々木虔一ほか編『馬と古代社会』八木書店
松井 章、一九九五年「古代・中世の村落における動物祭祀」『国立歴史民俗博物館研究報告』61、国立歴史民俗博物館
光本 順、二〇一二年「鹿田遺跡第二一次調査」『岡山大学埋蔵文化財調査研究センター紀要二〇一〇』岡山大学埋蔵文化財調査研究センター
南健太郎、二〇二一年「鹿田遺跡第二八次調査」『岡山大学埋蔵文化財調査研究センター紀要二〇一九』岡山大学埋蔵文化財調査研究センター
山本悦世、二〇〇七年「中世の集落構造と推移――鹿田遺跡の場合」『鹿田遺跡五』岡山大学埋蔵文化財調査研究センター
山本悦世、二〇一五年「鹿田遺跡の土地区画と岡山平野の条里関連遺構」『条里制・古代都市研究』第三〇号
山本悦世、二〇二〇年「第一七次調査地点における調査成果」『鹿田遺跡一四』岡山大学埋蔵文化財調査研究センター
山本悦世・久野修義、二〇〇〇年「岡山 鹿田遺跡」『木簡研究』第二二号

コラム

烏帽子は何を語る――鹿田荘に眠る武士の姿

発掘調査では、時に驚きの発見に遭遇する。鹿田遺跡の調査で、鎌倉時代の墓から出土した烏帽子《えぼし》もその一つである。被葬者の頭を覆った状態で、烏帽子は黒々と艶光りする当時の姿を現した。極めて珍しい出土状況であり、そこには、被葬者の人物像を探る手がかりと謎が隠されていた。

ところで、烏帽子は被《かぶ》り物として伝統的な場に引き継がれている。現代では、神社などで見慣れた被り物であるが、いずれも、特別な場や立場の人の使用に限定されている。しかし、平安時代―室町時代には、一般的な成人男性にとって、日常生活における装束の必需品となっていた。当時の男性にとっては、頭部を他人にみられるのは、とても屈辱的なことであったというから驚かされる。そのため、頭の月代《さかやき》や髷《まげ》を覆い隠すための烏帽子は欠かせない。確かに、中世の絵巻物でも、僧侶や罪人などを除く成人男性は、ことごとく烏帽子を被っている。

その種類は、立《たて》烏帽子・折《おり》烏帽子・萎《なえ》烏帽子に大別され、着装する人の身分や所属を示す。立烏帽子は、本来は公家階級が使用していた。長い円筒部が特徴的な形状は、優雅な立ち居振る舞いの公家の生活には合致していたのだろうが、立場が異なる武士にとっては扱いにくい。動きやすくするために、立烏帽子の円筒部を折り畳んでコンパクトにしたものが折烏帽子である。武士社会の社会身分の標識として、武士はこの折烏帽子を被るのが常態となっていた。萎烏帽子は布製で柔らかく、庶民階級が多く使用した。

発掘調査で出土する烏帽子は、鎌倉時代を中心に全国で報告されるが、墓から出土する例は西日本に集中する傾向が強い。多くは折烏帽子で、副葬品は小刀と素焼きの器である土師器《はじき》の皿を伴う程度。無遺物の墓も少なくない。烏帽子を伴う墓は、どうも財力に乏しい武士の墓が大半を占めているようである。それに対して、なぜか、鹿田遺跡の烏帽子出土の墓には、豊かな副葬品が加わる。こうした高級品を伴う墓は、立烏帽子が出土したことで公家の墓とされる思い出遺跡（兵庫県）で報告例がある程度で、非常に珍しい。

鹿田遺跡の墓に立ち返ってみよう。烏帽子は折烏帽子、脇には鞘に入った小刀が一振。当然、武士の埋葬が思い浮かぶ。副葬品には、中国から到来した白磁皿と青磁碗が各二点。龍泉窯《りゅうせんよう》系の青磁碗の外面を鎬蓮弁紋《しのぎれんべんもん》が美しく飾る。一点は生前の愛用品らしい（次頁写真（下））。内面に明瞭な使用痕が残っており、豊かな暮らしぶりが想像される。木棺直下には、宋銭と多数の土師器皿を伴う地鎮《じちん》に関連した遺構を伴っており、実に入念に作り上げられたこの墓からは、集落内での特別な人物の姿が蘇る。

歯牙のすり減り状態からは、熟年（四〇—五九歳）であることも分かった。円熟味を増した名主として、鹿田荘においてリーダー的存在であったと思われる。そして有力武士だったのだろう。

彼の生きた鎌倉時代、岡山平野では大規模な農地開発が進行する。史料では、この開発に関わった人物に、鹿田荘下司《げし》の村主幸重《すぐりゆきしげ》の名前が挙がるが、この墓の時期に重なるのは、彼の父親である村主幸氏《ゆきうじ》の世代であろうか。

こうした人物像が浮かび上がる中で、一つの疑問が残る。なぜ財力を有しながら烏帽子を被ったまま葬られたのか。全国的に烏帽子が出土する墓は、総じて財力に乏しいと思われる人物のものであることが多いと考えると不思議である。

当時の世情を振り返ってみると、財力のある有力者は出家して入道《にゅうどう》となり、晩年を迎えるのが一般的だったようである。この墓の人物であれば、その経済力や集落を代表する立場から言っても、通常であれば、生前に出家し、髷を覆う烏帽子から解放されて埋葬されるはずだっただろう。しかし、この男性、残念なことに烏帽子の着装から逃れられていない。

鎌倉時代の鹿田荘の中で、荘園経営において重要な役目を担い、農地開発にも少なからず関わるような、そうした被葬者の人生の終わりは、思いがけず突然に訪れたのかもしれない。はるか昔に生きた人物の人生が思い浮かぶ。

◉岡山大学埋蔵文化財調査研究センター編、二〇一八年『鹿田遺跡一二』岡山大学構内遺跡発掘調査報告第三四冊
◉中町教育委員会編、二〇〇一年『牧野・町西遺跡　思い出遺跡群Ⅲ』中町教育委員会
◉久野修義、一九九〇年「岡山の荘園絵図」近藤義郎・吉田晶責任編集『図説 岡山県の歴史』河出書房新社
◉広川二郎、一九九五年「服飾と中世社会——武士と烏帽子」藤原良章・五味文彦編『絵巻に中世を読む』吉川弘文館

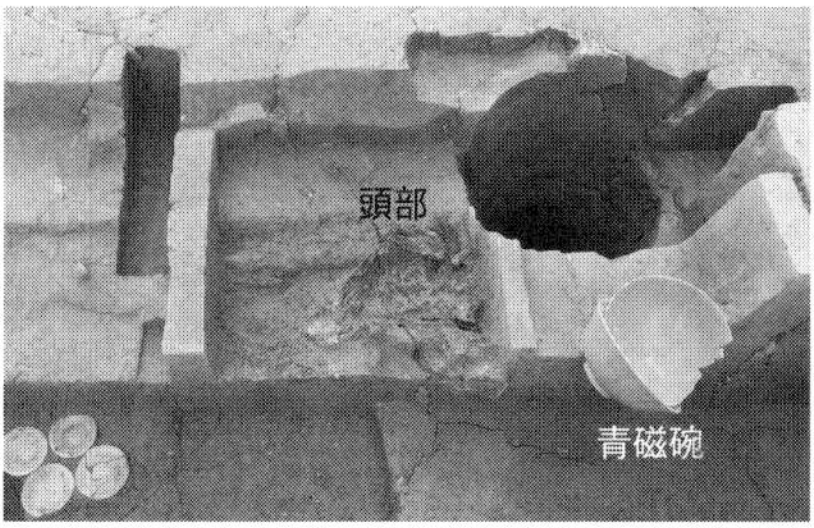

墓の下部に置かれた小皿は，埋葬前に行われた地鎮関連の遺物．

鎌倉時代の墓から出土した烏帽子と青磁碗（画像提供＝岡山大学文明動態学研究所）

古代荘園図の広がり

上杉和央

はじめに
1　古代荘園図という枠組み
2　荘園図と班田・墾田
3　「国司図」の再検討
おわりに
コラム　古代荘園図の山を「推す」

はじめに

日本には八・九世紀に作製された土地把握のための地図が複数枚残されており、現在は「古代荘園図」と総称されて理解されることが多い。本章の目的は、これらの古代荘園図についての研究成果をふまえつつ、残されている荘園図に関して、既存のいくつかの分類案を紐解くことで、一口に古代荘園図と言っても、多様な特徴を有する図があることを確認することにある。

古代荘園図の作製に際しては、校田《こうでん》と班田《はんでん》に基づく班田収授のシステム(1)や、それに関わって作られた班田図が影響を与えることがあった点は、すでに広く知られている。そのため、班田収授の整備との前後関係は古代荘園図を分類する際の重要な指標の一つとして利用されている。本章でもこの班田収授ないし班田図との関係を重視することになるだろう。なかでも注目したいのは、班田図が整備される以前にすでに作られていた荘園図である。そのため、具体的な古代荘園図を取り上げるに際しては、成立が比較的古い図が中心となる。

(1) 律令における農地(口分田)の支給は、六年ごとに六歳以上の良民男子には二段、女子に一段一二〇歩、奴婢にそれぞれの三分の一を支給すると決められていた。班田とは、口分田《くぶんでん》の割り当て作業(もしくはその結果)を指す。また、割り当て前には配分する農地の確認作業が必要となるが、それを校田という。この校田と班田による六年ごとのサイクルが班田収授のシステムとなる。校田や班田の結果を記録した図面はそれぞれ校田図、班田図と呼ばれるが、本章は必ずしも班田収授が主題ではないこともあり、煩雑さを避けるために、基本的には「班田図」と一括して表現することにしたい。

1　古代荘園図という枠組み

古代荘園図研究の転換点

古代荘園図を扱った研究は、これまでに膨大な蓄積がある。それは、古代荘園図が古代荘園研究にとって重要な史料として位置づけられてきた証左でもある。そのすべてを追うことは難しいが、幸い、一九九〇年代に編まれた古代荘園図に関する総合的な論集『日本古代荘園図』〔金田ほか編、一九九六〕は、それまでの研究を総括する到達点になっていると同時に、それ以降、現在に至るまでの研究の基礎となる内容が含まれている。もちろん、一九九〇年代には多くの研究書が出ており、『日本古代荘園図』が孤高の存在というわけではない。しかし、そうした研究書を執筆した多くの研究者がこの論集に参加し、知見を持ち寄っていることもあり、代表的な一書を挙げるとなれば、『日本古代荘園図』がもっともふさわしい位置にある。

『日本古代荘園図』の成果として重要な点は、大きく三つに集約できるだろう。

まず一つは、現存しているほぼすべての古代荘園図に関して、精緻でかつ具体的な分析を試みた個別研究が掲載されていることである。それぞれの地図に関する先行研究をふまえた、文字通りの到達点がそこに示されているのであって、今もって

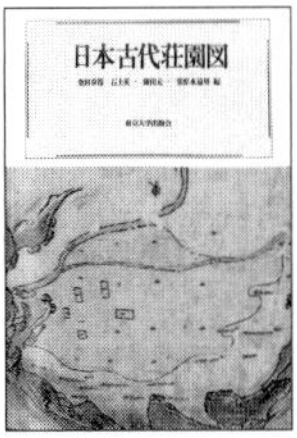

『日本古代荘園図』〔金田ほか編、一九九六〕

古代荘園図を扱おうとする場合は、本論集を紐解くことが最初の作業となっている。なお、『日本古代荘園図』には古代荘園図に関する図版そのものがほとんど載っていないという、残念な点がある。こちらについては、一九八八年に刊行が開始された『日本荘園絵図聚影』シリーズ等を参照せよ、というメッセージを読み取っておかねばならない。

二つめは、論集内の石上英一の論考〔石上、一九九六〕に端的に示されるが、本論集が古代の荘園に対するそれまでの理解を支えていた「初期荘園」の概念から距離を取り、それに代わり「古代荘園」という概念を再措定している点にある。中世の荘園像を完成形とみなし、古代の荘園をその「初期」に位置づけてきた「初期荘園」概念は、古代の大土地所有の内容や歴史的意義を十分にすくい取れず、またそうした視点を見えにくくしてしまってきた。こうした批判にたって登場したのが「古代荘園」という概念である。

初期荘園に代わる古代荘園という潮流については、その後編まれた荘園研究に関するハンドブックでも明確に表現されるなど〔荘園史研究会編、二〇一三〕、広く普及していくことになった。本書も含まれる「シリーズ古代史をひらく」のうち、第一期に刊行された六冊のなかの一書『古代寺院』に吉川真司が寄せた短いコラム「東大寺の古代荘園」でも、初期荘園という視角の難点と荘園に対する新たな理解が示されつつある点が端的に指摘されている〔吉川、二〇一九〕。吉川は本書の編者でもあり、この視点が本書にも流れ込んでいるのは吉川による序論「〈古代荘園〉を考える」を読めば、はっきり分かるだろう。

三つめは、「荘園絵図」ではなく「荘園図」としてとらえる動きを明示したことである。荘園に関する図、とりわけ中世に作られた図のなかには絵画的な要素を豊富に含むものが多い。そのため、一九八〇年代までは荘園を表現した図を「荘園絵図」と総称し、絵図として分析する研究視角が共有されてきた。そして、特に中世の図に関しては、絵画的な表現(図像)に焦点を絞り、その分析から絵図全体の表現構造や形成原理を読み解く動きが盛んとなった。(2) この研究運動自体が荘園の理解を進める原動力の一つだったことは間違いない。一方で、中世にも絵画的な表現の乏しい地図はいくつもあるが、そうした地図を用いた分析は滞ることになった。同じく、絵画的な表現が必ずしも軸とはならない古代荘園に関する地図までも「荘園絵図」として一括されたことで、分析の幅が窮屈になってしまったのである。

見方を変えれば、中世荘園を扱う研究者によって牽引された「荘園絵図」研究のなかにあって、「古代荘園絵図」という表現には、二つめの動きで批判された「初期荘園」の理解が暗に含まれていたことになる。すなわち、絵画的表現が豊かな中世荘園絵図に至る「初期」段階としての(絵画的要素の乏しい)古代荘園絵図といった

(2) この点については、吉田敏弘の議論に詳しい〔吉田、一九八七〕。

位置づけが暗黙的になされてきたわけである。

こうした既存の「荘園絵図」という枠組みに対し、『日本古代荘園図』のなかで石上は、荘園ないし土地領有の図表現には絵画的要素が優越するものと、絵画的要素が副次的なものの二類型があり、それらを含めた史料群全体としては「荘園図」という名称がふさわしいことを述べる。[3] 同じく、金田章裕も古代荘園を描いた地図は、「条里プラン[4]や文字による標記と、絵図的・絵画的表現の二つのコンテクストが併存している図」であり、相互に矛盾する場合があるものの、基本となるのは前者であることを論じ、荘園図という枠組みの設定の重要性を指摘する〔金田、一九九六b、一一〇頁〕。また、南出眞助は「古代荘園図と中世荘園絵図」という章題にて、分類概念としての「絵図」の持つ意味を論じている〔南出、一九九六〕。かくして、古代の荘園や土地領有に関する地図については「古代荘園図」という枠組みないし研究運動でとらえるという方向性が明確に示されることになった。

大きくみると、『日本古代荘園図』の成果の一つめは具体事例、二つめと三つめは枠組みや概念に相当する。これらは研究の両輪にあたるものであり、その両方に画期性が認められる点は、刊行されて四半世紀を経てもなお色あせていない。『日本古代荘園図』を代表とする一九九〇年代の動きを咀嚼し深めていくことは、今なお重要な課題となっている。本章もその流れに棹さす小さな取り組みの一つである。

(3) 石上はそれ以前の論考で同じ議論を展開しており〔石上、一九九三〕、正確に言えば、改めて論じた形である。

(4) 班田収授の開始と、方格状の地割(条里地割)の整備および「〇条□里」といった土地表示システム(条里呼称法)の完成とは、時期が異なり、かつ地域ごとにも違うことが明らかになっている。そのため、条里地割・条里呼称法は、班田収授法などとは独立した別個の内容を持つ。この点を明確にするために、金田は「条里地割と条里呼称法の両者、あるいはそれが一体となった現実的もしくは現実にあるべき実体を示すもの」〔金田、一九八五、一四頁〕として、条里プランという用語を

現存する古代荘園図

『日本古代荘園図』に依拠すれば、古代荘園図という枠組みでとらえられる図は、表1に示すように三五点に及ぶ〔金田ほか編、一九九六〕。なお、古代荘園図のなかには、複数枚が一連の紙や布に記載されていたり、何枚かが貼り合わされていたりする場合もあるため、[5] 図の点数と史料の点数とは一致しないことになるが、便宜上、一図を一点として表記している。

現存する荘園図には、大きな特徴がいくつかある。**表1**は荘園図の作製年次（ないしその原図の成立年代）をもとに並べているが、[6] 現存図のなかには作製年次が同じものが複数枚ある。たとえば、天平勝宝三年（七五一）の近江国の二図、天平宝字三年（七五九）の越前国・越中国の八図、天平神護二年（七六六）の越前国の三図、神護景雲元年（七六七）の越中国の一〇図（推定含む）などである。

この点にも関係するが、全体として越前国と越中国に関する荘園図が大半を占めているのも特徴で、それらはすべて墾田永年私財法が定められた天平一五年（七四三）以降、八世紀後半に収まる史料である。さらに、北陸の荘園図はすべて東大寺領荘園であり、北陸以外の図についても、大部分は東大寺に関する荘園図であるというのも、確認しておかねばならない。言うまでもなく、これは東大寺の関係史料

提案した。条里プランと班田収授のシステムとを独立したものとして個別に考える視角は、その後の古代荘園図の分析においても重要な役割を果たしてきた。

(5) たとえば、後述する「近江国水沼《みぬま》村墾田地図」と「近江国覇流《へる》村墾田地図」は一通の近江国司解《げ》のなかに描かれている〔佐藤、一九九六〕。

(6) 推定を含む。なお、現存図それ自体は後年の写しであったり、加筆を経たものであったりする場合がある。

表1 古代荘園図の一覧

ID	名称	作製年次(原図の成立年代)	伝来	金田分類 *1	三河分類 *2
1	弘福寺領讃岐国山田郡田図	天平七年(七三五)	東寺	国司図	—
2	近江国水沼村墾田地図	天平勝宝三年(七五一)	東大寺	Ⓐ	B
3	近江国覇流村墾田地図	天平勝宝三年(七五一)	東大寺	Ⓐ	B
4	東大寺山堺四至図	天平勝宝八歳(七五六)	東大寺	—	—
5	摂津職島上郡水無瀬荘図	天平勝宝八歳(七五六)	東大寺	国司図	B
6	摂津職河辺郡猪名所地図	天平勝宝八歳(七五六)	東大寺	(国司図)	—
7	阿波国名方郡新島荘図	天平宝字二年(七五八)	東大寺	国司図	A1
8	阿波国名方郡大豆処図	天平宝字二年(七五八)(推)	東大寺	国司図	A4
9	越前国足羽郡糞置村開田地図	天平宝字三年(七五九)	東大寺	Ⓐ	A1
10	越中国新川郡丈部開田地図	天平宝字三年(七五九)	東大寺	Ⓐ	A1
11	越中国新川郡大藪開田地図	天平宝字三年(七五九)	東大寺	Ⓐ	A1
12	越中国射水郡須加開田地図	天平宝字三年(七五九)	東大寺	Ⓐ	A1
13	越中国射水郡鳴戸開田地図	天平宝字三年(七五九)	東大寺	Ⓐ	A1
14	越中国射水郡榠田開田地図	天平宝字三年(七五九)	東大寺	Ⓐ	A1
15	越中国砺波郡石粟村官施入田地図	天平宝字三年(七五九)	東大寺	Ⓐ	A1
16	越中国砺波郡伊加流伎開田地図	天平宝字三年(七五九)	東大寺	Ⓐ	A1
17	額田寺伽藍並条里図	天平勝宝八歳—天平宝字年間(七五六—七五九頃)(推)	額安寺	—	—
18	越前国足羽郡糞置村開田地図	天平神護二年(七六六)	東大寺	Ⓑ	A2
19	越前国足羽郡道守村開田地図	天平神護二年(七六六)	東大寺	Ⓑ	A2
20	越前国坂井郡高串村東大寺大修多羅供分田地図	天平神護二年(七六六)	東大寺	Ⓑ	A2
21	越中国砺波郡井山村墾田地図	神護景雲元年(七六七)	東大寺	Ⓒ	A3

22	越中国砺波郡伊加留岐村墾田地図	神護景雲元年（七六七）	東大寺	©	A3
23	越中国砺波郡杵名蛭村墾田地図	神護景雲元年（七六七）	東大寺	©	A3
24	越中国射水郡須加村墾田地図	神護景雲元年（七六七）	東大寺	©	A3
25	越中国射水郡鳴戸村墾田地図	神護景雲元年（七六七）	東大寺	©	A3
26	越中国射水郡鹿田村墾田地図	神護景雲元年（七六七）	東大寺	©	A3
27	越中国新川郡大荊村墾田地図	神護景雲元年（七六七）	東大寺	©	A3
28	越中国射水郡鳴戸村墾田地図	神護景雲元年（七六七）（推）	東大寺	©	A3
29	越中国射水郡鹿田村墾田地図	神護景雲元年（七六七）（推）	東大寺	©	A3
30	越中国砺波郡石粟村官施入田地図	神護景雲元年（七六七）（推）	東大寺	©	A3
31	唐招提寺所蔵観音寺領絵図	宝亀二年（七七一）（推）	唐招提寺	作業図	—
32	唐招提寺所蔵国郡不明田図断簡	八世紀（推）	唐招提寺	—	—
33	大和国添下郡京北班田図（西大寺本）	八世紀後半—九世紀初	西大寺	校班田図	—
34	大和国添下郡京北班田図（東大本）	八世紀後半—九世紀初	西大寺	校班田図	—
35	山城国葛野郡班田図	天長五年（八二八）	東寺	校班田図	—

名称や成立年代については［金田ほか編、一九九六］の成果に準じた。
＊1 ［金田、一九九六a］　＊2 ［三河、二〇一七］

が歴史的経緯のなかで正倉院に収められたことが大きく影響している。

古代荘園図の枠組みの広さ

石上は、一九八〇年代までに提示されていた荘園図の分類は、図法、表現形式、荘園発達史の三つの視点からなされているとまとめている［石上、一九九〇］。ただし、これらの分類は、「荘園絵図」という視点からのものであったり、初期荘園から中世荘園へという歴史観に暗に依拠するものであったりしたため、『日本古代荘園図』でまとめられたような古代荘園図の理解からみると、不十分なものである。つまり、古代荘園図に関する新たな類型が求められるわけだが、その前に古代荘園図という枠組みがかなりの広さを持って設定されている点を確認せねばならない。

たとえば、「東大寺山堺四至図《さんかいしいしず》」(**図1**)は東大寺やその周囲の山地が表現されたもので、東大寺の寺域を定めた寺院結界《けっかい》図としての性格を持つ〔吉川、一九九六〕。「額《ぬか》田《た》寺伽藍並条里図《でらがらんならびにじょうりず》」は寺域および周辺寺領を示す図であり、寺院結界図と寺領図の特徴を備える。石上の言葉を借りれば、これらは「荘園図ではない古代荘園図」〔石上、一九九三、四〇三頁〕の典型となる。ただし、「東大寺山堺四至図」は、仁平三年(一一五三)の「東大寺諸荘園文書目録[7]」の項目で数えあげられており、後年には荘園に関する文書群のなかの一つとしてとらえられていた。

一方、中世に作られた「山城国葛野《かどの》郡班田図[8]」や「大和国添下《そふのしも》郡京北《けいほく》班田図[9]」は、その作製にあたって古代の校田や班田の際に作製された校田図・班田図ないしその系統図が利用されていることが知られており、古代の様相を理解する史料として、古代荘園図の枠組みの中でもとらえられる側面を有している[10]。

なお、古代の地図やその作製法に依拠した中世の地図としては、古代の班田図の

(7)『平安遺文』六、二七八三。

(8) 現在の京都市右京区嵯峨~西京区嵐山付近が表現されている。

(9) 現在の奈良市秋篠町付近一帯が表現されている。

(10) ただし、石上が指摘するように、中世荘園図と位置づけて論じることも重要である〔石上、一九九三・一九九六〕。

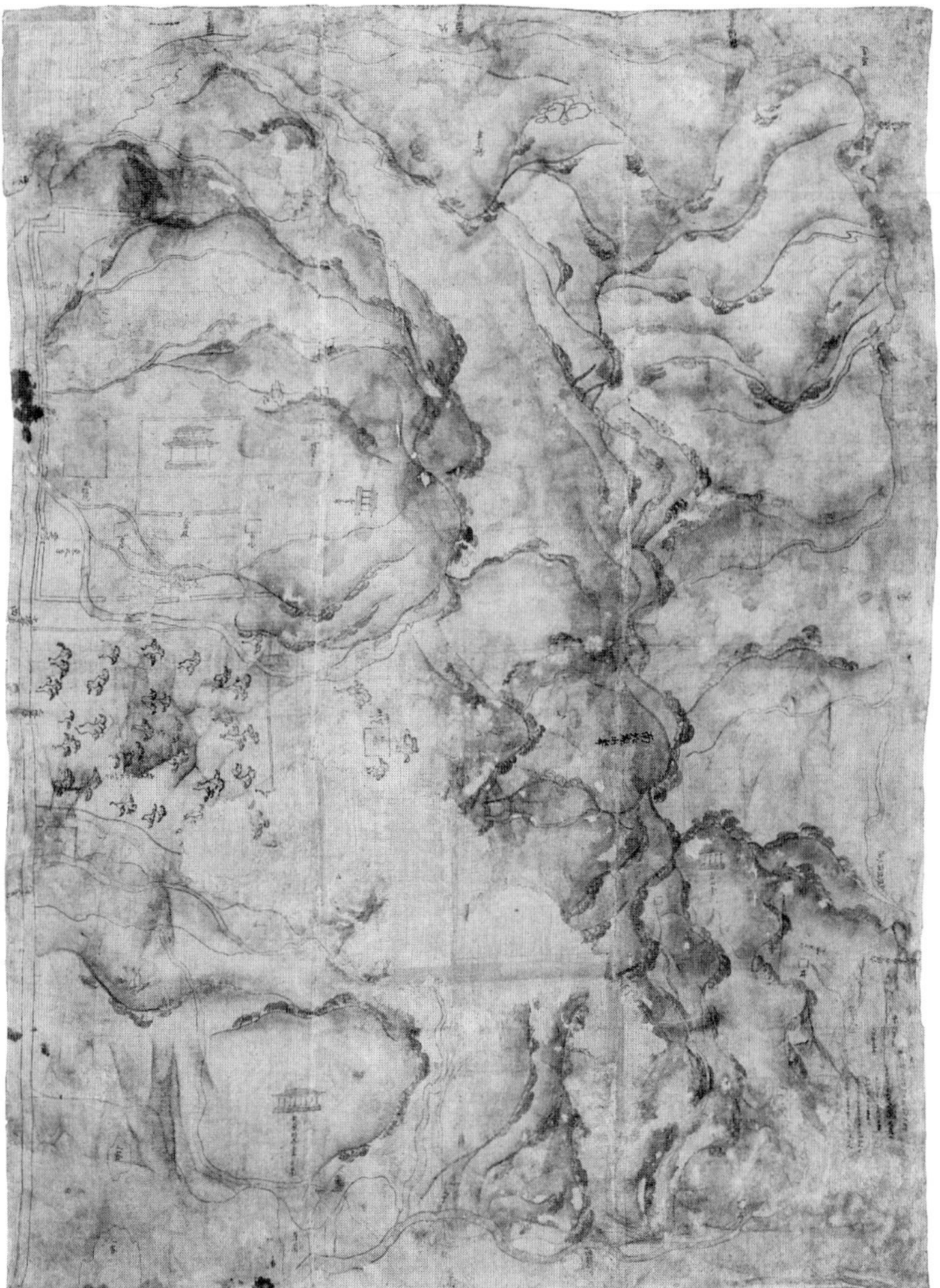

図1　東大寺山堺四至図(正倉院宝物．天平勝宝八歳〈756〉)

表現をふまえて作られる土帳《どちょう》形式[11]の荘園図もあり、こうした地図群についても古代と中世を結ぶ図として考慮の対象としうる。実際、石上はそうした土帳形式荘園図の初現例である「大和国飛驒《ひだ》荘実検図」を古代荘園図の枠組みに含みうる側面があるものとして取り上げている〔石上、一九九三・一九九七〕。荘園に関する新たな理解に基づきつつ、荘園図の地図史的展開において古代と中世を連続的にとらえ、その進展を史料によって検討していくことは、いま改めて求められる方向の一つだろう。『日本荘園絵図聚影』シリーズの刊行などによって検討の土台は作られており、今後の展開が期待される。

2　荘園図と班田・墾田

古代荘園図の中核をなす荘園図

射程の広い古代荘園図だが、班田図をもとにして作られた中世図、そして作製過程の「作業図」である可能性が指摘されている「唐招提寺《とうしょうだいじ》所蔵観音寺領絵図」〔橋本一九九六、金田一九九六a・b〕を除いた図群が、古代の寺院が所有・経営をした土地を示した図、もしくはその旨を訴えた図であることが明確なものである。これらのなかには、先述の寺院結界図・寺領図系統のように、経営体である寺院の本拠を描

(11) 中世の帳簿であり、土帳形式の荘園図は荘園を実検した結果を記した類の地図を指す。

いた図と、本拠以外の地で所有・経営をおこなった土地を表現した図の二つがあり、圧倒的に多いのは本拠以外の地を表現した図となる。先述のように「東大寺山堺四至図」や「額田寺伽藍並条里図」を「荘園図ではない古代荘園図」と位置づけるのか、荘園図に含めるのかは、まだ議論の余地があり、研究の視角や目的によって変わるかもしれない。古代荘園図という枠組みは広いがゆえに曖昧さも併せ持つ。

そうしたなかにあって、本拠以外の土地所有を表現した図群は、古代荘園図の中核をなすものであり、言わば「狭義の古代荘園図」とでも称しうる一群となる。金田章裕は、これらの荘園図について、校班田の作業との関係のなかで作られた荘園図と、条里地割と条里呼称法(注4参照)からなる条里プランが完成して班田図が体系的に作製されるようになる以前に作られた荘園図の二つの系統が存在すること、前者はⒶ~Ⓒの三つの類型で示しうること、一方、後者は(史料用語をもとに)「国司図」とでも表現できること、を指摘している[12][金田、一九九六a]。

以下、金田の提示した類型を確認していくことにしたいが、その前に班田図に関する基礎的な点をふまえておきたい。回り道ではあるが、班田図の理解が荘園図の理解に大きく役立つからである。

(12) なお、先述のように、[金田、一九九六a・b]は、[橋本、一九九六]の指摘をふまえ、「唐招提寺所蔵観音寺領絵図」は作製過程における「作業図」である可能性に言及している。この図については、表現された場所などに不明な点も多いため、ひとまず置いておく。

班田図

班田収授については大化二年（六四六）の「改新之詔」のなかにみえるが、六年ごとに班田をしていくシステムが明確に規定されたのは大宝律令であったとされている〔虎尾、一九六二〕。八世紀の初めには校田作業を経て輸租地《ゆそち》(13)と認められた田を班田していく作業が整っていく。

こうした作業のなかで、校田に伴う校田図、班田に伴う班田図が作られるようにもなった。

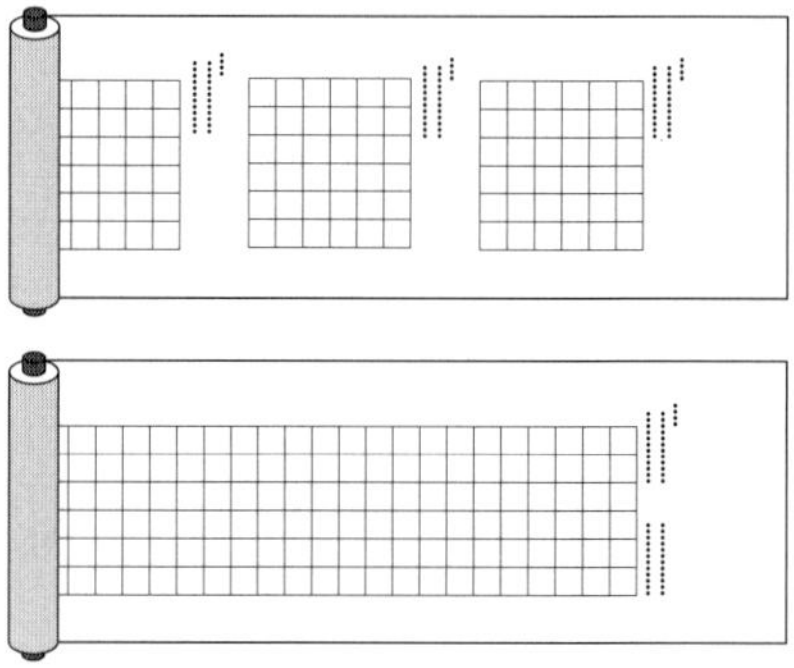

図2　一条一巻の班田図の形式

古代の班田図そのものは現存していないが、そのような班田図を利用して作られた「大和国添下郡京北班田図」や東大寺領荘園図などから、その形状は条里の一条を一巻で表現するスタイルが基本となっていたことが明らかにされている〔岸、一九五九〕。表現の仕方としては、里ごとに分割して表現するもの（**図2**上）もあれば、条のなかの里を連続的に表現するもの（**図2**下）もあった。なお、三河雅弘は「山城国葛野郡班田図」の表現形式から、里ごとに班田図が作られ、それを一条ごとにまとめた形式があったことを想定し、それが一条一巻の形式の班田図として成巻されるも

（13）収穫物の一部を税（田租）として納めることが定められた土地のこと。

となった可能性を示唆している[三河、二〇一七]。

地表に刻まれる条里地割は、条・里それぞれの辺が等しい正方形の区画を基本とする。「大和国添下郡京北班田図」の事例などをふまえれば、こうした土地の状況に応じて、班田図においても条里を正方形に表現するよう作られたことが推測される。ただし、「山城国葛野郡班田図」のように、辺の長さがおよそ二対一の長方形で土地区画を表現する班田図も作られていた。その場合、いずれかの方向が圧縮(ないし延伸)されるため、図の表現をみて現地の様相を感覚的に理解することは難しい。つまり、班田図は現地の様相を示すことに主眼が置かれた地図ではなく、班田作業に関わる土地の位置を、条里という方格グリッドの表現のなかで相対的に示すことに主眼が置かれた地図であったと言える。里ごとに分割された形式があったことは、現地重視の姿勢に乏しかった(机上での理解を重視する姿勢が強かった)証左だろう。

班田図は民部省(14)と国衙《こくが》に保管されていた。各国衙には条の数に応じた班田図が備わっていたことになる。たとえば「上野国《こうずけ》交替実録帳(15)」には、上野国の国衙に備えられていた(備えられているべき)資料についての記述がある。それをみると、上野国では一回の校田と班田の作業に関する図が、それぞれ約九〇巻作られていた。国衙には複数の年次の校田図、班田図の保管が図られており、相当な数の班田図があっ

(14) 八省のうち、租税や財政などの民政部門を扱う省。
(15) 『平安遺文』九、四六〇九。

た（実際は何らかの事情で欠失していたものもあったようである）。上野国だけでこれくらいであるから、全国でとなれば膨大な数に上ったことになる。古代日本の行政施設には地図があふれかえり、地図に記載された土地に関する情報が税制上において大きな意味を持っていた。

ただし、こうした状況は、班田収授が始まった当初から確立していたわけではない。岸俊男は、弘仁一一年（八二〇）の太政官符に「格云、天平十四・勝宝七歳・宝亀四年・延暦五年四度図籍、皆為二証験一」(16)と記載される四つの年次の図（四証図《ししょうず》）の筆頭、天平一四年（七四二）の図が班田図として整えられ全国化した最初ではないか、と論じている［岸、一九五九］。加えて、天平神護三年（七六七）の伊賀国阿拝《あへ》郡、伊賀郡の東大寺領に関する次の民部省牒《ちょう》(17)から、班田に携わる計田国司《けいでんこくし》が無視した天平元年・一一年の図は班田図として整っていなかったことも指摘している。

伊賀国

合はせて田壱町漆段陸拾伍歩

阿拝郡一町一百廿五歩

伊賀郡六段三百歩

右の田は、元は公田なり、然れども百姓奸《かだ》みて己が墾田として立券し寺に進《たてまつ》る。其の時、国司等勘検に練れず、券文判許さる。加以《しかのみならず》、天平廿

(16)『類聚三代格』巻一五、弘仁一一年一二月二六日付太政官符。

(17) 天平神護三年二月二八日民部省牒（『大日本古文書』五、六五二—六五三頁）。「牒」とは直接の上下関係にない機関の間で交わされる文書の一形式。

年・勝宝六年の計田国司等、天平元年・十一年合はせて二歳の図を検せず、百姓の墾田と為すなり。（以下略）

岸の指摘の後、金田は条里プランの土地表示例の初見が国ごとに異なる点に注目し、天平一四年に全国一律一斉に班田図が整備されたのではなく、条里プランが整った段階で国ごとに整備されたと論じている〔金田、一九九六a〕。先の史料にみえる伊賀国の場合では、天平二〇年（七四八）に計田国司の活動があり、かつ条里プランの使用も確認できるため、まさに天平二〇年が整備された年になる。

班田図との関係からみた古代荘園図の類型

班田収授は遅くとも七世紀末から八世紀初頭には始まっていた。一方、今みたように、班田図が整備されていくのは八世紀中頃以降とされる。班田収授が実施されてしばらくは体系立った班田図の作製はなかったことになるが、その間にあっても、口分田《くぶんでん》に寺田や施入地(18)を含めないように調整をする作業は必要であり、そのなかで地図が作製されることもあった。実際、先の史料には「天平元年・十一年合はせて二歳の図」とある。たとえそれらが計田国司の確認には用いられないものだったとしても、伊賀国の当該地域に関する何らかの地図が作製されていたことが明らかである。

(18) 寺社に寄進された土地を指す。

金田はこうした点もふまえ、班田図との関係のなかで古代荘園図の類型化をおこなっている（**表1**参照）〔金田、一九九六a〕。

まず、体系的に班田図が作製される以前に、「班田収授の対象外となるような土地の多い部分について、特別に調査をし、作成した図」〔金田、一九九六a、五六頁〕をもとに作られた荘園図があると想定し、それを「国司図」と称している。ちなみに、「国司図」という名称は「阿波国名方《なかた》郡新島《にいじま》荘図」（枚方《ひらかた》地区）(19)にみえる「天平宝字二年六月廿八日造国司図案」という記載に依拠した呼称である。班田図の体系化の背景としては、墾田永年私財法等の整備による墾田等の増加に基づく班田作業の複雑化があったとしているが、ここから翻れば、「国司図」とは墾田がいまだ多くない時期に設定された寺田等に応じて個別に作られた図だということになる。現存している図としては「弘福寺《ぐふくじ》領讃岐国山田郡田図」(20)、「摂津《せっつ》職島上《しきしまかみ》郡水無瀬《みなせ》荘図」(21)、先に挙げた「阿波国名方郡新島荘図」（枚方地区）、「阿波国名方郡大豆《まめ》処《どころ》図」(22)が該当する。「国司図」については、後で改めて検討することにしたい。

条里プランが完成し、班田図が体系的に作製されるようになると、荘園図は班田図に影響を受けつつ作製されるようになる。金田によれば、そうした荘園図はⒶ〜Ⓒの三つに区分でき、それぞれ次のような見解が示されている。

Ⓐは「東大寺墾田ないし墾田予定地の設定に際して、校班田とは関係なく、その

(19) 後述のように、「阿波国名方郡新島荘図」は新島地区ではなく枚方地区を表現したものである。現在の徳島市北田宮付近に比定されている。

(20) 「弘福寺領讃岐国山田郡田図」は現存する古代荘園図で最古の年紀を示すが、一一世紀後半から一二世紀初頭頃に詳細に模写された図であることが知られる〔石上、一九九七〕。荘園域は現在の香川県高松市木太町・林町付近に比定されている。

(21) 水無瀬荘は、現在の大阪府三島郡島本町東大寺付近に比定されている。

(22) 大豆処は、現在の徳島市と板野郡藍住町と

場所を明示するために作製された荘園図」で、現存する図でみると天平勝宝三年（七五一）に作製された近江国の二図、天平宝字三年（七五九）に作製された越前国・越中国の諸図が該当する。これらの図について、金田は「国司図」に近い性格を有すると評価している［金田、一九九六a、五七―五八頁］。

Ⓑは「校田の際における、改正・相替・買得などの変更の状況を詳細に記した図で、内容は校田図に近いか、または校田図に表現される結果に、その説明が加えられたような」ものであり、問題の多い場所について、国司・寺・造寺司の三者の調整結果を示した図である。現存図としては、天平神護二年（七六六）に作製された越前国の三図がそれにあたる［金田、一九九六a、五七―五八頁］。教科書などに掲載されることの多い「越前国足羽《あすわ》郡道守《ちもり》村開田地図」(23)（**図3**）もその一つである。補修を経た現在の寸法は縦一四四センチメートル、横一九四センチメートルとなっており、「東大寺山堺四至図」を除いた東大寺領荘園図（開田図）のなかで最大を誇る。関連する史料にも恵まれていることから、東大寺領荘園図のなかでも特に分析が進んだ図の一つであり、多様な視点から研究がなされてきた。その成果は金坂清則の論考に詳しい［金坂、一九九六］。

Ⓒは「班田図から東大寺田に関連する部分を抽出して作成したような内容」の図であり、「現地の状況は必ずしも十分に把握されていない場合があり、各種の間違

の市町境付近と想定されている。

（23） 現在の福井市若杉付近が表現されている。

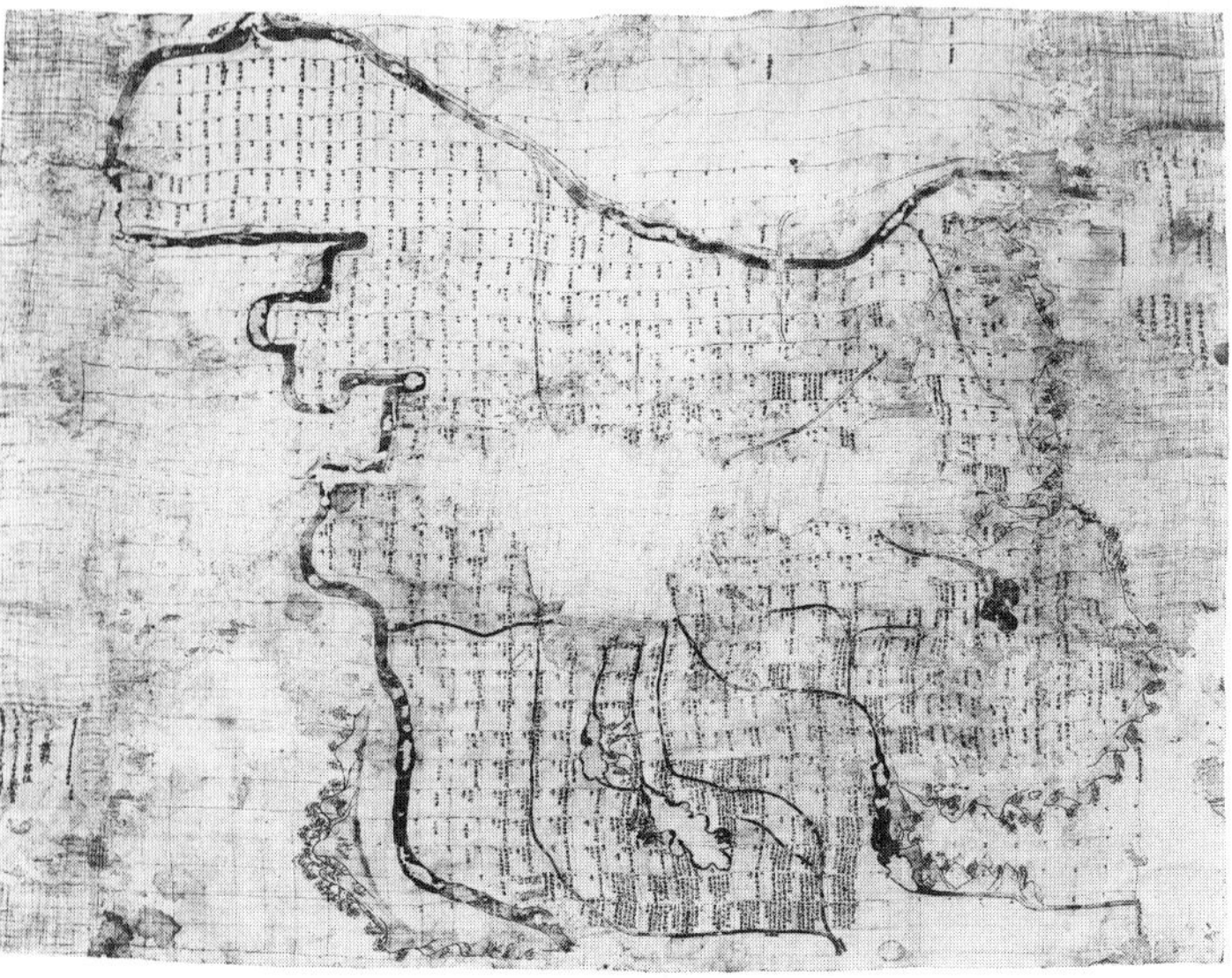

図3　越前国足羽郡道守村開田地図(正倉院宝物．天平神護二年〈766〉)

いや、機械的作業に由来する齟齬を含んでいる場合が多い」という。現存図としては、神護景雲元年(七六七)に作製された越中国の諸図が該当する(24)[金田、一九九六a、五八頁]。

金田の類型化の最大の特徴は、班田収授の体系化と、条里地割と条里呼称法からなる条里プランの体系化とには時間的ずれがあること[金田、一九八五・一九九三]をふまえた上で、両者の展開の中に荘園図を位置づけた点

(24) なお、金田はこうした類型のどれに当てはまるのか不明とする図として「額田寺伽藍並条里図」を挙げている。

にある。荘園図が土地を把握するための手段の一つであるとしたとき、条里呼称法を含む条里プランもまた土地把握に深く関わり、班田収授や墾田などは土地把握を進めるための要因となる。これらの関係性を見通した上での類型化は、荘園図の位置づけを明確に提示するものとなっていると評価できる。

寺領の開発主体による分類

『日本古代荘園図』の刊行以降の研究のうち、荘園図の分類に関して体系的な検討がおこなわれたものとしては、三河雅弘による論考を挙げることができる〔三河、二〇一七〕。三河は古代荘園図の大半を占める東大寺領荘園図を対象に、東大寺もしくは他者(貴族・豪族・百姓)による野地《やち》占定[25]を前提とする寺領を描いた「野地占定系荘園図」(A)と、国家(国司・郡司《ぐんじ》)による占定・開発を前提とする寺領を描く「非野地占定系荘園図」(B)の二つのタイプに分けることを提案した(**表1**参照)。このタイプ分けで重視されているのは、寺領の開発主体ということになる。Bの非野地占定系荘園図としては「近江国水沼《みぬま》村墾田地図」「近江国覇流《へる》村墾田地図」「摂津職島上郡水無瀬荘図」が充てられ、それ以外がAタイプとなる。

　ここでいう野地とは、天平二一年(七四九)四月一日に出された諸寺に墾田地を持つことを許した詔[26]に応じて、それ以降に東大寺が開発していった土地を指す。越前

(25) 未開地(野地)を開墾予定地として定めること。

(26) 『続日本紀』天平勝宝元年四月一日条。

国では同年[27]閏五月四日に寺使・国使によって東大寺の野地が占定され始めたことが[28]知られる。もっとも、三河のタイプ分けは時期的な展開によるものではなく、東大寺側による野地占定であるかどうかがまずもって重視されている。なお、三河は一町方格を描く図のみを対象とするという理由で「東大寺山堺四至図」は検討の対象外としているが〔三河、二〇一七、三六―三七頁〕、寺院の土地所有全体を視野に入れるならば、また古代荘園論の流れをふまえて論じるならば、一つのタイプとして考慮されて然るべきかもしれない。

ともあれ、三河の野地占定／非野地占定という視点は東大寺領荘園図のタイプ分けに一定の効果を発揮する。三河は、その上でAについて、校班田（注1参照）との関わりという視点から、さらに非校班田年に作製された図（A1）、校田年に作製された図（A2）、班田年に作製された図（A3）、作製年不詳図（A4）に細分している。A1は天平宝字二年（七五八）・同三年（七五九）作製の九点、A2は天平神護二年（七六六）作製の三点、A3は神護景雲元年（七六七）作製・作製推定の一〇点である。なお、三河は「阿波国名方郡大豆処図」は作製年が判然としないためA4に置いている。

A1〜A3の細分の視点は、金田の類型化と同じ方向性を持っており、三河のA1は金田のⒶ、A2はⒷ、A3はⒸのそれぞれと類似した基準でタイプ分けがなさ

(27) 天平二一年（七四九）は四月一四日に天平感宝と改元されたが、さらに同年七月二日に天平勝宝に再び改元された。

(28) 天平神護二年（七六六）一〇月二一日越前国司解（『大日本古文書』五、五五四頁）。

れている。実際のところ、**表1**をみても分かるように、これら三群の対応関係から外れるのは、三河がA1としている一方で金田は「国司図」としている「阿波国名方郡新島荘図」（枚方地区）だけであり、それ以外の図の振り分けは完全に対応している。

とはいえ、この「阿波国名方郡新島荘図」（枚方地区）は、先述のように、金田が「国司図」という類型の名称を与える根拠としている図である。三河の使用した荘園の占定・開発の主体という視点をふまえて、改めて「国司図」について検討してみる価値はあるだろう。

3 「国司図」の再検討

分類の組み合わせ

改めて金田章裕の荘園図類型を確認すると、その指標として重視されているのは条里プランが完成し班田図が整備された時点であり、その前後で大きく区分される。一方、三河雅弘は荘園図に描かれた荘園の占定・開発を主導したのが寺院か国家かという点で大きく分けていた。

両者の視点は背反する関係ではなく、**表2**のように組み合わせてとらえることが

表2　金田分類と三河分類の関係

三河指標＼金田指標		荘園の占定・開発	
		国家	寺院
条里プラン完成・班田図整備	前	イ	ロ
	後	ハ	ニ

できる。表2における「イ＋ロ」が金田の「国司図」、「ハ＋ニ」が金田のⒶ〜Ⓒとなり、「イ＋ハ」が三河のB、「ロ＋ニ」が三河のAとなる。先述のように、三河がA（A1〜A3）とした荘園図と金田がⒶ〜Ⓒとした荘園図はかなりの程度一致するが、それらの図はいずれも「ニ」に相当する部分に当てはまる。

つまり、東大寺が越前国・越中国に開いた荘園に関する図群はすべて「ニ」に該当する。この分類からみれば、一九八〇年代以前のいわゆる「初期荘園」論は、「ニ」の位置の荘園・荘園図を中心に論じられていたということになる。「初期荘園」やそれと関わる「古代荘園絵図」という見方を相対化し、「古代荘園」「古代荘園図」としてとらえ直す運動の流れからみれば、「ニ」の再検討といった点に加えて、「イ」「ロ」「ハ」をとらえることも重要となる。その意味で、「イ＋ロ」としての「国司図」という類型を設定した点が評価できることはすでに指摘した通りであり、また「イ＋ハ」をとらえた三河のBタイプ（非野地占定系荘園図）についても、同じように言える。

では「イ」「ロ」「ハ」それぞれに当てはまる図はどのような特徴を備えるのだろうか。次にこの点を確認していこう。

班田図整備前、国家主導の荘園図

表2の「イ」は、条里プランが未完成で班田図が整備される以前に国家主導で占定され、その後、寺院領となった荘園に関する図を指す。言い換えると、金田が「国司図」と位置づけた図のうち、三河が「B」とした図となり、天平勝宝八歳（七五六）に作製された「摂津職島上郡水無瀬荘図[29]」（**図4**）が当てはまる。なお、同年の

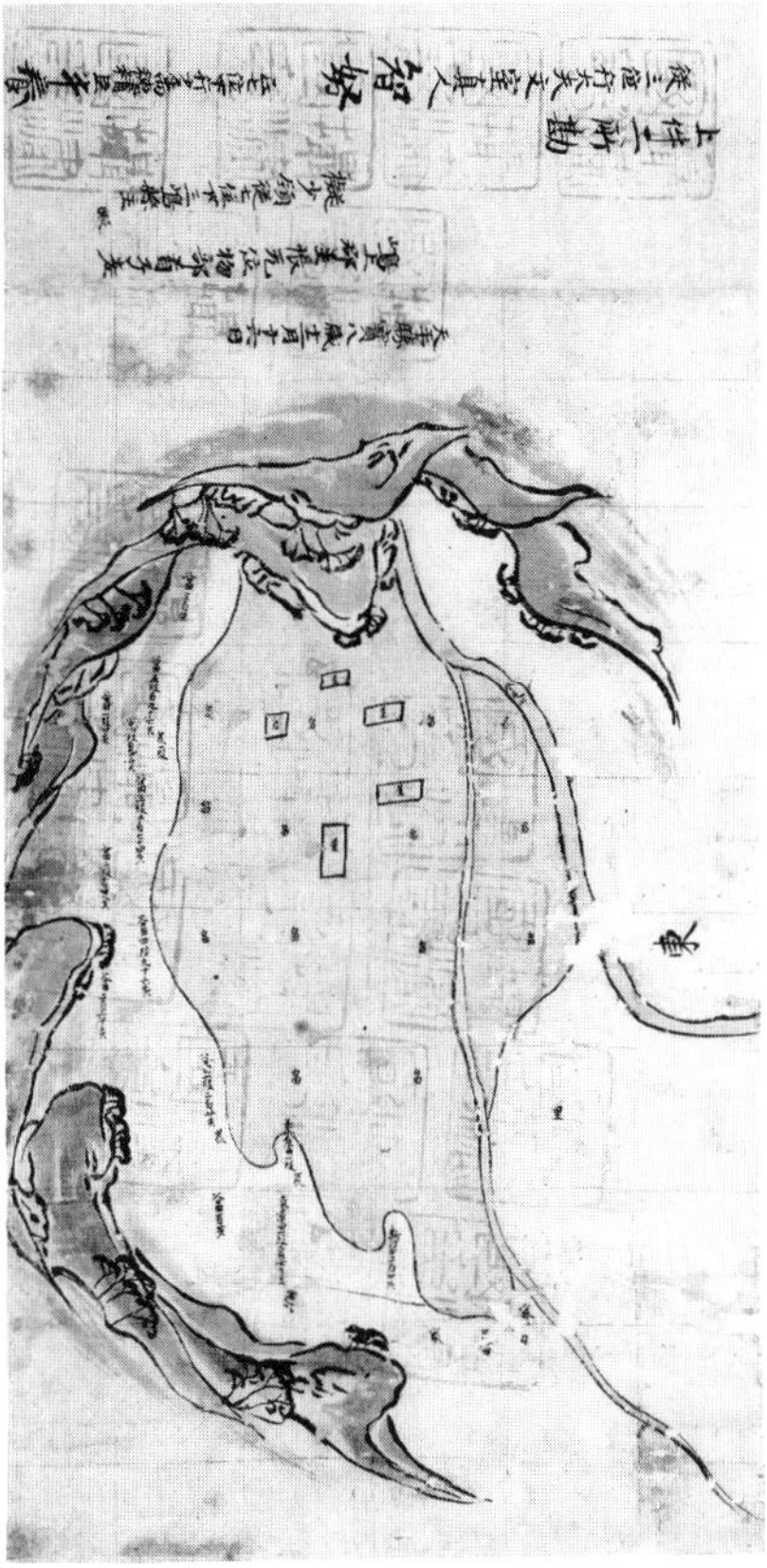

図4　摂津職島上郡水無瀬荘図（部分）（正倉院宝物〈東南院文書〉．天平勝宝八歳〈756〉）

(29) 水無瀬荘の比定地は注21を参照のこと。

年紀を有している「摂津職河辺郡猪名所《いなしょ》地図」[30]については、現存図は追記作業や写し作業が繰り返された結果が示されたものであることが明らかにされている［鷺森、一九九六］。ここでは猪名所地図の原図が「イ」に属するものであった可能性が高い点だけを指摘しておく。

「摂津職島上郡水無瀬荘図」で表現されている水無瀬荘は、天平勝宝八歳に聖武天皇の勅施入によって東大寺領となった荘園の一つであった[31]。そのため、寺院の墾田によって生じた荘園ではなく、国家側から施入されたものであるという特徴を有している。図の奥書部分には「天平勝宝八歳十二月十六日」という年紀、郡司署判、「上件二所勘」という勘《かん》[32]、さらに摂津職《せっつしき》[33]判があり、図の全体に摂津国印が捺されている。つまり、勅に基づいて郡司により作られ、摂津職が内容を確認したものである。その後、東大寺に渡って荘園経営に利用されたことは事実だが、図の作製過程については行政機構のなかで完結していた。現存する古代荘園図の大部分を占める（**表2**の「二」に含まれる）越前国・越中国の荘園図は、いずれも国家と寺院との調整のなかで図が作られている（後述）ことをふまえれば、こうした国家側によって作製された荘園図というのは特異な位置を占める。

「摂津職島上郡水無瀬荘図」は東を上として描かれているが、図のなかの文字は北が上となっている。先述のように奥書に「上件二所勘」とあるため、この図の前

（30）猪名所は、現在の兵庫県尼崎市潮江付近と想定されている［鷺森、一九九六］。

（31）聖武天皇（太上天皇）は同年五月に死去しており、この時の勅施入はこれに深く関わるとされる［鷺森、一九九六］。

（32）「勘」は、了解や確認を示す。

（33）各国には国司が置かれたが、難波津・難波宮を有した摂津国には、難波津・難波宮と摂津国の行政を担当する摂津職が置かれた。

に別の図が貼り継がれていたと推察される。図については細線で方格が表現されているが、条里プランに関する表現はみえない。周囲を山で囲まれ、東側は河川が流れているような場所であり、西から南にかけての山裾には方格の区画ごとに田と面積が記載される。一方、中央部分は黄土色で表現され、方格の区画ごとに「畠」という表記がみえる。また矩形のなかに「屋」「倉」と記載されたものもある。屋や倉を矩形で示す表現は、他の古代荘園図にはあまり見られず、「弘福寺領讃岐国山田郡田図」にあるくらいである。

班田図整備前・寺院主導の荘園図

表2の「ロ」は、金田が「国司図」、三河が「A」に位置づける図と評価できる。これに該当するのは、先述した天平宝字二年(七五八)の「阿波国名方郡新島荘図」(34)(**図5**)およびこの図の左辺に貼り付けられている「阿波国名方郡大豆処図」(35)(**図6**)の二図となる。

「阿波国名方郡新島荘図」は、従来、このように呼ばれてきたが、この地図が表現しているのは新島地区ではなく、枚方地区であることが明らかにされている[「丸山、一九八九」]。この二カ所に加え、「阿波国名方郡大豆処図」が表現する大豆処もあり、名方郡には東大寺領が三地区にあったことになる。これらの位置の比定につ

(34) 新島荘図の表現範囲については注19を参照のこと。

(35) 大豆処については、注22を参照のこと。

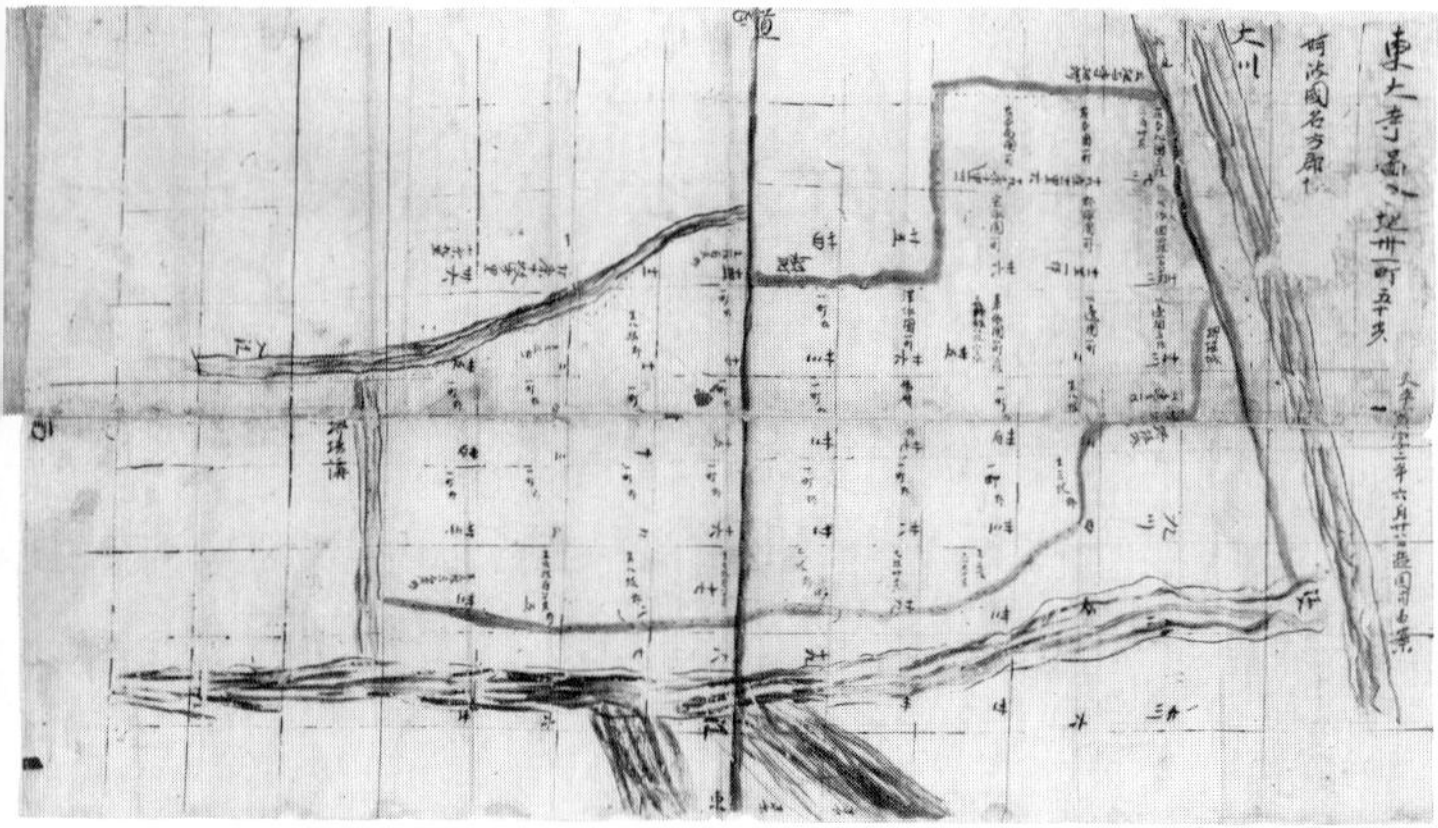

図５　阿波国名方郡新島荘図（正倉院宝物〈東南院文書〉．天平宝字二年〈758〉）

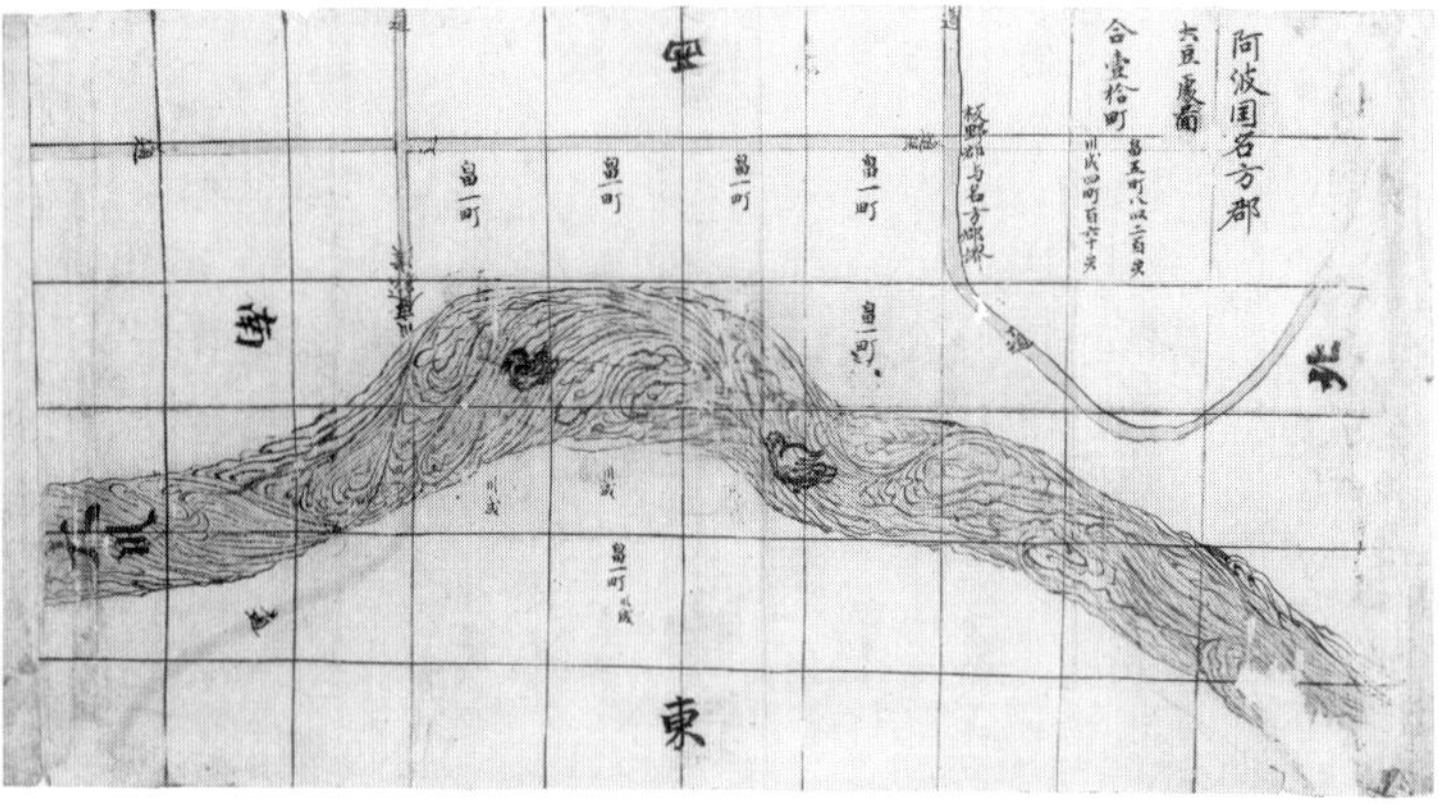

図６　阿波国名方郡大豆処図（正倉院宝物〈東南院文書〉．作製年不詳）

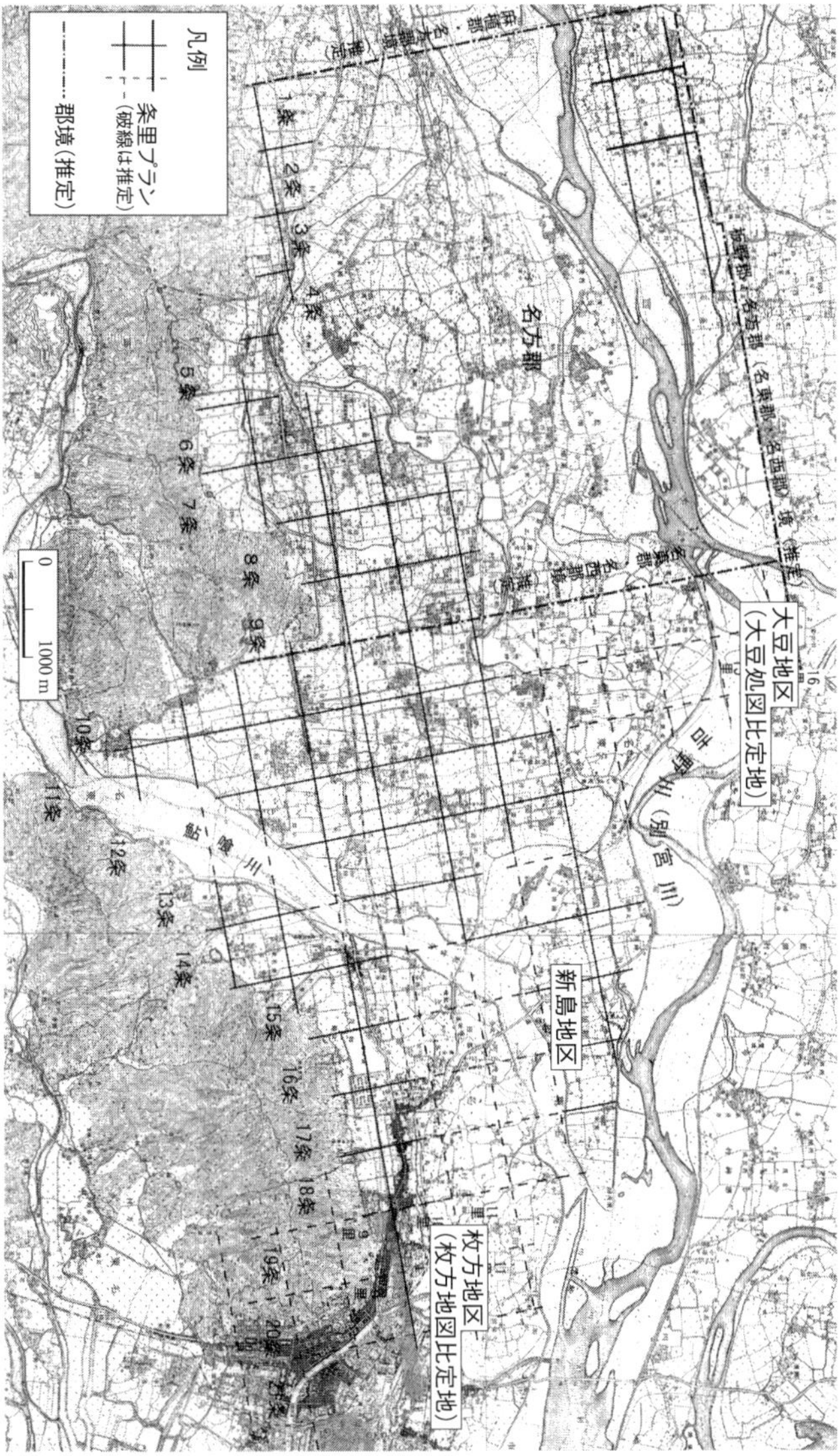

図 7　阿波国名方郡東大寺領の現地比定案（[三河，2017]より一部修正して転載）

いては、名方郡の条里プランの復原とも関わりつつ、いくつかの見解が出されてきた。ここでは三河の見解を掲げておこう［三河、二〇〇八・二〇一七］（**図7**）。

このうち、東大寺の獲得の経緯がはっきりしているのは新島地区のみである（**表3**）。天平勝宝八歳（七五六）一一月五日の「阿波国名方郡新島庄券」に「新島地」は天平勝宝元年（＝天平二一年・七四九）の野地占定によるものと明記されている。

一方、荘園図に記載される枚方地区と大豆処については、どの時点で荘園となったのか、史料上明確には分からない。丸山幸彦は三つの地区からなる一つの荘園（新島荘）を想定しているのに対し［丸山、一九八九］、金田は三つの地区は本来別個の荘園であったと論じている［金田、一九九五］。丸山説によれば、枚方地区と大豆処も新島地区と同じく天平二一年の詔に応じた野地占定のなかで生まれたとみるのが自然である。一方、金田に従えば、枚方地区や大豆処は新島地区とは別時期・別理由で設定された可能性も検討の余地に入ることになる。

たとえば越中国の野地占定においては、同一郡の別地が同時期に占定されていた。この事実を敷衍すれば、阿波国の三所も一連の占地作業で生まれたと想定することは可能であろう。その場合、三所は同じような土地の特徴、すなわち未開地・開墾予定地であるといった特徴を持つことになる。

三所それぞれの初見史料にみえる土地利用を比べてみると（**表3**）、新島地区については先述の荘券(庄券)のなかで墾田と陸田が挙げられ、かつそれらが開田地か未開地かについての区別が表記されている。

枚方地区については荘園図に「茨本圃」「野依圃」といったように圃の付された小字《こあざ》地名的名称が多く表現されている。圃について、金田は土地利用上も制度上も陸田にほぼ等しいものであると評価している〔金田、一九九五〕。これに従えば、圃は畠として利用される輸租地であった。阿波国は山城国とともに、陸田を口分田として支給することが定められていた[37]。また同じく地図内に記載のある圭とは一町に満たない縁辺部の野地であるという金田の指摘もふまえれば、枚方地区は輸租地としての陸田と野地からなっていたことになる。

大豆処図の性格

「阿波国名方郡大豆処図」には「合壱拾町(畠五町八段二百歩、川成《かわなり》四町百六十歩)」の記載がみえる。このうち川成地は、河川の影響を大きく受けた野地ないし川原のようになった土地だろう。

表3　阿波国名方郡東大寺領の初見史料

	新島	枚方	大豆処
史料	荘券	荘園図	荘園図
年代	天平勝宝八歳(756)	天平宝字2年(758)	—
荘園の由来	天平勝宝元年(天平21年)の野地占定	—	—
土地利用	墾田・陸田	圃・圭・野	畠・川成

(36) 畠として利用されるが、制度上は「田」としてとらえられる土地、すなわち田と同じく輸租地であったもの。

(37)『続日本紀』天平元年一一月七日条。

一方の畠について、金田は田以外の利用がされた場所であり、かつ制度上も田（陸田）ではない不輸租地であったとみている［金田、一九九五］。東大寺が大豆処を不輸租地として所有していたとすれば、それは天平二一年（七四九）の諸寺への墾田許可の詔とは直接関係ない形で入手した可能性を検討する余地が生じる。「阿波国名方郡大豆処図」には、大川と道が接する地点に「川度船津」という表記があり、陸上交通と水上（河川）交通との結節点としての機能を備えた荘園であったことが知られる。そうした特徴を持つ大豆処は、墾田の計画を契機として所有された新島地区とは経緯が異なったのかもしれない。いずれにしても、不輸租地である畠地を強調する表現は、国家に対する東大寺側の権利主張、もしくは寺領経営に必要な情報の確認作業に他ならない。こうした方向性は、金田が指摘するように「弘福寺領讃岐国山田郡田図」と共通するものである［金田、一九九六a］。

これに対して三河は、九世紀中頃と想定される新出史料「阿波国名方郡坪付《つぼつけ》図」を利用しつつ、荘園図内の「畠」が不輸租地を示すとは言えず、阿波国名方郡の東大寺領の史料についてみれば、公的な文書や図では「圃」や「陸田」が、それ以外では「畠」が使われる傾向があるとしている［三河、二〇〇八・二〇一七］。三河によれば、「阿波国名方郡坪付図」は、大豆処の畠（公畠・寺畠）を検注[38]した図であり、その表現範囲からすると、大豆処は「阿波国名方郡大豆処図」の畠地や川成地よりも

（38）土地を調査すること。

広い範囲が占定されていたという。逆に言えば、「阿波国名方郡大豆処図」は、大豆処の東大寺領のうち「畠」と「川成」部分のみを明示したものであったということになる。そして、三河は「阿波国名方郡大豆処図」は東大寺側が作製したもので、内部のみで利用された作業図であったと位置づけている。

こうして「阿波国名方郡大豆処図」については、畠の指す意味、荘園の性格、荘園図の位置づけなど、さらなる議論が必要な状況にある。ただし、少なくとも「阿波国名方郡大豆処図」が東大寺側の見解が色濃く表れた図であるという点については、金田と三河の間で見解が一致している。同じ名方郡でも、後述のように東大寺側と国家側との調整のなかで作られた「阿波国名方郡新島荘図」(枚方地区)とは、図の性格が異なるという点は認められるだろう。

それにしても、三河が言うように、荘園の全体ではなく特定の地目《ちもく》の範囲だけを抽出して図に仕立てているとすれば、「阿波国名方郡大豆処図」は他の古代荘園図にはないきわめて特異な表現をした図であることになる。東大寺内部のみで利用された作業図だとしても、何のために一部を抽出した図を作ったのかについて三河は見解を示しておらず、今後の検討課題として残されている。

枚方地区の図

「阿波国名方郡新島荘図」(枚方地区)(二七八頁、図5)に記載される「天平宝字二年六月廿八日造国司図案」という文言は、天平宝字二年(七五八)六月二八日に「国司図」ないし「国司図案」が作られたことを示していると解釈できるが、年代から考えて、この地を天平二一年(七四九)の墾田許可の詔との関係のなかで取得された一地区とみるのは不自然ではない。

越前国や越中国の事例をみると、野地占定の過程においては国家(国司・郡司)と寺院(東大寺)側とが折衝や了解を伴う調整をおこなっていた[栄原、一九九六]。越前国や越中国ではそうした調整のベースとして班田図が使用されたのに対し、「阿波国名方郡新島荘図」(枚方地区)では、いまだ条里プランが未完成で、体系的な班田図が整備されていなかった。そうした背景をふまえつつ、金田は、本図のもとになったのは班田図ではなく(図内に記された文言から推定される)「国司図」であると説いたわけである[金田、一九九六a]。

その際、検討しておかねばならないのは、「国司図」はどのように作られたのかという点である。原図となるようなものがない状態でゼロから作られた可能性もある一方で、北陸の野地占定系荘園図が作製のベースとして班田図を用いていること、かつ国司が作製に関わっているという点を考えれば、枚方地区の図の作製に際して条里プランが整備される以前の「プレ班田図」とでも言える資料を参照した可能性もある。それは、先述の伊賀国の史料でみた天平元年や天平一一年の図などに類するものとなるだろう。

もう一つの可能性として、鷺森浩幸が指摘した「文図《ぶんず》」およびその補完的な図が挙げられる［鷺森、一九九四］。鷺森によれば、文図とは施入文書と国郡司の勘のある図とが一体となった文書を指し、そこに補完的に荘園の図が別に作られたという。三河はさらに議論を深め、これらの図は勅施入された対象のうち、田のみを示すためだけに作られたとしている［三河、二〇一七］。いずれにしても、文図ならびに補完図が国司・郡司側によって作られたことは明白である。「阿波国名方郡新島荘図」（枚方地区）自体は、文図の形式をしていないものの、栄原永遠男は、ここで言う「国司図」もしくはその原図が文図の補完図に当たるという可能性がないとは言えないと評している［栄原、一九九六］。ただし、枚方地区が新島地区と同じく野地占定によると想定するのであれば、施入された荘園ではないことになるため、ここで論じられたような文図そのものの性格を認めることは難しいようにも思われる。

天平二一年詔による墾田地許可の一環であったとみなしてよければ、枚方地区は国家と寺院がともに把握する必要があった。そして、「国司図」は寺院側と国家側との調整の過程で国家側（国司）によって提示されたものであり、それを寺院側も利用する形で野地の場所が確認されていった、ということになる。

もう一つの「国司図」系統図

実は、阿波国に関する二図以外に「ロ」に含みうる図がもう一図ある。現存図としては最古の年紀が見える図として紹介した「弘福寺領讃岐国山田郡田図[39]」である（**図8**）。これについて金田は「国司図」に分類しているが、三河の場合、タイプ分けをする対象が東大寺領荘園図だったため、この図は対象外となっていた。

「弘福寺領讃岐国山田郡田図」については、石上英一や金田などにより詳しく検討されているように［石上、一九九七／金田、一九九三・一九九八］、この図には弘福寺の寺田と畠の所在やその直米《じきまい》[40]が記載されている。とりわけ不輸租地である畠の表現

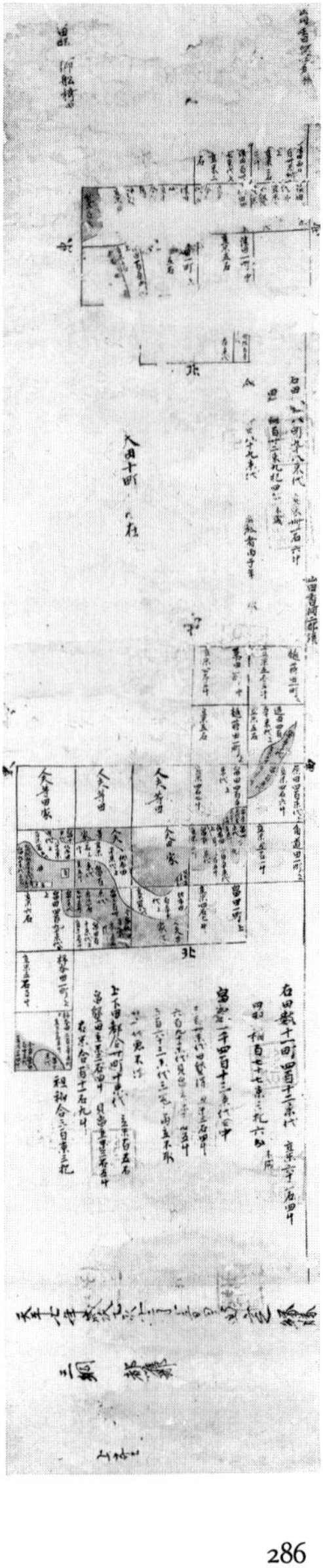

図8 弘福寺領讃岐国山田郡田図（所蔵＝多和文庫．天平七年〈735〉作製図の写し）

(39) この図の表現範囲については注20を参照のこと。

(40) 農民に土地を貸し与えた際の、一年間の代価としての米。

が詳細で、寺領経営に関わる事項に大きな関心が払われていることが指摘されてきた。これらに基づけば、この図の作製が弘福寺側によることは疑いなく、**表2**の「ロ」に位置づけられる図として差し支えない。

山田郡の弘福寺領は香川郡との郡界に接する場所に、南北二カ所に分かれて設置された。「弘福寺領讃岐国山田郡田図」では、南地区と北地区が別々に表現されるが、西端の郡界線については両地区に共通する形で連続的に引かれている。ただし、図上での両地区間の距離は現地の距離に対応しているわけではないため、図に示された郡界線は位置を相対的に示す役割を果たすものでしかない。その場合、南地区と北地区の図は別々に理解されることになり、この図の原図は二カ所についてそれぞれ作られたと想定するほうが自然となる。そして、地図上での郡界線は地図作製における基準線ないし補助線であり、かつ地図を確認する際の目安として機能するものとなる。

これらは、地域を幾何学的に分割して機械的ないしシステム的に把握しようとする班田図の思想とは異なり、特定の地域ごとに表現しようとする思想に基づくものである。その意味で、金田が言う「国司図」の範疇に含まれるわけだが、「阿波国名方郡新島荘図」(枚方地区)のように輸租地が争点ないし調整部分となっているわけではなく、国家側が原図を準備する必要は必ずしもない。すでに述べた「弘福寺領讃岐国山田郡田図」の表現したい内容、言い換えれば作製するに至った状況については、むしろ「阿波国名方郡大豆処」との共通性がみられる。

班田図整備後・国家主導の荘園図

地域の条里プランが完成し班田図が整備された後に作られた荘園図のすべてが寺院の開田に関わるものであったわけではない。現存する荘園図には、**表2**の「ハ」に該当するような、班田図整備後に国家主導で作られた荘園図も存在する。それが天平勝宝三年(七五一)に作製された近江国の二図「近江国水沼村墾田地図」(41)(**図9**)、「近江国覇流《へる》村墾田地図」(42)(**図10**)であり、金田は自身の類型のなかでⒶに位置づけているのに対して、三河はBに位置づけている。なお、両図は一通の国司解《げ》のなかに含まれている。

水沼村・覇流村の荘園の性格については、いくつかの議論がなされてきたが、佐藤泰弘が重要な指摘をおこなっている[佐藤、一九九六]。すなわち、水沼村・覇流村の墾田地開発は、天平二一年(七四九)四月一日の墾田許可の詔に基づくのではなく、同天平感宝元年(七四九)閏五月二〇日に聖武天皇(太上天皇)が大安寺・東大寺など一二の寺に一〇〇町ずつ施入した事業を契機とする可能性が高いという。

先述のように、水沼村・覇流村の両図は同じ近江国司解のなかに記載されたもの

(41) 水沼村は、現在の滋賀県犬上郡多賀町敏満寺付近に比定されている。

(42) 覇流村は、現在の滋賀県彦根市石寺町・三津屋町付近に比定されている。

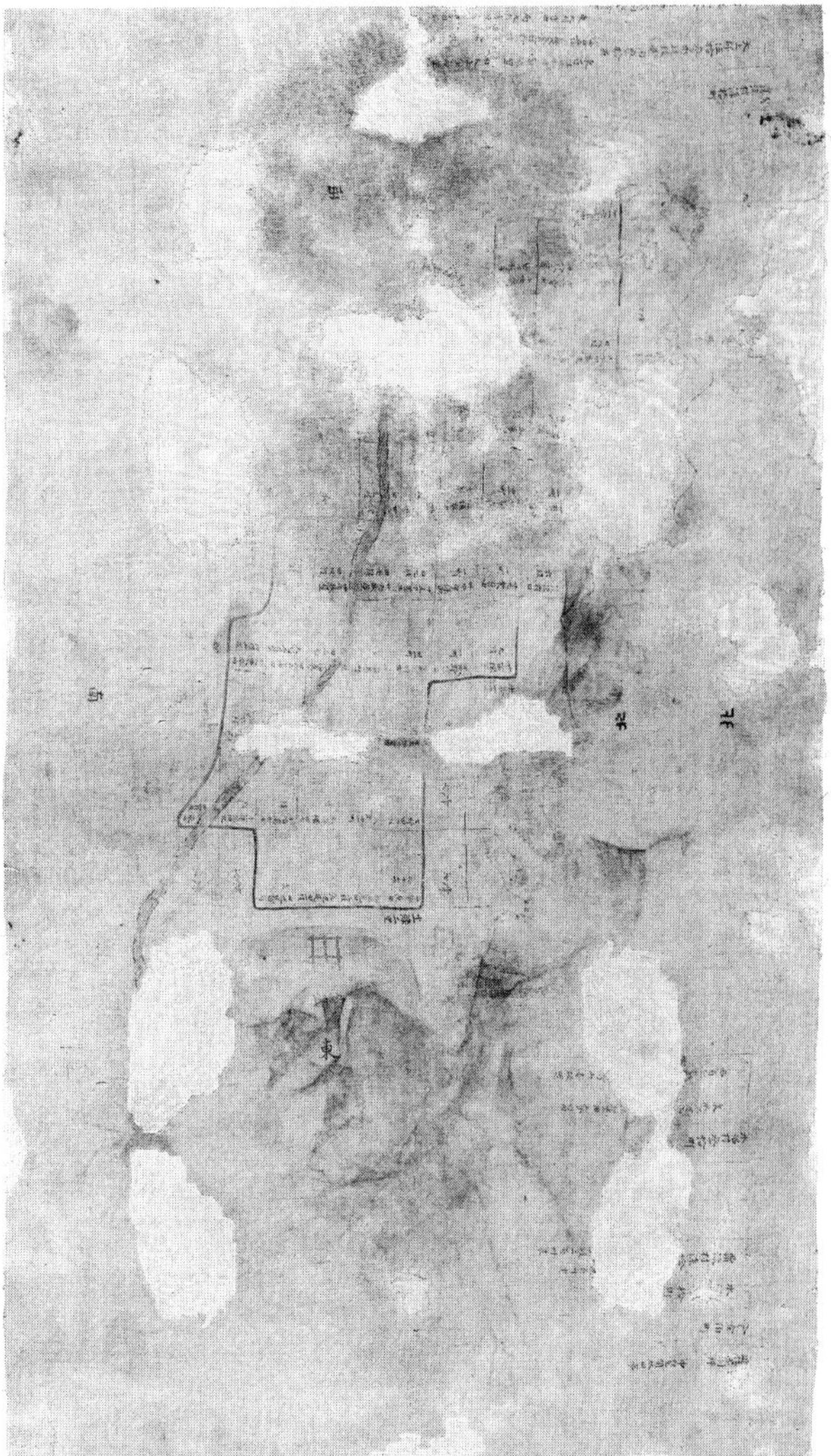

図 9　近江国水沼村墾田地図(正倉院宝物．天平勝宝三年〈751〉)

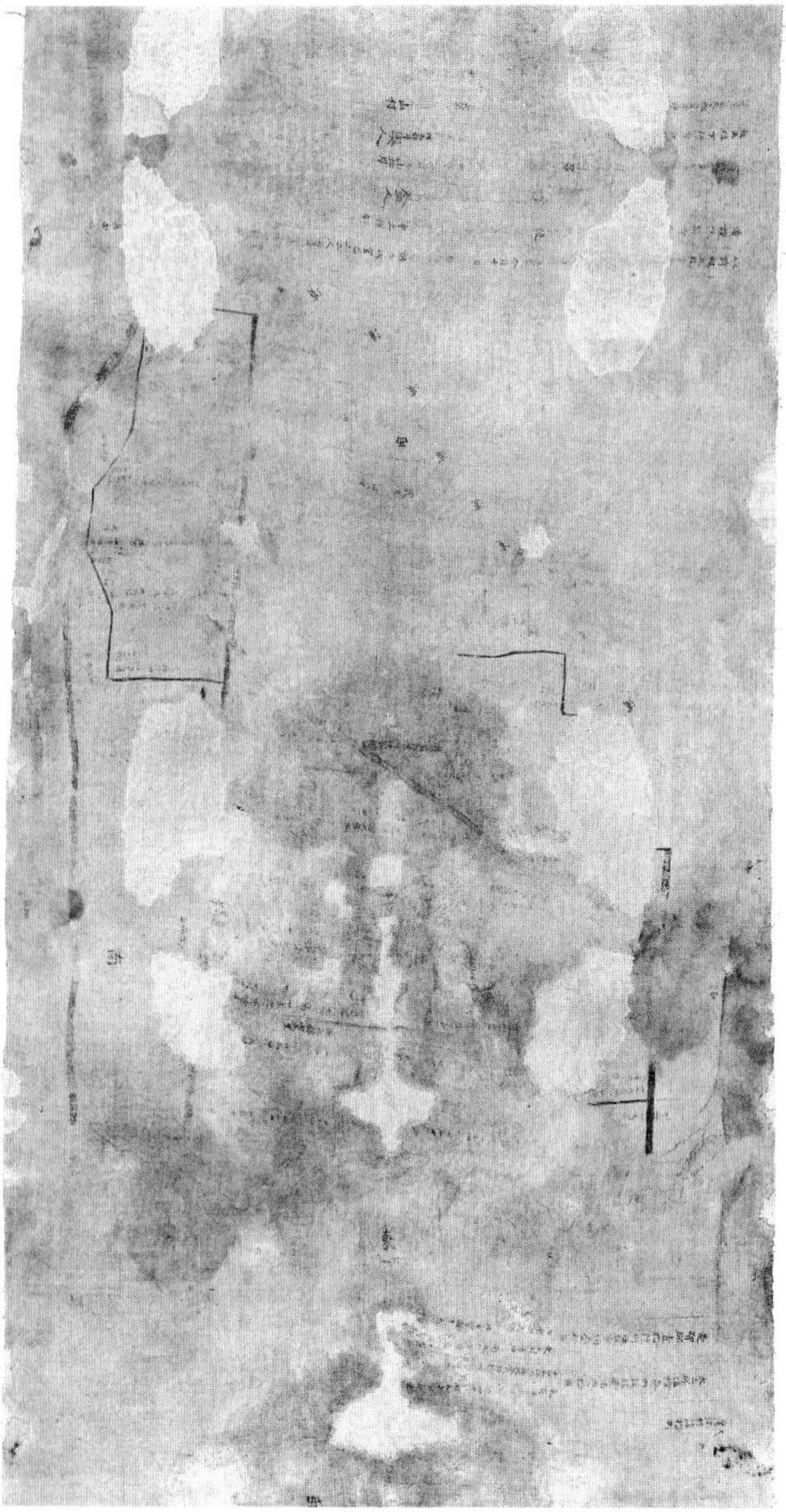

図 10　近江国覇流村墾田地図(正倉院宝物．天平勝宝三年〈751〉)

であり、国司から天皇への報告文のなかにある。そして、これも佐藤が的確に指摘しているが、本国司解には「東大寺」という文言はなく、形式上は一二寺のいずれに施入されるか、定まっていない段階での図であった。結果的に東大寺領となったことは間違いないが、二つの地区の荘園図(の載る近江国司解)を作るにあたって東大寺側が深く関わる状況は認めにくい。

両図は条里呼称法に基づく位置表示がなされている。そして特徴的な点として、条里地割が東西—南北の長さが等しい正方形ではなく、南北に対して東西が約二倍となる長方形で表現されている点が挙げられる。こうした長方形で条里地割を表現する類例には、九世紀の班田図をもとに作製された「山城国葛野郡班田図」[43]があり、先述のように班田図が長方形で表現されることがあったことを確認することができる。近江国司が解文を作成するにあたって、すでに整備されていた班田図の表現方法を真似て両図を描いた可能性は高い。

そうであれば、両図は班田図を原図ないし参考として国司側が作製した図、ということになる。こうした特徴は東大寺側と国家側の双方が関わって作られた北陸の開田図系荘園図とは大きく異なっている。金田はこれら近江国の二図を、天平宝字三年(七五九)に作られた越前国・越中国の八図と同じ類型Ⓐとしているが、やはり異なる類型として区別すべきであろう。

(43) この図の表現範囲については、注8を参照のこと。

郡をまたぐ荘園図

同一の国司解に記された水沼村・覇流村の荘園図だが、佐藤の分析によって、水沼荘と覇流荘という二つの荘園だったわけではなく、当時は「覇流」荘と呼ばれた可能性が高いことが示された［佐藤、一九九六］。出土木簡なども利用しつつ、佐藤は、「ヘル」とは愛智《えち》郡から犬上《いぬかみ》郡を含む一帯を示す古い地名ではないかと指摘している。水沼村図と覇流村図とが表現する地域は直線距離で九キロメートルほど離れているが、「ヘル」地域として包括できるものであったことになる。(44)

ただし、「覇流」荘の空間的な広がりをより正確に言えば、二つの村の三つの地区に分かれている、ということになる。というのも、国司解の表記では「覇流村」の墾開地は「犬上郡伍拾参町弐伯参拾歩」と「愛智郡壱拾陸町伍段弐伯参拾歩」からなっており、かつ地図の中で細い朱線で示される墾開地の範囲をみると、犬上郡と愛智郡の墾開地は近接するものの一坪分の距離を隔てており、郡ごとに二つの地区に分けられることが読み取れるからである。その二地区の間には郡界を示す太い朱線が引かれている。

郡を超えて「ヘル」という地域が存在していたと考えられること、また実際に荘園図において郡が異なっていても「覇流村」として表現されていることは、郡と村

(44) 水沼村と覇流村の比定地については、注41、42を参照のこと。

の成立の違いを示した実例として興味深いが、班田図と荘園図との違いを明確に示すものとしても貴重な表現となっている。先述のように、班田図は班田対象の田の位置を把握することに主眼を置いた図であり、条ごとに一巻の形式で分割され、条のなかでも里ごとに分割される場合もあった。覇流村の荘園図の場合、犬上郡の三つの条の七つの里、愛智郡の一つの条の二つの里にまたがって表現されている。これらの範囲を班田図で確認しようとするならば愛智郡域は一巻で事足りるが、犬上郡域は三巻を用意しなければならない。班田図形式では覇流村の二地区を一括して確認するのは不可能だろう。

こうした班田図に対し、荘園図は条や里、そして郡といった行政的な土地把握のシステムの境界を越えて広がる一定の地域を一つの画面に表現する。荘園図は国郡内における土地の位置把握ではなく、まとまりを有する領域把握を目的とする地図なのである。そして、水沼村図と覇流村図(二地区)が一つの国司解に表現されていることをふまえると、分散していても一つの方針に基づいて設定された領域的まとまりを表現するという側面があったことになる。そうした点は、「弘福寺領讃岐国山田郡田図」のなかに南地区と北地区が表現されている点にも表れる。荘園図は班田図が整備される以前から、そうした特性を備えていたのである。

おわりに

本章では、古代荘園図の研究史の近年の画期を『日本古代荘園図』に認めるところから始めた。そして、古代荘園図という幅広い枠組みのなかで「狭義の古代荘園図」とでも呼べる荘園図に関する分類案について、『日本古代荘園図』内で提示された金田案、およびそれ以降になされた三河案を取り上げ、両者の異同を確認するなかで、班田図が整備される以前の図、もしくは国家主導で作られた図を中心に、いくつかの検討をおこなった。金田が「国司図」系統としてまとめた一群には、国家が主導した図、寺院が主導した図、両者の調整のなかで作られた図があり、荘園図が多様な契機のなかで作られたことを示してくれる。「阿波国名方郡新島荘図」(枚方地区)の記載から「国司図」と認識された図が作られたこと自体は疑いないが、金田のまとめた「国司図」系統の図のなかには、「阿波国名方郡新島荘図」(枚方地区)とは異なるプロセスが想定される図もある。その意味で、少なくとも「国司図」という名称で一括するのは、やや誤解を招くかもしれない。また、班田図整備後においても、国家主導で荘園図が作られることもあり、必ずしも班田図の整備が荘園図作製を固定化したわけではない点も改めて確認したい。

古代荘園図は、これまでにも数多くの議論がなされ、その研究蓄積は分厚い。特に多くなされてきたのは、越前国および越中国の東大寺領荘園図である。それにもかかわらず、本章ではこれらの荘園図をほとんど扱うことをしなかった。筆者の力量不足というのが最大の理由だが、越前国・越中国の荘園図と同じく重要で、かつより古い時期に作られているその他の地域の荘園図を取り上げることで、古代荘園の理解の幅を広げてみたいと考えたからでもある。本章で紹介した図であろうとなかろうと、荘園図が特定の地域の領域を表現するものである以上、個別の地域に存した事情が荘園図の作製や内容に大きく反映している。関心を持った荘園図については、ぜひ個別の先行研究を手に取って学んでほしい。

引用・参考文献

石上英一、一九九〇年「「京北班田図」の基礎的研究――日本古代田図の調査と史料学」『東洋文化研究所紀要』一一二(のち[石上、一九九七]に収録)
石上英一、一九九三年「古代荘園図」『新版　古代の日本一〇　古代資料研究の方法』角川書店(のち[石上、一九九七]に収録)
石上英一、一九九六年「古代荘園と荘園図」[金田ほか編、一九九六]
石上英一、一九九七年『古代荘園史料の基礎的研究』上・下、塙書房
金坂清則、一九九六年「越前b　越前国足羽郡道守村開田地図」[金田ほか編、一九九六]
岸　俊男、一九五九年「班田図と条里制」『魚澄先生古稀記念国史学論叢』魚澄先生古稀記念会(のち岸俊男『日本

古代籍帳の研究』塙書房、一九七三年に再録）
金田章裕、一九八五年『条里と村落の歴史地理学研究』大明堂
金田章裕、一九九三年『古代日本の景観——方格プランの生態と認識』吉川弘文館
金田章裕、一九九五年「阿波国東大寺領荘園図の成立とその機能」虎尾俊哉編『律令国家の地方支配』吉川弘文館（のち［金田、一九九八］に収録）
金田章裕、一九九六年a「八・九世紀の条里プランと荘園図」［金田ほか編、一九九六］（のち［金田、一九九八］に収録）
金田章裕、一九九六年b「古代荘園図の表現法とその特性」［金田ほか編、一九九六］（のち［金田、一九九八］に収録）
金田章裕、一九九八年『古代荘園図と景観』東京大学出版会
金田章裕・石上英一・鎌田元一・栄原永遠男編、一九九六年『日本古代荘園図』東京大学出版会
小山靖憲、一九八七年『中世村落と荘園図』東京大学出版会
栄原永遠男、一九九六年「古代荘図の作成と機能」［金田ほか編、一九九六］
鷺森浩幸、一九九四年「文図について」『続日本紀研究』二九〇
鷺森浩幸、一九九六年「摂津職河辺郡猪名所地図」［金田ほか編、一九九六］
佐藤泰弘、一九九六年「近江a　近江国水沼村墾田地図」［金田ほか編、一九九六］
荘園史研究会編、二〇一三年『荘園史研究ハンドブック』東京堂出版
杉本史子・礒永和貴・小野寺淳・ロナルド トビ・中野等・平井松午編、二〇一一年『絵図学入門』東京大学出版会
高松市教育委員会編、一九九二年『讃岐国弘福寺領の調査——弘福寺領讃岐国山田郡田図調査報告書』高松市教育委員会
虎尾俊哉、一九六一年『班田収授法の研究』吉川弘文館
橋本義則、一九九五年『平安宮成立史の研究』塙書房

橋本義則、一九九六年「唐招提寺所蔵「観音寺領絵図」」〔金田ほか編、一九九六〕
丸山幸彦、一九八九年「古代の大河川下流域における開発と交易の進展——阿波国新島庄をめぐって」『徳島大学総合科学部紀要(人文・芸術研究編)』二(のち〔丸山、二〇〇一〕に改変のうえ収録)
丸山幸彦、二〇〇一年『古代東大寺庄園の研究』渓水社
三河雅弘、二〇〇八年「古代国家による寺院荘園の認定と土地把握——阿波国名方郡東大寺荘園の検討から」『歴史地理学』五〇—五(のち〔三河、二〇一七〕に加筆・訂正のうえ収録)
三河雅弘、二〇一七年『古代寺院の土地領有と荘園図』同成社
南出眞助、一九九四年「「絵図」という語の初見について」『東洋文化学科年報』9
南出眞助、一九九六年「古代荘園図と中世荘園絵図」〔金田ほか編、一九九六〕
山口英男、一九九六年「大和b　額田寺伽藍並条里図」〔金田ほか編、一九九六〕
吉川真司、一九九六年「東大寺山堺四至図」〔金田ほか編、一九九六〕
吉川真司、二〇一九年「古代寺院の生態」吉村武彦・吉川真司・川尻秋生編『シリーズ古代史をひらく　古代寺院——新たに見えてきた生活と文化』岩波書店
吉田敏弘、一九八七年「中世絵図読解の視角」小山靖憲・佐藤和彦編『絵図にみる荘園の世界』東京大学出版会

挿図引用文献

東京大学史料編纂所編、一九八八年『日本荘園絵図聚影　三　近畿二』東京大学出版会(図1)
東京大学史料編纂所編、一九九六年『日本荘園絵図聚影　一下　東日本二』東京大学出版会(図3・9・10)
東京大学史料編纂所編、一九九九年『日本荘園絵図聚影　四　近畿三』東京大学出版会(図4)
東京大学史料編纂所編、二〇〇一年『日本荘園絵図聚影　五上　西日本一』東京大学出版会(図5・6・8)

コラム　古代荘園図の山を「推す」

ミュージカルにおいては主役も脇役も作品に不可欠な存在だが、主役には名前が与えられる一方で脇役には与えられないことも多い。観客にすべて等しく紹介されるわけではないのだ。そんなことになれば、観客に作品のストーリーが適切に伝わらないからである。ただ、脇役を「推す」ファンが多いのも事実である。

何のことかと思うかもしれないが、一つの作品のなかに目立たせねばならない部分とそれを支えねばならない部分があるという構造は、地図資料も同じである。古代荘園図の場合、主役の位置にあるのは公田か否かが示された田や畠(など)であり、それを示すための多様な地図表現が脇役として画面を彩っている。

こうした点からいえば、古代荘園図に絵画的に表現された山や岡の配役は明らかに脇役である。そして、研究者の間で注目度の高い山がある一方で、論じられることが少ない山もある。

荘園図の山のなかでもっとも注目されてきたのは「越前国足羽《あすわ》郡糞置《くそおき》村開田地図」の山並みだろう。山並みの描かれ方と条里地割との関係が一つの大きな論点となり、何人もの研究者が「描かれた山並みのこのピークが現地のAの山、あのピークがBの山で、だから条里はこうなっている」といったような、詳細な「推し活」を展開してきた(これまでの「推し活」は三河雅弘によってまとめられている[三河、二〇〇四])。天平宝字三年(七五九)の図と天平神護二年(七六六)の図の二葉があり、それらの表現がちょっとずつ違っているところが、鑑賞者の好奇心をより高ぶらせるのだ(もっとも、それは鑑賞者たちが「勝手に」推しているに過ぎず、作者がどういう意図で作ったかは別問題だが)。

糞置村図の一葉が作られた天平神護二年には、同じ越前国の足羽郡道守《ちもり》村と坂井郡高串《たかくし》村でも荘園図が作製されている。そのうち、ここでは高串村図(「越前国坂井郡高串村東大寺大修多羅供分田地図」)に表現された山に注目してみよう(図1)。なお、この図自体は写しだが、櫛木謙周によって、正本から比較的早い段階で作られた副本(案)のようなものと想定されている[櫛木、一九九六]。

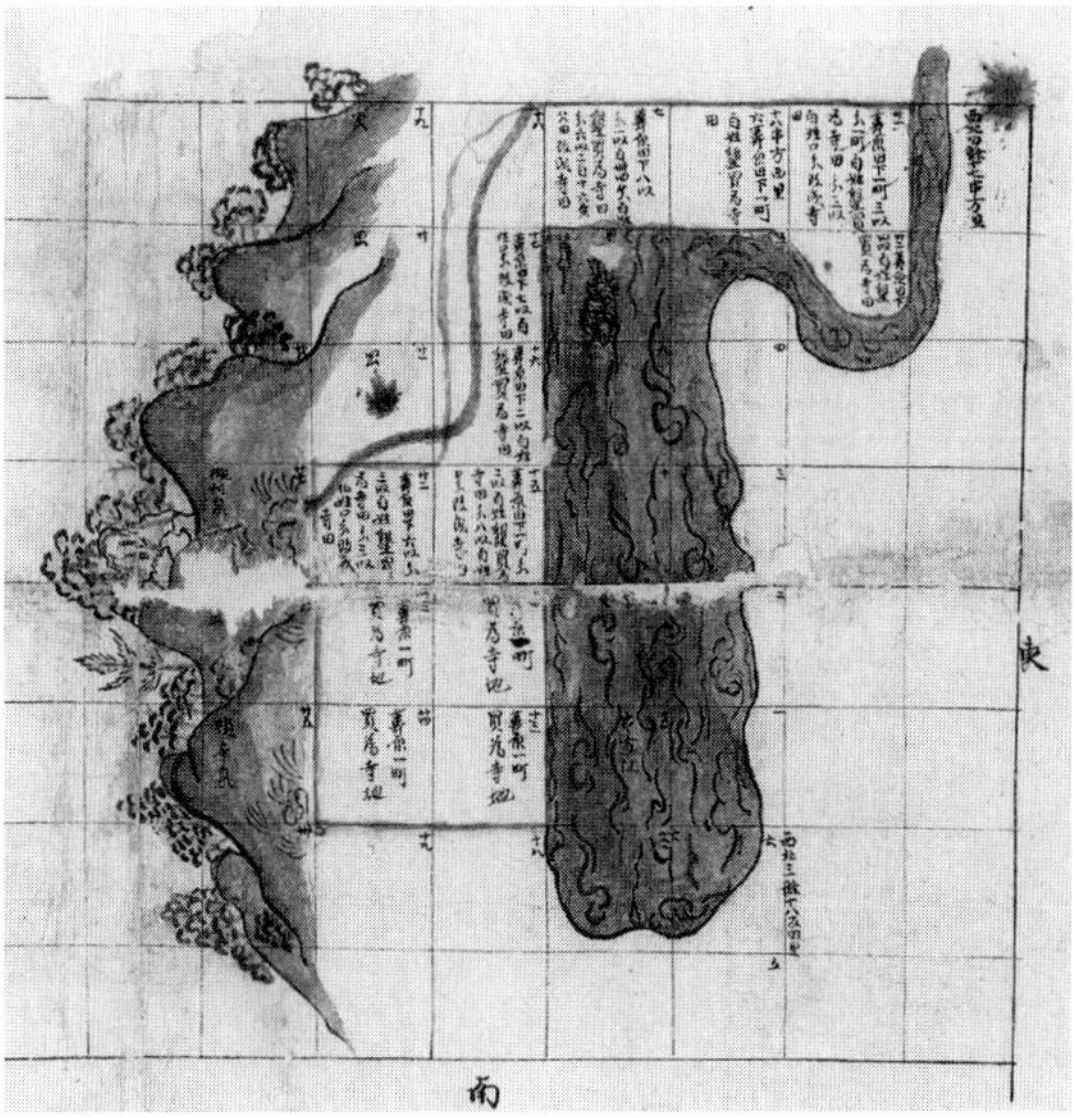

図1　越前国坂井郡高串村東大寺大修多羅供分田地図(部分.所蔵＝奈良国立博物館．天平神護二年〈766〉)

高串荘は東西を大きな池(串方江)と山並みに挟まれた範囲にある。山並みのなかでも特に荘園域と接している三町分については、まさに荘園の範囲を画す役割が与えられており、それ以外の部分については山並みが南北に続く(北側では少し東側に斜面が入り込む)現地の様子を表現していることになる。条里プランが表記されているので、荘園の位置を把握することはできるにもかかわらず、こうした表現を施しているのは、この場所の理解をめぐって何かしらの問題があって、位置を的確に表示するという演出効果を狙ったからなのだろう。条里界線に沿った串方江の不自然な岸の線の表現も同じ効果を狙う意図が見え隠れする。

図2　高串村図の現地比定地付近の風景(著者撮影)

実際のところ、高串荘は、開墾された土地を買得して荘園とする買得地系の荘園で、その承認を国家側から得るにあたり、現地の条里と郡全体の統一条里との調整を図るアクロバティックな動きを東大寺側がしていることを、櫛木が読み解いている。その意味で、山並みは高串荘の成立をめぐる過程で必須となった景観描写の一つであり、主役たる高串荘域を引き立てる重要なキャストとなる。「推し活」するに値する脇役だ。

ただし、ミュージカルの舞台セッティングに誇張やイメージの強調があるように、どうやらこの図にもそうした演出があるようだ。というのも、この「推し」の正体は、現在では三里浜と呼ばれている砂丘であって決して「山並み」ではないからだ(**図2**)。海岸沿いに砂洲として発達した砂丘なので、直線的に伸びるのは間違いないのだが、どう考えても図に表現されたような険しいピークがいくつも重なるような地形にはならない。この図から受けるイメージと現地で得られる印象は大きく違う(串方江が干拓されていることも図との印象を大きく変える要因だ)。

三里浜の砂丘は現在でも標高四〇メートルを超える場所がある。荘園地となった低湿地からは相応の比高差があり、そうした地形条件によって荘園地が画されたことは間違いない。そうした比高差が連続する状況をどのように平面の図に表現すればいいのか。地図の作製にあたり、作者はそのように思案したのかもしれない。荘園図にとって大事なのは砂丘があることではなく、荘園の境界が砂丘と平地の間の斜面変換線付近にあり、そうした地形条件の違いによって画されているという事実である。砂丘の連続を山並みに置換したところで主役に影響はない。いや、むしろ伝えたい意図がはっきりする。そういった演出構想がなされたのかもしれない。

いずれにせよ、主役の脇を固める三里浜は、串方江の岸の線と同様、大胆なデフォルメが施されたフォルムに変更され、ピークがいくつも連なる「山並み」として図に収まっている。そんな大胆な演出によって誕生した「山並み」、推さずにはいられないだろう。

●櫛木謙周、一九九六年「越前c　越前国坂井郡高串村東大寺大修多羅供分田地図」〔金田ほか編、一九九六〕
●三河雅弘、二〇〇四年「越前国足羽郡糞置村開田地図における山の表現とその特質」『人文地理』五六―一(のち〔三河、二〇一七〕に加筆・訂正のうえ収録)

《個別テーマをひらく》

大伴家持と荘園

奥村和美

1　土の匂い
2　庄（荘）の訓詁
3　別業での宴
4　君とわが背子

1　土の匂い

『萬葉集』には「庄」を舞台として詠まれた歌が幾首かあり、大伴家持《おおとものやかもち》とその周辺の人々の歌にやや偏る。先行研究では、都に居住する貴族層の詠作とはいえ、それらの歌に、なお農耕との密接なつながりを有する彼らの日常生活の反映を捉え、そこに王朝和歌の洗練にはまだ至らない萬葉歌の言わば「土の匂い」を見出してきたように思われる［薗田、一九五三／上野、二〇〇〇］。しかし、『萬葉集』の「庄」での歌は農耕に関わる歌ばかりではない。たとえば、大伴家の「庄」における次のような歌がある。(1)

三月十九日、家持の庄の門の槻樹《つきのき》の下に宴飲せし歌二首

山吹は撫でつつ生《お》ほさむありつつも君来《き》ましつつかざしたりけり

右の一首は、置始連長谷《おきそめのむらじはつせ》。　（巻二〇・四三〇二）

わが背子《せこ》がやどの山吹咲きてあらば止《や》まず通はむいや年のはに

右の一首は、長谷の、花を攀《よ》ぢ壺を提《と》りて到来《きた》りぬ。これに因《よ》りて大伴宿《すく》祢《ね》家持の、この歌を作りて和《わ》せしものなり。　（巻二〇・四三〇三）

天平勝宝六年（七五四）、家持が「庄」を訪れ、その門の槻の樹のもとで宴飲した

（1）以下、『萬葉集』の引用は、岩波書店の新日本古典文学大系に依る。

（2）竹田は、奈良県橿原市東竹田町の地。巻四・七六〇～七六一、巻八・一五九二～一五九三、一六一九～一六二〇参照。跡見は、奈良県桜井市外山《とび》のあたりか。巻四・七二三～七二四、巻八・一五六〇～一五六一参照。

（3）伝未詳。後述。

（4）この「やど」は、居住する建物だけでなく、広くその周辺の庭園も含めて指す。

（5）武田祐吉『増訂

ときの歌である。この「庄」が、大伴氏所領の竹田荘か跡見荘か、それともまた別の所なのかは不明である。他にも参会者はいたかもしれないが、それらの人々の名も歌も記されず、置始長谷[3]と家持との贈答のみが残る。歌はいずれも山吹を素材とし、長谷が家持の来訪への謝意を述べるのに対して、家持がさらに毎年の訪問を約束するという挨拶の歌である。山吹は「やど」[4]に植えられた観賞用の花である。長谷はこの荘園を預かる管理人とも解されるが[5]、彼の振る舞いと歌は一介の管理人にしては教養と洗練とを感じさせる（後述）。このような農耕に関わらない歌が「庄」で詠まれることをどう捉えればよいのか、家持の作歌活動において「庄」という場がもつ意味をあらためて考えてみたい。

2　庄（荘）の訓詁

先に見たように、現行の『萬葉集』テキストは「荘」ではなく「庄」の字を採る。他巻の例も同様である。この点について澤瀉久孝《おもだかひさたか》『萬葉集注釈』（巻四・七二三番歌題詞の注）は、「「庄」は「荘」の草体の略字。また「疘」とも書く。ここも類[6]（一九・八）には「疘」とある」と指摘する。『校本萬葉集』[7]によれば類以外の諸本は「庄」字である。非仙覚本系の伝本の一つである廣瀬本[8]にも「庒（庄に同じ）」の字形で見

萬葉集全註釈』角川書店、一九五七年。

（6）『類聚古集《るいじゅうこしゅう》』のこと。平安末期書写。藤原敦隆《あつたか》撰。『萬葉集』の歌を部類別に分類・編纂した類題和歌集。

（7）『萬葉集』諸本を校《きょう》合《ごう》して、字句の異同や主要な諸説が一覧できるようにした書物。

（8）平成五年（一九九三）に発見された『萬葉集』の一本。天明元年（一七八一）以前の写。『萬葉集』の諸本は、現在大きく分けて、鎌倉時代に僧仙覚《せんがく》の校訂した本の流れをくむ仙覚本系と、仙覚による校訂を経ていない非仙覚本系とに分類される。

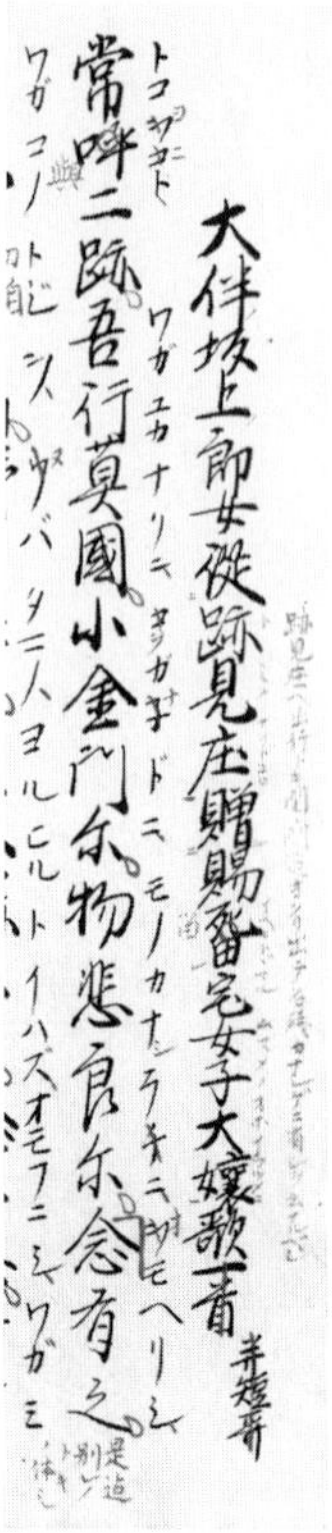

図1　廣瀬本『萬葉集』
「庄」の右に朱傍訓ナリトコロがあるが，これは江戸期の書き入れ．

える（**図1**）。唐・顔元孫《がんげんそん》撰『干禄字書《かんろくじしょ》』には「庒莊荘　上俗、中通、下正」とあり中国唐代では「庒」は俗用可の字であった。さかのぼって梁・周興嗣《しゅうこうし》撰『千字文《せんじもん》』の「荘」字は、小川本・関中本とも「庒」の字体である（**図2**）。『千字文』は上代日本において識字の教科書として学ばれたから、(9)『萬葉集』に「庒」或いはそれをさらに崩した「庄」が用いられていたとしてもおかしくない。聖武天皇宸翰《しんかん》『雑《ざっ》集《しゅう》』(10)では全て「庒」、天平一九年（七四七）の大安寺《だいあんじ》伽《が》藍縁起并流記資財帳《らんえんぎならびにるきしざいちょう》では「庄（庒）」。「莊（壯）」の「爿」を「广」「疒」に作ることは、中国の敦煌文書にも見られ、「牀」が「床」と書かれるのと同じ現象であるという［張涌泉、一九九六］。

空海撰『篆隷萬象名義《てんれいばんしょうみょうぎ》』(11)には、「荘　阻陽反、敬也、厳也」と見え、「荘」の本来の字義に耕作地や私有地といった意義はない。後漢・許慎《きょしん》撰『説文解字《せつもんかいじ》』の清・段玉裁《だんぎょくさい》の注に「壯訓大、故莊訓艸大」(12)と説くことを参考にすると、草の盛んに茂る

(9)［小島、一九八六］参照。

(10)天平三年（七三一）書写。正倉院宝物。

(11)上代びとが利用した原本系『玉篇《ぎょくへん》』（梁の顧《こ》野王《やおう》撰の漢字字書。逸書）の抄出本。

(12)「荘」の字を「艸（くさかんむり）」と「壮」に分解して、「壮」の意は「大」、ゆえに「荘」は、草の大きく茂った様子を意味するのだ

場所すなわち田舎の広い土地というところから、貴族や皇室が城外に所有する土地や別邸を「荘」と称するようになったのだろう。つとに加藤繁は、唐代に至って現れる荘田・荘園の淵源を、貴族や富豪の遊楽のための私有地で、かつ収益を得られる耕地を含んだ大土地に求めた〔加藤、一九五二／宮崎　一九九三〕。

これを、上代びとが読んだであろう六朝・初唐までの漢詩文で確認しよう。たとえば、晋《しん》の石崇《せきすう》(二四九―三〇〇)は、河陽《かよう》の金谷《きんこく》に豪奢な「別業《べつぎょう》(別館・別盧《べつろ》・宅とも)」を構えたことで有名である。⑬ 石崇の「金谷詩叙」⑭によれば、山あり谷ありの起伏のある土地に「清泉、茂林、衆果、竹柏、薬草」「水碓《すいたい》、魚池、土窟《どくつ》」などが見られる変化に富んだ景観を有していた。また、宋の謝霊運《しゃれいうん》(三八五―四三三)の「山居賦《さんきょのふ》」の舞台となった始寧《しねい》の墅《しょ》(別業とも)も豪壮な隠棲地として知られる。山川を含む広大な領地には園田があり、謝霊運は悠々と自足自立の生活を送ることができた。

図 2　小川本『千字文』第 245 句「東帯矜荘」右が楷書，左が草書．

貴族等が大規模に所有する「別業」を、初唐では「山荘」「荘」とも言ったことは、則天武后に仕えた宋之問《そうしもん》(?―七一二)の詩題に「陸渾別業」「陸渾山荘」の両様があり、⑮同所が「温泉荘」とも記された⑯ことか

という解釈。

(13)『文選《もんぜん》』巻四五「思《し》帰引《きいん》序」。

(14)『世説新語《せせつしんご》』品藻篇劉孝標《りゅうこうひょう》注所引。

(15)『全唐詩』巻五一及び巻五二。

(16)『全唐詩』巻五一「温泉荘臥病寄㆓楊七炯㆒」。

らわかる。彼と同時代の沈佺期《しんせんき》（?—七一四〜一五）の詩では宰相韋嗣立《いしりつ》の「山荘」が「別業」と詠まれ、[17]『旧唐書《くとうじょ》』には同所が「荘」とも記される。[18]同じく初唐の李嶠《りきょう》（六四五—七一四）の詩では、長寧《ちょうねい》公主の造営した「東荘」が「別業」と詠まれ、天子及び百官を迎えての宴の様が描かれる。[19]もちろん、そこで開かれる宴は文人達を中心とする詩酒の宴であって、先述の石崇が元康六年（二九六）に催した金谷の集い[20]は、「別業」という非日常的空間における盛大な文会の先例として後世長く憧憬されるところとなっていた。

上代日本においても、「別業」は貴族にとって隠棲の地であり、また隠逸を気取って文人が集う風雅の場でもある。たとえば、『藤氏家伝《とうしかでん》』鎌足《かまたり》伝の「三嶋《みしま》之別業」は、藤原鎌足が政界からしばらく身を引いて養生した場所である。なにより藤原武《む》智麻呂《ちまろ》伝の「習宜《すげ》之別業」は、平城京の西に位置し武智麻呂が毎年秋九月に「文人才子」とともに「文会」を開いたところであった〔岸、一九六六〕。その地の一部が耕作地として利用されなかったわけではないだろうが、上述の諸例に照らせば「別業」や「荘」を「農業経営の拠点としての施設」〔吉田、一九八七〕とのみ理解することは一面的と言うべきで、ナリトコロやタドコロという古訓にひきつけすぎた理解のように思われる。

（17）『全唐詩』巻九七「陪二幸韋嗣立山荘一」。

（18）巻七中宗紀、景龍三年（七〇九）一二月。

（19）『全唐詩』巻五八「侍二宴長寧公主東荘一応制」。『唐詩選』には「長寧公主東荘侍宴応制」の題で載る。

（20）『文選』巻二〇に晋・潘岳《はんがく》の「金谷集作詩」が載る。

3　別業での宴

「庄（荘）」をこのように詩文制作の場でもあった「別業」という観点から見たとき、『萬葉集』との関わりで顧みられるのが橘諸兄《たちばなのもろえ》の「相楽《さがらか》別業」である。『続日《しょくに》本紀《ほんぎ》』天平一二年（七四〇）五月乙未（一〇日）の条に「天皇（聖武）、右大臣《うだいじん》の相楽別業に幸《みゆき》したまふ」と見え、これが井手《いで》[21]の別邸と考えられている（**図3**）。井手は後代、山城国の歌枕として有名になった地である。[22]

図3　橘諸兄公旧跡記念碑（京都府綴喜郡井手町ホームページより）

ここで開かれたと思われる宴席での歌が、『萬葉集』巻六と巻八に分載される。天平一〇年八月二〇日の歌である。

右大臣橘家《たちばなけ》の宴歌七首

雲の上《うへ》に鳴くなる雁《かり》の遠《とほ》けども君に逢はむとたもとほり来《き》つ（一五七四）

雲の上に鳴きつる雁の寒きなへ萩の下《した》葉《ば》はもみちぬるかも（一五七五）

右二首。

（21）現、京都府綴喜郡井手町井手か。

（22）『古今和歌集』には「蛙《かはづ》なく井手の山ぶきちりにけり花のさかりに逢はましものを」（春歌下・一二五　読人しらず）と見え、以来、歌枕「井手」の代表的な景物は山吹と蛙（河鹿《かじか》）とされる。

この岡に雄鹿《をしか》踏み起こしうかねらひかもかもすらく君故《ゆゑ》にこそ（一五七六）
　右の一首は、長門守《ながとのかみ》巨曾倍朝臣津島《こそべのあそみつしま》。
秋の野の尾花が末《うれ》を押しなべて来《こ》しくも著《しる》く逢へる君かも（一五七七）
今朝《けさ》鳴きて行きし雁《かり》が音《ね》寒みかもこの野の浅茅《あさぢ》色づきにける（一五七八）
　右の二首は、阿倍朝臣虫麻呂《あべのあそみむしまろ》。
朝戸《あさと》開けて物思《おも》ふ時に白露の置ける秋萩見えつつもとな（一五七九）
さ雄鹿の来《き》立ち鳴く野の秋萩は露霜《つゆしも》負ひて散りにしものを（一五八〇）
　右の二首は、文忌寸馬養《ふみのいみきうまかひ》。
　天平十年戊寅《ぼいん》の秋八月二十日なり。

まず巻八所載の歌を挙げた。題詞には「右大臣橘家[23]」としか記されないが、都の邸宅でないことは、客がわざわざ遠距離をやってきたと詠む一五七四番歌の内容から明らかである。別邸が都の周辺にあった[24]とすれば、井手のそれが最も結びつきやすく、諸注そのように解する。この「右大臣橘家」の所在を井手とする確かな根拠は見出せないが、他の場所であったとしても、「家」と呼ばれる居住空間を備えた諸兄の「別業」の一つであることには違いない。

天平一〇年は、藤原四兄弟が疫病によって相次いで亡くなったその翌年である。先述の武智麻呂の習宜の「別業」での文会が、長屋王の作宝楼《さほろう》[25]での詩宴に対抗する

(23) 橘諸兄は天平一〇年正月壬午（一三日）に右大臣に任ぜられた（続紀）。

(24) 貴族が複数の邸宅をもつことについては、[東野、一九九六]参照。

(25) 長屋王の佐保の別邸のこと。天平勝宝三年（七五一）成立の上代漢詩集『懐風藻《かいふうそう》』には、長屋王の作宝楼での宴で詠まれた詩が多数残る。

意識をもって開かれていたのだとしたら[26]、長屋王が薨去して一〇年、武智麻呂も世を去った時点において、諸兄の別邸で開かれたこの宴は、先行する貴顕の別邸での名高い文雅の会を継承しつつ、一方では対抗して和歌の興隆を企図したものだったのではないか。詩ではなく和歌の詠作であるのは、単に諸兄の好尚が働いただけかもしれないが、右大臣になったばかりの諸兄主催の和歌による文雅の会は、時代の変化とそれを領導する人物の交替とを人々に強く印象づけただろうことは想像に難くない。

参会者は、諸兄を主人として、客は、長門守の巨曾倍津島[27]、阿倍虫麻呂、文馬養、高橋安麻呂(巻六・一〇二七番歌左注)。著名な歌人は含まれず、あえて言えば阿倍虫麻呂が歌詠みとして多少認められていたか[28]。家持はこのとき二〇歳前後。出席はかなわなかったとしても、当時の宴の模様は、おそらく縁続きの阿倍虫麻呂あたりから直接に聞いただろう。これら諸兄の「庄」で詠まれたと思しい歌には農耕の要素は全く見られない。たとえば文馬養の一五七九番歌は、朝の物思いという男女の別離を思わせるような状況で萩の上の露を賞美する優艶な作。その心情も、「見えつつもとな」というように、見ると辛くなるからあえて見まいとするが、それでも目についてしかたがないと、相反する心理の葛藤に複雑に揺れる。「白露」と「秋萩」の「白～・秋～」の組み合わせは、「秋風何冽冽　白露為二朝霜一」(『文選』巻二九

(26) [沖森ほか、一九九九]の指摘。なお、[森、二〇〇〇]によれば、長屋王は本宅とは別に佐保の地に「御田・御園」を含む「田庄」を経営しており、そこが「佐保宅」と呼ばれたところであった。したがって、王自身が『懐風藻』六九詩で「景は麗し金谷の室」と、作宝楼を「金谷」の「別業」に擬するのは場によくかなった表現と言える。

(27) 巻六では「対馬」の表記。

(28) 他に、『萬葉集』巻四・六六五、六七二、巻六・九八〇に歌が見える。阿倍虫麻呂は、大伴坂上郎女の従兄弟。

晋・左思「雑詩」)、「深庭秋草緑　高門白露寒」(『玉台新詠』巻五　梁・柳惲「擣衣詩」)といった中国詩文の対句に学んだ跡が著しい。(29) 一五八〇番歌は、鹿と萩と露を取り合わせつつ、鹿が萩の散ることを惜しんで鳴くことに、詠み手の萩の散ることを惜しむ情を重ね合わせて、これもまた優艶な作である。柿本人麻呂以降『萬葉集』では鹿と萩は恋愛関係にあると捉えられ、(30) その相聞《そうもん》の情趣を一首は景物の客観的な描写の背後に漂わせる。詠物歌(31)の典型的なものである。文馬養の歌は『萬葉集』にはこの二首のみだが、天平期の風雅の最先端を示す詠みぶりと言える。

一方、巻六所載の歌は、巨曾倍対馬と諸兄の応酬がウイットに富んでいて単なる挨拶にとどまらない。四首中、最初の二人の歌のみを掲げる。

秋八月二十日、右大臣橘家に宴せし歌四首

長門なる沖つ借島《かりしま》奥《おく》まへて我《あ》が思《おも》ふ君は千歳《ちとせ》にもがも(一〇二四)

右の一首は、長門守巨曾倍対馬朝臣《あそみ》。

奥まへて我《われ》を思へる我《わ》が背子《せこ》は千歳五百歳《いほとせ》ありこせぬかも(一〇二五)

右の一首は、右大臣の和《わ》せし歌なり。

長門守である巨曾倍対馬が右大臣諸兄に対して「君」と呼ぶのは当然だが、これは単なる敬称ではなく、「奥まへて我が思ふ」というように恋する女の立場に立っての呼称である。それに応える諸兄の歌は、対馬を「我が背子」と呼ぶ。これも女

(29) 中国詩文では、「秋」は五行思想に基づいて色彩では「白」が対応する。

(30) 大伴旅人の「我が岡にさ雄《を》鹿《しか》来鳴く初萩の花妻《はなづま》問ひに来鳴くさ雄鹿」(巻八・一五四一)はその一例。

(31) 中国の「詠物詩」の方法を和歌に応用したもの。具体的な「物」をとりあげ、それを微細かつ客観的に詠む特色をもつ。その和歌における情趣化の方法については[奥村、二〇二〇]。

性が親しい男性を呼ぶときの呼称を用いたもの。つまり、対馬が意図的に、相聞における深い恋情の表現と女性から男性への呼称とを用いたのを正確に理解して、諸兄は同じように女性語を使って戯れたのである。ほとんど鸚鵡《おうむ》返しのような返し方にも軽いからかいが認められる。男性があえて男性に対して、恋する女性の立場で親しげに呼びかける、そのようにして歌に相聞の甘い情趣を添えるのは、天平期に流行し、やがて家持周辺でも盛んに取り入れられた新しい詠み方である。私的な宴の親密で自由な雰囲気が伝わってくると同時に、それを主催する右大臣諸兄の粋で闊達な人柄も感じられる。

4　君とわが背子

上述のような「庄」における文雅の宴を意識したのが、先掲の大伴家の「庄」における歌であると思われる。歌のみ再掲する。

　山吹は撫でつつ生ほさむありつつも君来ましつつかざしたりけり
わが背子がやどの山吹咲きてあらば止まず通はむいや年のはに

前者では長谷が家持に「君」と呼びかける。家持が大伴家の「庄」の所有者で、長谷がその管理を任されている預かりならば、当然の尊称である。だが、「撫でつつ生ほす」山吹には明らかにうら若い女性が寓意されており、「君」はその女性にとっての恋の相手の「君」とも解しうる。対して、家持は長谷に「わが背子」と呼びかける。長谷の歌の含むところを理解して、同じように女性の立場をとって「わが背子」と呼んだのであろう。恋する女性の立場で「君」「わが背子」と呼び合う二人の呼吸は、先に見た対馬と諸兄のやりとりによく通じる。韻律の面から見れば、長谷が「撫でつつ・ありつつ・来ましつつ」とツツを繰り返すのに対して、家持は「山吹・止まず」とヤマの繰り返しで応える。この軽やかで楽しげな呼吸は、対馬が「沖つ借島奥まへて」とオキ・オクを繰り返すのに対して、諸兄が「我」「我が」とワを繰り返し、さらに「千歳五百歳」とトセを繰り返して応えていたのに等しい。「庄」における宴という状況の一致から見て、長谷と家持のやりとり、特に家持の応え方は明らかに先の諸兄の応え方に倣うものである。

　このような戯れの要素は、すでに、左注の記す長谷の振るまいにも看取される。「提壺」は、中国では、竹林の七賢の一人劉伶《りゅうれい》のような酒好きによく見られるスタイル[32]。俗世間から遠ざかった居所に身を寄せていたら、酒壺を携えた男が訪ねてきて一緒に飲むという流れは、田居における隠者と農夫との出会いを思わせる。たとえば、晋の陶淵明《とうえんめい》（三六五—四二七）の「飲酒二十首・其九」は、或る晴れた朝、淵明の田居に「壺漿《こしょう》（酒壺）」を携えた「田父」が訪れて門を叩くという設定をもつ。

（32）『晋書』巻四九劉伶伝。

また、梁の劉孝標（四六二—五二一）の「山栖志」にも、「田家有㆓野老㆒、提壺共至、班㆓荊林下㆒、陳㆑鐏置㆑爵」（『広弘明《こうぐみょう》集』巻二四所引「東陽金華山栖志」）のように、山居した孝標が「田家」の「野老」と共に酒壺を提げて木の下に至り、草上でわいわい楽しく飲む様子が描かれる。(33)長谷は、天平一一年（七三九）一〇月、光明皇后宮で維摩《ゆいま》講《こう》が行われた際の「仏前唱歌」の歌い手の一人として名が見えるから、(34)当時、相応の学芸を身につけた風流人であっただろう。また、山吹が、春の季節の景物として詠まれるようになるのは萬葉第三期以降で、(35)天平期の新しい傾向である。春の山吹を賞美するのに宴で「かざす」のはさらに珍しい趣向である。とすると、酒壺を携えてやってくるのは、おそらく長谷が漢籍の先掲のような表現に親しんでいて、自らその農夫にやつして登場したということなのだろう。巻一六の竹取翁歌における「老翁」の登場のように、である。(36)二人の贈答に農耕生活の要素があるとすればこの農夫らしき人物の登場の部分だが、それが今述べたように、現実の直接の反映ではなく、漢籍の知識に基づいた虚構の設定であるところに彼らの遊びがある。家持はその趣向をも受け止めて戯れの歌を返す。「止まず通はむいや年のはに」は、山《やま》部赤人《べのあかひと》の「その山の　いやますますに……ももしきの　大宮人は　常に通はむ」（巻六・九二三）といった宮廷儀礼歌を思わせる大仰な表現である。農夫に対してわざと不釣り合いな表現をとってふざけたのであろう。このとき家持の脳裏にあったのは、

(33) この一節は、上代びとが利用したことで知られる類書『芸文類聚《げいもんるいじゅう》』巻三六「隠逸」にも収載される。ただし、そこでは冒頭部分を「有㆓田家野老㆒」とする。

(34) 『萬葉集』巻八・一五九四左注。

(35) 早くには高市皇子の歌（巻二・一五八）に見えるが、これは挽歌において「黄泉」の「黄」を表したもの。

(36) この「老翁」が諸兄をモデルとするらしいこと［内田・芳賀、二〇二四］を参照されたい。

おそらく、先掲の諸兄の「別業＝庄」での歌の数々であり、中でも主人諸兄と賓客との諧謔を含んだ軽妙洒脱なやりとりであったと思われる。諸兄の主催する宴への、家持のそのような個人的な心寄せは、天平一一年八月に坂上郎女《さかのうえのいらつめ》が逗留していた竹田荘に訪れて詠んだ、

　玉桙《たまほこ》の道は遠《とほ》けどはしきやし妹《いも》を相見《あひみ》に出《い》でてそ我《あ》が来《こ》し

（巻八・一六一九　秋相聞）

が、先掲一五七四番歌を強く意識するところにもすでにうかがわれる。

「庄」は、都の貴族達にとって田仮《でんか》(37)の時季に赴いて農業経営に携わるところであり、一方で、その自然の中で隠逸を気取り詩文や和歌の会を催す風雅の場でもあった。家持にとって、特に後者の先例として心に深く留められていたのが諸兄の井手の「別業」での宴である。一五年以上の時を経ても、家持にはそのときのことがあたかも自ら参加し見聞したことのように懐かしく回想されている。家持にとって、「庄」は、諸兄の華やかなりし時代の一齣を鮮やかに彩ったところでもあった。

(37) 五月と八月の農繁期に与えられた休暇のこと(仮寧令《けにょうりょう》)。

引用・参考文献

上野　誠、二〇〇〇年『万葉びとの生活空間――歌・庭園・くらし』はなわ新書
内田賢徳・芳賀紀雄、二〇二四年(刊行予定)『萬葉集全注　巻第十六』有斐閣
沖森卓也・佐藤信・矢嶋泉、一九九九年『藤氏家伝　鎌足・貞慧・武智麻呂伝　注釈と研究』吉川弘文館

奥村和美、二〇二〇年「萬葉後期の自然観照――情調の表現をめぐって」西谷地晴美編著『気候危機と人文学――人々の未来のために』かもがわ出版
加藤　繁、一九五二年「唐の荘園の性質及其の由来に就いて」『支那経済史考証』上巻、東洋文庫論叢34（初出一九一七年）
岸　俊男、一九六六年「付論　習宜の別業」『日本古代政治史研究』塙書房
小島憲之、一九八六年『萬葉以前――上代びとの表現』岩波書店
薗田香融、一九五三年「萬葉貴族の生活圏――萬葉集の歴史的背景――」『萬葉』8
張涌泉、一九九六年『敦煌俗字研究』上海教育出版社
東野治之、一九九六年「長屋王家と大伴家」『長屋王家木簡の研究』塙書房（初出一九九二年）
宮崎市定、一九九三年「中国史上の荘園」『宮崎市定全集』8、岩波書店（初出一九五四年）
森　公章、二〇〇〇年『長屋王家木簡の基礎的研究』吉川弘文館
吉田　孝、一九八七年「トコロ覚書」青木和夫先生還暦記念会編『日本古代の政治と文化』吉川弘文館

挿図引用文献

小川環樹・木田章義注解、一九九七年『千字文』岩波文庫
廣瀬捨三ほか編、一九九四年『校本萬葉集　別冊一　廣瀬本萬葉集一』岩波書店

座談会

〈古代荘園〉の実像をさぐる

吉川真司
佐藤泰弘
武井紀子
山本悦世
上杉和央
吉村武彦

吉川　「古代荘園」というと、何でもない言葉のように思われるかもしれませんが、研究者の世界では普通、「初期荘園」と言います。ですから本書の『古代荘園』というタイトルは、見る人が見れば、少しとんがっているかもしれません。いわゆる初期荘園だけではなくて、さまざまな古代の荘園について考えてみたいと思っています。これまでどんなことがわかっていて、これからどんなことができるのか、今日は『古代荘園』の執筆者五人と、編集委員の吉村武彦さんにも加わっていただいて、いろいろ話し合っていきましょう。

■これまでの研究から

吉川　まず初めに皆さんから、これまでの研究と、今回担当された章との関わりなどをお話ししていただきたいと思います。

　まず私からお話しします。私は序論の「〈古代荘園〉を考える」と、「古代荘園の歴史」を書きました。もともと官僚制の研究をずっと続けてきたのですが、ちょうど一九九〇年代に古代荘園図の共同研究が始まりまして、私は「東大寺《とうだいじ》山堺四至《さんかいしいし》図《ず》」を担当しました。共同研究の見学会に参加して、古代荘園は面白いなって思うようになり、それから少しずつ書いたり話したりしてきました。

　もともと大和国《やまとのくに》、つまり奈良県をフィールドに研究していまして、できるだけ現地に即した、具体的な研究をやりたいと思っています。今回もそういうことを意識しながら書きました。

佐藤　「古代荘園から中世荘園へ」を書きました。主に平安時代の地方行政制度を研究していますが、荘園は一番初めから関心のあるテーマです。大学に入ったときに、教員をしていた叔父から、「荘園は難しいので、やるな」と言われて、だからやろう、という気になったのです。

私が学生の頃は、荘園研究が低調だったというか、研究の波が一巡した時期でした。当時は、圃場《ほじょう》整備にともなう荘園の現況調査が盛んに行われていましたが、私は集団で聞き取り調査をするのが苦手で、調査にはほとんど参加していません。むしろ古典的な研究手法に立ち戻ろうと思って史料を読み直していた時、たまたま鎌田《かまだ》元一《もとかず》さんに荘園図の研究会に誘っていただき、本格的に古代荘園の研究を始めました。

今回、「古代荘園と中世荘園のあいだ」を説明せよということで、私としては、いい機会をいただいたと思っております。こういうことって、言われないと書かないですよね。

武井　私は「出土文字史料からみた古代荘園」を担当しています。私自身の研究は荘園がメインというわけではなくて、律令や地方行政のことを勉強しているのですが、学生の頃から、地方の木簡を見に行くということをずっとしていました。たまたま木簡が出ているところが荘園遺跡であることが多くて、北陸の荘園であるとか九州の方であるとか、まとまったところを何度か見せていただきました。

いわゆる古代史の中での荘園研究から入ったというよりも、実際のモノから入ったので、私は荘園か荘園じゃないかという区分が薄いところから入ってるのかな、と。たぶん、荘園図とか文献を用いたやり方とはちょっと見方が違うのかなっていうところがあります。ただ、荘園遺跡と言われるところから出ている物とい

吉川真司

うのは、非常に具体的なことがわかる資料が多いので、そういったことから、皆さんの議論と嚙み合っていければ、と思います。

山本　私は「備前国鹿田荘《びぜんのくにしかたのしょう》を発掘する」を書きました。昨年に岡山大学を退職するまで、鹿田遺跡の発掘や研究を行っていたのですが、そういう点では、鹿田荘に長年関わってきたといえるかもしれませんね。

鹿田遺跡は岡山の市街地にあります。私が発掘調査を担ってきたのは、岡山大学の鹿田キャンパス内の調査で、医学部や大学病院がある場所です。鹿田という地名が注目されていましたが、鹿田荘につながる考古学的資料には乏しい状態でした。

佐藤泰弘

それが一変するのが、一九八三年から始まる発掘調査でした。私はそこで発掘に携わることになったのですが、最初の発掘で、すごくたくさんの遺構や遺物が出土し、鹿田荘の時期だけでなく、弥生時代にまで遡ることになりました。驚きの連続で、嬉しい悲鳴でしたね。俄然、鹿田荘との関係が注目されたわけです。現在まで、約四〇年間に三〇回近い発掘調査が行われていますが、弥生時代から幕末まで、人々の活動が明らかになってきています。ただ、岡大の敷地では、大規模な工事で遺跡は大きく壊れているので、鹿田荘の時代についても、限られた資料から復元するしかありません。そうした状況ですが、できるだけ社会とともに変化していく人々の生活の場の様子を具体的に復元することを目指しました。

実は、近年、縄文時代の海進《かいしん》以降に進む岡山平野の形成過程を探っていて、鹿田遺跡でのボーリング調査や古代・中世の遺跡動態から、鹿田荘周辺の土地がどのような環境を経て形成されて、鹿田荘がどのような環境にあったのかが、少し見えてきたかなと思います。

吉村　一つの荘園がこれだけ古い時期からずっと続いているという例はあまりないですよね。それが鹿田荘の面白いところです。現地にも見学に行かせていただいたこともあって、読んでいてかなり具体的にイメージしやすかったです。

山本　今回、改めて鹿田遺跡全体の状況を総合的に検討する機会をいただきました。発掘では、ある意味、ピンポイントで調査して調査報告書を作成するのですが、遺構や遺物の分析やその評価が中心となりがちで、鹿田荘にしても、その全体像は見えてこない。それを何とかするために、今回は少し大胆に、数十カ所の調査地点や周辺の遺跡の成果を関連付けてみたのですが、遺跡に残された人々の営みの流れをわかってもらえたらいいな、と思っています。

上杉　先ほどの吉川さん、佐藤さんの話を聞いていて、少し年代が下なので、感覚が違うんだなと思いました。というのは、私、一九九五年の阪神淡路大震災直後の入学なんです。そして九六年に『日本古代荘園図』（東京大学出版会）が出たんですね。指導教員の金田《きんだ》章裕《あきひろ》先生もその主たる編著者の一人でしたので、学部時代はその成果をベースにした内容を講義等で聞いていました。ですから、先ほど吉川さんは、「初期荘園」が一般的だけど「古代荘園」ってちょっととんがってるかもしれないというふうにおっしゃっていましたが、私の中では『日本古代荘園図』の内容がデフォルトなんです。むしろ、『日本古代荘園図』で最先端の研究成果がドーンと出ていて、この後は何もすることがないじゃないか、というような印象が、私の古代荘園に関する最初のイメージなんです。

　今回「古代荘園図の広がり」の執筆にあたり、久しぶりに『日本古代荘園図』をじっくりと読みました。学部生の頃よりは少しは自分の知識も増えているとは思うのですが、だからこそ、改めて読むと、九〇年代の成果ってすごいんだなということを再確認し、ワクワクしながら読みました。刊行から二〇年以上経って読んだときに、まだできることがあるかもしれないとわかったのが、今回の成果というか、自分なりの発見でした。

吉村　もう五〇年ぐらい前のことになりますが、私は卒業論文で大風呂敷のテーマを掲げて、日本の古代は奴隷制じゃない、アジア的隷農制と言ってるんです。そのため修士論文では土地とか人民支配がどう行なわれてるかといったことを書かざるを得なくなって、土地制度も研究したんですが、そのうちの一つが初期荘園でした。当時は藤間生大《とうませいた》さんの『日本庄園史』(一九四七年)の研究をどう考えるかが議論されていました。藤間さんは奴隷制的な関係を強調するわけですが、そんなはずはないだろうと。当時ちょっと注目したのが奥田真啓《まさひろ》さんの、共同体を重視して荘園を考える研究でした。

印象深いのは、助手時代に糞置荘《くそおき》の保存問題に関わって、当時、文化庁の北村文治さんと、東大の井上光貞《みつさだ》さん、京大の岸俊男さんと現地に行って、調査と説明会に参加したことです。北村さん、岸さん、井上さんと旅館の同じ部屋で寝ました。その頃、墨書土器などはわかりませんが、木簡などの出土はまだない時期です。その後、北陸では荘園からかなり木簡・墨書土器が出土しました。その頃になると、私は大化前代の方に関心が移っていたので、ほとんど荘園の研究はやっていません。

ただ中世史の研究者が本業で荘園研究をやっているので、荘園研究の解説は中世の人が多いですね。これがいいかどうかの問題はあります。初期荘園というと、中世にその完成体があって、古代はその初期段階という認識なんでしょうね。当時はあまり疑問を持たなかったので、私も平気で「初期荘園」という言葉を使っていました。

その頃は中世史にも関心があり、太良荘《たら》や黒田荘などにも行きました。その後、研究条件もガラッと変わりましたね。東大史料編纂所が『日本荘園絵図聚影』をやりだしたこともありますが。

吉川　「古代荘園」と言い出しても、「初期荘園」と言われた墾田系の荘園の研究成果は、もちろん受け継がないといけません。だから吉村さんのお仕事も、我々の貴重な道しるべだと思ってます。

吉村　結局、東大寺領の北陸荘園の研究は、東大寺という寺院に残った史料群の研究なのですね。荘園図というのは、地図といってもおそらく計画図みたいな性格が強くて、実際にあの通りに開発したわけじゃないですね。道守《ちもり》荘の荘園図は一部破損しているので、河や用水を復元すると面白いんですが、水を抜く排水が重要なのですね。当時は東大の岡田隆夫さんや栗原治夫さんが荘園図の研究をされていましたが、なかなか発表されないんです。井上光貞さんや野村忠夫さんらと、畠が墾田化される伊勢の近長谷寺《きんちょうこくじ》の文書調査に行ったときも、一日延ばして岡田さんと一緒に関係する地形図をトレーシングペーパーで写したこともあります。

■古代荘園と「荘」

吉川　さて、この本ではいろいろな角度から古代荘園を考えてみたわけですが、読みどころと言うんでしょうか、それぞれのテーマの面白いところ、重要なところを取り上げてみたいと思います。

まず私は、序論「〈古代荘園〉を考える」で「初期荘園」という理解、つまり墾田主体の荘園が初期荘園と言われるようになったのはなぜかを、明治に遡って考えてみました。

その中でわかったのは、西岡虎之助と渡部義通《よしみち》の仕事が戦前の到達点だったことです。とても重要な研究なんですが、それが、さっき名前が出た藤間生大以降、墾田主体の荘園ばかりが初期荘園ということになってしまい、古代史研究者が熟田《じゅくでん》(既墾田ですね)主体の、古くからの系譜を考えられる荘園のことを忘れていった。それが、長屋《ながや》王家《おうけ》木簡《もっかん》が一つのきっかけになって、大きく意識されるようになってきたんじゃないかと思います。

「古代荘園」という概念は、石上英一さんがきっちり定義されていますね。初期荘園と呼ばれる墾田開発から生まれた荘園だけじゃなく、大化前代の屯倉《みやけ》・田荘《たどころ》の流れを汲むものも確かにあって、それも含めて古代の荘園全体を見てみる必要があるということです。また、佐藤さんのテーマとつながってくるんですが、そういう二類型の荘園があるとして、それが中世にどう続いていくのかというのも大きな問題だろうと思います。

吉村さんにぜひお尋ねしたいのですが、「古代荘園」という理解はどう思われますか。

吉村　古代と中世の荘園を区別して考えることは、いいんじゃないかと思います。

ところで、大化改新詔で屯倉・田荘がなくなるということになっていますが、新日本古典文学大系『続日本紀《しょくにほんぎ》』の注釈では、各地に屯倉は残されていたという説を紹介しています。実際は、屯倉も田荘も実態はまだよくわからないでしょう。ただかつては、日本の「公地公民制」は、土地も人民も国家あるいは天皇のものだから、私有地みたいなものはない、というような理解も一部にあったのです。私はそういうことではないだろうと思っているんですよ。

例えば田荘が廃止されても食封《じきふ》とかを与えるわけで、田地を全部没収するなんてありえるでしょうか。律令制になっても、口分田《くぶんでん》とか位田《いでん》とかいった枠組みがあって、おそらく事実上はその枠組みの中で所有地の移動があるということになるだろうと思うんです。ただし歴史教育の現場では、口分田でもいったん没収して別に与えるような話になりますね。古代の行政が、そこまでできるとは思えないんです。

屯倉や田荘など、地域の産業拠点のようなものが、実態としてどうなっていたのか、ですね。史料がほとんどないし、それこそ出土文字史料から追っていければいいと思いますが。七世紀後半では難しいですよね。

武井　いまのところ出土文字史料で「荘園」を指すような言葉が出てくるのは、八世紀後半からですが、墨書土器などでは「荘園」でなくて「荘(庄)」としか出てこないのです。そう考えると、荘園には必ず墾田が付随している、というような従前の意識よりは、今吉村先生がおっしゃったように、経営拠点であるとか、屯倉といったものが引き継がれて、むしろそれを拠点にして土地開発するから墾田が集まってくるのかな、というイメージがあります。

吉村　極端に言えば、「別荘」的なものも荘園と言っていいわけでしょ。

吉川　今回、国文学の奥村和美さんが本書の「大伴家持と荘園」に書かれたのもそういう話なんですよね。『万葉集』に出てくる「別業《べつぎょう》」「田荘」というものに、そこまで土の香りを嗅がなくてもいいのだ、と。だからおそらく問題になってくるのは、「荘」というものをどう見るか。連続しているのは、大土地所有なのか「荘」なのかということもあると思います。

佐藤　寺院の資財帳を時代順に見ていくと、八、九世紀の資財帳は法具一つから書いてあって、荘所《しょうしょ》という施設と、墾田や田地をきちっと分けて書くんですよね。一〇世紀はあまり残ってなくて、一一世紀になると資財帳ではないけれど、石清水八幡宮護国寺《いわしみずはちまんぐうごこくじ》の所領目録で田地も含めた「何とかの荘」っていうのが出てくる。東大寺の「封戸荘園并寺用帳《ふこしょうえんならびにじようちょう》」はもうちょっと古いので、寺領の目録で田地を含めた荘を考えると、早くても一〇世紀で、一一

武井紀子

世紀の初頭には確実にそうなっています。

それは当時の人たちが、自分たちの財産をどうイメージするかという話ではないでしょうか。「荘」という言葉で、建物をイメージするのか、その周囲の土地も含めるのか、その仕方が違ってくる。それを資財帳とか文字史料の表現として、追跡できればと思って、今回やってみましたが、あまりはかばかしくなかったです。

吉川　法隆寺の資財帳には荘がいっぱい出てきて、田んぼの方がかえって少ない。田んぼを持たない荘がたくさんありますよね。あれは何やっとったんだろう。

佐藤　昔、鬼頭清明《きとうきよあき》さんが、法隆寺の瓦《かわら》の出土地が、法隆寺の資財帳の荘と言っておられて、その中に鵤《いかるが》荘も入っていたと思うんですけども、そこはおそらく単に田地ではなくて、瓦を焼いていたかもしれないし、海辺の交通拠点だったかもしれないし、そういうものが荘として捉えられているので、何も古代の荘は、土地を引っ付けて考える必要はないかもしれない。

吉川　でも、土地が付いてる方が多いですよね。

佐藤　土地が付いているものが当然多いと思いますよ。施設って単独では存在しないので、施設を維持するための所領は必ず、というか、わりと高い頻度で付いてくると思います。所領を維持するための施設もいろんなものがあるし、土地があるなしで区別するのも良くないかもしれませんね。

吉川　そういう、拠点があって田んぼが広がっていくというのは確かにあると思うんだけど、私のイメージでは、もうボコっと、それまでにあった田んぼを割《さ》き取って、そこに経営拠点を置くとか、元々の経営拠点ごと取り込んじゃうとか。そういうふうなものもだいぶあるんじゃないかな。

佐藤　それは一般的にあると思うな。そういうふうな、地上げ屋みたいなやつね。その方が絶対実入りがいい。今までである田んぼの方が安定しているし、普通そうするよねって思いますね。

■長く続いていく古代荘園

吉川　「古代荘園の歴史」と題した章の方は、具体的に考えようということで、三つの古代荘園を取り上げました。高校教科書でスルーされるような、墾田主体でない荘園をやっぱり見るべきだと思いましたので、ミヤケから荘園になったと考えられる鵤荘、それからタドコロの系譜を持っているに違いない、藤原氏の三島《みしま》の所領。それが興福寺領に転換していくことは中世史料から押さえられます。そういう長期存続っていうものを見てみたのが一つの味噌でした。やっていて面白かったのは、鵤荘ってすごくて、法隆寺の資財帳があり、『播磨国風土記《はりまのくにふどき》』もある、さらに中世の鵤荘の絵図があるんですよね。その三つのレイヤーを重ねると、地域がほんとうに立体的に見える。

あとは、墾田系統の荘園もちゃんとやらないとなと思いましたので、美濃国大井《おおい》荘についても検討してみました。大井荘はとても面白いところで、大垣市街地がそのまま大井荘なんですね。早稲田の海老澤衷《ただし》さんが大きな本（『中世荘園村落の環境歴史学——東大寺領美濃国大井荘の研究』吉川弘文館）を作られたので、それを参考にさせてもらいながら、現地を歩き回ってきました。ここがいいのは、東大史料編纂所の遠藤基《もと》郎《お》さんが見つけられた古文書によって、聖武天皇の勅施入だという伝承がまず確実だろうということがわかったこと。勅旨田《ちょくしでん》から古代荘園ができて、それが中世荘園に転成していくプロセスが見えやすくなったわけです。だからこれは、墾田開発系の古代荘園なんだけど、つぶれない、中世まで続く荘園として見ることができる。これも長期存続の例になるんだろうと思います。

ただ、なんでそうなるのかがわからなくて、佐藤さんに教えてもらいたいのですが、近江国の覇流《へる》荘とか水沼《みぬま》荘ってつぶれちゃいますよね、ほぼ同時にできた似たタイプの荘園なのに。ところが、美濃の大井荘はつぶれなくて、中世の東大寺を支えるんですよね。何でこんなふうに違うんでしょう。

佐藤 大井荘がなんで残ったか、他の荘園がいくつもつぶれたりするのもなんでか、というのは、なかなか難しい。いや、それがわかったらすごいですよね。昔は立地条件とかで説明していた。要するに古代荘園で立地条件がいいところと悪いところがあって、覇流荘とか、北陸の道守荘とか……。

吉川 北陸の場合はむしろ立地とかあんまり考えなくて、地方行政機構の助けを借りられず、現地の豪族たちが離れていったからつぶれたって話がふつうですよね。

佐藤 それもあるけど、やっぱり立地条件っていうのは一時期言われていたとは思うんですけど。大井荘や茜部《あかなべ》荘っていうのは、わりと場所はすごくいいところじゃないですかね。

吉川 大井荘は揖斐《いび》川と杭瀬《くいせ》川の氾濫原ですので、わりと洪水が来てたと思いますよ。

佐藤 そんなに良くないんですね。それじゃ、なんでだろう。わからない。あとは用途がどうか、何のために荘園を立てたかということもあって、お寺の場合は特定の法会《ほうえ》のため、といったことがあるから。ただ、初期荘園というか、大井荘とかは用途は決まっていなかったのかな。

吉川 細かな話で恐縮ですが、覇流・水沼荘は奈良時代中期に、大修多羅衆《だいすたらしゅ》という寺内組織のために設けられたものですよね。その点では薬師寺領の豊浦《とゆら》荘とか、興福寺領の鯰江《なまずえ》荘とかも同じです。でもそれらは残っていく。どうなってるんでしょう。一般的に古代荘園はつぶれるわけじゃないのか。

佐藤 個々の条件によるのでしょうね。一個一個考えるにしても、全部まとめてどうかというのは、考えにくい。条件が違いすぎて一般化がなかなか難しいです。

吉川 古代荘園の長期存続のことを考えていくと、開発から荘園を考えるのがよくないと思ってしまうんです。弥生時代からの田んぼって、よく穫れるに決まってますよね？

山本　弥生時代の田んぼを、古代や中世に、そのまま使っていることを確認するのは難しいですね。

吉川　水路が変わったりしても、その場所で耕作することは続いていったりしませんか。

山本　確かに同じ水田という意味ではなく、同じ場所ということであれば、耕作が長期間続いている場所は、岡山平野でも広く認められますよ。弥生時代以降、施肥の始まりや二毛作などの農業形態の変化を受けて、水田土壌も変化していて、褐色を残す弥生時代の土壌や、灰色の粘性の強い古代・中世層、砂を多く含む近世層が重なって確認される場所があります。そうした堆積があれば、弥生時代から長期間にわたって水田域だったことがわかりますが、それ以上に水田耕作の詳細な継続時期を求めるのは難しい。悩みますね。

水田耕作では攪拌作業を伴うため、古い土といっしょに古い時期の遺物も混ざってしまいますし、水田層が大きく掘り下げられて消失する場合もあって、水田の連続性を把握できなくなります。年代のわかる洪水砂や火山灰でパックされていれば、放棄された時期は決められますが。

水路は、水田域を考える上で重要ですね。鹿田遺跡では、やや低い場所に、弥生時代後期から古墳時代初頭にかけての水田が見つかっていて、その上部に、時間を空けて再開した飛鳥時代の水田の広がりが、水路の位置と土壌から予想できました。この時期には、弥生時代の水田域が継承されているのですが、その後、この水田域は姿を消し、平安時代後期になると、その場所には大きな池が掘られているように、弥生時代に始まる水田域も、その継承は場所によって異なると思います。

吉川　かつて櫛木《くしき》謙周《よしのり》さんだったかな、「長い歴史を持つ田んぼには労働力が蓄積している」って言われたことを、今も憶えてるんですよ。長い歴史を持つ田んぼというのはそれだけ価値が高いっていうことな

山本悦世

のかなと思って、そのイメージをずっと持ってきたんです。でも、個々の遺跡というか、土地について見れば、そう簡単にはいかないってことなんですね。

山本　江戸時代のように、数百年単位で同じところで水田耕作が行われるような状態や安定した耕作域の広がりが確保される場所では、そうしたことも言えるのかもしれませんが、それ以前の時代では、進行する土地開発の過程において、様々なことが生じていたのではないでしょうか。

佐藤　労働力を投下して維持していくことを考えると、近世は農地の生産性を高める集約農業が定着していて、耕地を村全体で維持しようという規範がすごく強いですよね。それがいつまで遡るんだろうっていうことがすごく疑問です。例えば平安時代とか鎌倉時代に、洪水で耕地が失われた時に、再開発をする、しないは誰が決めるのか、人は戻ってくるのか。自分たちの村に愛着があるのか。土着の意識というのが、江戸時代だったらわかるし、それが消えようとしてるのが現代でしょうからね。では中世はどうだったのかを知りたいんですよね。

山本　そうですね。ここが自分の故郷だから離れたくない、という強い意識が江戸時代以降にあったことは想像できますね。古代・中世はわかりませんが、年代を遡ると、弥生時代でも洪水で集落が砂で埋まっても復興している例があります。例えば、岡山平野にある百間川《ひゃっけんがわ》遺跡群では、数十センチメートルの砂で厚く覆われた同じ場所に水田を作り直していて、結構な労力を掛けてもそこにとどまっているのですよ。当時、洪水は悪いことばかりではないんですね。「肥料」は運ばれてくるし、低いところに砂がたまって良好な水田域が広がる例も珍しくないです。それでも、やはり、放棄する場合もあります。鹿田遺跡では中断していますから。

水田からは判別できませんが、古代の岡山平野では、八世紀と九世紀では、遺跡の場所が大きく変化しているように思います。こうした場合は、それまでの水田域とどういう関係になるのか気になりますね。それに対して、一〇世紀の鹿田遺跡では、岡大鹿田キャンパスの場所からの移動は、同じ微高地の中にとどまっていて、それまで活用していた環境から離れていないわけです。居住の場の移動はあっても、活動の場がこうして長期間にわたって継続されていくようです。

吉川　荘とか耕地とかがどれだけ続いていくかは、重要な問題なんですよね。そのあたりが考古学からかなり見えてきているということですか。では次に佐藤さん、お願いします。

■古代荘園から中世荘園へ

佐藤　私が今回、「古代荘園から中世荘園へ」の推移ということで考えたことは四つです。

一つは、国司《こくし》による徴税が荘園に与えた影響です。簡単に言うと、一〇世紀後葉に徴税制度は人身課税から土地課税へと転換するんですが、すごく乱暴な改革で、土地税の大幅な増税になる。荘園は土地経営なので、多大な影響を受けます。コネがあって国司に圧力をかけて土地税の減免を交渉できる荘園じゃないと生き残れない。ひどい話だけど、そんなことが、荘園が変化するきっかけかなと思う。

二つ目が、荘園の管理経営のあり方です。領家《りょうけ》や預所《あずかりどころ》は貴族社会との関係で研究されていますが、現地の荘官組織のことは、さほど研究がありません。それを見ていくと、古代との違いが見えてくるかなと考えました。九―一〇世紀の荘園は粗放的な経営でやっていけたのが、国司の徴税に対抗するためにも、荘園経営のテコ入れが始まって、一二世紀になると現地の事務能力が格段に上がるんですね。

三番目が、実はこれが一番やりたかったのですが、土地兼併《けんぺい》の問題です。墾田開発も含めて、合法的にというより、王家や貴族が強引に土地を取っていくのではないか。下級官人なども、どんどん土地を兼併していきます。そういったことが社会の底流にあり、班田収授《はんでんしゅうじゅ》が消えていった後に、それが顕著に出てくるのだろうと思います。一〇世紀の中葉から後葉にかけて、土地の兼併は、おそらくブームとして絶対あったはずだと(笑)。こんな言い方するとあまり学問的じゃないんだけど。

四つ目は地域性で、都の周辺のように官人や寺僧たちが所領を稠密に展開できる地域と、それ以外のところとはだいぶ違うんですね。荘園は、定期的にやりとりする都と地方の関係ですから、都周辺の大和・山城やその周辺と、より遠くの地域とでは、違いがあると思います。

この四つで考えてみたので、今までの開発・再開発や荘園類型論とは違う形で、古代から中世への荘園の動きを追いかけることになりました。そのような論点の重なるところに、土地の支配権ではなくて土地からの収取権に基づく荘園や、寄進と立荘なども取り上げました。

吉川　「兼併ブーム」が一〇世紀に起こると言われましたが、兼併はずっと昔からあるのでは?

佐藤　兼併は昔からあるけど、中世の荘園制が一一世紀の後半から一二世紀にできるでしょ。そこに直接繫がるような、土地兼併のブームが起こる。研究史でよく言われる中世の領主が出てくるのが、この時なんですよ。開発じゃなくって土地を兼併して、すでにある公田を兼併して所領にする領主がかなりいる。そんな意味で、ブームと言ったのです。

吉川　それまで口分田だったものが、班田制がつぶれていくなかで、取り合いになる。誰がどう取るか、あるいは自分がそれまで耕作した権利を、支配していた権利をどう確立していくか。そういう問題がこの辺から始まる。それが兼併の問題なんですね。

佐藤 実は、中田薫《なかだかおる》(六頁、注11参照)も似たようなことを言っていて、土地を兼併してひどい状態というのが律令制の前からあったのが、律令制でマシになる、みたいな話をしてる。

吉川 渡部義通も、所領を獲得していくのは合法的なものと非合法なものがあると、きっちり言ってますね。兼併なんかは非合法のほうで、掠奪だとか侵略だとかは、古い時代からあるんだと。ただ佐藤さんが言いたいのは、中世荘園に繋がっていくような兼併は班田制の崩壊とともに始まる、ということですよね。班田制というのはそれだけ大きかったんですね。

上杉 吉川さんが注目しておられる、在来型の、要は班田前から大規模所有があったっていうときに、長屋王家なんか五六町とか、めちゃくちゃ広いですよね。そういうのも、佐藤さんの議論された土地兼併と同じようなものの、何世紀か前のバージョンとして、もともとあった、という理解が素直なんですか。

吉川 私はそう思うんですよ。

上杉 お二人のお話を聞いていて、強力な班田制を挟んだ前後を通じて、各時期に五六町の土地をどうやって得ていたのかを考えることが大事なんだな、ということがわかりました。中央にいる外部者が行って、さっと確保するなんて無理だろうなと思ったときに、その地域の有力者をつかんでいくというか、そことの関係性というのが、荘もしくは荘園の在来型というものの基本部分だと理解したらいいんですかね。それって、先祖返りみたいだと思ってたんですよ。

佐藤 こういう話をしていると、なんだか昔に戻ってる気が、そこはかとなくしますね。

吉川 部民《べみん》制と荘園制は似たところがあるんですよ。律令制の時だけ、なんか特殊なんですね。中世と言っている時代は、私は古代の崩壊過程だと思っていて、その前の状態に戻っていく面が確かにある。

上杉和央

上杉　先ほど、荘園が続かないという場合に、土地条件が関係するのではないという話があったんですけど、古代荘園図が残ってる場所に限って言うと、全部辺鄙なところなんです。土地条件のいいところは開発済みで口分田となっている。開発に伴って作られた古代荘園図に表現されてる場所は、その周辺部みたいなところです。聖武の勅旨田にしても、開発系荘園にしても、「がわ」だったり「きわ」みたいなところしか残っていなかった。条件の良い場所は在来の領主たちが持っていて、そことの関係性を結ぶ中で獲得をしていく。それが進むと、古代荘園図に描かれたような条件の不利な場所の荘園って、別に要らなくなるんじゃないか、と思います。その辺は面白いなあと思って。

　それでは、なぜ開発しなくてはいけなかったのか。足らなくなったってことなんですかね？

吉川　土地が不足したというのが昔の説明だったんですよ。ただ、例えば東大寺が五〇〇〇町近い墾田を獲得していくわけですけど、私は単に欲しかっただけではないかと思います。

佐藤　東大寺などは、あれだけ封戸があるから、寺院の日常活動はそれでだいたいまかなえるはずで、その上に荘園を施入するのは、天皇からしてみたら功徳《くどく》を積むということになるからですね。荘園がなくてもやっていけるけど、律令制による国家財政が崩れて封戸（食封）の収入も期待できなくなると、みんな切羽詰まるから、荘園に頼るようになる。

吉川　お寺の墾田は、なるほど法会の財源だとか、ちゃんとした名目が立ちますね。でも墾田が一般的にそうかというと、これは考えどころですね。

上杉　それでいくと、残ったところもあるっていうのが逆に面白いなと思うんですけど。

吉川　さっきの話に戻りますけど、なんで興福寺や薬師寺の荘園が残るのか、ほんとにわからない。

上杉　それは東大寺とのもともと持っている量の差なんでしょうか。

吉川　うーん。東大寺は中世になると衰えていって、興福寺の方がはるかに力が強いし、薬師寺はその下にいますからね。やっぱり政治力だと思います。そういうと身も蓋もないかもしれないけど、政治力とか不法な実力行使とかも見ないとね。

佐藤　だから、兼併と非合法活動と圧力と、ですよ。

吉川　おそらく大化前代もそうで、律令体制の時だけそんなに真面目にやってるのかというと、絶対そう思えない。

佐藤　律令制の時期に、そんなことやめましょうっていう法令が出ますよね。やっぱり皆やってるんだけど、大きな体制の中である程度、抑え込んでるから、そんなに顕著には出ないいんじゃないですかね。

■古代荘園図の魅力

吉川　「古代荘園図」の話に移りましょうか。上杉さん、日本の地図史から見たら、班田図とか班田図から派生した荘園図とかには、どんな特色があるんですか。

上杉　土地を正しく表現できているかどうかを指標にして地図が語られることがあります。その点、班田図は、土地を正しく写し取ろうとはしていません。そうではなく、図を使う人たちが、相互に了解できればいいという位相での正しさなんですよね。

その意味で、班田図や荘園図からの地割等の復原は限界があるのだと思いながら見ています。地図を使う人たちにとって現地の状況を微細に把握する必要はあったか、というとそうではなく、その地域にどれくらいの土地(口分田もしくは荘園など)があったかがわかればいい。とくに班田図の場合、一条ごとに成巻されていたのですが、それだと条が違う隣どうしの土地の把握ができないんです。それでも機能していたわけですから、現地と切り離された空間情報として図があった、ということになりますね。

その点、荘園図は、幾何学的に土地を把握しようとしているのではなく、荘園という「まとまり」を単位としつつ、その細部の状況を表現しようとしている点が面白い点だろうと思います。

吉川 それが班田図と違うところですね。

上杉 そうですね。そういえば、班田図やそれをもとにして作られたとされる荘園図のなかには、条里地割が正方形ではなく、長方形で表現されるものがあるじゃないですか。あれは、現地との対応という点で行くと、やっぱり抜群に面白いです。だって、あの図では現地を歩けないじゃないですか。

吉川 でも、文字はたくさん書き入れられるんですよね?

上杉 そうなんです。まさに、そのための「図」ですね。それこそ『日本古代荘園図』にも書かれていますけど、文字情報が大事なのが古代荘園図です。それまで「荘園絵図」と言っていたものを、絵画的情報に意識が行き過ぎると批判して「荘園図」と呼ぼうとしたわけです。

文字重視は、さっき言った現地の軽視に結びつきます。現地に図を持っていって対応できるかどうかではなく、役所のなかで土地の状況が把握できれば目的は達成です。これって逆に言うと、実際の土地の上での条里地割が本当に直線的であったのかという疑問にも関わってくるんですよね。

いずれにしても、地図とは現地を正しく表現するものだという、私たちの思い込みが古代荘園図の研究のなかにも入り込んできた点は、今回よく見えた気がしました。『日本古代荘園図』では、荘園図から現地を比定・復原しています。かなり精緻なレベルでされてますが、古代荘園図の作製目的や利用状況と照らすと、現地比定という方向性の議論は限界があります。荘園の現地を理解することは大事なことですが、もっと別な方向から見ていくことも必要かな、と思います。

吉川　では続いて武井さんお願いします。

■出土文字史料から考える

武井　出土文字史料から荘園を考えるのに、大きく分けて二つの観点があって、一つは長屋王家木簡などの話で、荘園というか土地所有をしている本主《ほんしゅ》の側がどういうふうに管理していたかという見方ですね。もう一つは、荘園があった場所から出てきている木簡や墨書土器で、これらは現地で実際に行なっていた経営活動を表しているということになります。この二つを分けて考えていくというか、見方が違うんだろうと思います。

まず、本主の側の史料について、面白いのが、地方との関係をどういうふうに持っているかということです。郡司《ぐんじ》クラスの人との結びつきや封戸との関係が、ぼんやりとみえてきます。

次に、現地ではどうだったかという具体的な話です。畿内と畿外に分けていますが、現地でやっていることは案外と共通しています。いわゆる拠点的なところで行なう農作業のやり方は荘内祭祀とか、稲の品種管理とか、どこでもそんなに違いがあるわけではないんです。違うのは、藤原宮跡《ふじわらきゅうあと》出土の木簡には本主側の使者が何日間か現地に滞在しているのがみえます。中央とのやりとりが史料にみえるかどうかというのは、都との遠近が関係していると思います。

それから、荘所の構造や立地についてもみえてきます。ただ、立地の問題は難しくて、「荘(庄)」という文字史料が遺跡から出てきたとしても、必ずしも荘園じゃない、という話になってきます。「荘」っていう墨書土器はいろいろなところから出てくるんですけど、何をもってそこが荘園だと言えるかというと、やっぱり資財帳や荘園図が残っているところは確実なのですが、文献にない荘園というのは、荘園かどうかの判定自体が難しい。在地の有力者の居館レベルと荘所とをどう見分けていくのかが、一番困るなと思っています。

北陸の事例を見ると、「荘」の墨書土器はたくさん出ているんですが、「石田庄」とか、「大伴庄」「伯庄」であるとか、そういう具体的な名称で出てくるので、何らかの荘が置かれてたんじゃないかと考えられます。これらの遺跡は港湾地帯やそこに通じる河川沿いにあるのが特徴で、特に津の近くに多い。こういうのは田んぼが付随していたとか、開発のために置かれた荘というよりも、おそらくは津の周りの利便性に関わって置かれたんじゃないかと考えています。

一方で、関東の方は、まだよくわからなくて。藻原《もばら》荘のように、牧《まき》を荘園にして開墾していくタイプのものとか、集落遺跡から「庄」の墨書土器が出てくる事例とかがあります。要は、荘園のでき方にバラエティがあったということかなと思います。

吉川　「荘(庄)」という字が出土しても、必ずしも荘園ではない、というのはどういうことですか。

武井　「荘」という文字が出ても、それが従来知られているような、いわゆる荘園としてイメージできるようなものではない可能性がある、ということです。

吉川　荘園には、田んぼと荘の施設がありますが、「荘」って書いてあるものというのはおそらく荘家の跡から出るんですよね？　とすれば、「荘」と書いてあったら、そこは基本的に経営体だと考えたらいいのでは？

武井　経営体であることは間違いないと思います。ただ、よくイメージするような、田んぼが広がっていてそれを管理するために置かれたのとは違う、っていうことですね。数は少ないですが、郡家《ぐうけ》とかの官衙《かんが》施設でも「荘」というのはやっぱり出てくるのです。

吉村　我々が運営している「全国墨書・刻書土器データベース」（明治大学日本古代学研究所）を見ると、「荘」が一一例、そして「庄」が六〇四例です。たぶん北陸荘園が多いと思うんですね、あとは千葉県が目立ちます。それから、本書の奥村和美さんの「大伴家持と荘園」では、荘（庄）を「ナリトコロ」と読ませた例を紹介していますね。『日本書紀』で言うと、「田荘」という場合、要するにトコロ（荘）だけじゃ田んぼが入らないから、田荘としていると思います。田荘のトコロというのは、現在の言葉で言うと、支所の「所」、つまり、拠点というか施設ですね。

吉川　では「荘」と書いてあっても「トコロ」と読んでいるかもしれないのですね。

吉村　私も悉皆調査はしていないから、はっきりとはわかりませんが。トコロの意味の「荘」は『日本書紀』ではあまり出てこないでしょ。田荘はいちおう「タドコロ」と読ませているから、あえて田を付けるということは、「トコロ」だけではダメかと。

吉川　もちろん、田んぼがくっついた荘園はかなりあると思いますけど、田んぼのないのもちゃんとあって、それはさっき言われた津とかと関わりがあるんでしょうか。

平城京には、外港の泉木津《いずみのきづ》があるじゃないですか。あそこは津があって、たくさんの木屋所《きやどころ》（木材集積施設）がありますよね。だから津そのものとそこに置かれた荘とはまた別、ということはないですか。

武井　近接して置かれるということですよね。津が一体的に荘を含んでいたというよりも、津の近くに隣接してそういう施設を置いてきたのだと思います。

吉川　つまり、「荘」と書いてあれば、いわゆる荘家である可能性はある、ただし、我々がイメージする田んぼを持つ荘園とは限らない、という感じでいいですか。で、もし「荘」という字が出なかったら、荘園かどうかわからない、と。

武井　厳密にいえば、そのようになると思います。

吉川　荘園の現地事務所というのは現地の人々がやってるわけだから、彼らの荘園以外の事務所とあまり変わらないと。そんな感じですよね。そうすると、さっきおっしゃったことは重要で、文献史料に見えるから荘だ、というのはわかりますけど、我々が知ってる文献史料上の荘なんて、ほんの少しでしょ。実は荘なんて、全国にうようよあったのではないか。

武井　出土文字史料で出てくる荘って、むしろ名前がわかってないものが多いんですよ。資料の時期をみても八世紀の後葉から九世紀の初め以降のものが多くて、賜田系の荘園が多くなる時期とマッチしますし、今わかっている以外にもたくさんあったはずです。墾田永年私財法による開墾が始まって、その次の段階というか、平安以降のものがたくさん出土文字史料として出てくる。

吉川　なんで荘なんて書くのかな、と思っちゃうんですけど。荘に決まってますよねえ。

吉村　しかも荘園の場合「園」をつけるかとかね。

吉川　今の話に絡めて、山本さん、いかがですか?

■鹿田遺跡からみた古代・中世の荘園

山本　鹿田遺跡の評価をするときにも、いつから荘園か、荘園とは何か、何をもって荘園というか、という問題が絶えず頭にありました。古代の遺構の状況をみると、八世紀の後半から九世紀にかけては、ほとんど変化がないですね。集落の性格が変わったようには見えない。では、荘園の時期は奈良時代まで遡るのか？という話になるわけですが、何をもって荘園とするのか。そのあたりが悩むわけです。考古学的資料からは否定もできないし、積極的な肯定も躊躇されますね。鹿田遺跡の古代の資料の特徴をみると、井戸は立派な構造で、廂《ひさし》付きの掘立柱《ほったてばしら》建物が存在し、当時の一級品や文字関連資料も出土するなど、岡山県内では美作《みまさか》国府の資料などと比べても引けを取らない面もある。普通に見たら官衙の遺跡かと思ってしまいそうです。

でも鹿田荘の候補地は他に考えられない。文献から、平安時代前期の九世紀は鹿田荘だとしても、その始まりを奈良時代まで遡らせる点については考古資料からは決め手に欠ける。公的性格も捨てがたいという慎重な意見もあります。奈良時代の国の津とされる百間川米田遺跡が八世紀の後半に衰退し、それが鹿田の地に移るという想定から、国の津との関係を重視し、藤原摂関家がそこに深く関係して鹿田荘になっていくという意見が具体的かもしれません。ここでも指摘されている津と荘園との関係ですが、八世紀から九世紀に津の移動があり、その周辺に荘ができる、という動きと、鹿田荘の状態は重なるようです。

荘園と津との具体的な関係はわかりませんが、そういう場所だからこそ、藤原摂関家が荘園として持ち続けたのだと思います。いずれにしても、鹿田荘の成立の背景には、八世紀から九世紀にかけての社会的な動きに通じるものを感じています。

吉村武彦

吉川　山本さん、八世紀の鹿田遺跡は荘園・荘ではないと、なぜ言えるんでしょうか。

山本　八世紀は鹿田荘ではないと言っているのではなく、判断に躊躇するという意見があるということです。荘の開始時期の手がかりは八一七年の記載を残す文献だけで、それを遡ることを考古資料から求めるだけの証拠に乏しいという考えです。

吉川　でも、文献に出てくるというのは、たまたま出てくるんですよ。ですから、いつ始まったかはわからないんじゃないのかな。

山本　私も、八世紀の成立を否定しているわけではないのです。九世紀の初めには、鹿田荘からの地子米の供給が確立しているわけですから、荘の成立を、それより前の八世紀に求めることに無理はないだろうと思っています。でもやはり、考古資料から考えた場合、何をもって荘園とするか、あるいは公的機関とするか、その評価に悩むわけです。

ただ、ここまで発掘調査が進む中で、八世紀後半に限定される明確な遺構は、絵馬が出土した井戸だけです。その絵馬から厩《うまや》の存在が想定されているのですが、それ以外は九世紀にも変化していないように、集落自体の継続性は高いわけで、その性格も変わったとは思えないことも確かですね。

吉川　山本さんがおっしゃってる集落っていうのは建物群のことですね。

山本　一つのまとまりのある建物群の状況から集落と言いましたが、それは、集落の居住域にあたります。集落としては、南側を走る河道に設置された桟橋《さんばし》状遺構から、居住域の北側で確認された境界線までの南北四五〇メートル程度の範囲を考えています。居住域は掘立柱建物と井戸で構成されていて、東西一〇〇メートル×南北五〇メートルぐらいの範囲に限定されていて、不思議なくらい周囲にはほとんど遺構がない。その状態が約一〇〇年程度続いています。限られた井戸や建物が、長期間にわたって管理されていたように思えます。

吉川　それは「文献屋」から言えば、ずっと荘ですよ。たまたま史料に見えただけであって、その建物の性格が変わらないのは、同じ藤原氏の誰かが持っている荘が続いていたとみるのが、一番わかりやすいんじゃないですか。

山本　そうですね。私も「鹿田荘」と考えてはいるのですが。遺構や出土遺物の特徴が官衙とされる遺跡とさほど変わらない点が気になっていましたが、奈良時代に始まる荘園としてこれぐらいの内容があってもいいのでしょうね。今回、そのように強く感じました。

佐藤　鹿田荘って交通の拠点でしょ。鹿田荘の梶取《かんどり》(船頭)が水運のために雇われているし、鹿田荘は領主のためだけの荘園じゃなくて、幅広い交通機能を担う荘園だったのかな。そうであれば、官衙的な要素があっても全然問題はないと思います。

山本　一〇世紀の文献の話ですね。鹿田荘では、当時としてはかなり大きい二六〇石の船を持っていて、船頭もいる。それで中国山地にある美作の国から川を下って、奈良の秋篠寺《あきしのでら》まで米と塩を運んでいるわけですから、こうした物資の運送が鹿田荘の経済活動においてすごく重要であったことは確かでしょうね。

荘園と言えば水田をイメージしますが、鹿田荘域では、水田域の確定は、なかなか難しいですね。そこは旭川《あさひがわ》の河口デルタ地帯なので、たくさんの中小河川が走っていて、とても不安定な環境が広がっていたはずです。奈良時代には平野が広く形成されていたという考えもありますが、鹿田遺跡の西側では、大きな河道や干潟が見つかっていますし、鹿田荘の西端部にあたるとされる遺跡では、海域の広がりが指摘されていて、安定した田畑の広がりを広域的に求めるのは難しいのではないかと思います。少なくとも平安時代以前についてですが。水田域が広がるのは、やはり鎌倉時代以降だと思います。

吉川　古代には、田んぼはそれほど近くになかったけれども、組織自体は、そこの機能は形を変えながら、おそらく奈良時代から鎌倉以降までずっと続いていくって話ですか。

山本　そうです。その間に、土地の造成をしながら、新たな居住域の形が作られていくようです。

吉川　文字史料が出る出ないにかかわらず、遺跡をどう見ていくかっていう問題ですね。ここは文献史学と考古学の対話ももっと必要だろうなと思います。

山本　考古学だけだと、なかなか荘園との関係に踏み込みにくいところがあります。特に荘園の時代であれば、文献史学などの成果と積極的に関わりを持つことで、理解を深めることが大事ですね。

■この荘園がおすすめ

吉川　ここでちょっと一息入れて、皆さんから「おすすめの荘園」を紹介していただけませんか。荘園を知るには現地に行くのが一番ですから、そのガイドになるかなと思いまして。

上杉　さっきも出たんですけど、覇流・水沼荘はやっぱり面白いと思います。「きわ」感・「へり」感があって、天皇家が百町ずつ渡すぞって言ったときに、もうすでにああいう場所しか開発するところがなかったっていうのが感じられるんですよね。

吉川　どっちもいいところですよね。佐藤さん、覇流・水沼の論文を書いたでしょう。覇流と水沼だとどっちがいいですか。

佐藤　どっちがいいかなんて、いやいやそんな難しいことを……。

吉川　水沼荘の大門池《だいもんいけ》って、本当に開発の時に作ったんですか。昔からあったんじゃないかな。

佐藤　あれがいい場所なんですよ。条里にうまく乗っかって、大門池(水沼池)が一里になってるでしょう？　だから池を造ったのは条里制の後じゃないかって、吉川さん、二〇年ほど前に言ってませんでしたっけ。水沼池の周辺には百姓の墾田とかもあるでしょう？　百姓が谷水や小さい池で耕作していたのを、大門池を造って東大寺に施入したのなら、純然たる開発ではないかもしれない。すると、百姓たちはやっぱり地上げされて可哀そうですよね。兼併の一種ですね。平安京でも貴族の邸宅を拡張するときに庶民を立ち退かせるでしょう。あれと一緒。都でも田舎でも、同じ時代の人がやってることだから、そんなに変わるはずはないですよね。

上杉　他には、どうしても荘園図があるところになってしまうのですが、北陸だと糞置荘は荘園らしいな、と思います。一般の荘園のイメージに合っているというか。道守荘は広すぎてわけがわからないけど、糞置荘はまとまり感があって、わかりやすい典型としていいかもしれませんね。

吉川　糞置荘は、山の上からもきれいに見えますね。山本さんは、おすすめの荘園、どうですか。

山本　それは鹿田でしょう、と言いたいところですが、実際に行ってみても市街地の中で、病院の建物が立ち並んでいるだけだから、う〜ん、という感じですよね。

岡山県内では備中《びっちゅう》国新見《にいみ》荘でしょうか。中世の荘園に生きた女性の姿が垣間見える「たまかき書状」の存在も魅力です。山陰に行く途中、中国山地の中にある新見市内の高台に美術館があって、新見荘に関した展示がされています。その高台から町が一望されて、かつての新見荘の雰囲気を感じるのもいいかなと思いました。

武井　私はやはり北陸で、と思ったのですが、出土文字史料が出ているところでいうと、国東《くにさき》半島の飯塚《いいづか》遺跡が、行くにはいいところだと思います。すごく綺麗なところなんです。

吉川　たしか海のそばですよね？

武井　荘園というか、宇佐宮《うさぐう》の弥勒寺《みろくじ》関係の拠点と言われているところなんですけど、国埼津《くにさきのつ》のあったところの近くで、ちょっと行くと、奈多宮《なたぐう》もあって、海岸線もすごく綺麗です。出ている木簡もすごく好きな感じのものが多いのです。大分は田染荘《たしぶ》が有名ですけど、国東の海の方もいいですよ。

佐藤　私は出不精だからなあ。でも、小東荘《こひがし》はおすすめですね。大和川が奈良盆地から出ていくところにあって、広瀬神社のすぐ横なんです。何がいいかっていうと、古くからの神社に、古墳もある。古墳の南側に領主の屋敷があって、おそらく古くからの池もある。稲垣泰彦さんの現況復元も丁寧だし。

吉村　稲垣さんの『日本中世社会史論』(一九八一年)にある論文ですね。彼は詳細な地図を持っていたんですよ。いちど見せてもらいました。五〇〇〇分の一とか二五〇〇分の一の地図に、用水路と水掛《みずがかり》(田地への配水)が書き込んである。稲垣さん、ここまで細かい仕事をするんだって、見せてもらった時に驚きました。

佐藤　あの図の何がいいかっていうと、二〇世紀の後半でいかに現地が変わったかがわかるんですよ。悲しいことだけど、稲垣さんの時代から半世紀も経ってないのに。あとはやっぱり黒田荘ですね。黒田荘の無動寺《むどうじ》から見る景観は、近鉄が通って宅地開発されても、変わらない。

吉川　ほんとに黒田はいいよね。名張《なばり》駅から歩いて半時間ぐらいで行けますし。

佐藤　踏査するにはすごくいい距離感だし。駅家《うまや》があって古道が通っていて、歴史のレイヤーがわかるし。

吉川　実は私も一番好きなのは黒田荘です。もう何回行ったかわからないくらい。学部生向けの講読でずうっと黒田荘史料をやってきたんですよ。で、何年かに一度、見学に行くわけです。現地では、東大寺二月堂の松明《たいまつ》を作って運んでいく行事が続いていて、それに参加させてもらったのも楽しかった。黒田荘の始まりは杣《そま》で、山の中にあったわけですが、その山の中もまたすごい。天平寺院の毛原《けはら》廃寺があって、巨大な伽藍《がらん》の礎石《そせき》が累々と残ってます。

もう一つ、最近はまったのは鵤荘です。ほんとうに面白い。檀特《たんとく》山という山にのぼると窪みのついた大岩があって、風土記には応神天皇の時の沓《くつ》や杖の跡だと書いてある。でも、中世になると、聖徳太子が来たことになっていて、まさに歴史のレイヤーなんです。牓示《ぼうじ》石《いし》もいくつかあるし。古くからの水路がよく残っていて、それを追いながら歩くとわくわくします。

吉村　私は院生のときに行ってから印象に残っているのは、糞置荘ですね。

吉川　糞置、人気です。

吉村　だって糞置荘はわかりやすいですよね、さっきも言われたように。あとは太良荘ですね。調査に行ったとき、夜にみんなで散歩に行くと木にいっぱいカブトムシが集まっていたのを覚えています。

■これからの展望

吉川　それでは最後に一言、言い残したことや、これからやりたいことをお願いします。

上杉　私が大学に入学した頃、古代に関わる研究者の方々が寄ってたかって古代荘園図の研究をやっていました。その後、学際的な研究の重要性は説かれ続けてますが、こと荘園に限って言うと、違う分野の人たちがみんなでワイワイするっていうスタイルの研究は、残念ながら続いてきていないな、と思います。

今日お話を聞いていて、古代荘園はやっぱり面白いなと思いました。そして、古代や中世だけでなく、弥生からずっと続くかもしれないような土地の開発や所有のあり方とか、地方と中央の関係など、そうした点も含めて、いろんな分野が一緒にやっていけたら楽しいだろうな、と感じました。

山本　考古学は、様々な研究分野と繋がりやすい学問だと思います。発掘調査では、ここでしか入手できない一次資料を数多く提供しており、最近は、様々な資料の科学的分析が進んでいて、考古学と分析科学との共同研究が大きな成果を上げています。そういった学際的研究として、荘園に関連する時代についても、文献史学や地理学など、関連する研究者と積極的に意見交換をしていくことは欠かせないと感じます。今回の取り組みがいい刺激になっていくといいなと期待しています。

武井　私も、今回資料を集めてはみたものの、出土文字史料から荘園について言うというのは、思いのほか難しい、というのが正直なところです。文献側ですと、どうしても東大寺領荘園のイメージが強いので、それにとらわれすぎず、古代の荘園像をもっと柔軟に捉えたいなと思いました。出土文字史料は文献と考古を結ぶところにありますので、ひとつずつ事例を積み重ねて、丹念に見比べていくことが大切かなと思います。

佐藤　古代から中世っていう長い時間を扱うときに、持続と変化の相をどう見るかがすごく大事ですよね。研究者の間で普段話していることと、荘園について流通している一般的なイメージのギャップがあまりにも大きすぎるので、それをどうにかしたいと思ったのですが、上手くいったかどうか。もっと広げて荘園史の全貌を見直したいとも思いますが、今回、平安時代を通観して改めて気付いたこともあって、さらっと書いたことを研究者向けに書き直す作業もいるかもしれません。

吉川　今日は、荘の施設と荘の田んぼの持続性、そして断絶性を、それぞれに考えなければと痛感しました。さまざまなパターンの荘園があることが見えたのも収穫でした。

これからやりたいのは、長期存続したと考えられる荘園について、もっとイメージを豊かにすることです。そのためにも考古学の知見は不可欠ですし、地理の方は微地形とか、地形条件をちゃんと学びたい。領域と時代を超えて考えていかないといけないでしょうが、それはとても面白いことです。一人でやるのもいいし、みんなでやるのもいい。これからが楽しみです。

吉村　私は修士論文で少し初期荘園に取り組んだんですけども、そのときと比べて、今は木簡とか墨書土器がすごく出土しているので、研究状況は良くなってると思うんです。だから、考古学・古代史・中世史が、学際的にやっていけば、もう少し展望が開けるのではなかろうかと思います。

それからもう一つ、荘園図との関係でいうと、北陸荘園の場合は、「村」が関係しているんですよね。だから、村と開発との関係など研究を拡げる必要があるかと思います。いわゆる班田図と田籍とで国が口分田その他を管理するというかたちとは、違う面もあるでしょう。また、今日言われましたように、「荘園絵図とは何か」ということを、改めて考えてみたいと思いました。

吉川　皆さんそれぞれに課題を持ち帰ってもらって、いっそうイメージ豊かに「古代史をひらく」ことができればと思います。今日はどうもありがとうございました。

（二〇二三年九月一九日、京都大学施設にて）

52	深津荘
53	牛田荘
54	槻野荘
55	河棚荘
56	新島荘
57	山田郡弘福寺田
58	新居荘

59	苧津荘
60	田村荘
61	飯塚遺跡
62	我鹿屯倉
63	山鹿荘
64	糟屋屯倉
65	博太荘

66	杷木荘
67	生葉荘
68	櫛原荘
69	油山十二箇所
70	春日部屯倉

＊は11世紀以降の荘園
下線は本文で言及されない荘園

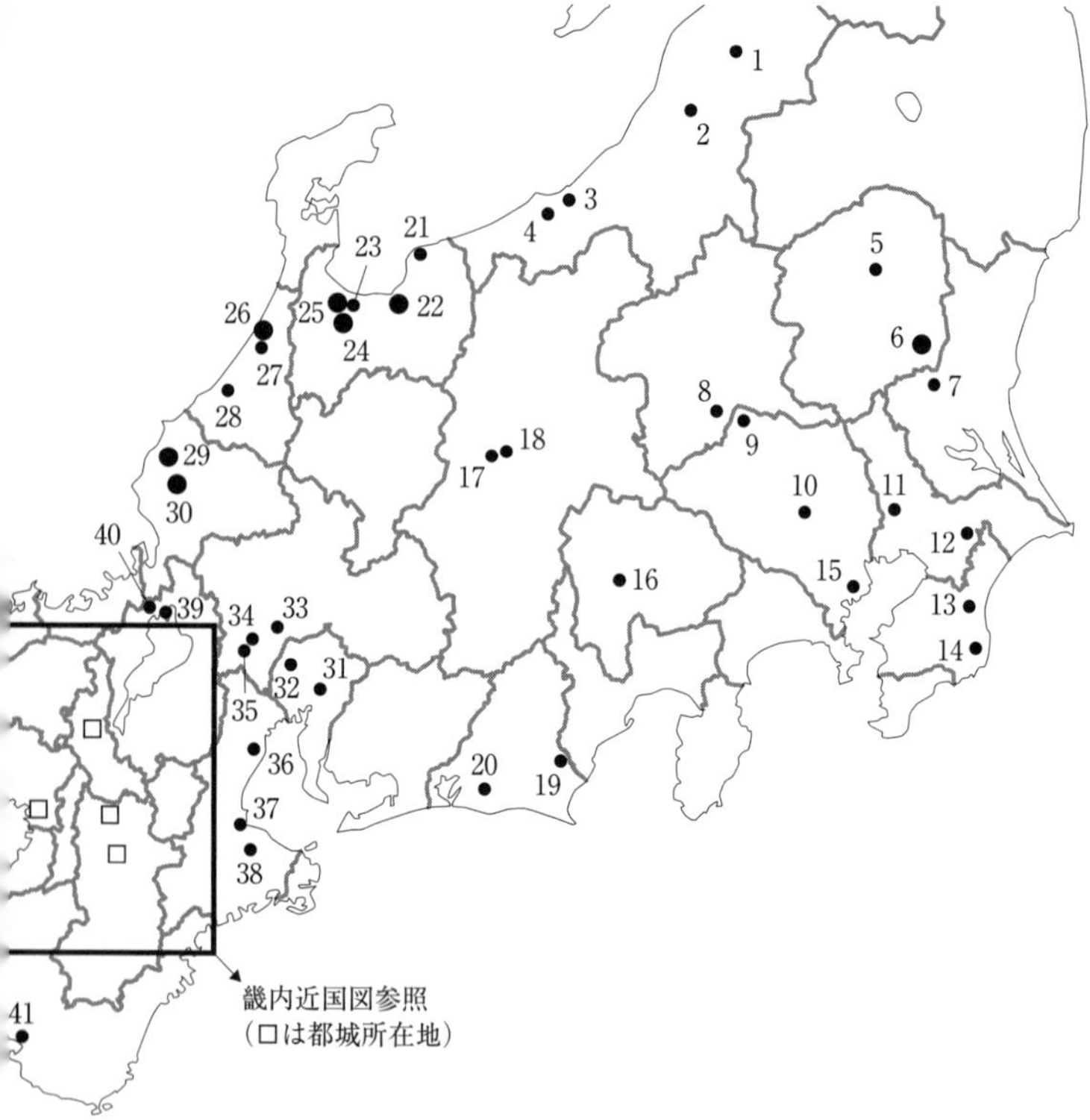

主な古代荘園・古代荘園遺跡(全国)

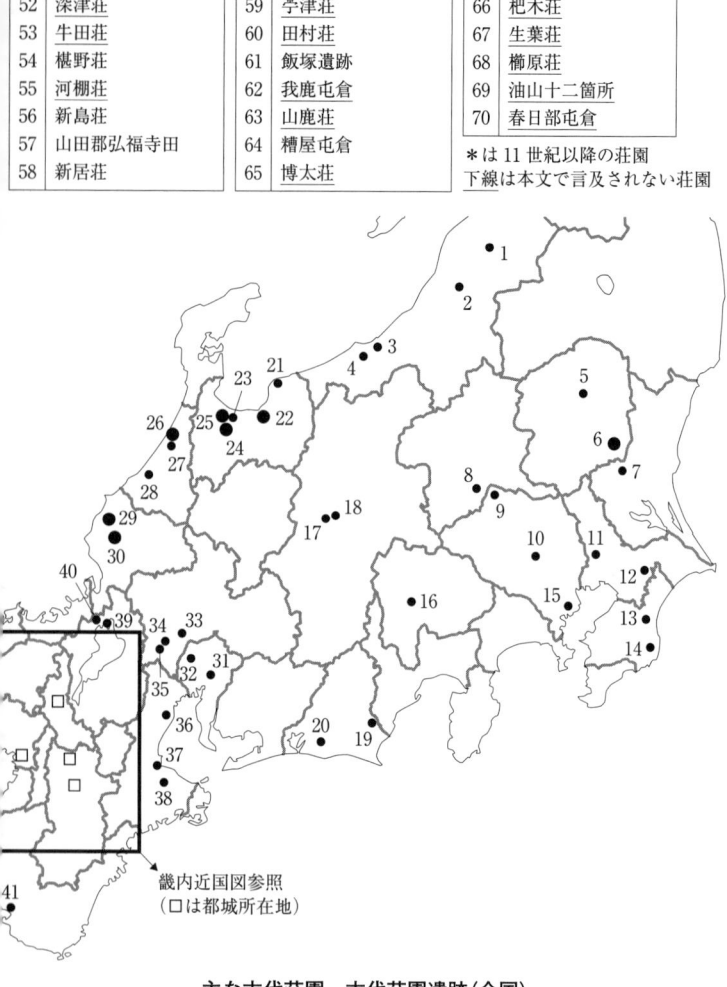

1	鶉橋荘
2	土井荘
3	榎井 A 遺跡
4	石井荘／岩ノ原遺跡
5	堀越遺跡
6	石田荘
	小野荘
7	辰海道遺跡
8	緑野屯倉
9	中堀遺跡
10	広瀬荘／今宿遺跡
11	思井堀ノ内遺跡
12	飯積原山遺跡
13	藻原荘
14	伊甚屯倉
15	橘花屯倉
16	百々遺跡
17	大野荘
18	下神遺跡
19	質侶牧*
20	市野荘
21	じょうべのま遺跡
22	丈部荘
	大荊荘

23	北高木遺跡
24	石粟荘
	井山荘
25	鳴戸荘
	須賀(須加)荘
26	戸水 C 遺跡
	畝田・寺中遺跡
27	横江荘／上荒屋遺跡
28	幡生荘
29	桑原荘
	高串荘
	赤江荘
30	木田荘
	道守荘
	鐙荘
	糞置荘
	方上荘
31	安食荘
32	川原荘

33	茜部荘
34	大井荘
35	多芸荘
36	三重荘
37	曽祢荘
38	大国荘(川合大国荘)
39	大浦荘
40	鞆結荘
41	出立荘
42	縮見屯倉
43	粟生荘
44	鵤荘(揖保荘)
45	越部屯倉
46	高庭荘
47	佐良荘
48	大豆田荘
49	鹿田荘
50	児島屯倉
51	三津厨

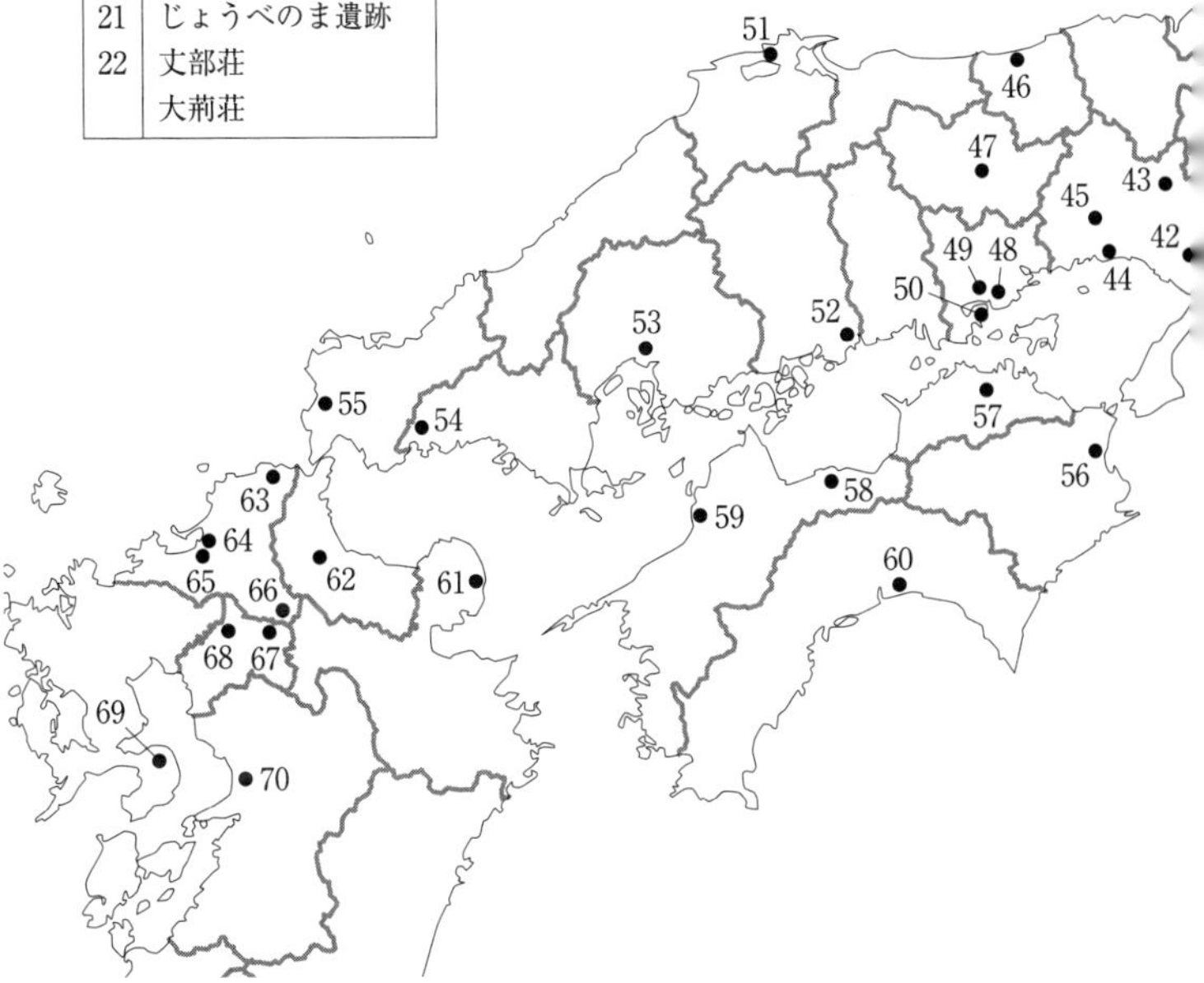

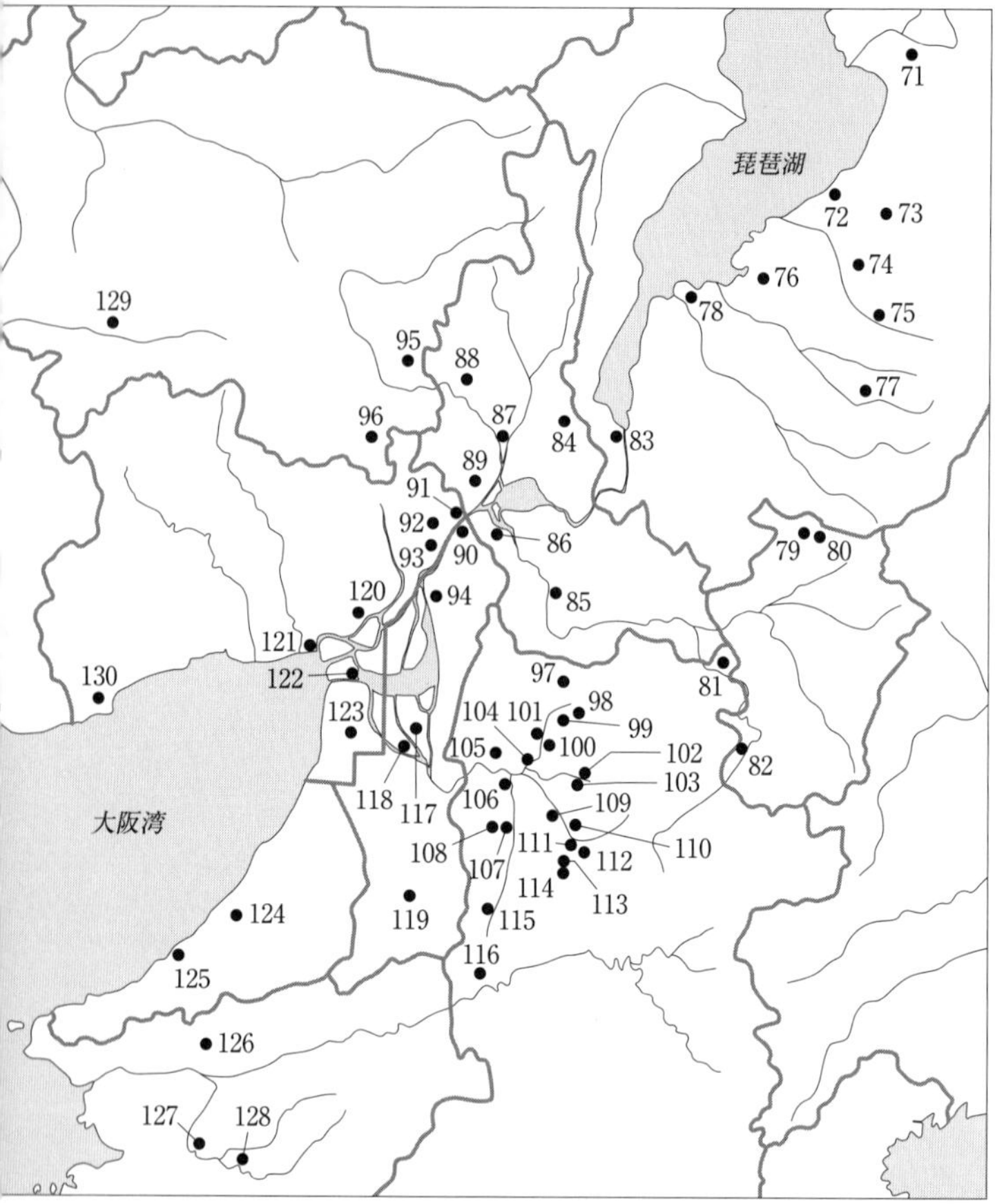

主な古代荘園・古代荘園遺跡(畿内近国)

71	坂田荘
72	覇流荘
73	水沼荘
74	愛智荘
75	鯰江荘
76	豊浦荘
77	日野牧
78	淵荘
79	玉滝荘
80	湯船荘
81	太山杣
82	黒田荘
83	保良荘
84	宇治荘
85	玉井荘
86	山城荘
87	石原荘*
88	嵯峨荘
89	長岡荘*
90	楠葉牧
91	水無瀬荘
92	竹原屯倉
93	沢良宜荘(草和良宜村)
94	茨田屯倉
95	三俣戸荘
96	後河荘
97	佐保田荘
98	春日荘／今木荘*
99	京南荘
100	北田中荘*
101	清澄荘
102	山辺荘
103	田村荘
104	額田寺寺辺所領
105	法隆寺寺辺所領
106	小東荘*
107	広瀬荘
108	下田東遺跡
109	村屋荘
110	倭屯田
111	竹田荘
112	跡見荘
113	高殿荘*
114	飛驒荘
115	長柄荘
116	栄山寺寺辺所領
117	若江荘
118	四天王寺弓削地
119	甲斐伏見荘
120	垂水荘
121	猪名荘
122	新羅江荘
123	四天王寺鵄田地
124	和泉郡法隆寺田
125	日根荘
126	弘田荘*
127	野上荘
128	神野真国荘*
129	大山荘
130	菟原郡法隆寺田

*は 11 世紀以降の荘園. 下線は本文で言及されない荘園

【執筆者】

吉川真司（よしかわ・しんじ）
本書責任編集．【編集委員】紹介参照．

佐藤泰弘（さとう・やすひろ）
1963年生．甲南大学教授．日本古代・中世史．『日本中世の黎明』(京都大学学術出版会)，「受領の誕生」(『日本の時代史5　平安京』吉川弘文館)など．

武井紀子（たけい・のりこ）
1981年生．日本大学教授．日本古代史．「律令財政と貢納制」(『岩波講座　日本歴史3　古代3』岩波書店)，『藤原道長事典』(共著，思文閣出版)など．

山本悦世（やまもと・えつよ）
1956年生．岡山大学名誉教授．考古学．『寒風古窯址群』(吉備人出版)，「ボーリング調査と発掘調査が描き出す岡山平野の形成」(『大学的岡山ガイド』昭和堂)など．

上杉和央（うえすぎ・かずひろ）
1975年生．京都府立大学准教授．歴史地理学．『地図から読む江戸時代』(ちくま新書)，『京都はどう織りなされてきたか』(古今書院)など．

奥村和美（おくむら・かずみ）
1966年生．奈良女子大学教授．上代国文学．「上代文学はどのような古代日本語で表されているのか」(『古典文学の常識を疑う』勉誠出版)，「巻十六「怕物歌三首」について」(『萬葉集研究』第42集，塙書房)など．

【編集委員】

吉村武彦

1945年生．明治大学名誉教授．日本古代史．著書に『日本古代の社会と国家』『日本古代国家形成史の研究』(以上，岩波書店)，『ヤマト王権』『大化改新を考える』(以上，岩波新書)など．

吉川真司

1960年生．京都大学教授．日本古代史．著書に『律令官僚制の研究』(塙書房)，『律令体制史研究』(岩波書店)，『天皇の歴史2 聖武天皇と仏都平城京』(講談社)，『飛鳥の都』(岩波新書)など．

川尻秋生

1961年生．早稲田大学教授．日本古代史．著書に『古代東国史の基礎的研究』(塙書房)，『日本古代の格と資財帳』(吉川弘文館)，『平安京遷都』(岩波新書)，『古代の東国2 坂東の成立』(吉川弘文館)など．

シリーズ 古代史をひらくⅡ
古代荘園 —— 奈良時代以前からの歴史を探る

2024年3月26日 第1刷発行

編 者 吉村武彦《よしむらたけひこ》 吉川真司《よしかわしんじ》 川尻秋生《かわじりあきお》

発行者 坂本政謙

発行所 株式会社 岩波書店
〒101-8002 東京都千代田区一ツ橋2-5-5
電話案内 03-5210-4000
https://www.iwanami.co.jp/

印刷・三陽社 カバー・半七印刷 製本・松岳社

ISBN 978-4-00-028637-4 Printed in Japan